CRÓNICAS DEL FUTURO

La maravillosa historia de Paul Amadeus Dienach

Basado en Páginas de su Diario

Editado por Achilleas Sirigos

Copyright © 2019 Achilleas Sirigos
This Way Out Productions
ISBN: 978-618-82218-3-3
Primera Edición

Escrito por Paul Amadeus Dienach
Editado por Achilleas Sirigos

Diseño de tapa de Jeff Brown
Traducido por Maylí Acevedo

Todos los derechos reservados. Ninguna parte de esta publicación podrá ser reproducida, distribuida o transmitida de ninguna forma y por ningún medio, ni ser almacenada en una base de datos o sistema de recuperación, sin el previo permiso escrito de la editorial.

*Por las víctimas de la depresión griega (2009-)
y los millones de inmigrantes
que arriesgaron sus vidas en el mar Egeo
buscando un mejor futuro para ellos y sus hijos.*

Tabla de Contenido

PREFACIO DEL EDITOR   11
PRIMER DIARIO   17
Remembranzas del pasado 17
SEGUNDO DIARIO   25
El Despertar 25
Una nueva vida en Atenas 31
La verdad sobre su enfermedad 34
Renacido 38
Conociendo a los líderes del futuro y revelando su verdadera identidad. 41
El accidente de Andreas Northam 43
La verdad: desmayándose en el pasado (1921 d. C.) y despertándose
en el futuro (3906 d. C.) 45
El idioma: mezcla de inglés y escandinavo 48
La relación entre Northam y Jaeger 50
Confesiones 51
Insomne 53
El círculo de Northam y su código social 57
Los dos años de servicio global, la vida diaria y las regulaciones
demográficas 64
Romance con Silvia 75
Viaje a la costa oeste de Italia: un interminable centro vacacional global... 79
La esencia del Samith y el "Conocimiento Directo" 81
La esencia del Samith y el vislumbramiento del Más Allá 94
El infinito, la vida después de la muerte y los orígenes del eterno
impulso de hacer el bien 98
La obra del Instituto Aidersen y la vida interior superior como un camino
a la evolución humana 106
Consumación de su relación con Silvia 111
Viaje al Norte: la megaciudad de Norfor 112
El interrogatorio: la visita al lugar de trabajo de Northam 118
Medios de transporte privados y su opinión sobre el trabajo 123
Troende: el nuevo ser humano 127
Sexo, maternidad, relaciones y la esencia del amor 128
Viejos y nuevos amores: su forma de separación 137
Europa Meridional 141
La vida en la ciudad en Francia occidental: comparación con el siglo XX 146
Clases sociales, jerarquía, modales y la bestia derrotada de la burocracia..149
Su Renacimiento y evolución humana antes del primer Nibelvirch 154
Los gigantes del arte: Larsen y Valmandel 158

Comparaciones con el siglo XX..159
Un concierto único..164
La cosmovisión de Silvia 165
Poetas de la Nueva Era..167
Gretvirch Aarsdag 170
Markfor *(ex-Roma)*: la Megaciudad..175
Estatuas del futuro 182
Habitantes prominentes de Markfor..185
Lenguaje y Arte...191
Interrogatorio en casa 193
Víspera de Año Nuevo 194
La muerte y el espíritu..195
Yendo a la escuela 197
Sus meses y días festivos..199
La esencia del conocimiento Aidersiano: la unidad del mundo material
y el espiritual y la evolución de las religiones.......................................202
Cómo vivir de acuerdo al profesor Lain..205
La creación artística: ¿artistas o profetas?...209
Las "bestias" de la historia y el valor de la vida humana....................212
El ocaso de los siglos XX y XXI...215
El "fantasma de la cantidad" y el subsiguiente control de natalidad......220
Su división de la historia..223
Eldrere: la lucha de cuatro siglos por la verdadera globalización...........225
El "factor del miedo" como una herramienta educativa para los
jóvenes ciudadanos...236
La noche de los "Gretlys" *(la Gran Luz)*..239
La historia de Mary-Lea: una Santa moderna 246
El juicio del Instituto Aidersen..248
Suicidios en masa y el propósito de la vida 249
Excursionando en Markfor 253
El aniversario del "Gran Día" y la extinción de las razas....................256
Las rivalidades de Aidersen y los atentados en contra de la nueva realidad.259
Último día en Markfor 264
Sus maravillosas autovías y otros medios de transporte....................266
Avances tecnológicos, control climático y la "vuelta a lo básico"........268
La colonización masiva de Marte y la gran destrucción.....................270
Extraterrestres: encuentros breves 271
Terringtown: el lugar de nacimiento de John Terring, el primer líder
universal..272
Sintiéndose como un extaño 275
Decoración floral y su red de transporte..277
Arte y teatros 3D 280
Ceremonias y el uso de la religión 283
El nuevo Renacimiento de 3300 d. C. 286

Paseando por los *lansbees* 289
El "Paseo de los Vikingos" 291
Silea, su río madre artificial 296
El Valle de las Rosas: contemplando su ciudad sagrada 299
Una maravillosa semejanza 304
Abajo en el Valle 305
El Panteón 309
Latharmi 312
Los Volkies 315
La historia de Costia Rudulof 320
Estatuas del futuro 322
Los hombres sabios de las calles de los palacios en Kongeborg 323
Mujeres famosas del futuro 326
El Templo de los Mártires Olvidados y el gran peregrinaje ...329
Síntomas de agorafobia en el Templo de Oro 330
El juramento y la gran procesión 332
El santuario blanco nieve 336
De vuelta a su tierra natal 338
Confesándole todo a Silvia 339
De vuelta al pasado 344

PREFACIO DEL TRADUCTOR DE LA PRIMERA EDICIÓN (1972) DE *EL VALLE DE LAS ROSAS*   **347**

LISTA DE NOMBRES PROPIOS   **381**

Nombres de personas 381
Nombres de lugares 385

TABLA CRONOLÓGICA   **388**

TABLAS DE CALENDARIO   **391**

GLOSARIO   **397**

AGRADECIMIENTOS   **401**

"Ἄμμες δε γ' εσσόμεθα πολλῴ κάρρονες"

*pero hemos de llegar a ser mucho mejores que ustedes

Juramento Promisorio de los jóvenes espartanos a los ancianos
[Ploutarhos: "Lykourgos" 21]

PREFACIO DEL EDITOR

Las introducciones generalmente intentan presentar la esencia de un libro, resaltando los elementos más importantes de la historia que están a punto de leer. Mi introducción no hace eso. Más bien, les estaré contando la historia de cómo este texto único llegó a ser lo que es, su travesía desde los años 20 hasta ahora.

Este es un libro que contiene el diario de un hombre que nunca pretendió que sus palabras fuesen reveladas al mundo. Relata una experiencia que nunca fue compartida por miedo al ridículo y a la incredulidad. A medida que ustedes se abran camino a través de sus muy personales memorias, la razón de su discreción pronto se volverá clara: el autor afirmó haber vivido en el futuro y haber regresado a su época original, el siglo XX en Europa central, para dar un reporte detallado, delineando exactamente lo que sucedió durante su viaje.

Los verdaderos protagonistas de esta increíble y auténtica historia son dos personas: Paul Amadeus Dienach, el autor, y George Papachatzis, estudiante de Dienach en estudios del idioma alemán, a quien este le dejó sus notas, el diario que hoy ustedes sostienen en sus manos.

Después de hacer los primeros conocidos, vamos a empezar a desenmarañar su historia paso a paso.

Paul Amadeus Dienach fue un profesor suizo-austriaco de salud delicada. Su padre fue un suizo de habla alemana y su madre fue una austriaca de Salzburgo. Dienach viajó a Grecia en el otoño de 1922, después de recuperarse de un coma de un año debido a su grave enfermedad, con la esperanza de que el clima templado mejorase su condición.

Durante su tiempo en Grecia, Dienach dio clases de los idiomas francés y alemán para poder proveerse de un ingreso mínimo. Entre sus estudiantes estaba George Papachatzis, un estudiante que Dienach apreciaba más que a cualquiera de los otros. Papachatzis describe a su profesor como un "hombre muy modesto y muy cauteloso que solía enfatizar los detalles".

Dienach, como sabemos por Papachatzis, nació en un suburbio de Zúrich y vivió su adolescencia en una aldea cercana a la gran capital suiza. Luego cursó estudios humanitarios con una fuerte inclinación hacia la historia de la filosofía y culturas clásicas. Se cree que eventualmente murió de tuberculosis en Atenas, Grecia, o en el viaje de vuelta a su tierra natal a través de Italia, probablemente durante el primer trimestre de 1924.

Antes de que Paul Dienach muriera, este le confió a Papachatzis parte de su vida y alma: su diario. Sin decirle a Papachatzis lo que eran las notas, lo dejó con las instrucciones simples de que debía usar los documentos para mejorar su alemán, traduciéndolas de alemán a griego.

Papachatzis hizo lo que le pidió su profesor. Inicialmente, creyó que Dienach había escrito una novela, pero a medida que progresaba con las traducciones, pronto se dio cuenta de que las notas eran de hecho su diario... ¡del futuro!

En este punto, debemos aclarar algo crucial. Se piensa que Dienach sufrió de encefalitis letárgica, una enfermedad neurológica extraña que desarrolla una respuesta del sistema inmunológico ante las neuronas sobrecargadas. La primera vez que Dienach cayó en un sueño letárgico, este duró 15 días. La segunda vez, duró todo un año...

Durante este año que Dienach estuvo en coma en un hospital de Zúrich, él afirmó haber entrado en el cuerpo de otra persona, Andreas Northam, quien vivió en el año 3906 d. C.

Una vez recuperado de su coma, Dienach no habló con nadie acerca de su extraordinaria experiencia, ya que pensaba que sería considerado un demente. Sin embargo, lo que sí hizo fue escribir la totalidad de sus memorias relacionadas con lo que había visto del futuro.

Hacia el final de su vida, incluso dejó su trabajo de enseñanza para tener tanto tiempo como fuese posible para escribir todo lo que podía recordar.

Dienach describe todo lo que experimentó del ambiente y la gente del año 3906 d. C., de acuerdo a la mentalidad y conocimiento limitado de un hombre del siglo XX. Esta no fue una tarea fácil para Dienach. Hubo muchas cosas que él afirma no haber entendido acerca de lo que vio, ni estaba familiarizado con todos sus términos, tecnologías o el camino evolutivo que ellos habían tomado.

En sus memorias, él afirma que la gente del futuro entendía totalmente su situación médica peculiar, la cual llamaban "deslizamiento de consciencia", y contaron a Dienach tantas cosas como pudieron en relación a los eventos históricos que tuvieron lugar entre los siglos XXI y XL. Lo único que no le contaron fue la historia exacta del siglo XX, en caso de que la consciencia de Dienach regresara a su cuerpo y época originales (como de hecho hizo): ellos creyeron que sería peligroso dejarle saber su futuro inmediato y el futuro de su época, en caso de que esto perturbara o alterara el camino de la historia y de su vida.

Leyendo la narración única y personal de Dienach página a página, ustedes serán capaces de decodificar lo que él afirma haber visto en relación a la humanidad, nuestro planeta y nuestra evolución.

Puede que muchos se pregunten: ¿qué le sucedió al diario durante todo ese tiempo, desde el año distante de 1926 hasta ahora, casi un siglo después?

George Papachatzis tradujo gradualmente las notas de Dienach (con su no tan perfecto alemán) en un período de 14 años (1926-1940), mayormente en su tiempo libre y vacaciones de verano. La Segunda Guerra Mundial y la Guerra Civil Griega retrasaron sus esfuerzos por difundir la increíble historia que aterrizó en su escritorio todos esos años atrás.

En la Víspera de Navidad de 1944, Papachatzis se estaba quedando con sus amigos en una casa que también estaba siendo ocupada por el ejército griego. Cuando los soldados les echaron un vistazo a las notas de Dienach, las que por supuesto estaban en alemán, las confiscaron porque las consideraron sospechosas. Le dijeron a Papachatzis que solo las devolverían después de haber examinado su contenido. Nunca lo hicieron. Pero para ese entonces, Papachatzis ya había terminado la traducción.

George Papachatzis intentó rastrear información sobre Dienach, visitando Zúrich 12 veces entre 1952 y 1966. No pudo encontrar un solo rastro de él, ni ningún familiar, vecino o amigo. Dienach, quien se piensa que luchó junto a los alemanes durante la Primera Guerra Mundial, probablemente nunca dio su nombre real en Grecia, un país que había luchado contra los alemanes.

Después del final de la Segunda Guerra Mundial y la Guerra Civil Griega, Papachatzis entregó el diario traducido a algunos de sus amigos (masones, teósofos, profesores de teología y dos alemanes anti-nazis) y después de eso, cuando todos se dieron cuenta de lo que tenían en sus manos, el diario se mantuvo en secreto dentro de un círculo filosófico cerrado y en la Logia Tectónica, de la cual él era un miembro de alto rango. El libro fue tomado muy seriamente por los masones, quienes no querían que la información se esparciera a un círculo más grande. Ellos consideraban que el libro era casi sagrado, que contenía sabiduría sobre el futuro de la humanidad y era mejor mantenerlo entre solo unos pocos.

Finalmente, después de fuertes disputas, George Papachatzis decidió publicar el Diario de Dienach. Fue durante el período en que Grecia entraba en la fase más difícil de los siete años de dictadura en 1972. Fuertes protestas de ciertos círculos eclesiásticos (que consideraban al libro herético) y la caída de la dictadura un año después condenaron la primera edición al olvido. Nadie estaba interesado en el futuro cuando el presente era tan intenso y violento.

Todos estos factores, junto con las dificultades del lenguaje y el estilo tosco de las notas de Dienach, que mezclaban elementos de su pasado junto con su experiencia del futuro, hicieron al diario incluso más difícil de entender. Solo unos pocos tuvieron el tiempo y la paciencia de decodificar el conocimiento secreto que yacía codificado a lo largo de casi 1000 páginas.

Le siguió otra edición en 1979 en griego titulada "El Valle de las Rosas". Sin embargo, el libro desapareció nuevamente y casi no fue mencionado de nuevo, aparte de entre los pocos que sabían de su existencia.

Después de todo el silencio, Papachatzis murió y su familia no deseó seguir con su trabajo.

Debo resaltar que, mientras que Papachatzis era solo un estudiante al momento de recibir el diario de Dienach, él pasó a convertirse en un hombre muy respetable de su época. Fue un prominente Profesor de Ley Administrativa, Rector de la Universidad Panteion de Ciencias Sociales y Políticas, Miembro Fundador de la Sociedad Filosófica Griega y Vicepresidente del Consejo de Estado, la corte suprema de Grecia. Fue un hombre de impecable credibilidad que arriesgó mucho en la publicación de la obra de Dienach y esto en sí mismo refleja su firme creencia en su autenticidad.

Pasaron veintidós años antes de que el diario fuera recogido de nuevo por el editor independiente Radamanthis Anastasakis, quien decidió republicar el diario original a una pequeña escala.

Fue entonces cuando yo descubrí el libro por primera vez y empecé a "restaurarlo", sin los sentimentalismos que evitaron que

Prefacio del Editor

Papachatzis hiciera algo más que una traducción exacta de los escritos "sagrados" de su profesor. Casi un siglo después de que el diario original fuese escrito, esta era una tarea que debía emprenderse de manera que un lector del siglo XXI realmente pudiese entender lo que un hombre del siglo XX quiso decir.

Y así lo hice, asegurándome de no cambiar nada del contenido, pero filtrando las notas irrelevantes relacionadas con la vida temprana de Dienach y enfatizando su experiencia del futuro, pero en un lenguaje más simple y sin las brechas que la narración de Dienach tenía.

He intentado mantener intacta la verdadera esencia de su historia. Esta era mi deuda con Dienach, cuyas crónicas del futuro cambiaron completamente mi perspectiva de la vida. Nada más y nada menos. Mi única meta era hacerlas accesibles a todos ustedes, porque si la experiencia de Dienach fue de hecho real, este libro contiene información revolucionaria (algo que los masones claramente reconocieron) y tiene el potencial de cambiar radicalmente sus visiones del mundo y la humanidad.

Ahora que conocen el trasfondo de esta historia única, simplemente depositaré el futuro en sus manos con un extracto de la introducción de la edición de 1979 del libro por el Profesor Papachatzis, el hombre que conoció personalmente a Dienach:

"El traductor de los textos originales conoció a Dienach personalmente. Su creencia es que la inspiración y escritura de estos textos no fue una creación imaginaria de Dienach, basándose en su educación y sus habilidades de percepción. Es un verdadero fenómeno de parapsicología que estuvo vinculado a su vida. Quizá también haya añadido sus propias cosas, quizá no vio ni vivió todos los eventos que describe y presenta tan vivamente. De lo que tenemos certeza es que la mayoría de los elementos básicos de su texto son experiencias reales que tuvo; vivió con anticipación una parte del futuro que se acerca y le sucedió un fenómeno metafísico de increíble claridad, un fenómeno de parapsicología que raramente sucede con tal intensidad y aspereza. Debido a él, lo que va a suceder en la tierra, comenzando desde las últimas décadas del siglo XX hasta 3906 d. C., es ahora conocido por nosotros, al menos en términos generales."

Ahora los dejo con el diario de Dienach, una crónica del futuro...

Achilleas Sirigos
Mayo de 2015

Primer Diario

REMEMBRANZAS DEL PASADO

2 de diciembre de 1918

He decidido escribir un poco cada día, de manera que pueda contar mi triste historia, poco a poco, de principio a fin.

Durante los primeros veintiún años de mi vida, se creería que yo era la persona más feliz de la tierra. Han pasado once años desde entonces; once insoportables años. La única cosa que ahora anhelo es un poco de consuelo o algo que me mantenga ocupado.

Se sienten como si hubieran sido ayer, aquellos días felices de ansiar una dicha sin fin junto a Anna. No puede ser verdad que ese amor haya tenido tal triste e irreparable final, que Anna haya estado muerta por tantos años ya, que todo se haya desvanecido. No, no puedo creerlo. Nueve años enteros sin ella…

"¿Por qué sigue torturándose, pensando en todo eso?" me preguntan. Lo entiendo. Necesito un cierre, pero es difícil de encontrar.

Ustedes no lo saben. Nuestro amor no fue un amor ordinario. Aún estábamos en la escuela cuando nos enamoramos. Desde entonces, he estado imaginando su nombre junto al mío.

¡Ese hombre que trajo destrucción a nuestras vidas y la envió a su tumba nunca la amó! Él nunca consideró a Anna como su única, como yo sí lo hice. Nunca vio nada en sus ojos.

Cuando yo era joven, pasaba horas mirando fijamente a través de mi ventana, desde la cual se veía desde arriba la suya. Y cuando el clima era vil, ¡entonces era cuando no me movía una pulgada de ahí!

Contemplaba a la gente apresurarse, sonriendo ante la idea de una sopa caliente y una cama acogedora en casa, mientras deseaba que el clima continuara para poder tener una mejor oportunidad de verla. "¿Qué está sintiendo Anna en este momento? ¿Cómo se ve este mundo sin color a través de sus ojos?" pensaba.

Y cuando la veía a la luz de la lámpara, sosteniendo su bordado, mi anhelo se volvía una meta de vida vindicada, mi salvación de la soledad...

Solo en días festivos deseaba un buen clima, porque una tormenta hubiera disminuido mis posibilidades de encontrarme con Anna y su familia en el parque. Pero, aun así, me ponía nervioso. Tendría que saludarla y sería bochornoso que sus padres me vieran sonrojado de la vergüenza.

¡Cuán felices fueron los días que siguieron! Poco antes de que su hermano dejara la ciudad para estudiar, llegué a conocerlo mejor. Me invitó a su casa y de hecho fui muchas veces. Lo juro por Dios, mi relación de conocidos con Anna no fue el producto de mi propia iniciativa. Nunca hubiera encontrado el coraje. Aquellos que han amado pura y vigorosamente en su adolescencia temprana son muy conscientes de esto y lo entienden profundamente.

En los primeros días, ni siquiera Anna se había dado cuenta de algo; ella meramente ansiaba mi próxima visita para poder entregarme un regalo diferente cada vez: libros de viajes o lápices de colores. Aún recuerdo la primera vez que la vi en la iglesia, vestida de blanco. "¿Cómo sus pestañas crecieron hasta ser tan largas todas a la vez?", me pregunté. También recuerdo que, durante mi último año en la escuela secundaria, todos los márgenes de mis cuadernos estaban garabateados con su nombre.

Un día, no pude contenerme y ella notó mis ojos llorosos. Estábamos en el recibidor con un enorme libro abierto frente a nosotros sobre la mesa. Su madre estaba sentada justo a su lado. Nunca olvidaré su mirada. Tomó la forma de un enorme signo de interrogación. Era tan seria, demasiado seria para sus años.

No intercambiamos otra palabra y rápidamente cerramos el libro. Molesto conmigo mismo, enjugué mis ojos, le ofrecí precipitadamente una despedida a su madre y me apresuré a salir. Lloré hasta quedarme dormido esa noche. Yo sería el culpable si nunca más la viera de nuevo.

Once días pasaron. Temprano una tarde, en mi camino de regreso a casa, escuché sonidos provenientes del recibidor. Entré y (¿quién lo hubiese imaginado?) ¡Anna estaba allí con su madre! Antes de poder poner mis pensamientos en orden, tuve que saludar a las damas. Anna estaba completamente libre de vergüenza, como si nada estuviera sucediendo. ¡Un chico nunca podría haber disimulado tan bien como ella lo hizo! La visita había sido su idea. Luego fue mi turno de alejarme por mis estudios. Estuve ausente por un año o dos. Para el momento de mi regreso, ella se había convertido en una dama propiamente dicha. Las primeras veces que la vi, no conversó conmigo de la misma manera en que solía hacerlo ni me miró directo a los ojos. Y mi mente se vació, como si fuera un tonto incapaz de pronunciar unas pocas palabras para formar una oración. Me sonrojé y respondí todas sus preguntas con monosílabos. Pero, aun así, estaba tan feliz...

Ahora regreso a los lugares donde solía encontrarme con ella una y otra vez. ¿Qué más puedo hacer para llegar a tener control sobre mi miseria? Mientras escribo, mis lágrimas caen sobre la tinta fresca, difuminando las letras. Es ridículo (lo sé) que un hombre de 32 años llore como un bebé. Me lo han dicho tantas veces ya, las suficientes para saberlo muy bien yo mismo. Pero perdónenme, por favor. Soy solo un hombre miserable que ha pasado por demasiado en la vida.

Nadie sabía de nuestro amor en ese entonces, nadie excepto su mejor amiga, Amelia. ¡Yo ni siquiera le había dicho a mi madre, mi mejor amiga, mi heroína! ¡Por cuánto ha pasado ella, con mis infortunios y mi enfermedad! E incluso ahora, en su lecho de muerte, ella es aún mi hombro sobre el que llorar, en vez de ser yo el de ella. La recuerdo, madre, llorando en las noches y yo sin saber qué hacer. La recuerdo yendo a su casa para verla, durante su propia enfermedad, y sus padres diciéndole que no había nada más que se pudiera hacer, absolutamente nada de esperanza. Y no la dejaron verla. Ni siquiera dejaron que yo la viera.

4 de diciembre de 1918

Nuestra felicidad secreta duró varios meses. No recuerdo qué estación era. ¿Otras personas hablaban de nosotros? Tampoco lo recuerdo. Lo único que sí recuerdo es a usted. Cada uno de mis planes para el futuro, cada uno de mis pensamientos, cada esperanza fue formada por usted y tomó su forma.

Después me ofrecieron el cargo en esa escuela. Lo tomé como una buena señal y estaba bastante feliz, ya que era financieramente independiente y era capaz de verla cada tres meses. Entonces transcurrió otro año. Su madre murió. Finalmente yo había ahorrado algo de dinero para empezar mi vida junto a ella. Ella solía escribirme diciendo que estaba muy triste. Yo asumí que la muerte reciente de su madre era la razón. Estaba equivocado.

Cuando ese hombre apareció y le pidió al padre de Anna su mano en matrimonio, su padre le rogó que aceptara, mintiéndole sobre su situación financiera. Siguió suplicándole durante meses, doblegando su voluntad poco a poco. Solo después de la muerte de Anna supe toda la verdad acerca de cómo su padre se aprovechó de su amor y su afecto por él. Si su madre hubiera estado viva, ella hubiera percibido el dolor en el corazón de su hija.

Incluso ahora, Amelia me habla de cuán indecisa estaba Anna entre hacer infeliz a su padre y hacer pedazos su propio corazón para siempre, consciente de cuánto la haría sufrir eso. Lloraba en sus brazos durante horas y Amelia la instaba directamente a irse de su casa, pero ella nunca pudo dar ese paso.

El último deseo de su madre desde su lecho de muerte (que Anna obedeciera a su padre) estaba prendido en su mente y definía cada uno de sus movimientos. Y así, desde una concepción errada de deber, ella era consumida por la idea de sacrificio.

Una mañana recibí una carta de mi madre. El hermano de Anna había estado buscándome. Me encontré con él. Pidió mi ayuda. Ellos aún no habían logrado convencerla de casarse con ese hombre. "¿Ha pensado alguna vez en cómo van a vivir, en qué condiciones? ¿Qué tiene usted para ofrecerle?" me preguntó. Yo le pedí que se fuera, maldiciéndolo, y luego fui a casa y lloré, ya que había ofendido a alguien que ella amaba tanto.

Logré verla un par de veces. Se veía feliz. "No se preocupe, no pueden obligarme a casarme en contra de mi voluntad", dijo.

Por el resto de mi vida, sin importar qué tan larga sea, el recuerdo de ella esa noche, la última vez que la vi con vida, de pie frente a mí, siempre estará fresco y vívido en mi mente. Ella no estaba triste. Todo lo contrario, estaba llena de optimismo. Se estaba riendo. Yo no podía dejar de mirarla fijamente. Estábamos en "nuestra" colina. Presioné mis labios contra su cabello. Alrededor de nosotros solo había anémonas blandas florecientes.

"Suficiente por hoy... Regresemos... Tengo que estar en casa temprano," dijo. "La próxima vez que estemos aquí, haré una corona de anémonas blandas. ¿La pondrá usted sobre mi cabeza?"

"Prométame que la veré de nuevo; que ellos no la doblegarán."

"Regresaremos aquí de nuevo," prometió, "le juro que regresaremos."

6 de diciembre de 1918

Los condenados dolores nunca se van... Los médicos me ordenaron descansar. ¿Qué estaba diciendo? ¡Ah, sí! Un día, mi madre me pidió que emprendiera un viaje. Me llevó un tiempo descubrir por qué. Fue el período en el que se suponía que Anna se casaría. No la culpen...

Anna murió dos años después de la boda. Ella había comenzado a perder peso. Su esposo dijo que ella no escuchaba a nadie ni tenía cuidado con su salud. Los médicos les habían dicho que ella no debía tener hijos. Murió antes de que pudiera atender a su infante... Cuando regresé del viaje, me volví un recluso durante un año, sin ningún contacto con nadie. Mi cabello y mi barba habían crecido hasta mi pecho. La única compañía que quería era la de Amelia. Anna estaba enferma, pero aún vivía en ese entonces. Una tarde de 1909 escuché un golpeteo en la puerta.

"¡Abra! Soy yo. ¡Amelia!"

Corrí escaleras abajo y apenas le di un segundo para recuperar su aliento.

"¿Qué sucedió? ¿Está muerta? ¡Dígame!" le pregunté mientras la zarandeaba. Sus ojos estaban rojos.

"¡Escúcheme! Tiene que venir conmigo ahora mismo. Ella quiere verlo."

Amelia me dijo que Anna había estado preguntando por mí, especialmente durante las noches. Y no paraba de decir que quería anémonas blandas. Pero solo hoy su esposo le permitió a Amelia decírmelo. Hoy, porque los médicos dijeron que el final estaba cerca. Él no estaba en casa. Se había ido a propósito para que no cruzáramos nuestros caminos.

El primer pensamiento que vino a mi mente fue que no había visto a Anna ni siquiera una vez desde su boda. No pude pensar en nada más. Esperamos a que cayera la noche. Su casa era una de las mansiones más finas del estado. Amelia y yo entramos y fuimos derecho a su habitación. Anna estaba sentada en su cama. Solo la dulzura había permanecido en su rostro de otra forma mustio. Estaba vestida con una bata de seda y había arreglado sus largos mechones en su peinado favorito. La primera palabra que pronunció fue mi nombre. Sonrió, expresando tanta felicidad como su cara aún podía expresar. Alargó la mano. La tomé con la mía y comencé a besarla.

"¡Ha venido, Paul! ¡Ha venido! ¡Estoy tan feliz de que usted viniera! Es bueno verlo una última vez, ahora que el final está cerca... Y ya que mi esposo lo permite..." Me arrodillé junto a su cama y le pedí que se detuviera. Le dije que se recuperaría y que todo estaría bien. Ella no paraba de tirar de mi mano hacia su cara y labios pálidos, suspirando como si estuviera aliviada.

"La última vez que usted la vio," dijo Amelia, "cuando ella juró que regresaría, realmente creyó poder hacerlo..." Anna asintió en acuerdo. "Pero entonces, ella empeoró y no pudo hacerlo. Eso ha sido una carga para su alma desde entonces y por eso le pide que la perdone..."

La perdoné con todo mi corazón. Besé su cabello justo como solía hacerlo y su rostro se encendió repentinamente de placer.

La dejamos descansar por bastante tiempo y luego me dijo, "Cuando me haya ido, quiero que visite nuestra colina de vez en cuando. Puede que los árboles y el pasto tengan algo que compartir con usted. No me olvide. Si se mantiene fiel a nuestro amor y no reniega de mí, yo nunca lo abandonaré. Estaré justo a su lado, Paul... A su lado y al de mi hijo. Cuando me necesite, yo estaré allí..."

Escolté a Amelia hasta su casa y luego regresé a la mía a medianoche, agobiado por una mezcla extraña de dolor y felicidad. "¿Qué es esto?" me pregunté, "¿Por qué me siento tan confiado de que la veré nuevamente?"

La vi la noche del miércoles. El domingo estaba muerta.

17 de enero de 1919

Esta mañana, a las 8:40, fue el segundo aniversario de mi reanimación. Fue en ese momento en el que abrí mis ojos y era de nuevo yo. Recuerdo que nevaba. Mi madre estaba en el piso junto a mí, llorando lágrimas de felicidad. "¿Qué sucedió?" le pregunté. Recibí la respuesta de nuestro médico familiar: "Bueno, ¡ya era hora de que despertara! ¡Usted ha roto todos los récords!"

Aparentemente era algún tipo de letargia. Yo había estado dormido durante dos semanas.

El médico, usando una corbata lujosa, estaba intentando animarme. No solo no tuvo éxito en ello, sino que, en vez de una sonrisa, una mueca grotesca se esparció por su rostro.

A medida que los meses transcurrían, comencé a sentirme mejor.

Gané coraje. Al final, el hombre puede acostumbrarse a cualquier cosa…

"Ahora que ya está familiarizado con mi caso," le dije una vez al médico, "no necesito temer ser enterrado vivo…"

23 de enero de 1919

Es el cuarto día consecutivo nublado y con neblina. ¿Qué puede hacer uno en este clima? Ya no vienen amigos a visitarme. Estoy leyendo un libro de historia. Desde la escuela primaria, la historia siempre ha tenido el poder de arrastrarme lejos. Recuerdo pensar en ese entonces que todos nosotros nacimos en cierto lugar y época por pura coincidencia. Podríamos haber nacido fácilmente en un país, una cultura e incluso un siglo completamente diferentes, con amigos, ocupaciones y gente querida totalmente diferentes. Pero no seríamos capaces de conocer ninguna de las cosas que habrían de después, eso es, ahora.

Estoy intentando leer, pero me estoy presionando. En ese entonces, yo solía engancharme verdaderamente a lo que estaba leyendo. Ya no es así. Hoy, mi soledad ha alcanzado su profundidad más honda.

8 de febrero de 1919

Comencé a encontrarme con el sacerdote nuevamente. Él nunca me presionó para que hablara y eso calmó mi mente. Amelia le había explicado que yo necesitaba tiempo. Él respetó eso. Es por eso que fui. Él dijo que disfrutaba hablar conmigo. Yo también lo hacía. Conversar con él siempre fue muy interesante. Él tenía una manera positiva de pensar y un juicio claro, libre de prejuicios y estereotipos. Su mente era robusta y brillante.

Miré fijamente su biblioteca. Tenía casi todo: desde los místicos del este y los filósofos jónicos, hasta los filósofos modernos de la civilización occidental.

"Veo que contempla esos libros sin valor," me dijo, como si pudiese leer mi mente. "No espere grandes cosas de ellos. Los he leído todos. Sé todo lo que ha sido dicho por las mentes más brillantes de todos los tiempos. Pero nunca sentiré el poder que el amor verdadero tiene de elevarlo a usted al punto más alto del conocimiento. Nunca experimentaré un amor así."

Se volvió hacia mí. Era la primera vez que él, un hombre tan discreto y considerado, había hecho una alusión a Anna, si bien de manera indirecta. Él estaba recurriendo a mí por ayuda, entendimiento. Tenía la esperanza de sentir lo que era el amor, aunque fuera vicariamente.

"Ella me dijo que estaría conmigo, que yo la sentiría cerca de mí de vez en cuando. Han pasado diez años desde entonces. Nunca, ni siquiera una vez, he tenido una señal de ella. Dígame entonces, padre, ¿cómo es que el concepto del alma imperecedera que usted predica ha de conciliarse con la absoluta falta de comunicación con aquellos que nos amaron?"

"Si está buscando amparo en los momentos de dolor, no tengo más nada que ofrecerle aparte de la fe (cualquier fe). Pero vamos a enfocarnos en usted. Y le estoy hablando como un hermano, no como un sacerdote. Si yo fuera usted, no colocaría mis esperanzas y futuro en esa promesa. Todos estos años se ha consumido por pensar en demasía a expensas de su salud mental. ¿Por qué? ¿Considera esto saludable o correcto? ¿No ha tenido suficiente experiencia para saber que uno no debe confiar en expectativas poco realistas? ¿Necesita una señal? ¿Por qué debería la Creación revelarle sus secretos? ¿Y por qué, con la sola excusa de una falta de señales, los descarta a todos juntos? ¿Y cómo está seguro de que no le han sido revelados, pero lo encontraron demasiado ciego para notarlos o entenderlos?"

Yo no tenía un contraargumento. Nos sentamos allí por un tiempo, dándonos la cara sin hablarnos, y luego nos fuimos.

Esa noche recé después de un muy largo tiempo. Le pedí al Señor que me calmara y me mostrara que mis dudas eran injustificadas. Nada. Pero entonces lloré. ¡Logré llorar! ¿Podría haber sido *esa* la señal que estaba buscando?

24 de febrero de 1919

La idea de que yo podría dejar esta vida, irme de una vez por todas, fue muy atractiva al comienzo. Tantas personas desaparecen cada día, personas de todas las edades. Nada puede descartarse. Los pensamientos suicidas, sin embargo, no cruzaron mi mente. No sé si mi madre o mi cobardía fueron las culpables, o más bien un egoísmo puro creado por esa herida abierta en mi corazón.

La sola posibilidad, sin embargo, me consolaba. Vagamente, esperaba con ansias romper las ataduras. Si ella ya no está, yo me voy con ella. Tan simple como eso. Esa era la idea. Y ella estaría esperando allí por mí, inalterada, y todo regresaría a ser de la forma en que fue.

Segundo Diario

(el diario que Paul Dienach escribió al salir de su segundo coma)

3 años después

EL DESPERTAR

16 de julio de 1922

Las preparaciones para el viaje, junto con todas las cosas olvidadas de las que decidí deshacerme, me mostraron el camino a mi vieja biblioteca donde, escondido detrás de las hileras de libros, estaba el diario que yo había mantenido por tres años, desde diciembre del 18 a febrero del 21. Durante mi enfermedad, algunos de mis amigos habían estado cuidando de la casa, especialmente después de la muerte de mi madre. Anoche me senté allí, hojeándolo, ocasionalmente leyendo superficialmente algunas de sus páginas. Leyendo entre líneas redescubrí, por un momento, a mi antiguo yo, a quien había perdido hace mucho en algún lugar en medio de todas las cosas increíbles que me habían sucedido en ese tiempo. Volví a experimentar esa emoción inocente con un entusiasmo tan genuino y puro, inhalando ese aroma puro de la lealtad al único y singular amor de mi vida. Algo tan raro. Yo sabía en ese momento que era un ejercicio de futilidad, pero, aun así, no podía hacer otra cosa.

Muchas cosas dentro de mí son diferentes ahora, han cambiado. Y en este punto, siendo el perro viejo que soy, puedo decirles que esos momentos lo valieron todo. Fueron preciosos incluso si la gente pensó que no eran más que indicios de un temperamento anormal.

Oh, mi preciosa Anna... Perdóneme. ¿Por qué no pienso en usted más seguido? ¿Por qué su memoria no me abruma como solía hacerlo? Pero estos increíbles países a los que fui cambiaron todo para mí. Ni mi pequeño pueblo natal ni mi primer amor es lo suficientemente grande para mí ahora.

Pero esta no es la razón. ¡No puede serlo! No merecería su perdón si lo fuera. Este viaje de vida y destino mío me recuerdan un mito que me contaron cuando no era más que un niño: el mito del hombre asesinado injustamente. Por años y años su alma vagó por las regiones inhóspitas de la noche. Aún se podía escuchar el traqueteo de sus cadenas. Pero después de que se impartiese justicia, nunca se volvió a escuchar de él nuevamente.

En mis primeros días de regreso, hace dos meses, mis compañeros de la aldea le dieron la bienvenida a mi apariencia saludable y cambiada con una absoluta sorpresa. Su alegría se sentía genuina. La mayoría de ellos me habían dado por muerto. Con suerte para mí, sin embargo, los médicos en Zúrich creyeron algo distinto y, por lo tanto, me dejaron ocupar una cama durante doce meses enteros (del 21 de mayo a mayo de este año) alimentándome por una sonda con comidas líquidas especiales.

Mi madre había muerto antes de que yo regresara. Se marchó con un dolor en su corazón, ese dolor insoportable de una madre que no tuvo la oportunidad de ver a su hijo fuerte de nuevo. Toda la emoción y alegría que sentí, causada por mi resurrección psicológica, fue eclipsada en un principio por mi pena ocasionada por la pérdida de mi madre. Mi Señor, perdone a esa mujer santa y déjela descansar en paz.

El sacerdote está lejos en Italia. Aún me siento avergonzado de las dudas que compartí con él, de mi falta de fe: un pecado terrible. Por otro lado, no era posible que él pudiese tener idea de todas las cosas increíbles que siguieron en mi lucha de tres años entre el escepticismo y el remordimiento.

Intento alejar todos estos pensamientos usando la energía como un instrumento, una energía que nunca pude haber imaginado poseer. Estoy constantemente en movimiento. Me he hecho cargo de todos los asuntos de herencia, he vendido mi terreno, trabajo en los campos en mi tiempo libre e intento mantener mi mente ocupada en todo momento. Pero cuando la noche viene y todos mis amigos se han ido, todos estos recuerdos, tan recientes, pero al mismo tiempo tan distantes, regresan y me atormentan antes de dormir. Y cuando llegan estos momentos, no puedo evitar pensar sobre lo que he perdido... De vez en cuando, se siente como si yo fuera el náufrago de un verdadero naufragio espiritual. Y no puedo hablar de mi vicisitud con nadie; ni siquiera puedo confesarla al sacerdote. Las cosas que conozco no pueden siquiera ser concebidas por la mente humana. El papel sin vida sobre el que escribo ya no es solo una hoja de papel sin vida; es mi propio ser. Y mi propio ser, en efecto, sabe muy bien las razones de mi firme convicción. Y nunca, mientras siga viviendo y respirando, temeré que alguien se ría de lo que he experimentado y visto con mis propios ojos. Creo en ello con toda la fuerza que me queda.

21 de julio de 1922

La cantidad de mis compañeros de soledad vespertina está disminuyendo. Quizá están en lo correcto. No hay mucho más que decir cada dos noches. En este punto, la mayoría de las veces mis compañeros son mis libros y estoy contento con eso. ¿Quién hubiera pensado que todo lo que ha sucedido en la historia desde que ellos fueron escritos justificaría el valor de sus contenidos? Mis propios antiguos amores de la infancia (Schiller, Goethe), pero nombres más recientes también (como Einstein, Schweitzer, Bertrand Russell, Thomas Mann y Maeterlinck), no puedo expresar qué sensación tan extraña me daría conocerlos. Yo, y solo yo, podría contarles cosas sobre el curso de los últimos años de sus vidas, sobre cómo su trabajo sería glorificado en la historia, sobre su fin, cosas que ellos nunca supieron y nunca pudieron haber sabido.

Estoy sentado al pie de un árbol, vencido por la vastedad de las existencias que tengo deambulando alrededor de mí. Y aun así siento, desde este mismo lugar, ¡como si pudiera cortar el universo por la mitad y estrujarlo por dentro!

10 de agosto de 1922

Esta noche pasé por un infierno. Por una parte, sentí el impulso de hablar de todo lo que sé, desahogando mi alma, ¡pero por otra parte sabía que debía obligarme a enterrar todo muy profundo dentro de mí para siempre!

¿Dónde está, madre? Si estuviera viva, ¡le contaría todo! A usted, ¡todo! Sé que usted siempre respetaría lo que es ahora lo más sagrado en mi vida.

14 de agosto de 1922

Hace dos días me encontré con el padre Jacob en la calle. Él había regresado de su viaje a Italia. Le agradecí por toda la ayuda y apoyo que le había dado a mi madre durante mi letargia. Le dije que lo visitaría al día siguiente, lo cual hice. Nos sentamos en su jardín. ¡Qué diferente se sentía estar a su lado esta vez! Todas las dudas que solía tener ahora habían desaparecido hacía tiempo.

"Padre, no soy la misma persona que solía ser. Si solo usted supiera de los cambios por los que he pasado…"

Le recordé mis pensamientos pasados y mis conclusiones irrespetuosas y le aseguré que ya no comparto el mismo punto de vista con mi antiguo yo. Al mismo tiempo, sin embargo, sentí que no tenía derecho de hablar con él con más detalle. Él parecía muy emocionado de que la fe me hubiera hablado.

"Yo estaba equivocado, padre. Si solo usted supiera todas las cosas magníficas que hay." Me detuve repentinamente. El tono de mi voz me sorprendió incluso a mí. El sacerdote me miró fijamente, conteniendo el aliento.

"Incluso el dolor más severo es bienvenido, tanto físico como mental. La vindicación llegará al final. Nunca un suspiro debería salir de una boca humana."

Y entonces vino un momento de silencio. El sacerdote ahora se estaba inquietando. Se veía como si estuviera intentando hacerme hablar sin pedírmelo. Finalmente dijo, "¿Ve, hijo mío? ¡Eso es fe!"

"No, padre, no," respondí con una voz estable y tranquila. "No es solo la fe lo que me ha cambiado. Usted no puede siquiera imaginar lo que de hecho hay allá afuera. La mente humana es incapaz de darse cuenta de la grandeza de ello."

No revelé nada más. Pero ya había dicho demasiado, más de lo que tenía derecho a revelar.

Al principio, el Padre Jacob esperó pacientemente que yo procediera. Luego comenzó a preguntarme en su propia forma casual e indirecta. Después comenzó a rogarme. Me llamó "hijo", me llamó "hermano" y me recordó nuestras discusiones pasadas en el invierno de 1919. Finalmente, afirmó que era un pecado creer que algo puede ser exclusivamente nuestro, terminando con cómo ese algo eventualmente se convertiría en un peso sobre mi consciencia. Me arrepentí de haber dicho todo eso y haber arruinado esas verdades sagradas dándoles la forma de razón humana.

Desde anoche, he estado pensando que algo ha cambiado entre el sacerdote y yo y que nuestra amistad duradera es ahora algo del pasado.

16 de agosto de 1922

En días de verano como este, el cielo es tan claro, casi trasparente, y la brisa es tan fría que el mediodía parece una mañana de primavera tan clara como el cristal. Me siento alegre de haber pospuesto todos mis recados para mañana, todo el papeleo, toda la seriedad aburrida de mi rutina diaria. Las mañanas como esta no están hechas para ser pasadas rodeado de cuatro paredes. Debería ser considerado un pecado trabajar en días tan divinos. Ahora entiendo por qué nosotros, todos los gusanos de esta tierra, deberíamos pensar dos veces antes de referirnos a lo divino. Me han dicho que todas las cosas grandiosas que nos rodean están mucho más allá de las capacidades para comprender de nuestra mente finita. Es por eso que los niños pequeños encuentran alegría en menudencias y, basándose en eso, son sin lugar a duda más sabios que nosotros.

Perdóneme, Padre Celestial, por mi falta de fe.

17 de agosto de 1922

Cuando tres personas tienen una conversación en el pavimento en mitad de la noche, naturalmente puede que alguien los oiga por casualidad, no importa cuán bajo sea el volumen de sus voces, especialmente si la ventana abierta de ese alguien está directamente sobre sus cabezas.

Hace media hora, experimenté una situación fastidiosa como esta, sin que ellos supiesen que yo estaba escuchando. En un principio, hablaban en voz muy alta sobre asuntos locales. Podía escuchar la voz grave del dueño del hotel, la entonación característica de la voz de nuestro médico familiar y una tercera persona, cuya voz no pude reconocer. En algún punto, se dieron cuenta de dónde estaban parados y volvieron su conversación hacia mí. Preguntaron al médico qué exactamente estaba mal conmigo y él les dio una pequeña explicación sobre la letargia. Los otros dos seguían haciendo más preguntas mientras unos pocos "Shhhs" interrumpían la conversación cada vez que alguien elevaba su voz. Entonces la idea apareció en mi mente. Recordé el tema de la segunda parte de la *Misa* de Ruthemir. Una, dos, tres veces la interpreté en mi mente sin errores. Podría fácilmente tocarla en el piano. Me senté en mi taburete, con mi ventana abierta, y entonces la melodía divina rompió el silencio de la noche como una tormenta de felicidad, una expresión genuina del conocimiento del futuro. Luego me acerqué a mi ventana. El médico, el dueño del hotel y el tercer hombre aún estaban de pie allí, hablando como si nada hubiera sucedido. ¡Increíble! Creo que incluso las hordas de peones que solían arrastrar piedras enormes para las pirámides serían menos indiferentes al sonido de esta melodía.

En unos pocos días me iré a Atenas. Ya hice todos los arreglos. Necesito un clima más templado, los médicos estuvieron de acuerdo conmigo en eso. Mi mente está sana, pero mi cuerpo está enfermo; la tuberculosis nunca se fue. Sé que no me queda mucho tiempo. Quizá un par de años…

UNA NUEVA VIDA EN ATENAS

Atenas, 20 de octubre de 1922

Ahora me siento tan instalado en la ciudad blanca. Me he acostumbrado al calor traído por el sol de invierno, las voces de los vendedores ambulantes, el aroma de los crisantemos y el polvo elevándose de los carruajes. Creo que encajaré perfectamente aquí. Mi mayor placer es, sin embargo, salir en las tardes y perderme en las calles concurridas, entre los escaparates brillantes de las tiendas y el característico y rítmico movimiento vigoroso de las ruedas de goma de los carros. Uno debe estar enfermo o demente para quedarse en casa al anochecer. Ya nadie en esta ciudad encuentra placer quedándose en casa.

El lugar es pobre. Es evidente por los muchos mendigos en las calles y los cordiales hombres ancianos con sus violines atormentados. Pero todas las mujeres aquí están bien arregladas y son elegantes, con un inexplicable aire de verdadera nobleza.

Acabo de recordar, sin realmente quererlo, las palabras de alguna manera injustas que Stefan pronunció un día en una conversación, cuando se preguntó cómo sería "encontrarnos repentinamente en el corazón del siglo XX, en medio de los más orgullosos y rebeldes de las naciones subdesarrolladas y casi incivilizadas del sur" para enfatizar que los ejes culturales ahora se habían trasladado al norte. *¡Qué opiniones tan ignorantes se forman en la ausencia de cualquier conocimiento histórico!* Ahora pienso que Stefan, mi amigo del futuro, con todo su orgullo y su afecto por la antigua sangre escandinava que corre por sus venas, llegó fácilmente a conclusiones injustificadas acerca del "sur incivilizado". Pero yo, por el contrario, soy bastante consciente de todos los excesos a los cuales esa raza afortunada fue empujada. Y digo "afortunada" porque no pudo haber logrado nada por sí sola. Ellos simplemente fueron representantes de la otra gran fuerza ganadora, por la autorización de quien ellos vinieron y recolonizaron este continente torturado, el cual fue casi aniquilado por la guerra fatal del año -87 *(nuestro 2309 d. C.)*. Fue entonces cuando una guerra nuclear de mediana escala tuvo lugar, destruyendo toda Europa con la excepción de Escandinavia. *(Europa fue entonces recolonizada principalmente por los europeos restantes del norte).*

Y en lo que concierne a la nación de Grecia, creo que no hay una nación más relajada bajo el sol del Mediterráneo. A no ser que todos estén pretendiendo, incluyendo a mi arrendataria, que hace todo lo que está bajo su poder para ayudarme y complacerme, y al pequeño niño de ocho años que llegó tarde a la escuela para poder llevarme por sí solo todo el camino hasta el Odeón de Herodes Ático y ni siquiera aceptó la propina que le di.

No sé del resto, pero yo podría caminar por las calles y distritos más remotos y aislados después de la medianoche, sintiéndome tan seguro como lo haría a plena luz del sol. Aquí me he encontrado tanto con una moralidad decente como una cultura local sobresaliente.

Estas costas mediterráneas son donde nació la civilización y me siento orgulloso de vivir aquí ahora. Me siento tan ligero entre extraños en este país ajeno, pero tan amado. Ahora me he asentado perfectamente en mi humilde habitación. La única cosa que temo, sin embargo, es que estoy comenzando a sentir el mismo peso en mi pecho nuevamente, aquel causado por el saber de mis días contados.

Miércoles, 2 de noviembre de 1922

En un país extraño las primeras pocas semanas son bastante difíciles. Todo (la mañana, la noche, los hábitos de uno, la manera en que uno planea pasar el día) necesita ser redefinido. Creo verdaderamente, sin embargo, que con el pasar del tiempo las cosas mejorarán; y confío en las promesas tranquilizadoras del Sr. De La S de que me recomendará a algunos de sus estudiantes de alemán, de los cuales tiene en abundancia. Después de mi visita a la escuela arqueológica con la carta de recomendación del Sr. M., tengo todas las razones para sentirme optimista.

Durante los últimos días, el clima me ha estado recordando a casa y la soledad sigue inundando mi mundo y mis ojos. Si encuentro estudiantes a los que enseñar, los aceptaré a todos incluso si soy mal pagado, con la esperanza de conocer finalmente a alguien en quien pueda de hecho confiar y con quien pueda comunicarme. Hilda, Stefan, Silvia, ¿dónde están?

Esta tarde me senté frente al Partenón (en el lado norte) y estuve perdido en mis pensamientos durante horas, mi mirada acariciada por las inscripciones talladas en la piedra. Repentinamente, pasos suaves que se acercaban interrumpieron mi ensoñación. Levanté mi cabeza. Era un hombre joven, alto y aparentemente culto. Se disculpó en francés. Me presenté y él estrechó mi mano, expresando su alegría de que yo no fuera prusiano. Eso fue todo lo que entendió de mi acento.

"Lo entiendo... Lo entiendo muy bien," me dijo. "Cuando uno concentra su pensamiento enteramente en esta roca, sin permitirle a su mente que piense en algo más, es como si estuviera viviendo en esa era, hace dos mil años. ¿Qué más podría haber visto una persona en ese tiempo si se inclinaba sobre este lugar por un par de minutos? Durante aquellos minutos, esta roca habría sido su mundo."

Me dejé llevar y le respondí, "Y después del mismo número de años todavía será la misma. Esta tierra tiene cimientos fuertes y sólidos. Tantas cosas habrán sucedido en el transcurso del tiempo, tanto habrá cambiado para ese entonces, y a pesar de eso, este pedazo de piedra permanecerá exactamente igual. ¡Eso es lo increíble! Así que contemplándola y olvidando todo lo demás que nos rodea, ¿no es como si estuviéramos viviendo en el futuro por un momento?"

Él se volvió y me miró profundamente a los ojos. Guardé silencio.

"Excepto," dije después de un minuto, como si recordara algo repentinamente, "excepto que entonces no habría verjas a su alrededor. Se habrían desecho de ellas."

Él me miró con una expresión extrañada en su rostro, una mirada interrogativa. Se veía un poco ofendido, no tanto por lo que yo había dicho, sino más bien por el simple y confiado tono de mi voz.

"Debería irme ya," dijo justo después, "las puertas cierran al anochecer."

LA VERDAD SOBRE SU ENFERMEDAD

20 de marzo de 1923

Aquí vamos de nuevo. La ligera falta de aliento y el pequeño pero gradual aumento de fiebre todas las noches han regresado con las mismas intenciones hostiles, con la misma persistencia malévola, indicios de pequeñas e insidiosas grietas dentro de mí. El fin está cerca; debo lidiar con ello ahora. La necesidad de desahogar mi alma se vuelve más imperiosa cada segundo. En una edad en la que otras personas se sienten jóvenes y planifican su futuro, yo estoy muriendo con una carga moral despiadada e intolerable dentro de mí.

Todos en mi pueblo natal saben que los médicos se equivocaron al creer que la enfermedad que me atormentó durante catorce días en 1917 no regresaría a torturarme de nuevo. Regresó una vez más, no por un par de semanas, como antes, sino por aproximadamente doce meses. Ellos recuerdan llevarme apresuradamente a Zúrich a mitad de mayo de 1921 y yo viéndome como un hombre muerto. Todos allá lo saben. Lo que no saben, sin embargo, es que la primera vez que me recuperé no recordaba nada del tiempo que duró mi enfermedad: para mí fue como si hubiera perdido contacto conmigo mismo y el mundo solo por un segundo, no por dos semanas. Por el contrario, la segunda vez que abrí mis ojos, estaba lleno de recuerdos frescos y claros como el cristal de una vida real de 360 días, ¡tan recientes y tan vívidos en mi mente!

Ustedes pueden darme la explicación que mejor les parezca, médica, científica o cualquier otra, y yo las aceptaré todas. ¡Solo no me digan que fue un sueño o un producto de mi imaginación, porque nunca habrán de estar más equivocados! Hay cosas que la mente humana no conoce ni comprende. Solamente si alguien se pusiera en mis zapatos podría sentir alguna vez mi certeza absoluta. Que Dios sea mi testigo y digo Dios porque Él y solo Él puede ver dentro de las profundidades de mi alma. Y Él sabe cuánto respeto y aprecio su nombre.

Escúchenme, la verdad no puede ocultarse. Las señales son innumerables: primero y ante todo el pasar del tiempo. Cuando uno ha vivido una cierta realidad por una cierta cantidad de tiempo, cuando uno ha visto y tocado todas estas cosas tangibles y sus detalles realzados, es muy difícil afirmar que todo fue un sueño y no una parte concreta de la vida real de uno. Lo mismo se aplica a mi experiencia. Han pasado ya meses desde que me reencontré y lo lógico sería que estos "recuerdos" se hubieran vuelto borrosos o se hubieran desvanecido. Bueno, ¡les aseguro que nunca, a lo largo de este período, he dudado de mi firme convicción de que todas estas cosas que me sucedieron fueron incidentes de una verdadera experiencia de vida y que pasé 360 días de vida real en el futuro distante!

21 de marzo de 1923

No me estoy sintiendo mejor. Creo que mi condición se ha exacerbado por el sorprendente bajón de temperatura durante los últimos pocos días. Esta tos, que al principio pensé que pasaría, continúa atormentando mis pulmones. No me gustó cómo se veía la cara del médico ayer. Pero ¿qué más me pueden decir? Si voy a morir, que así sea. Después de lo que he experimentado, ¿qué más queda por ver? Durante todo el tiempo que me quede de vida, esa será mi oración y eso es lo que mi alma esperará.

Abril de 1923

Recordé el mito del ermitaño de cabello cano: cuando él era joven, su amada se lo llevó del monasterio después de muchos años e hizo que pasara algo de tiempo con ella. Antes de irse, ella le puso su anillo de esmeralda en el dedo medio de su mano derecha. El ermitaño se despertó de nuevo en esta vida en medio de los arbustos donde se había acostado, creyendo que había estado soñando y que todo lo que recordaba (los postes de luz dorados, las alfombras gruesas sobre las que caminó, su dulce beso) era parte de ese sueño. Pero después de mirar su mano, tembló: el anillo estaba allí. Los otros ermitaños lo confirmaron después.

Estoy sentado aquí, contemplando mis manos vacías, y me pregunto: *¿Por qué no puede la realidad, sin importar cuán distante esté en el tiempo, dejar atrás la más leve señal tangible, cuando un sueño pudo hacerlo una vez?* Pero estas cosas solo suceden en mitos y leyendas. Si, sin embargo, pudiera elegir qué señal tangible me hubiera gustado encontrar sobre mí el último mayo, rodeado por los médicos de Zúrich, no sería ni su anillo de esmeralda ni su retrato ni ninguno de sus otros pequeños y preciosos regalos. Pueden ustedes hacer todas las suposiciones que quieran sobre mí, pero lo que realmente desearía encontrar sería mi manuscrito original que escribí cuando viví en el futuro. Eso es lo que ha estado constantemente aturdiendo mi mente. ¿Qué le sucedió a ese diario? Terminarlo me llevó una buena cantidad de tiempo, casi un año, y muchas noches sin dormir. Con verdadera alegría y genuina pasión puse en papel cada uno de los detalles de lo que experimenté durante cada día en el futuro. El recuerdo de Andreas Northam, en cuyo cuerpo viví, y de mis manuscritos, "El Diario", el cual dejé atrás, queman un agujero en mi corazón.

¡No, no! Debo despedir a cualquier costo estos pensamientos perturbadores de mi mente: la creencia de que nada es verdaderamente irreversible en este universo y que no tenemos derecho a medir todo con las capacidades finitas de nuestra mente humana. Y después de todo, ¿de qué me tengo que preocupar? Un día, en un par de miles de años, ¡Andreas Northam escribirá esas páginas él mismo!

Mi juicio está aún lo suficientemente claro para señalarme que estas ideas erradas me están empujando hacia la ociosidad y la sumisión a mi destino, mi condena acercándose a cada segundo. Pero no caeré en la trampa. Puede que mi corazón esté enfermo y dañado y dolido, pero, gracias a Dios, mi cerebro es aún fuerte y trabaja correctamente. Usted, mi Señor, escogió a un hombre sin importancia, humilde, un hombre que sufrió y aún está sufriendo de una grave enfermedad, para mostrarle un pequeño fragmento de Sus secretos eternos. Es Usted quien decide lo que debe hacerse en cada ocasión; lo sé, lo creo. Así que, por favor, deme la fuerza para terminar lo que comencé y aliviar mi corazón agobiado. ¡Que el papel se vuelva mi confesor y mi salvador!

Martes, 24 de abril

Hace un rato, mi arrendataria, una mujer maravillosa, golpeó mi puerta para ver si necesitaba algo y para asegurarse de que todo estaba bien. Bueno, ustedes no lo creerán, pero yo sentí esta urgencia repentina de tomarla en mis brazos y comunicarle las estupendas noticias: ¡que ahora puedo ciertamente escribirlo todo! Porque una vez más, me fue dada la oportunidad de verificar qué tan excelentes son mis habilidades de memoria. Después de todas las dificultades y sufrimientos, ¡todavía está aquí! Logré poner en papel, palabra a palabra, estrofas completas de poemas que nunca había leído o escuchado en mi vida antes de que Silvia me los recitara esa inolvidable noche bajo las estrellas.

Así que ¿qué podría evitar que reescribiera mis páginas perdidas, mis recuerdos del futuro? ¡Definitivamente puedo hacerlo ahora! Cualquier duda que pueda tener de aquí en adelante será simplemente una vacilación insegura contra la que tendré que luchar.

No me importa esta tos que desgarra mis entrañas, ni esta fiebre que quema este cadáver desagradable de cuerpo. ¡Todo esto no es suficiente para arrojar una sombra sobre la emoción que me da el prospecto de completar mi trabajo! Puede que el tiempo sea limitado (quizá solo unos pocos meses) pero este será mi "futuro" de ahora en adelante; y será la alegría de reescribir los manuscritos que una vez estuvieron listos, pero fueron dejados atrás. El mismo destino que me condenó me ha dado, ahora, en el final, esta oportunidad única y estoy convencido de que puedo recordarlo todo, página a página, si no palabra por palabra.

Me quedé despierto hasta tarde esta noche y saboreé mi recién encontrada felicidad. ¡Estoy extático! Nada estará perdido; de ahora en adelante, mi corta vida ya no estará vacía. ¡Tengo una nueva razón para vivir!

Mi caso no tiene nada que ver con inspiración y creación. Nunca fui bendecido con tales obsequios y no se puede perder lo que nunca se tuvo. Mi caso es el de un viajero que nunca habló de sus aventuras y que finalmente ha decidido romper su silencio.

No tengo amigos; mi madre está muerta. Estoy completamente solo en el mundo. Así que, sin importar quiénes sean ustedes, ustedes que de alguna forma un día terminará con mis manuscritos, sean mis amigos y entiéndanme. No se rían y no se burlen. He sido medido y probado muchas veces en mi vida. Todo lo que leen lo he visto con mis propios ojos; lo he vivido, lo he tocado, ¡lo creo y lo venero todo!

No regresaré a mi tierra natal; ya he tomado mi decisión. No tengo ninguna relación superficial y obligatoria con los vecinos. Solo quiero contar mi historia de la manera más precisa posible; ¡y quiero contarla hasta el final!

RENACIDO

17 de agosto

¡Hoy es el doceavo día y ya he comenzado a escribir sobre esto! ¿Qué le habrá sucedido a esa combinación de asombro y horror de la primera semana, a esa admiración religiosa ante la vista de todo lo que al principio consideré sobrenatural? ¿Adónde se ha ido el temor de perder la cordura? Todos estos sentimientos duraron mucho menos de lo esperado. Aquí lo tienen entonces; ¡el hombre puede, en efecto, acostumbrarse a cualquier cosa! Uno puede habituarse a las cosas más increíbles y eventualmente uno regresará a su rutina de todos los días.

(Después de un rato)

Dios Todopoderoso, el curso que mi vida ha tomado fue siempre planeado por Usted y Sus deseos. Todos estos días y noches, solo mi fe ha evitado que pierda la cordura por esta increíble realidad que he estado viviendo. Tenga piedad de mí, mi Señor, ¡y no le niegue el perdón a su sirviente indigno!

(En la noche)

Ya han pasado tres días desde que logré arrastrarme fuera de cama y noté algo inesperado: mis dolores se han desvanecido y fui capaz de caminar incluso durante las primeras horas. El espejo es ahora el único recordatorio del vendaje que aún envuelve mi cabeza. ¿Y si lo que dicen es verdad? Lo van a remover pasado mañana. ¿Me habré recuperado entonces? ¿Puede ser verdad? ¿No estoy muerto? ¿Quién podría imaginar y creer un milagro como este?

(Tres horas después, al amanecer)

Incluso me siento mucho mejor psicológicamente después de las palabras tranquilizadoras de los médicos y mi encuentro de ayer con Johannes Jaeger. Antes, mis días y noches habían sido insoportables. El dolor no era nada comparado con el tormento mental que estaba atravesando, debido al conflicto interior entre un mundo de cosas increíbles sucediendo alrededor de mí y la existencia de otro mundo dentro de mí, uno de recuerdos diferentes, pero, no obstante, completo y lúcido.

Mi juicio maduro, resultado de mi edad, me había enseñado cómo distinguir lo real de lo irreal y mi memoria excepcionalmente buena estaba inundando mi mente con imágenes y eventos de mi pasado, con detalles nítidos, exactamente como los había vivido. Yo estaba funcionando perfectamente bien, tal como me recordaba. Pero también lo hacían todas las cosas disparatadas alrededor de mí... Estaba seguro de que era yo; al borde de un colapso nervioso, sí, ¡pero era yo! Una vez, cuando estuve en la presencia de los *Ilectores*, me derrumbé y comencé a llorar, eso es todo... Y, en cualquier caso, no creo que nadie pueda decir con confianza que sería capaz de controlar sus nervios en tal situación.

Estos últimos días no he visto a nadie más aparte de los dos médicos. Las enfermeras estaban siendo apartadas de mí desde el episodio con el espejo, cuando vi por primera vez mi nuevo rostro y enloquecí. El nuevo médico estuvo a mi lado como un sanador amable y habilidoso, pero también como un compañero silencioso, que siempre evitaba mirarme directo a los ojos durante cualquier momento en que estuviéramos solos y que siempre tenía un deje de agitación en su mirada.

Anteayer, el médico en jefe, el profesor Molsen, vino inesperadamente a mi aposento en la tarde. Se veía más emocionado de lo normal. Me dijo que me pusiera de pie y, sosteniéndome por el brazo, me ayudó a caminar a la sala contigua. En ese momento, me di cuenta de que un completo mundo nuevo se estaba abriendo ante mí. A veces me siento dominado por un afán recién descubierto e infantil. ¡No me había sentido tan impaciente desde que era un niño pequeño!

Me quedé en la entrada un rato, contemplando el recibidor. Era una habitación extrañamente grande con todo tipo de cosas extrañas (para mí) y esas puertas altas y transparentes que ofrecían una vista panorámica del exuberante campo, las laderas de la montaña y más allá. Entonces comencé a caminar de nuevo, pero no por mucho tiempo. Me detenía cada dos pasos y echaba un vistazo alrededor. En algún punto, me di la vuelta y vi al médico observándome con una expresión curiosa en su rostro. Nunca olvidaré esa mirada, pero en ese momento no me importaba nada.

No eran ni el oro ni las gemas de cuentos de hadas lo que me maravillaba. Todo allí estaba hecho de un tipo de cristal hermoso en perfectas combinaciones de colores pastel; azul cielo, verde esmeralda, blanco leche y rojo rosa. Todo, desde las mesas y sillas hasta los taburetes y los marcos, parecía estar hecho de un metal incoloro sobre el cual fluía incesantemente una luz tenue en ondas armoniosas. Todo era brillante y claro, incluso las macetas y las ramitas de cristal de flores florecientes. Sin embargo, si uno se acercaba demasiado, como un niño curioso, creyendo que encontraría algo en ese caleidoscopio transparente de colores, el sentido del tacto corregiría esa primera impresión, porque las superficies de los asientos probarían ser suaves y cálidas.

El médico no me apresuró. Pasando a través de la habitación, nos encontramos en un gran vestíbulo. Ahí es donde finalmente vi personas nuevamente después del aislamiento de los días pasados. Era un vestíbulo espacioso que conducía directamente a la enorme terraza principal. Era la tarde y el lugar estaba repleto de luz. Médicos y enfermeras estaban de pie en los alrededores, conversando en voz baja entre ellos. Ante la vista del médico en jefe se apartaron discretamente e hicieron un camino para que pasáramos. Al pasar caminando junto a ellos, los escuché susurrando ese nombre de nuevo, el nombre que todos seguían repitiendo todos estos días en mi presencia: "Andreas Northam." Me estremecí. "¿Quién es este Andreas Northam?" me pregunté. La realidad se despliega despiadadamente ante mis ojos en toda dirección. Solo me queda aceptar, junto con los médicos, esta cosa sin precedentes que me sucede, la cual excede incluso los sueños más salvajes de la imaginación más hiperactiva.

CONOCIENDO A LOS LÍDERES DEL FUTURO Y REVELANDO SU VERDADERA IDENTIDAD

Al otro lado del vestíbulo, frente a una puerta extremadamente alta, estaban de pie seis muchachos y muchachas que, a juzgar por su apariencia, probablemente no vivían en la institución. Habían acabado de llegar. Solo los vi por un par de segundos y no tuve oportunidad de observarlos meticulosamente. Eran adolescentes, todos ellos con largos cortes de pelo de paje, usando uniformes casi idénticos, con los mismos tonos pasteles del recibidor, y todos ellos usaban cinturones bordados con hilo plateado y pañuelos de seda cortos atados alrededor de sus cinturas. A pesar de ser desconocidos, ellos fueron los que abrieron la puerta para que entráramos en la pequeña sala de estar. Repentinamente, la puerta se cerró detrás de nosotros y, sin que nadie me hubiera dicho nada, me encontré cara a cara con dos *Ilectores*.

Ellos me miraron en silencio. Nadie más estaba presente. Para mi sorpresa, vi al profesor Molsen, quien me había traído allí, permanecer respetuosamente sereno.

Sentí que mi cuerpo y mi resistencia me fallaban. No sabía si eran sacerdotes o reyes, pero estas venerables figuras, vestidas de blanco, con su apariencia imponente, me impresionaron desde un principio. Los vi como un albergue pacífico para almas turbulentas. Les quise contar todo inmediatamente.

Caí ante sus rodillas y con una voz temblorosa les conté todo entre sollozos. Luchaba por respirar a menudo, pero mi fervor y anhelo eran tan intensos que seguí adelante. Nunca me había sentido así, ni siquiera durante la confesión. Estaba tan movido y alterado que no pude mantener un orden cronológico en mi narración, pero logré decirles toda la verdad, poco a poco; y creo que el tono de sinceridad de mi voz, en mi narración no linear, pero de otra forma coherente, mi evidente agitación emocional y la firmeza de mi mirada llorosa no escaparon del entendimiento de los dos ancianos.

Mientras me miraban fijamente, sus rostros pacíficos comenzaron a palidecer. Ninguna palabra podría describir la expresión en sus ojos. Les rogué que me creyeran. Ellos gradualmente comenzaron a hacerme preguntas en un alemán roto, el idioma en el cual yo les estaba hablando, una tormenta de preguntas concernientes al lugar donde yo viví y mi época. Expliqué todo sin rodeos. Podía ver su preocupación crecer más cada segundo debido a mi lengua extranjera.

Recuerdo que por un momento perdí la compostura y casi me derrumbo, pero entonces continué respondiendo todas sus preguntas tan precisamente como me fue posible. No dejaba de asegurarles la sinceridad de mis palabras, llorando con emoción, pero también amargura, por no ser capaz de proveerles una prueba tangible.

Al final, ¡estos sabios hombres me creyeron! Oh, Dios mío, ¡me creyeron! Me levantaron, me sentaron a su lado y, con ese aire inexplicable de absoluta benevolencia y de estar siendo bendecidos profundamente, me miraron y me hablaron como iguales.

¡Dios los bendiga! Solo Él puede pagarles el bien que me hicieron en esos momentos extremadamente difíciles y extraños.

No saqué mucho de sus ideas sobre "los límites estrechos de la cognición humana" o "la relatividad del tiempo y la existencia potencial de intervalos de tiempo simultáneos". Tampoco pude comprender totalmente el concepto de "la gran realidad unificada que yace más allá de la percepción humana del pasado, presente y futuro".

Pero el resto de lo que me dijeron sobre asuntos humanos y divinos me calmó. Me transmitieron una serenidad tan profunda, tal consuelo, que me hicieron sentir más en paz que nunca antes. Ellos eran un bálsamo para mi alma atribulada. Después, por supuesto, alcancé un entendimiento más profundo de su versión. Según su punto de vista, tenían ante ellos "uno de los fenómenos metafísicos más raros", una manifestación peculiar de un estado mental no del todo balanceado (en algún punto incluso lo llamaron patológico), pero no algo sobrenatural que se escapa de los confines de las leyes de la vida y el mundo físico.

EL ACCIDENTE DE ANDREAS NORTHAM

Los dos ancianos se fueron. Apenas noté lo rápido que el tiempo había pasado y ahora estaba oscuro afuera. Valles y montañas me rodeaban. Ahora podía oír la familiar melodía celestial *(su oración vespertina)*, cantada por voces de niños, como si viniera de lejos, de otro planeta lejos de este mundo. Para ser sincero, nunca quise que se detuviera.

18 de agosto
(Después de medianoche)

Son las dos de la mañana. Estoy rodeado de completo y absoluto silencio y me levanté de mi cama para escribir. Mi día estuvo ausente de dolor y mi sistema nervioso estuvo libre de la tensión de los primeros días. Si me están diciendo la verdad, aún hay esperanzas de que me recupere del impacto.

Hoy fue el treceavo día de mi nueva vida, trece días llenos de experiencias y emociones recién encontradas. Mis pensamientos están siempre con Dios. Solo Él puede mostrar piedad incluso al pecador.

Ayer en la mañana salí a la terraza y disfruté del sol. Pasé un largo rato solo. Me senté y releí lo que había escrito la noche anterior.

Luego el profesor Molsen se unió a mí y me mantuvo acompañado hasta el mediodía. Él estaba diferente conmigo hoy. Estaba hablador y nos comunicamos bastante bien, excepto por las veces en las que él intentó hablarme en su propio alemán. Anhelando saber más, lo acusé de haber experimentado con Andreas Northam, sin estar seguro de si tal sospecha tenía algún derecho de cruzar por mi mente. Él negó esa alegación vigorosamente con aparente sinceridad.

Anteayer, el *Ilector* Jaeger me dijo que habían traído a Northam a Molsen habiendo sufrido heridas fatales en la cabeza en un choque. Él murió en los brazos de Molsen y solo después de quince minutos y de haberlo congelado, Molsen logró traerlo de vuelta a la vida. No le mencioné nada de eso al médico. Le pregunté a Jaeger por qué no me dejaban hablar libremente con todos, como el resto de los pacientes hacía, y él me aseguró que esto solo duraría unos pocos días. También me dijo que mi insomnio no me haría daño, siempre y cuando pasara la mayor parte de la noche acostado.

En cuanto a lo concerniente a mi vida, él no me preguntó acerca de otra cosa aparte de la enfermedad por la que yo había pasado. Le conté sobre el incidente de 1917 con tanto detalle como fue posible; lo llamé "una especie de letargia".

En la tarde, Jaeger me visitó una segunda vez. Ambas veces fue enviado por los *Ilectores*. Me contó tanto... Su compañía es un gran consuelo para mí. Él habla de una manera tan diferente a la de los médicos; pone su corazón y alma en nuestro intercambio.

LA VERDAD: DESMAYÁNDOSE EN EL PASADO (1921 d.C.) Y DESPERTÁNDOSE EN EL FUTURO (3906 d.C.)

En las noches me sentía extremadamente nostálgico. Todo lo que alguna vez había amado, todo a lo que estuve acostumbrado durante toda mi vida, desencadenaba recuerdos tortuosos que me hacían llorar inconsolablemente. Si solo tuviera algo aquí de mi propio lugar y época, cualquier cosa, incluso un objeto inanimado, para darme compañía y hacerme sentir en casa.

La conciencia de la brecha increíblemente larga de tiempo me pesaba mucho. Me dio una sensación de un abismo moral que probó ser mucho más aterrador en mi mundo interior que en el externo. La idea de un escape intencional de la vida entró en mi mente. La imagen insoportable que penetraba en mis pensamientos todo el tiempo era la de mi amada madre de cabello cano, llorando desesperadamente sobre el cuerpo sin vida de su hijo en algún hospital en Zúrich. "¡Madre!" gritaba sollozando, "Madre, ¡nunca la veré de nuevo!"

Esa primera noche antes de despertar aquí, mientras yacía en cama medio dormido, el recuerdo vívido de Anna conquistó mi mente una vez más. Había pasado la tarde en nuestra amada colina con las anémonas blandas. Cuando la oscuridad de la noche cayó, me encontró allí. Regresé a casa caminando a través de las calles oscuras y desiertas para poder ocultar del mundo mis ojos inundados de lágrimas.

Me acosté en mi cama, con cuidado de no hacer el menor ruido que pudiera despertar a mi madre, quien yacía enferma en la habitación contigua. Ella había estado exhausta últimamente. Cuando apagué la luz y todo se volvió completamente silencioso, pude escuchar su respiración, lo recuerdo. Su presencia, la sensación de estar en compañía de mi madre, de alguna manera endulzó la miseria causada por la pérdida de Anna.

Yo estaba ardiendo de fiebre. Me dolían los ojos cuando parpadeaba. Sabía que tenía un recipiente con agua a mi lado y un paño para mojarlo y ponerlo sobre mi frente si lo necesitaba. Pero estaba tan fatigado que no pude encontrar la fuerza para levantarme, así que intenté enfriar mis ojos y frente sobre mis almohadas frías, cambiando de posición todo el tiempo. Después, recuerdo la sensación de dormirme lentamente y le agradecí a Dios por esa dulce salvación, incluso si solo duraba un par de horas. Mi último pensamiento antes de dormirme completamente fue que al día siguiente iría a sentarme bajo los dos abetos.

Despertarme, sin embargo, fue tremendamente doloroso. Me di cuenta de que tenía una fiebre muy alta. Mi mente fue derecho al recipiente con agua y la toalla. Sin abrir mis ojos, intenté alcanzarla, pero ni siquiera me pude mover. Después de un rato me desmayé de la fiebre.

Estas alternancias entre consciencia e inconsciencia duraron varias horas. Y los momentos de consciencia fueron insoportables para mí. Me sentía como si estuviera en caída libre en un abismo insondable. La agonía del abismo nunca me abandonó.

En medio del mareo de la fiebre, recuerdo haber visto, como en un sueño, a hombres y mujeres de pie en mi cabecera. Estaba consciente de mi situación, es decir, sabía que estaba enfermo y pensé que me habían movido a una ciudad más grande, a otro hospital, y que todas estas personas eran médicos y enfermeras. Nada más estaba claro en mi mente. ¡Oh! ¡Y mi madre! Sentía que mi madre ya no estaba a mi lado.

Luego pensé que estaba teniendo pesadillas. "¿Por qué están vestidos así?" me pregunté. El escenario alrededor de mí se veía completamente diferente y desconocido en comparación a lo que estaba acostumbrado. "No," pensé para mis adentros, "esto no puede ser un hospital." Parpadeé y pude vislumbrar el campo, el cielo, tonos de azul y verde mezclados y una luz rosa reflejándose en las paredes de cristal, tan brillante y tan hermosa…

También recuerdo haber respirado el aire aromático de la primavera y, a veces, una melodía celestial flotando hasta mis oídos cansados. Parecía una oración cantada por voces de niños. Pude distinguir el sonido del harpa. Nunca había escuchado nada más melódico y más extraordinario en mi vida y deseé que nunca se detuviera. Y entonces me pregunté "¿Estoy muerto?" Pero si lo estaba, ¿por qué me sentía enfermo y febril?

Otra idea loca pasó por mi mente: cuando aún estaba en la escuela, leí que nuestra amada Tierra podría no ser el único planeta en el universo. Pero descarté esa posibilidad después de recordar a la gente que había visto de pie en mi cabecera. Ellos eran humanos;

eran de nuestra especie. Y yo también había vislumbrado la luz familiar de nuestro cielo terrenal.

Todos estos pensamientos enmarañados y revueltos dominaban mi mente cansada cada vez que de alguna manera abría mis ojos en medio del aturdimiento febril. Y la verdad es que estos no me dejaron un recuerdo desagradable. Pero es imposible describir la sorpresa que me esperaba una mañana, cuando me había recuperado completamente y logré salir de la cama (siento escalofríos incluso escribiendo sobre ello). "¡Dios mío! ¡Este cuerpo! ¡Este cuerpo no es mío!" Un hombre joven me miró a los ojos con un rostro distorsionado de terror. Pensé que había perdido la cordura. Grité pidiendo ayuda. Sentí que alguien corría hacia mí. Me atraganté y me desmayé.

EL IDIOMA: MEZCLA DE INGLÉS Y ESCANDINAVO

Cuando recuperé la consciencia, vi a dos médicos de pie a mi lado con una expresión extraña en sus rostros, esperando ansiosamente a que yo recuperara el conocimiento. Era como si ellos estuvieran pendientes de cada una de mis palabras. Todos los demás habían salido de la habitación. Yo estaba tan nervioso que apenas podía respirar.

"¿Qué sucedió?" pregunté con una voz temblorosa, "¿He enloquecido?" Y pude escuchar que mi voz se desvanecía, pero logré proferir, "¿Dónde estoy?"

Luego recuerdo gritar varias veces "Madre, ¡Madre!" como si estuviera preguntando en dónde estaba ella.

Y en lugar de responder a mis preguntas, estos hombres de ciencia solo se quedaron allí, atónitos y pálidos, como si mis simples palabras los hubieran dejado mudos. Uno de ellos era joven, en sus últimos veintes o primeros treintas. Alargué mi mano, buscando la suya, le rogué en el nombre de Dios y su propia madre, pero él estaba temblando e intentando de manera obvia evitar mi tacto.

Poco después, el médico mayor se volvió hacia él y dijo algo. "Son extranjeros," pensé. Por un par de minutos solo los observé hablar, desconcertado y luchando por alcanzar una conclusión lógica. Una tierra lejana... Sí... Sí... Eso debe ser. Sus ropas, su forma de ser... ¡Miren! ¡Y ahora el lenguaje extranjero! No estaba familiarizado con esa lengua. Recuerdo que el acento del hombre me había impactado. Algunas palabras sonaban de alguna manera similares a las nuestras y tenían raíces anglosajonas y otras se parecían a palabras escandinavas, bastante familiares para mí, y por lo tanto entendí la esencia de lo que estaban diciendo. El médico mayor, aún pálido e intentando sin éxito forzar una sonrisa, por lo que pude ver, le dijo al otro médico que él había perdido su paciencia. El médico joven lo negó sacudiendo la cabeza. El primero se veía profundamente perplejo. Repetía mis últimas palabras, alargando cada sílaba: "Ma-dre... Ma-dre..." Nada más. "Mut-ter... Mut-ter..."

Él tomó mi mano. Me habló. Entendí que me estaba preguntando si me dolía la cabeza.

"Ahora menos," respondí, "estoy mejor".

Físicamente hablando, estaba diciendo la verdad; pero no dije una palabra acerca de lo que estaba sucediendo dentro de mi mente...
"Quiero ver a mi madre," añadí.

Noté que, una vez más, estaba teniendo algunas dificultades para articular palabras. Pero culpé a la enfermedad de ello.

Encima de todo lo demás que estaba pensando, también estaba bastante convencido de que, si no podía contenerme y comenzaba a gritar pidiendo ayuda, ellos me tratarían como a un lunático que habla consigo mismo y entonces no tendría oportunidad de averiguar más sobre ellos. Pero si solo pudiera ver a mi madre, les dije, ella me ayudaría a ver las cosas con claridad.

Y entonces noté algo sobre ellos, algo que marcó una diferencia y explicó mucho: lo que los hacía ver tan pasmados no era lo que yo estaba diciendo, sino la *manera* en la que lo estaba diciendo y el idioma en el que lo estaba diciendo. Mientras ellos hablaban conmigo, ¡sus ojos bien abiertos revelaron la increíble emoción que sentían!

El mayor se inclinó hacia mí una vez más y, con una voz temblorosa, pronunció lentamente una oración en mi propia lengua, "Andreas Northam, ¿ya no me reconoce?"

Las últimas palabras que él logró pronunciar con evidente esfuerzo y algo de dificultad aún resuenan en mis oídos, "¿Nicht mehr?"

"Quiero rezar," logré responder con voz desvanecida.

Y entonces me desmayé de nuevo.

Han pasado trece días. El médico más joven vino a mi habitación esta tarde y vio mi almohada empapada de lágrimas. Intentó consolarme, pero, involuntariamente, me hizo más daño que bien. Le hablé de mi madre, quien estaría llorando la muerte de su hijo, y él me habló con una sonrisa totalmente fuera de lugar sobre algún tipo de historia enterrada en lo profundo del pasado, ¡diciendo que ya no hay necesidad de angustiarse! ¡Jesús bendito! ¡No puedo creer nada de esto! ¡No quiero volver a ver a ese hombre nunca más! ¡Simplemente no los dejaré llevarme a la locura! ¡Mañana en la mañana hablaré con el médico mayor y demandaré que me digan toda la verdad!

LA RELACIÓN ENTRE NORTHAM Y JAEGER

20 de agosto

Esta mañana retiraron mis vendajes. Cuando el *Ilector* Jaeger me visitó, ¡mi cara se iluminó! Me dio un apretón de manos firme y felicitó y alabó al médico mayor con obvia alegría. Yo no sabía que, hacía dieciocho años, Jaeger había sido el maestro de Andreas Northam. Según lo que me explicaron, este ahora famoso y ampliamente celebrado hombre espiritual, este "pensador eminente", cuyo trabajo ahora se ha leído en amplitud y cuyas lecciones en el *Reigen* son atendidas por miles, en ese entonces era aún desconocido por el público. Él contribuyó a la educación del joven Northam durante cuatro años, ofreciéndole de todo corazón el cuidado y afecto de un padre espiritual.

Después ellos quedaron atrapados en las responsabilidades de la vida y cada uno tomó su camino.

Cuando los *Ilectores* superiores descubrieron quién había estado junto a Northam como un educador y guardián en sus años tempranos, lo llamaron y le preguntaron si podía dedicarle nuevamente algún tiempo en las tardes. Y era muy conmovedor ver al ahora pensador de mediana edad venir solo, sin la escolta de un *unge*, un ayudante joven, y dedicar su precioso tiempo a transmitir la misma educación infantil a la misma persona, ahora un hombre de veintiocho años de edad que, al menos físicamente, se parecía a su hijo espiritual de hacía dos décadas. Es más, según me informaron, él había sido resucitado inesperadamente, pero como un hombre completamente distinto, perturbado y medio trastornado, después de su viaje de quince minutos a la tierra de los muertos. Jaeger me confesó cuán encantado se sintió cuando el profesor Molsen le dijo que el proceso de congelamiento había sido hecho apresuradamente, pero justo a tiempo. Su cerebro no había sufrido el más ligero daño.

CONFESIONES

21 de agosto

Hoy, por primera vez, Jaeger vino acompañado por Stefan, el amigo más cercano de Andreas y mayor por tres años. Él es un fervoroso hombre joven; realmente llegó a agradarme. Jaeger le permitió observar la lección por un rato. Luego le mostré mis primeros escritos. Ya había comenzado a escribir y continué haciéndolo en su presencia. Pensé él que estaría impresionado por el hecho de que yo había recuperado mis habilidades de escritura incluso desde los primeros días, pero Jaeger ya le había informado de mi pasada investigación sobre Ibsen, sobre la cual yo le había hablado también.

"Esta no es la letra de Andreas," fue lo único que dijo Stefan.

Aparte de los *Ilectores* superiores, solo otras cuatro personas sabían del caso único de Northam: los dos médicos, el *Ilector* Jaeger y Stefan. Le imploré a Jaeger que lo mantuviera en secreto y que no dejara que me convirtiera en un objeto de curiosidad ante los ojos del mundo entero. Él lo prometió, pero también añadió algo que no comprendí: "El Valle de las Rosas tendrá la última palabra; es decisión de ellos durante cuánto tiempo esto se mantendrá en secreto del resto del mundo."

En cuanto a Stefan, él comenzará a venir regularmente en unos pocos días; tiene mucho que enseñarme sobre Northam y su vida. Dice que necesito saber todo eso antes de exponerme a este nuevo mundo. Las palabras que Jaeger dijo, poco antes de la despedida de Stefan, vienen a mi mente: "En cualquier caso, la familia y amigos de Andreas Northam lo buscarán. Ya que las noticias de su recuperación se han vuelto conocidas, ¿qué habría de impedirle regresar a su vida normal?"

Cuando nos dejaron solos, le pedí a Jaeger que me dijera qué habían estado diciendo los *Ilectores* sobre todo esto y le conté lo que sucedió la noche en la que el joven médico me vio llorar al pensar en mi madre. "Intente ponerse en mis zapatos por un momento, porque, créame, en una situación tan extraña y horrible, vale la pena tomar en cuenta ambos lados. Su curso de vida fluye normalmente y sin obstrucciones, con el mismo ritmo de siempre. Para usted, Northam es el que ha cambiado. Para usted, este es un caso de 'desplazamiento de personalidad' de un hombre que fue revivido después de quince minutos de muerte clínica, un fenómeno parapsicológico muy raro asociado con xenoglosia. Su amigo es un hombre que una vez fue uno de los suyos y ahora habla una lengua muerta. Pero yo no he cambiado en lo absoluto. Lo que veo es un pedazo del futuro. Tomando eso en consideración, ¿cómo puedo no pensar que he perdido la cordura, que me he vuelto loco?"

Yo estaba sollozando incontrolablemente. Estaba completamente confundido porque no podía creer que pudiera existir la más ligera grieta en los ejes sólidos del tiempo y el espacio que yo conocía. La grieta tenía que estar en algún lugar dentro de mí. ¡Yo tenía que ser el paranoico!

"Solo usted puede decirme la verdad. Si han pasado dos mil años, como el médico joven me dijo, entonces estoy enloqueciendo. No puede imaginar cuán fresco, cuán reciente, está el recuerdo de acostarme a dormir en mi mente; se siente como si hubiera sido ayer. Podía escuchar la respiración de mi madre; ella estaba durmiendo en la habitación contigua. Casi puedo ver el cuenco con agua junto a mi cama y el paño empapado con un bordado azul verdoso junto a él. Es como si estuviera frente a mí justo ahora."

Lo miré fijamente en agonía, pero Jaeger no hizo ningún intento de evadir mi mirada. Él podía entender la mayor parte de mi alemán. "No creo," dijo, sosteniendo su mirada fija, "que esconderle incluso el vestigio más diminuto de verdad ayudaría a calmar su corazón, pero, confíe en nosotros, sabemos mucho más que usted. Ya no vivimos en los tiempos de Descartes y Kant. Muchas cosas han cambiado. Pero no todo puede medirse solamente sobre la base del intelecto y las constricciones del mero cerebro humano. ¿Está usted absolutamente seguro, por ejemplo, de que en el momento en el que se fue a dormir, como usted dice, Andreas Northam aún no existía? ¿Y está usted absolutamente seguro de que, justo en este momento, su madre ha cesado de existir?"

Su increíble respuesta me impactó menos de lo que lo hubiera hecho hace unos pocos días, cuando me habría parecido inconcebible de procesar. Ahora, lo que trajo lágrimas a mis ojos fue la manera en que este gran hombre me habló, de un modo tan distinto al de los médicos. Y me habló en mi propia lengua...

INSOMNE

23 de agosto

Ayer y hoy fueron dos días muy calmados. Pasé el día escribiendo o hablando con Stefan en las mañanas y con Jaeger en las tardes y leyendo durante las noches. ¡Me he convertido en un lector voraz, un ratón de biblioteca propiamente dicho!

Los médicos creen que intentar inducir el sueño artificialmente sería fútil. Es más, según ellos, la falta de sueño no es ni fatal ni muy dañina en mi caso.

En las noches me permiten leer, siempre y cuando lo haga descansando en cama o en un sillón por al menos la mitad de las horas, y en la mañana me despierto tan fresco como si hubiera dormido por siete horas. Poco a poco he empezado a entender su idioma también, la "lengua universal" como lo llama Stefan o, como yo lo llamo, "el anglo-escandinavo roto". Este idioma, sin embargo, sí tiene una cierta consistencia entre la pronunciación y la escritura, ya que ahora puedo leer mucho más cómodamente, a pesar de que a veces necesito la ayuda de un pequeño diccionario.

Mis largas conversaciones con Jaeger son como una limpieza espiritual y mental para mí. Bajo su tutela he cesado de buscar refugio en los recuerdos de mi antigua vida. Este hombre ha logrado sembrar la semilla de la fe profundamente dentro de mi alma y me ha entregado un nuevo tipo de confianza de la cual nunca me creí capaz. Gracias a él, he dejado de sentir que habito un cuerpo ajeno. Gracias a él, ahora puedo mirarme sin miedo en el espejo y, curiosamente, en algún lado bajo todos estos rasgos ajenos, puedo distinguir mis propias expresiones como las he conocido durante toda mi vida.

Sin yo haber mencionado nada, escuché a Stefan compartir conmigo una opinión similar sobre el tema el otro día. "El hombre que veo frente a mí es, de hecho, Andreas Northam, pero por su acento, el tono de su voz e incluso la manera en que se expresa y me mira, puedo distinguir que no es él."

24 de agosto

Hoy, como todos los otros días, Jaeger me dio una tutoría en articulación, locución y pronunciación. A continuación, comenzaremos aprendiendo del mundo alrededor de mí. Este hombre increíble gasta una gran cantidad de su tiempo explicando pacientemente cada pequeña cosa, su uso y función. Cuando salga al mundo, tendré que ser capaz de andar solo y no verme perdido.

Cuando se cansa, tomamos un descanso y yo le cuento todo tipo de historias: sobre mi pueblo natal, mi vida, el amor de mi madre hacia mí... Y él me escucha absorto, interesándose en las costumbres del siglo XX, haciendo una miríada de preguntas sobre nuestras escuelas y nuestros hábitos en general, incluso tomando notas de vez en cuando. A él parecen encantarle mis arranques de nostalgia.

Le he contado que yo también solía ser un maestro en mi tiempo y he hablado con él sobre mi preferencia por la historia. Con estas conversaciones me he sentido abrumado por una gran sed espiritual; la idea de un inmenso prospecto abriéndose repentinamente en mi campo me ayuda a olvidar temporalmente mi situación y me hace temblar de anticipación. Y esta sed en mi corazón, solo a unos pocos pasos de este nuevo e inesperado El Dorado, solo yo la puedo sentir.

(En medio de la noche)

Estoy cansado. He estado caminando por la terraza durante horas y horas en la divina serenidad de la noche. Siento un deje de alegría brotando dentro de mí, como si pudiera escuchar a mi corazón latiendo. ¿Estoy febril de nuevo? El prospecto de las nuevas emociones brotando dentro de mí se encuentra con la agitación permanente de mi mente. ¿Dejaré de obsesionarme con esta increíble experiencia y me acostumbraré lentamente a ella? ¿Me volveré una persona normal que encuentra interés en la vida diaria de nuevo? ¿Seré digno de una nueva emoción? Me siento como un ávido filatelista a quien le acaban de ofrecer la colección de estampas del Rey de Inglaterra y no puede esperar para examinarla; o como un estudiante de los clásicos que acaba de obtener acceso a la Biblioteca de Alejandría.

25 de agosto

Jaeger me dijo esta noche, "Confíe en Stefan. Él lo guiará a través de todo, paso a paso." Yo le pedí con amabilidad que por ahora me diera algunos libros más de historia y él prometió que lo haría. También propuso el *Reigen-Swage*, algo completamente nuevo para mí, un tipo de narración que consiste en una combinación simultánea de vista y sonido, ¡la cual uno ni siquiera tiene que leer! Una voz las narra y uno ve a las imágenes cobrar vida al frente de uno.

"Escúcheme," me dijo (y hago un recuento de sus palabras no como las dijo sino como yo las entendí). "Cuando llegue el momento en poco tiempo y yo ya no esté a su lado, elévese ante el desafío y no deje que sus pensamientos sean nutridos solo por los hechos. Explore más profundamente los grandes caminos espirituales que ahora se han abierto a la humanidad. No obtendrá mucho beneficio de los hechos sólidos. Intente no impresionarse por ellos y terminar gastando sus horas observándolos desarrollarse en el *Reigen-Swage*. Después de todo, lo que sucedió ha pasado antes. La historia se repite. Intente leer entre líneas y ver bajo la superficie de los meros eventos."

Hizo una alusión a los "nuevos y brillantes caminos" que conllevarán al "calmar la sed del anhelo de siglos" y al alivio del "dolor metafísico de la humanidad".

No obstante, no estoy completamente en posición de saber si he interpretado correctamente todo lo que este sabio hombre me ha enseñado pacientemente. Somos *nosotros*, dice, los que pasan, no el tiempo. Nosotros, las criaturas humanas con el destino biológico de vida corta, vamos y venimos. La dimensión de la profundidad nos elude. Nuestras antenas tienen una capacidad muy limitada. Ellas solo forman impresiones subjetivas que son totalmente irrelevantes a la verdadera y objetiva "Gran Realidad", el *Samith,* como él lo llamó.

26 de agosto

Hay momentos en los que me asusta la idea de ese mundo enorme y desconocido allá afuera. Me estoy acostumbrando a vivir la misma vida sin cambios y sin sorpresas día a día en la institución y encuentro algo de alegría en ella. Pero Stefan me dice que tengo que luchar contra mi timidez y enfrentar la vida que está allá afuera, esperando por mí.

27 de agosto

Hoy Jaeger recordó al joven Northam de nuevo. Luego viéndome directo a los ojos, murmuró, "Sé que Andreas ya no está con nosotros; pero siempre lo llamaré a usted por su nombre."

Stefan me dijo lo mismo el otro día: "Déjeme llamarlo Andreas..." Y tal fue el tono de su voz que cualquiera estaría celoso de Northam, de esa fe rígida en el concepto de amistad (tan ajena a nosotros) que estaba conectada tan fuertemente a su recuerdo.

30 de agosto

¡Unos pocos días fueron suficientes para cambiar todo alrededor de mí! El ambiente, las personas, las circunstancias; ¡todos son tan diferentes! Quién lo podría haber imaginado...

EL CÍRCULO DE NORTHAM Y SU CÓDIGO SOCIAL

1-IX-MDIX
(El sistema de fechas cambia. Es nuestro 3906 d. C., pero de acuerdo al calendario del futuro es 1509)

Y una vez más, todo se está desmoronando en mi interior. Una gran parte de las expectativas y los sueños de días recientes han probado ser fútiles. El famoso ambiente de mi nueva vida, el círculo social de Andreas Northam, no parece ser más que una bandada juguetona y despreocupada de gente joven. Estoy, sin embargo, comenzando a disfrutar toda esta historia. Quién sabe, puede que solo sea otro mecanismo de defensa de mi mente...

El plan de esta mañana era dar un paseo por el lago cercano, donde había unos botes de alquiler. Juventud, risa, escándalo, canto. Stefan luchaba para ordenar al grupo en cada vuelta.

"¡Hilda! ¡Hilda! ¡Espere! ¡No podemos alcanzarla! ¡Andreas no puede correr!"

Él se veía un poco fastidiado por el hecho de que su enamorada resultaba ser quien estaba mucho más adelantada de todos los demás y que ella era la razón por la que el grupo entero tenía que apurar la marcha. Caminando entre él y Silvia, su otra amiga, era difícil para mí mantener el paso.

"Perdóneme, Andreas," dijo Hilda después. "Mi mente estaba en otra parte..."

Sentí que debía decirle algo amable también. La miré. La verdad sea dicha, ella era muy agradable de mirar. Con una sonrisa incómoda, dije que no tenía importancia y que ahora me estaba sintiendo lo suficientemente fuerte, lo cual no era verdad. Stefan notó mi fatiga y sugirió que tomáramos otro descanso. Afortunadamente, el resto del camino era en bajada.

Me senté junto a Stefan sobre un banco de piedra y escuchamos a Axel y a Eric, quienes estaban hablando de la belleza de las mañanas de primavera mientras recogían amapolas. Silvia estaba conversando con Aria. Hilda y Juliet perseguían un par de mariposas.

"¿Así que entonces este es el grupo de amigos de Andreas Northam?" me pregunté decepcionado. "Creo que nadie podría esperar aprender mucho de este grupo de niños crecidos".

Estos dos jóvenes de veinticinco años, junto a las cuatro mujeres jóvenes y Stefan, habían entrado de manera tempestuosa hacía tres días tan pronto los médicos permitieron visitas. ¡Me rodearon llenos de alegría, gritando y riendo y haciéndome miles de preguntas! Ellos casi no podían contener su emoción al verme fuerte y saludable de nuevo, al ver a Andreas Northam, quiero decir.

Yo estaba impresionado con sus formas de ser que serían consideradas bastante infantiles para su edad. Parecía muy extraño que Northam tuviera tal círculo de amistades, ya que yo sabía que antes del accidente él había sido un respetado científico joven que había trabajado en algunas secciones de física aplicada (no recuerdo exactamente cuáles) y con bastante buenos resultados, por cierto. De hecho, el instituto para el cual él estaba trabajando había llamado al Instituto Molsen varias veces preguntando por su salud.

Sin quererlo, miré hacia el norte, detrás de las altas montañas, con una vaga sensación de nostalgia por mi antigua tierra natal. Sentí una lágrima atrapada en el borde de mi ojo. No le comenté nada a Stefan en ese momento; él estaba señalando unas villas lejos a la distancia, innumerables casas reunidas juntas, casi como estados enteros. Me dijo que en muchos lugares habían conservado los mismos nombres arcaicos como Waren, Cernobbio, Belano, Menaggio y otros, nombres que ahora suenan peculiares en un lenguaje que ha cambiado tanto.

Hilda tuvo la idea de cantar una canción con el resto de las muchachas. Era una canción de primavera que cantaron todas juntas, verso a verso. Era una canción animada para cantar entre amigos. De repente, una ventana se abrió, una muchacha apareció y comenzó a acompañar la canción con su violín. Justo a su lado, un pintor que hasta ese momento había estado luchando contra su paleta y sus pinceles sacó una flauta y, a su vez, acompañó la melodía.

¿Cómo sucedió esto? ¿Cómo podían estas personas dejar lo que estaban haciendo y ajustarse a nuestro ritmo y jovialidad? ¡Yo estaba inmensamente impresionado por esa alegría espontánea y fácil, su actitud positiva y su deseo de identificarse con nosotros! ¡El sentimiento de camaradería se esparció como si la melodía de la canción se volviera un lazo invisible que nos unía! Antes de dirigirnos al lago, aplaudimos a nuestros nuevos amigos y ellos nos aplaudieron, como si fuéramos viejos compañeros.

Entonces los muchachos comenzaron a prender flores de los cuellos de las muchachas. Stefan prendió una en Hilda, Axel en Juliet y Eric en Aria. Silvia me observaba con una señal de sonrisa, esperando mi movimiento. Con manos temblorosas, prendí la flor de su cuello, como hicieron los otros, y caminamos cuesta abajo sosteniéndonos de manos, como niños pequeños. Los cuatro botes estaban listos. La mayoría de los otros grupos de amigos ya habían tomado su posición y nos saludaron, a los que "llegaban tarde", levantando su mano derecha y ondeándola en un saludo desde lejos. Las velas blancas ya estaban en posición.

Me detuve y observé sus códigos de comportamiento. Como Stefan me explicó, en este nuevo mundo las personas no son extrañas entre sí. Uno habla con el corazón abierto con gente que nunca había conocido, como si fueran viejos amigos; y ellos, a su vez, responden exactamente de la misma manera. Todos ellos tenían la misma actitud amable y relajada, la misma ingenuidad en sus formas de ser, la misma benevolencia, el mismo tacto, la misma cálida camaradería, como si todos hubieran asistido juntos a un colegio grande y universal en su niñez.

Yo quería preguntarle tantas cosas a Stefan. ¿Pero cómo? Tendríamos que estar solo los dos si yo fuera a hacer eso. Él había prometido mostrarme una imagen típica de la vida moderna. Él sabía que lo que yo quería ver y experimentar no era el campo y los días festivos, sino exactamente lo contrario: los grandes centros urbanos, el mundo laboral y la gente ordinaria. Y yo sabía que esas cosas existían en algún sitio.

También me gustaría saber si este comportamiento comunitario, el cual era resaltado por fuertes y obvias características de pureza infantil, era resultado de los meros factores económicos de los que Stefan me había hablado, los cuales, con el pasar del tiempo, lograron elevar esta equidad, esta homogeneidad, a un nivel tan alto. Pero sin verlo primero con mis propios ojos en todas sus manifestaciones, no estoy cerca de creer este cuento de hadas universal con sus costumbres refinadas y sin defectos y su genuina hermandad del hombre careciente de cualquier motivo ulterior.

3-IX

El cambio inusual que estoy atravesando todos estos días debería investigarse, si de alguna forma, desde el punto de vista psicológico.

Mi corazón está calmado y me estoy acostumbrando a todo lo que veo alrededor de mí. Eso no ha sido fácil. Recuerdo los primeros días, cuando incluso la manera en que la gente se vestía me parecía extraña. Ahora encuentro mi vida progresivamente más interesante. Cada pequeña cosa me intriga y le pregunto a Stefan sobre tantas cosas que me tomaría siglos escribirlas todas. ¿Pero por qué no tengo el poder de expresar todo lo que siento con precisión? ¿No sería más adecuado que se concediera este destino único a un experto en escritura en vez de a alguien como yo, un pobre y enfermizo maestro? ¡Tantas cosas y experiencias nuevas y diferentes! Cuán maravillosamente mejor las transcribiría un escritor...

Cada día pienso en mi madre, la única fuente de afecto en mi vida, y me pregunto cómo sería si ella pudiera estar a mi lado y verlo todo conmigo. Anna aún aparece en mi mente de vez en cuando, pero siento que mi antigua herida ha comenzado a sanar de alguna forma en mi corazón y ya no duele tanto. Mi mente entonces me lleva a algún otro lado: Oh, Dios, ¡cuán ligero es el peso de mis veintiocho años! ¡Cuán ligero! ¡Desde esta perspectiva, es como si hubiera regresado en el tiempo! Verme en el espejo, algo que me aterrorizaba y casi me llevó a la locura al principio, ¡ahora me da un placer indecible!

Todos me tratan como si yo fuera Andreas Northam. Y estoy seguro de que ninguno de ellos (excluyendo a Stefan) sabe la verdad. Según lo que he entendido, el antiguo Northam era un poco superior al resto en su círculo de amigos. Lo mismo sucede con Aria, si juzgo según la manera en que la tratan. Aria tiene veinticinco años de edad, pero cuando habla, el resto guarda silencio. Y otra cosa que noté: anoche, cuando ella entró al recibidor de la villa donde estábamos, las damas de nuestro grupo se pusieron de pie, como nosotros los hombres solíamos hacer, algo que en nuestra época y nuestros círculos sociales las damas nunca hubieran hecho.

5-IX

Mientras tanto, he aprendido un montón de Stefan con respecto a mis nuevos compañeros. La relación de Axel con Juliet tiene solo dos meses. Ella es muy joven, de diecinueve o veinte años, morena, bonita y algo frívola. Siempre es un poco desaliñada y entusiasta de la vida y cuando está sola, a menudo tararea. Axel es su primer amor y se conocieron un día cuando estaban en un jardín y el vestido de muselina de Juliet estaba sucio. Axel se apresuró a hacerle un dobladillo con alfileres de una manera improvisada antes de que se ensuciara más. Axel toca el violín bastante bien, pero si le preguntan a Juliet, ¡ella les dirá que pronto se convertirá en un virtuoso! Con todo, ambos tienen corazones de oro y el grupo no puede vivir sin ellos.

En cuanto a Silvia, aprendí que Andreas Northam la amó mucho durante un período de dos-tres años, pero ella nunca sintió algo por él más allá de simple amistad y apreciación por el hombre y su trabajo. Puede que su corazón pertenezca a alguien más, ¿quién sabe? Stefan no sabe nada sobre el tema, ya que aquí a nadie le importan los chismes. Sin embargo, cuando la vi por primera vez tuve la sensación de haberla visto antes. Luego, cuando estuve solo, me di cuenta: la recordaba de mis memorias borrosas del hospital. Ella estaba entre las enfermeras y yo, incluso en medio de mi mareo febril, la había notado. Había algo muy elegante y noble acerca de su figura y ella sobresalía entre las otras.

Stefan me dijo de nuevo ayer, "Este amor fue muy doloroso para Andreas. Había noches en las que sus ojos constantemente se inundaban de lágrimas."

Le respondí que él debía, sin embargo, apreciar la honestidad y los principios que caracterizaban a Silvia, quien nunca siquiera pensó en corresponder sin tener sentimientos por él. "Alguien más en su lugar," dije, tomando en cuenta la reputación de Northam, "no le importaría realmente fingir amor y afecto con el objetivo de estar con él."

Stefan, sobresaltado al principio por mis palabras, respondió, "¿Por qué usted diría algo así? ¡Eso sería vulgar! ¡Ninguna mujer lo haría!"

No debí haber abierto mi boca. Cambié rápidamente de tema y le pregunté qué tenían los otros para decir del "nuevo" Northam. Él me contó que Silvia me había mencionado varias veces durante los últimos días. De hecho, esta mañana ella le había preguntado si él había notado mi mirada cambiada y si recordaba que Andreas tuviera tal expresión antes del accidente. También le dijo que Andreas estaba actuando muy extraño, que se veía inusualmente callado, vacilante y tímido, que su acento había cambiado y que incluso encontraba dificultades al articular palabras.

Yo le pregunté a Stefan qué hacer, ya que era imposible para alguien darles sentido a incontables cosas nuevas, obtener una nueva mentalidad, nuevos modales y hablar el idioma fluido de un día para otro. Él me animó con una sonrisa y dijo que las cosas mejorarían. Resultaba ser que un viejo amigo de ellos había sufrido un accidente automovilístico espantoso y, después de su recuperación, él luchaba temporalmente por recuperar sus capacidades mentales; esa es la impresión que tienen. ¿Eso sería alguna vez un motivo de ellos para amarlo menos? No. "Usted puede ver por sí mismo que siempre están a su lado, mostrándole tanto afecto."

Estoy sentado en la terraza y todos estos pensamientos y discusiones brillan ante mis ojos como imágenes en movimiento. Puedo escuchar a las muchachas hablando y riendo abajo. Ellas me provocan y preguntan cómo es posible que pueda leer y escribir con tal escándalo. El sol casi se ha puesto y pronto será el momento de "La Oración del Crepúsculo" que ellos escuchan cada noche. Las oigo llamar a Stefan antes de hundirme en mis pensamientos de nuevo.

He aquí lo peculiar acerca de Stefan. Parece ser que compartimos un lazo, un lazo que él ni siquiera compartió con su amigo más cercano, Andreas Northam: el mismo amor a la historia. Su ocupación principal era el estudio de la historia en general y el arte de los milenios pasados en particular. Y es así que nuestra amistad evoluciona sin esfuerzo, incluso si no hay nada en mí que le recuerde a Andreas, ni sus recuerdos compartidos ni sus sueños...

En cuanto a la conexión de Hilda y Stefan, es algo que ha superado la prueba del tiempo. Han estado felizmente juntos por más de cuatro años ahora y parece que se mantendrán de esta forma por el resto de sus vidas. ¡He aquí una pareja verdaderamente feliz! De hecho, han decidido tener un bebé y ya han entregado su declaración legal a los Socios de Oficina, los ejecutivos de servicios demográficos, ante quienes aquellos que quieren tener el hijo único que se les es permitido deben presentar su aplicación. Será su turno en aproximadamente un año.

Hilda también ayuda a Stefan con el trabajo a veces, leyendo en voz alta o copiando, a pesar de que el mismo Stefan dice que él no está hecho para grandes cosas. Todo lo que quiere es aprender y eso es todo. Él sabe que no está destinado a hacer una gran contribución al mundo de la investigación, exactamente lo contrario a Aria, quien, a los veinticinco, ya ha publicado estudios académicos que tomaron cinco o seis años en completarse y se ha construido por sí sola una reputación.

En cuanto a las otras tres (Hilda, Silvia y Aria), ellas están atadas por una amistad especial, diferente de su amistad con Juliet, que es una muy reciente. La última, por supuesto, lo sabe, pero no le importa en lo más mínimo, ya que ve cuánto se preocupan por ella.

Se conocieron en la Víspera de Navidad hace ocho años, en el Valle de las Rosas, en uno de los palacios de los *Lorffes* (otra clase gobernante similar a los *Ilectores*), donde ellas, según Hilda, junto con muchas otras muchachas adolescentes escogidas cuidadosamente entre miles debido a su belleza natural, vestidas de blanco y sosteniendo antorchas, estaban dando la bienvenida a los *Ilectores* a la recepción después de la gran misa vespertina. Ellas lo describen como su mejor recuerdo de la infancia, como un sueño que más tarde fue difícil para ellas creer que se había vuelto realidad.

¡Eric está viniendo finalmente! Está sosteniendo algún tipo de raqueta y alguna otra parafernalia más pequeña, necesaria para un juego o deporte sobre el cual aún no me he molestado en preguntar. Está usando sandalias y está desnudo de la cintura para arriba. Se ve fresco y emocionado. El encuentro entre Eric y Aria fue uno destinado a suceder. Han estado juntos por catorce meses y nadie sabe cuánto durará esta relación. Esta muchacha especial, con su inclinación temprana a estudiar aquello en lo que ella creía desde la infancia, ha logrado, a sus veintes, estar presente en excavaciones en América junto con grandes expertos y quien, basada en una intuición audaz, casi como una inspiración, argumentó sus propias conclusiones sobre la vida de los Incas, ¡conclusiones que más tarde fueron probadas verdaderas! Esta joven inherentemente sabia, cuyos puntos de vista fueron vindicados en tantos aspectos, que hizo sus propias declaraciones ante una audiencia de miles en la megaciudad de Norfor hace dos años, que últimamente tenía un grupo de gente joven que la ayudaba con su investigación, había dejado todo por este joven de cabellos oscuros, quien puede que tenga un corazón exquisito, pero que no puede soportar escuchar una palabra sobre su trabajo. Hace un tiempo, Stefan le escuchó decir, "Hábleme de deportes, hábleme de viajes, de nadar o de cualquier otra cosa que usted quiera, ¡pero no me diga ni una palabra acerca de Dios y todos esos tesoros antiguos!"

Están listos para partir. Es tiempo de la oración. No estaré escribiendo hasta mañana.

LOS DOS AÑOS DE SERVICIO GLOBAL, LA VIDA DIARIA Y LAS REGULACIONES DEMOGRÁFICAS

6-IX

Le pedí a Stefan que me dejara solo durante el día para poder descansar. Tengo que pensar en muchas cosas. "Stefan... Stefan," me digo a mí mismo a menudo, "Creo que se equivoca acerca de los sentimientos de Silvia hacia Andreas Northam." Constantemente me critico y a la debilidad de mi carácter. "¿Qué se está haciendo, pobre lunático?" pienso, "Lo lamentará mucho un día..."

Siento la atracción insidiosa y engañosa del caos. "Silvia... Silvia..." sigo repitiendo en mi cabeza. Qué nombre tan extraño... Me gusta decirlo en voz alta. El hecho de que ella sea de otra raza superior proveniente de otra era le da un encanto metafísico adicional.

La voz de la razón susurra en mi oído: "Sea cuidadoso, pobre desgraciado... La serenidad del corazón es tan importante como la salud del cuerpo; solo apreciará usted su valor una vez que la haya perdido." Y la verdad es que no debo olvidar cuán esencial es la absoluta serenidad del corazón en mi caso y es mi deber protegerla. Los horizontes infinitos de conocimiento que yacen adelante demandan mi atención no dividida y una constante meditación.

Al mismo tiempo, sin embargo, me enorgullece darme cuenta de que en ninguna ocasión habría de faltarme confianza. No solo he obtenido la apariencia sino también el corazón y la sabiduría interior, de manera que, basado en lo que he visto de todas estas personas, ellos no son mejores que yo. Podría fácilmente ser uno de ellos sin estar sujeto a comparación. ¡Siento como si ahora realmente estuviera entrando en su mundo!

7-IX

Stefan estaba evitando llevarme a las ciudades y mostrarme la vida de allí. Un día, cuando él estaba pasando el rato silenciosamente en la terraza, le señalé la exquisita naturaleza ante nosotros y dije, "Es una vida feliz la que usted tiene aquí... Tiene de todo. No carece de nada." Inmediatamente después de eso, hice una vaga referencia a la duración de esta festividad. Al principio él me miró, desconcertado. Luego sonrió y, con una fatiga fingida y supuesta indiferencia, dejó que su cabeza cayera sobre el respaldo del sillón. "Oh, sí..." dijo, con la mirada perdida en la distancia. "Tuve suerte. De los diecisiete a los diecinueve, hallé grandes oportunidades de trabajo e hice buenos negocios en ese entonces. '¿Tan joven?' puede que usted pregunte. Sí, tan joven, por extraño que le parezca. En dos años, no solo logré pagarles de vuelta a mis padres todo el dinero que yo les había costado hasta ese entonces, sino que también ahorré suficiente dinero para asegurarme una vida cómoda por el resto de los días que estoy destinado a vivir."

Detecté una nota de sarcasmo en su última oración, así que le mostré, a mi propia manera, mi incredulidad respecto a cada palabra que él había dicho. Sonreí y le pregunté por qué alguien abandonaría tal trabajo tan rentable de manera tan prematura.

"Las ganancias que había hecho eran suficientes," respondió con gravedad. "Era el turno de que alguien más me reemplazara."

"¿Y qué tipo de trabajo hacía usted?" pregunté, adoptando una gravedad similar en mi tono de voz.

"Oh, yo solía hacer algo hermoso," suspiró nostálgicamente. "Parte de mi buena fortuna fue que me fue dado uno de nuestros trabajos más artísticos: hacíamos peines. Principalmente para mujeres. Trabajé allí durante dos años. Millones de peines pasaron por mis manos. Recuerdo pensar en cuánto cabello había sido peinado por ellos, los millones de muchachas jóvenes que habían visto su reflejo en el espejo con placer mientras los usaban, los millones de trenzas que se habían enredado en ellos. Si los peines pudieran hablar, cada uno de ellos me contaría historias increíbles. Y estoy orgulloso de mis creaciones, las cuales fueron el resultado de dos de los años más fértiles y memorables de mi juventud."

Sus palabras finales estuvieron llenas de verdadero sentimiento. Pero yo me mantuve fiel al tono alegre del comienzo de su monólogo: no quería mostrar más credulidad de la que debía: "Eso debe haber sido interesante" dije, sonriendo torpemente de nuevo. "Esta historia del industrialista afortunado y prematuramente retirado es definitivamente una interesante, por decir lo mínimo. ¿Nuestros otros amigos ricos tuvieron destinos similares, quizá incluso comenzando desde sus tempranos años escolares?"

"Al principio, cuando le hablé de suerte, solo estaba bromeando. No se trata de suerte; es una institución. Usted nos ve ahora viviendo una vida de comodidades, pero todos nosotros, hombres y mujeres, hemos pasado por esto. Cada una de las personas que usted ha conocido y todas las que conocerá en el futuro, incluyendo a Silvia, Aria y Hilda, fue un 'socio' desde la edad de diecisiete hasta los diecinueve. Después de terminar su educación básica en la escuela, ellos fueron y se ganaron la vida. Trabajaron en construcción, en comida, fabricación de muebles y ropa, en transporte público, en utensilios, máquinas, en todo lo que ve alrededor de usted y todo lo que puede imaginar. Y si sus vidas son fáciles ahora, eso es porque ellos se dedicaron con todo el corazón durante dos años y eso requirió una gran cantidad de esfuerzo. Por lo tanto, ni nosotros ponemos una carga financiera sobre nuestros padres, ni nuestros hijos pondrán una carga sobre nosotros. Antes de nuestro 'servicio', la generación previa trabajó por nosotros, hicimos lo mismo en nuestro tiempo y ahora es el turno de la generación más joven de trabajar por todos."

Si yo estuviera seguro de que Stefan había dejado de bromear, tendría mil cosas que preguntarle. Pero tendré tiempo de juzgar si todo esto es verdad. Por el momento, solo quería cambiar de alguna manera la conversación a lo que yo pretendía decir. "En cualquier caso, dada mi situación y mi gran curiosidad justificada, creo que no es demasiado difícil para usted entender que este ambiente de relajación y bienestar se está volviendo casi tortuoso para mí. Así que estaba pensando si podíamos de alguna manera cambiar esta atmósfera de festividad por una imagen típica de la vida moderna... En cuanto a las personas, las encuentro a todas más y más encantadoras con cada día que pasa, especialmente a usted y a Hilda. Desearía poder tenerlos conmigo todo el tiempo." El nombre de Silvia seguía haciendo eco en mi mente. Suele ser así, a veces, que evitamos hablar sobre lo que más nos interesa...

"Una imagen típica de la vida moderna..." repitió Stefan, hablando gradualmente más alto de una manera jovial. "¿Dijo usted 'una imagen típica de la vida moderna'? Bueno, para la mayoría, este es prácticamente el modo más común de vida ahora. Una vida simple, rodeada por las bellezas de la naturaleza, despreocupada, jovial, entre caras amistosas y nuestros seres queridos... Es una vida sin ambiciones ni el más ligero deseo de fama póstuma, sin la necesidad de llevar a cabo grandes hazañas. Para darle a los *Ilectores* y a los *Lorffes* sus grandes palacios con todo el corazón sin ningún deseo secreto; vivir libre y, sobre todas las cosas, sin las restricciones de todo tipo de proyectos que, gradualmente y sin que usted se dé cuenta, lo esclavizarán por su vida entera; mantenerse alejado de cualquier contacto con las instituciones de nuestra época, aunque sean pocas; ver su vida fluir en la oscuridad entre los tesoros del corazón y de la naturaleza, feliz en su anonimato, y ocasionalmente perderse a sí mismo en la lectura o en el placer de ser un admirador sensible de las Bellas Artes; ¡esa es la imagen de la vida moderna que usted está buscando!"

Se podía ver que él estaba emocionado por sus propias palabras. Era obvio que durante años había estado construyendo su estilo de vida alrededor de los imperativos de su propia psique y temperamento y que él no dejaría que nada ni nadie cambiara eso.

"Usted no me entiende, Stefan," continué. "No se trata tanto de la forma de vida, sino del mundo como un todo y su gente. Después de entrar a esta comunidad desarrollada con su extremadamente culta y sofisticada (y superior en este caso) gente, con sus modales impecables y estilo de vida civilizado, ¿no es justificable mi necesidad de ver cómo vive la mayoría de las personas?"

"Pero nosotros *somos* 'la mayoría de las personas'," exclamó él entre carcajadas y esta vez su risa era genuina, la de un niño. "¿Le parece tan absurdo? Sí, nosotros somos los que ustedes, en su tiempo, llamarían 'clase obrera'. Escúcheme, porque no parece entender: ¿y qué si tenemos todo en abundancia diariamente y, literalmente, ni un poco menos que el mejor *Ilector*? Nos merecemos todos estos 'bienes de consumo'. Trabajamos duro por ellos en nuestra juventud. Y, en cualquier caso, hay tanta abundancia que nunca se nos agotan. Viajes, entretenimiento, deportes (lo que sea que queramos) están a nuestra disposición. Sin embargo, todos los tipos de satisfacción moral, como el respeto, fama, reconocimiento, elogios y en general todos los honores, están reservados para otros." Y, bajando su voz, añadió en un tono serio que me impactó, "La percepción común sobre nosotros es que 'no hacemos nada'. Y es verdad... ¿Qué puedo decir?"

"¿Qué?" lo interrumpí espontáneamente, afectado por la sinceridad de sus confesiones amargas, producto de su vergüenza. "Esta percepción no es justa. ¡Usted ha llevado a cabo su deber, le ha pagado todas sus deudas a la sociedad!"

"Y ellos han cumplido con la suya," replicó en la misma voz baja. "Ellos trabajaron en su tiempo también. Corrieron con el mismo fervor a los *glothneres* y fueron asignados a nuestros sitios de construcción, laboratorios y *werkstedes* modernos. Se enfrentaron a la temporaria malnutrición espiritual e intelectual y vivieron la vida disciplinada de 'socios' activos. Ellos aguantaron los turnos insoportablemente largos y el tedio tortuoso (para los espíritus libres) de su labor. Completaron felizmente su servicio de dos años como todos los demás. No obstante, al salir a la sociedad con el título de *Cives*, no eligieron recostarse, relajarse y disfrutar lo que habían ganado con su servicio, como nosotros hacemos, como hace la mayoría de la gente; ellos tenían todo el derecho a hacerlo. En cambio, y sin la más ligera sed de reconocimiento y recompensa, intentaron hacer algo de ellos mismos, dejar algo atrás."

"La mayoría de las veces," continuó Stefan, "este 'algo' estuvo basado en sueños y puras ambiciones que habían comenzado a emerger en sus años de adolescencia, visiones nacidas en sus años finales de escuela. Pero bastante a menudo las inclinaciones de uno se manifiestan a una edad más madura. Pero, en cualquier caso, nadie los obliga a hacer nada. Eso es lo que les gusta, es allí donde encuentran felicidad. Algunos obtienen placer y satisfacción del cuidado de niños y personas enfermas; otros sueñan invenciones y aplicaciones técnicas que harán nuestras vidas aún más fáciles algún día; otros quieren convertirse en físicos y abrir nuevos caminos en la ciencia.

"Todos estos millones de personas que van a nuestros mayores centros espirituales a estudiar saben que no hay la más ligera ganancia material o prestigio profesional al que aspirar después de terminar el curso que han elegido. Muchos de ellos solo se sientan allí y escuchan las mismas cosas durante muchos años, solo por puro amor al tema. Muchos están viejos, pero nadie puede ser menor de diecinueve años de edad, ya que nuestra educación superior siempre viene después del 'servicio', sin excepción."

Stefan me contó que la mayoría de estos hombres y mujeres jóvenes van a escuchar a los grandes maestros, de los cuales han estado oyendo grandes cosas desde sus tempranos años adolescentes y a los que siempre habían admirado desde lejos. De hecho, algunas de estas jóvenes personas son lo suficientemente afortunadas de convertirse, incluso por un período corto de tiempo, en miembros del personal o seguidores de esos sabios hombres, llamados *unge*, un título honorario.

También me dijo que no podía estar completamente de acuerdo con lo que casi todos creen, eso es, que, en el nivel más alto, por encima de los sabios científicos, principales pensadores y profesores, están los grandes artistas. "Ellos son los que atraen toda la atención, reconocimiento y gratitud hoy en día. Son los que ahora impresionan mucho a las multitudes. Son ahora los ídolos del público más amplio y anónimo, de acuerdo a las creencias meritocráticas modernas. Pero yo creo que estas dos categorías son incomparables, por decir lo mínimo."

Él enfatizó cuán valiosas eran las contribuciones de los hombres que sobresalían en las ciencias, especialmente las ciencias físicas, para la humanidad. También lo recuerdo preguntándose por qué solo las ciencias filosóficas son ahora consideradas equivalentes al arte.

"Se dice," añadió suavemente, casi como si hablara consigo mismo, "que solo estas ciencias comparten el elemento de la 'trascendencia'. ¿Pero acaso las ciencias físicas, en su más alto nivel, no toman también el mismo aspecto transcendental, guiando al pensamiento filosófico?"

En ese punto decidí interrumpirlo, argumentando que el fervor con el cual hablaba sobre la "clase superior" de alguna forma contradecía su descripción previa de su vida simple y despreocupada en la oscuridad como "perfectamente satisfactoria". De hecho, le recordé lo que él había dicho antes:

"Ahora más que nunca, la gente como nosotros, que no desea perseguir el 'éxito' profesional y no necesita ganarse la vida, tenemos que organizar nuestras vidas alrededor de nuestras capacidades como son concebidas por cada uno de nosotros de manera individual. Soy perfectamente feliz con la manera en que soy porque sé que no nací para la grandeza. La verdad es que los creadores nacen, no se hacen. Si, sin embargo, antes de nacer, me hubiera sido dada una elección, creo que sacrificaría esta vida calmada y despreocupada por el mundo tortuoso de la creación."

Él guardó silencio por unos pocos momentos y entonces, tocando mi mano de forma confidencial y amigable, continuó con un deje de sonrisa. "No le mentiré; ni Eric ni Axel están de acuerdo conmigo en este tema. Eric, con su corazón de oro, elegiría exactamente lo

69

opuesto. En cuanto a Axel, él continúa rascando su violín, reacio a darse cuenta de que nunca alcanzará ese nivel de excelencia que siquiera justificaría dedicar la vida entera de uno a ello."

Luego añadió, "Este enfoque franco, el cual fue verdadero para las artes desde el comienzo del tiempo, ahora también se aplica al mundo de la ciencia. Y la razón es lo que le dije antes a usted: el involucramiento de uno en la ciencia no es una necesidad profesional que justifica la mediocridad por el motivo de ganarse la vida. Nuestra comunidad socio-política universal necesita alta calidad antes que cantidad. Todo se reduce a esto: ¡o usted dice algo que de hecho vale la pena decir o no dice nada en lo absoluto!"

Le pregunté si era cierto que el contenido y propósito de la distinción actual de clases era puramente espiritual y si, aparte de los honores que estas personas necesariamente (como él sostiene) aceptan, no hay otra ganancia material para todos esos prestigiosos hombres sabios y grandes artistas o cualquier poder especial sobre los otros.

"No verá ninguna otra distinción adicional más allá de las que le he contado: amor, respeto, entusiasmo y gratitud. Eso es, a menos que considere una ganancia material los pocos palacios y obras de arte que se donaron al Valle de las Rosas *(su centro de aprendizaje)* y a nuestros otros grandes centros intelectuales. Estos objetos tienen más un significado simbólico que cualquier otra cosa. De hecho, estos edificios inmensos incluso los cansan a veces."

"Por otro lado," añadió Stefan, "hay muchas más alegrías en la vida: juventud, viajes, amor correspondido; alegrías que nosotros disfrutamos al máximo cada día y de las cuales ellos son privados, escogiendo el sacrificio y la creación para calmar su sed de conocimiento. Ellos no están hechos para nuestra forma de vida; no reciben suficiente satisfacción de estas cosas. Lo que podría calmar sus mentes sedientas no puede encontrarse en este 'ambiente'."

"Yo creo que nada podría calmar sus mentes sedientas; el sentimiento constante de insatisfacción e incumplimiento es parte de su destino," añadí, queriendo mostrarle que entendía su punto.

"Lo único que podría hacerlo," dijo Stefan en un tono de voz de profunda fe, "es la Gran Realidad, el *Samith*... Pero es inaccesible aquí abajo. Cada concepción y forma digna en el arte no es nada más que un intento por tocarlo, un esfuerzo insoportable, lleno de desesperación y, al mismo tiempo, ¡esperanza frenética! Cada concepción y forma digna en el arte fue, es y siempre será generada por el anhelo al *Samith*... Si eso no existiera, tampoco lo haría la creación artística. Y si ni siquiera los artistas más grandes están alguna vez satisfechos con sus obras, eso es porque el *Samith* es la quintaesencia de las artes más grandes, justo como el infinito es el último de los números más grandes que podemos imaginar. Pero ahora le estoy hablando a usted sobre el *Conocimiento Vólkico*, algo que no le es familiar..."

"¿Cuándo me va a hablar sobre este tipo de conocimiento? ¿Me dará unos libros sobre el tema?" le pregunté impacientemente.

"Ese es un tema que tomará muchas horas discutir. No tenemos suficiente tiempo hoy, ya que Hilda estará aquí dentro de poco. Solo responderé la última parte de su pregunta previa. La superioridad material es desconocida por la clase dominante contemporánea y así lo es cualquier tipo de poder sobre los otros. Mil doscientos o mil trescientos años atrás, cuando aún se estaba bajo el reinado de los principales científicos físicos, el concepto de 'poder', en su sentido original de penalidad, aplicación y coerción, aún estaba en vigor. Pero acciones legales correspondientes y disputas de propiedades eran casi inexistentes en ese entonces, como lo son ahora. La implementación de leyes e instituciones privadas ha probado ser en gran parte irrealista. Pero los derechos y responsabilidades entre los ciudadanos y la autoridad política todavía debían definirse por una multitud de instituciones modernizadas y eficientes, promulgadas por esas sabias personas en conformidad con nuevas necesidades. Eventualmente, con el pasar de los siglos, cualquier forma de coacción y penalidades se volvió obsoleta.

"Este fenómeno socio-político no es reciente. Ocurrió al principio del *Eldrere (épocas antiguas, Eldrere comenzó en nuestro 2396 d. C. y duró 986 años hasta 3382 d. C.)*. Los científicos lo llevaron a cabo usando como herramientas la noción de abundancia y un progreso sin precedentes en la educación de los niños. El 'servicio' duraba veinte años entonces y antes de eso, treinta años, pero nunca pasó por la mente de nadie hacer daño a otro o robarle a alguien, ya que a nadie le hacía falta nada."

Yo también le pregunté si algo más era cierto, algo que había escuchado por casualidad cuando tuve mi accidente, o mejor dicho, cuando Andreas Northam había tenido su accidente. Quería saber si, incluso en el caso de un accidente, las autoridades solo toman en consideración las variables técnicas y médicas, sin asignar ninguna responsabilidad.

"Ahí es donde entra la educación, como le mencioné antes. Primero que todo, la probabilidad de que ocurra un accidente automovilístico o de cualquier otro tipo es extremadamente baja hoy en día. Pero supongamos que algo así sucede y el conductor del *linsen* sobrevive; no habría necesidad de asignar una culpa, porque tal posibilidad sería completamente descartada."

Hay un dicho aquí, según me dijo Stefan, que dice que el hombre de hoy, el *Troende*, como ellos lo llaman, "no puede hacer el mal", como los británicos solían decir de su rey. Esta realidad se hizo posible como un resultado del profundo respeto que sienten hacia el valor de la vida humana, el cual se implanta en su conciencia desde una edad temprana. De acuerdo a la actual "percepción vólkica", todos y cada uno de "sus prójimos" es un "completo mundo interior" lleno de sueños de vida, afecto, amor y sagrado sufrimiento humano, altos ideales y un rango amplio de valores espirituales, todos reflejos del *Samith*, sobre el cual él me había comentado antes. Su atención al detalle y su previsión, la cual a veces alcanza el punto de la exageración, es increíble. Ellos tienen extremo cuidado de no insultar este "completo mundo interior" en lo más mínimo, ya sea en términos de su existencia física o moral. Estas personas han seguido, en el mayor grado posible, el mandamiento de "amar al prójimo".

"Lo mismo va para las ocasiones extremadamente raras en las que alguien tiene un hijo de manera ilegal," continuó Stefan. "El estado no prevé que suceda tal cosa por intención o descuido, ya que el respeto por nuestras instituciones demográficas imposibilita tal posibilidad. En tales asuntos, las estadísticas son nuestros guías infalibles: porcentajes tan bajos de nacimientos ilegales no pueden afectar o perturbar, incluso en lo más mínimo, ni el proceso de proyección de población ni el ritmo de vida. Las coacciones y penalidades se han reemplazado con leyes domésticas. La gente verdaderamente civilizada, gente con 'cultura interior', no puede hacer algo que está mal. Incluso si se los obliga a hacerlo, por así decirlo, ¡no pueden! Examinemos el asunto de inscribirse para el 'servicio', por ejemplo: si usted busca entre los millones de hombres y mujeres jóvenes, ¡no encontrará una sola persona que intentaría evadirlo! De hecho, es todo lo contrario. Nuestros líderes y educadores se ven obligados a luchar, con instrucción y argumentos oportunos, contra el sentimiento de inferioridad y remordimiento injustificado de aquellos pocos niños que anualmente, debido a problemas de salud, no son aceptados en los *glothneres*. Su gran miseria no proviene de su enfermedad o discapacidad, sino del sentimiento de ser una carga para sus semejantes..."

Él volvió a resaltar la simplicidad de las instituciones existentes, asegurándome que no había otras, aparte de aquellas concernientes al "servicio", la proyección de la población y el control del tráfico.

"Tan pocas restricciones," dijo con algo de orgullo obvio, "tan pocas instituciones y esta falta de autoridad y poder de ejecución en la vida de un individuo crean una gran cantidad de espacio para la libertad individual, siempre combinada con autodisciplina, por supuesto. Hoy en día, nadie le impide viajar al otro lado del mundo, decir y hacer lo que sea que usted quiera, creer lo que usted quiera, de la manera que a usted le parezca adecuada. La educación (de la más básica a la más alta) los *daneres*, los 'templos', el *Reigen-Swage*, los teatros, los parques, las playas, los museos, los hospitales, todo tipo de instituciones, los paseos, los centros comerciales, los *larinteres*, el campo, los centros de ejercicio y todo tipo de deportes, todo esto y tanto más que usted no puede ni imaginar, todo está abierto para nosotros, especialmente desde la edad de diecinueve en adelante. Y la ayuda de las estadísticas es también milagrosa cuando se trata de la 'distribución': ellas mantienen un equilibrio entre oferta y demanda, haciendo que todo abunde mediante un monitoreo de todas las necesidades globales y haciendo predicciones tempranas y precisas."

Le pregunté cómo la falta de cualquier tipo de poder de ejecución, como él dice, es compatible con el trabajo de los *Ilectores* y los *Lorffes*.

"Su rol es más bien regulador," replicó. "Es más un deber que un poder político. Algunos de estos sabios hombres decidirán, por ejemplo, si la aplicación de un desarrollo técnico o tecnológico probaría ser beneficioso a la producción de bienes de consumo, como comida y otras cosas; otros se encargarán del trabajo de regular el tráfico; otros decidirán el ritmo de la llegada de una nueva generación y así sucesivamente. Ellos no han invadido, sin embargo, las vidas personales ni han lidiado con casos individuales desde hace siglos; no ha habido necesidad de hacerlo. A veces, en el pasado, tuvieron que intervenir y es allí cuando tuvieron verdadero poder.

En la rara ocurrencia, digamos, de que alguien sea 'demasiado fértil', ellos perdonarían cualquier violación del orden de prioridad o del número de hijos que le era permitido."

No pude contenerme y le dije, "Usted habla de libertad individual, Stefan, pero parece estar olvidando sus limitaciones demográficas antinaturales..."

"Porque, como le dije, estas son reglas generales y no intervenciones en casos individuales. De acuerdo a esta regulación, aquellos que quieren desesperadamente tener un hijo tendrán su turno a un buen tiempo. Y no se preocupe, ¡todos tienen derecho a tener hijos! El propósito es cumplir con la 'tasa de reemplazo' demográfica actual, de manera que la siguiente generación no termine siendo más poblada que la presente en toda la tierra. Esencialmente, esta restricción no es tan terrible como usted piensa. Es un asunto de orden y de entender por el bien de la humanidad."

"En mi época, que usted llama barbárica, estábamos mucho más cerca de la naturaleza y de la libertad individual."

"La necesidad no era tan urgente en ese entonces. También, la división de la tierra en poderes económicos y políticos rivales engendró, a su vez, una rivalidad correspondiente en términos de población. El peligro de la sobrepoblación se había incrementado dramáticamente en los días antiguos. Después de eso, el mundo estaba en una necesidad desesperada de regulaciones y ahora, como resultado de esa regulación, estamos en un punto donde ya no solo se trata de la cantidad de personas, sino de la calidad. En su época, el balance de la población mundial era restaurado sin esfuerzos por sus guerras y epidemias; gente moría y gente nacía todos los días. Pero en nuestro mundo, estas dos 'soluciones' se han vuelto obsoletas desde hace mucho. Así que ¿qué opción teníamos? Si dejábamos de mantener un seguimiento sobre los indicadores demográficos, todas las ciencias florecientes y las aplicaciones técnicas solo podrían mantener estos estándares altos de vida de la comunidad internacional por un corto período de tiempo y, al final, no podrían ser capaces de prevenir su caída."

Ahí fue cuando, según lo recuerdo, Hilda entró en la habitación cargando un ramo de flores. Stefan dejó de hablar abruptamente y, poco después, cambiamos de tema.

ROMANCE CON SILVIA

8-IX

Me quedé en casa toda la tarde de hoy. Desde temprano en el día no me he estado sintiendo tan bien, pero Hilda cuidó de mí y me trajo una bebida caliente. Ahora me siento mucho mejor. Los libros que Stefan había pedido hace un tiempo llegaron con la "distribución" de ayer. Me senté con él y los repasé para pasar el rato.

9-IX

No sé qué está mal conmigo de nuevo hoy, pero, una vez más, siento la anticipación de una gran alegría. Algo me dice que puede que la vea hoy... Durante toda la noche me sentí maravilloso. Salí muy temprano, con esa brisa fresca del amanecer, y di un paseo por los jardines y el bosque. No sé por qué, pero a menudo siento el impulso de salir y caminar solo en lugares inhabitados como estos.

Stefan se estaba preguntando dónde estaba yo y, cuando regresé, me lo preguntó. No mencioné nada además de lo bien que me estaba sintiendo. ¿Qué pasa conmigo? Un segundo estoy feliz y al próximo las lágrimas están inundando mis ojos. Ahora, por ejemplo, siento ganas de llorar. Y pensar que esta mañana estaba repleto de una alegría inexplicable. Incluso ver un solo rayo de sol me hacía sonreír.

¿Qué guarda el destino para mí esta noche? ¿La voy a ver? ¿Va a unirse al grupo? Estoy contando los minutos de nuevo... Contando los minutos...

(En la noche)

Nada... Nada... ¡Nada una vez más! No lo entiendo... Ella sabe exactamente dónde nos encontramos cada noche... Todos estos días...

10-IX

La última vez que la vi fue hace un par de días, cruzando el parque con un gran grupo de personas que yo no conocía. Estaban conversando entre ellos como iguales, con una evidente comodidad y compostura. Pensé que, si yo fuera uno de ellos, difícilmente sería capaz de seguir hablando incansablemente por tanto tiempo. Me sentí un poco celoso de ellos...

Se estaban acercando al borde del parque, donde yo estaba sentado, y no sabía si tenía tiempo de recomponerme un poco. Estaba hecho un desastre y estaba bastante seguro de que mi complexión era pálida. Entre otras cosas, temía que ella pudiera pensar que yo estaba sentado ahí con el solo propósito de verla. Mientras pasaba, se dio la vuelta y me miró, como si justo acabara de verme. Apenas si me saludó, como si yo le hubiera hecho algo, y no se veía muy emocionada de verme, pero cuando nuestras miradas se cruzaron, solo por un segundo, me sentí la persona más feliz de la vida sin ninguna razón en absoluto. Y entonces supe inmediatamente que su comportamiento no tenía nada que ver conmigo. Ella solo estaba de mal humor o molesta consigo misma. Pude saberlo por ese deje de agitación en sus ojos.

Molesta consigo misma... Hay momentos en los que pienso que tal vez yo soy el único miembro feliz del grupo. ¿Debería dejar de ser tan distante? ¿Podría ser que es mi culpa? Toda esta timidez, falta de coraje y actitud injustificable...

11-IX

Le pediré a Stefan que posponga el viaje a Norfor que mencionó anoche. ¡Y pensar que hace poco tiempo el simple sonido de esta localidad gloriosa me hubiera hecho saltar de alegría!

16-IX

Stefan conoce a todos por aquí. Se las arregló para encontrar algunos viejos conocidos suyos que están interesados en libros de ciencias, de manera que intercambiamos una gran parte de la colección de libros de Northam por algunos libros de historia de gran significancia, los cuales se habrían tardado siglos en llegar con la "distribución". Entre ellos, un libro de historia básico para niños, ideal para principiantes como yo, una edición de Dupont, una verdadera miniatura de tres mil páginas verdes que brillan en la oscuridad, con ilustraciones estereoscópicas, letra minúscula que sucesivamente se agranda solo en la parte que uno está leyendo y panoramas de página entera.

Regresé a la villa tarde en la noche. Con la bolsa pesada metida bajo mi brazo, emocionado por mis nuevas posesiones, me encerré en mi habitación y vacié mi tesoro sobre la mesa. Al verlo, ¡una multitud de recuerdos joviales y mágicos de mi infancia cobraron vida, como un desfile colorido ante mis ojos!

17-IX

Hoy estaba destinado a ser… Hoy, el destino tenía guardada una hermosa sorpresa para mí: me encontré inesperadamente con ella en mi camino de regreso a casa. Pasamos juntos una hora entera. Al principio ella lloró. Entonces yo le dije que la amaba. Luego ella puso su mano sobre mi corazón. La besé y, finalmente, nos miramos fija y profundamente a los ojos… ¡Nadie sabrá jamás lo que sucedió entre nosotros! ¡Gracias, Dios, por este momento! ¡Y tenía el presentimiento desde esta mañana de que hoy sería un gran día!

Ella me dijo que había estado sufriendo y llorando hasta caer dormida durante días, debido a las dudas que la atormentaban. Ella no sabía qué hacer. Actuaba con reserva con motivo de su anterior comportamiento hacia mí. Pero mi amor inquebrantable, además del hecho de que, después del accidente, me veía más puro y amable y con una actitud más romántica (algo que emociona a las mujeres) la había impactado. ¡Soy feliz! Me dijo que quiere ir a todos lados conmigo. Todos los lugares que ha visitado quiere verlos de nuevo conmigo. Solo entonces, dice ella, puede una mera visita transformarse en una verdadera experiencia; de lo contrario, solo los ojos se satisfacen y no el alma…

18-IX

He estado sentado aquí durante horas, pensando en lo que sucedió ayer. Ni siquiera puedo leer. Me veo como si estuviera soñando despierto. No hay forma de que Stefan no lo haya descubierto. Ayer fue una explosión de emociones; la razón y el juicio no tuvieron lugar en ella. Hoy, después de tanta tensión, me siento tan débil y exhausto que casi no puedo escribir. Tengo tanto en lo que pensar. Acabo de recordar algo que dijo Stefan, que, como seres humanos, eso es, formas de vida con capacidades limitadas, somos incapaces de definir las fronteras de lo "real" y lo "irreal" o evaluar el verdadero alcance de la Gran Realidad. Es imposible, dice él, saber qué yace bajo las apariencias e incluso menos a través del prisma de nuestro temperamento "infantil" que frecuentemente saca de proporción reacciones psicológicas humanas y simples. Como él me explicó, ahora se cree que la antigua interpretación de la "idealización de los instintos humanos" es meramente aparente y que la dimensión de la profundidad se nos escapa a los humanos. La comunidad global actual no dudaría en ver a una persona insignificante, que no ha hecho una contribución evidente a la vida, como un anunciante de grandes cosas y erigir una estatua en su honor en el Valle de las Rosas, su ciudad sagrada.

4-X

Lo más emocionante para mí es montar en sus vehículos voladores, los *linsenes*. Hoy fuimos a Orta, una enfermería experimental que abarca mil acres, rodeada de olmos, en el centro de la cual había seis asientos de mármol antiguo. Ahí nos sentamos, en "nuestra propia sala de estar" como la llamó Silvia en tono burlón. Ella ahora se arrepiente de haber rechazado el amor y afecto de Andreas en el pasado. Ella sentía que por su culpa ellos habían perdido mucho tiempo y demasiados momentos preciosos. Y, por otro lado, mire usted la posición en la que yo me encuentro: ella me está abriendo su corazón y yo no puedo decirle nada. Así que solo me siento allí, respondiendo mecánicamente y usando las pocas cosas que sé de Northam por Stefan para responderle. Y al final, para poder escapar de sus preguntas constantes, no paro de decir, "Silvia, créame. No recuerdo nada más."

Me avergüenzo de mí. Pero Stefan me dijo hace unos días, "Por ahora, no hay otra forma. Recuerde, fue usted quien pidió que se mantuviera en secreto. Pero, aparte de eso, el Rosernes Dal (el Valle de las Rosas) todavía no ha llegado a ninguna conclusión con respecto a su caso."

VIAJE A LA COSTA OESTE DE ITALIA: UN INTERMINABLE CENTRO VACACIONAL GLOBAL

Salerno, 6-X

Solo hemos estado aquí en el sur desde anoche. Lo retrasamos un poco a propósito para evadir las enormes multitudes que se congregan aquí para las "celebraciones de verano". Nos estamos quedando en el tercer piso de uno de los enormes hoteles de New Youthsmile. Reservamos el piso entero porque vienen seis amigos más. Entre ellos está Diseny, uno de los jóvenes médicos más famosos, y el pintor Syld, amigo de Aria, un agradable, callado y modesto hombre rubio en sus treintas, vestido con ropas oscuras que contrastaban con sus ojos azules y soñadores.

Según lo que entendí del comportamiento de los otros hacia ellos, deben considerar al médico y al artista como las "estrellas" del grupo, pero los últimos parecen no tener idea al respecto. Siempre hablan de una manera simple y centrada sobre una variedad de cosas, pero nunca sobre su trabajo.

Viendo la costa oeste de Italia desde arriba, noté que es ahora, de una costa a la otra, una construcción de enormes hoteles que la hacen ver como un interminable centro vacacional. Los nombres de los lugares cambian de vez en cuando y en muchas áreas han mantenido los mismos nombres antiguos que ahora suenan bastante extraños junto a los más nuevos y poéticos: Scarlet Rivershore, Seaside of Joy, Small Blomsterfor, Blue Lily, Diamondstones of Midnight, Resenfarvet. Aun así, ni la forma ni la consistencia de este vasto estado cambia en ninguna parte; se extiende eternamente en el horizonte. Había miles de palacios gigantescos para los viajeros, pero ni un rastro de hogares residenciales o iglesias o instituciones o escuelas e instalaciones científicas e industriales, solo estos enormes hoteles y centros juveniles (llamados *larinteres* y *civesheimes*), construidos entre *quays* y parques, vastas playas arenosas y muelles. Cada uno de estos palacios de los *Cives* (los ciudadanos) era un edificio rectangular separado adornado perimetralmente con un tipo de cristales brillantes que reflejaban los rayos del sol reunidos a lo largo del día. Y eran tan brillantes que era posible verlos desde el cielo nocturno.

Los estilos arquitectónicos variaban, pero el conjunto era perfectamente armonioso. Sí, aquí sí me siento como si estuviera en uno de sus centros urbanos más grandes. Incluso cuando estoy solo en mi habitación, en completo silencio, casi puedo escuchar el ajetreo y bullicio de millones de viajeros visitando este vasto centro vacacional de la costa marina cada día.

7-X

Y a pesar de que aquí se siente la alegría pura de la vida en un grado increíble (en comparación con nuestra época) las cosas que hacen y la manera en que las hacen no difieren tanto de las nuestras. Al amanecer, vi a miles de personas de pie a las afueras de sus hoteles gigantescos sosteniendo tazas de cristal repletas de agua y fruta y observando fijamente la increíble vista. Debajo de nosotros, en las canchas y campos, se podía ver a personas jóvenes jugando deportes y juegos de pelota. Muy cerca, en los parques y playas, la gente estaba paseando, nadando y teniendo pícnics, exactamente igual a nosotros.

Silvia y yo dimos un paseo bastante largo. Stephan y Hilda estaban más adelante. Ella me dijo que, por primera vez, estos días ha llegado a conocerse a sí misma en toda su profundidad. Descubrió un tipo de tranquilidad dentro de ella que nunca pensó que tenía. Yo no sabía cómo responder a eso, así que solo apreté su mano y seguí caminando.

"¡Al fin puedo apreciar las canciones! ¡Al fin puedo identificarme con su significado!" añadió. "Incluso los cambios de las estaciones me traen una sensación interna de alegría. Recuerdo que me sentí así solo hasta la edad de quince años. Entonces desapareció. Hasta ahora."

Yo no la he tocado todavía, ni pienso en su cuerpo desnudo. Ambos estamos todavía en esa primera etapa de amor profundo y verdadero, donde los sentimientos se manifiestan solamente en el corazón y no en la carne.

LA ESENCIA DEL SAMITH Y EL "CONOCIMIENTO DIRECTO"

7-X De nuevo

(Después de la medianoche)

En la noche, el grupo entero dejó los *linsenes* atrás y, caminando a través de los pinos, nos dirigimos tierra adentro. Había catorce de nosotros en total. Alrededor de la medianoche y después de que la caminata hubo terminado, las mujeres del grupo sugirieron que fuéramos a una de las grandes terrazas a mirar la magnífica presentación de baile desde arriba. Silvia me había dicho que sería imposible encontrar tiempo solo para nosotros dos esta noche.

Nos unimos al resto de la multitud que no estaba participando en la actuación y nos sentamos arriba de la enorme pista de baile, observando los movimientos espectaculares y lentos del gran baile comunal.

Le susurré a Stefan que todo esto me recordaba a una compañía de ballet muy única, pero él negó con la cabeza. Poco después, me explicó el significado del baile simbólico y la silenciosa oración comunal que le seguía. Él dijo que, si estuviéramos en posesión de la vestidura adecuada, todos podríamos participar. Creo que tal espectáculo, tal armoniosa coordinación y magnificencia, sería el mayor sueño de incluso nuestros mejores coreógrafos. Solo que en nuestro tiempo este sueño nunca podría hacerse realidad.

Los bailarines masculinos estaban vestidos de negro y las femeninas tenían coronas de flores sobre sus cabezas y usaban el *kjole* oficial de seda, drapeado, monocromático y largo hasta el piso. Ellos pasaban ante nosotros, cada uno con sus movimientos coreografiados, como una unidad perfectamente sincronizada, ofreciéndome indescriptibles emociones recién encontradas.

Ellos incluso engendraron un sentimiento de orgullo y euforia en mí por estar presente en este ambiente único y ceremonial que no tenía, sin embargo, nada que ver con una religión oficial o coerción religiosa. La música por sí sola le hablaba a uno, los sonidos, los movimientos de baile también... Uno pensaría que estos también eran capaces de tener sentimientos y nostalgia, justo como el corazón humano. Hablaban de verdadero amor, el tipo de amor que puede hacer que uno se sacrifique a sí mismo... También hablaban de otro tipo de amor, un amor que puede conquistar el tiempo y hacer que uno viva para siempre, ya que no importaría la muerte ni uno mismo, solo la otra persona. Hablaron del amor en miles de maneras diferentes, en incontables vueltas y movimientos dulces, ¡como si estos poseyeran el obsequio del discurso humano!

Al otro lado de la terraza, la cual se veía como un cuadrado expansivo, una gran multitud, vestida con los trajes típicos del *unge* (quienes siempre escoltaban a gente importante) había rodeado a un hombre anciano, cuyo nombre, según me dijeron, era Nichefelt, y quien era uno de los pintores más prominentes de la época. "Él acaba de regresar del Valle de las Rosas," escuché que la gente decía. Syld, el pintor de nuestro grupo, que solía ser estudiante de Nichefelt, dijo que el *Lorffe* había cambiado dramáticamente desde la última vez que lo había visto.

Era tiempo de irse. "Regresaremos mañana", le dije a Silvia antes de separarnos. "Vale la pena ver todo esto de nuevo, solo nosotros dos, ¿no es así?"

Ella me sonrió y asintió en acuerdo. Oh, Dios, ¡cuántos años me llevó de regreso este asentimiento! Me recordó a Anna; cada vez que ella asentía, una brisa suave pasaba a través de su cabello. Lo confieso con remordimiento, pero esta similitud coincidente e instantánea me hizo pensar en Anna de nuevo. Este nombre solía significar tanto para mí...

8-X

Stefan me hizo sonreír hoy al darle demasiado peso a una simple observación mía sobre la moral moderna. A mí me había molestado mucho que Silvia se hubiera ido sola a pesar de haberme dicho que estaríamos pasando el día entero juntos. En cambio, ella eligió tomar el sol en una terraza diferente con el resto de las chicas. Así, la única cosa que dije fue que, en tiempos antiguos, las personas solían ser más cercanas a la naturaleza y disfrutar la gentil caricia del sol, el aire y el agua todos juntos, hombres y mujeres.

Stefan no dijo nada en ese momento. Acostado sobre su espalda, con los ojos medio cerrados y los músculos relajados, él estaba disfrutando la brisa matutina como si nunca hubiera escuchado lo que dije. El doctor Diseny, que también estaba presente, esperó un rato para ver si Stefan diría algo y luego decidió hablar.

"Eso es tan cierto, mis amigos... Parece que hemos olvidado hoy en día que la desnudez no es más que la verdad de la naturaleza. Desearía que pudiéramos regresar a esos años benditos cuando el mundo era gobernado por los maestros de la ciencia. Cada vez que leo esos libros antiguos, recuerdo cuán especiales e iluminadas fueron esas personas, las que nos dejaron el legado de todas esas leyes y costumbres perfectamente organizadas. En ese entonces, la gente joven veía la vida de una manera positiva y racional en vez de una romántica. Y yo me pregunto: ¿hemos seguido el camino correcto? ¿Es este torrente de sensualidad y emoción la manera correcta de ver la vida? No lo sé... Si mira muy de cerca a estas muchachas que ahora huyen de nosotros como bestias salvajes, estoy seguro de que de cerca serían tan hermosas como pinturas. Pero no compartamos estos pensamientos con los maestros de nuestro amigo Syld y los poetas del Valle, quienes lograron plantar la idea del 'encanto de la belleza escondida' en las cabezas de la gente."

Y fue con estas palabras que Diseny abandonó nuestra compañía por un tiempo. Muy cerca, un grupo de adolescentes, que no nos hacían caso, estaban tomando un descanso del esquí acuático. Miles de personas habían elegido la costa como un lugar para descansar y disfrutar la maravillosa brisa. La mayoría de ellas eran mujeres, la mayoría de las cuales estaban usando ropas sorprendentemente calurosas para este clima.

"No quise comenzar una conversación frente al médico," dijo Stefan, interrumpiendo mi ensoñación. Se inclinó hacia mí de manera que pudiéramos escucharnos y añadió, "Pero podría haberle preguntado si, en esos benditos años por los que siente nostalgia, los sentimientos tenían la misma profundidad que tienen ahora, si podían alcanzar el nivel excepcionalmente alto que alcanzan ahora."

Él habló lentamente, evitando mirarme a los ojos, y yo tuve la corazonada de que él estaba teniendo cuidado de no decir nada que pudiera dar una insinuación acerca de mis sentimientos hacia Silvia. Yo estaba seguro de que él había descubierto qué había pasado entre nosotros; pero era el único, nadie más. Pero, como he dicho antes, a ellos no les importan los chismes por aquí, ni lo demuestran cuando saben algo.

"Entonces él le diría, Stefan," dije yo, "que realmente no sería una gran pérdida si el mundo fuera privado de todo el dolor y el sufrimiento del corazón..."

"Él no diría eso," dijo Stefan. "No importa lo que diga a la gente, en el fondo, él sabe, como todos nosotros. Como un verdadero *Troende*, cree firmemente en la predicación vólkica. Él no podría, por lo tanto, negar que el *Lipvirch*, esta 'dolencia gentil del corazón', como usted lo llamó una vez, es uno de los principales reflejos del *Samith*, como también lo es la pura emoción religiosa, el arte, los grandes ideales y los valores espirituales eternos. Es el legado de nuestra civilización antigua y el viejo sueño de amor universal. Y mientras que existe la posibilidad de que algunos apoyen tal idea de que la visión de una mujer desnuda quizá no disminuya el *Lipvirch*, 'el dolor del corazón', los datos históricos y las experiencias pasadas sugieren otra cosa. Recuerde, Andreas, a las bailarinas, sus figuras y estatura divina... Conozco a la mayoría y sé que ellas no solo tienen cuerpos divinos, sino también almas divinas que son merecedoras de ser amadas al máximo grado. ¿No se veían impresionantes en sus *kjoles* de longitud completa bajo la luz de la luna? El mismo Syld me dijo que verlas le revivía algo de la felicidad que solía obtener de los cuentos de hadas cuando era niño. ¿No disminuiría el encanto y presencia majestuosa de estas mujeres si estuvieran acostadas o caminaran desnudas entre nosotros?"

Dejé a Stefan sin respuesta. Sus palabras sobre los "reflejos del *Samith*" me atormentaban, recordándome algo similar que Silvia dijo el otro día. Recuerdo preguntarle, "¿Adónde lleva todo esto? Es una gran lástima que nuestro amor se desperdicie, que no dure para siempre..."

¡La mirada de satisfacción en su rostro fue indescriptible! ¡Era una mezcla de alegría y orgullo!

"Sin importar lo que suceda, mantenga esto en mente: está mal que usted diga que es una lástima que nuestro amor se desperdicie; ¡ese es su único propósito! ¡Ahí es cuando usted puede llamarse verdaderamente bendecido! Este amor se ha convertido ahora en nuestra posesión, sin importar lo que vaya a suceder a continuación. Es algo que nunca nos puede ser arrebatado. Es una parte de otra vida, otro mundo ahora; es una parte del *Samith*."

Me volví hacia Stefan y, en una voz más alta de lo que pretendía, le dije, "Dígame entonces, Stefan. ¿Es este mundo entero con toda su verdad, sobre la cual habló el médico, solo un microcosmos?"

"No hay una sola persona que crea lo contrario," respondió

calmadamente. "Y él no se equivoca respecto a lo que dijo, que la desnudez de un cuerpo joven y hermoso es una verdad pura de la naturaleza; pero no es la única verdad y definitivamente no es la mejor. Le dije a usted que el *Lipvirch*, el dolor del corazón, es un reflejo del *Samith*, la Gran Realidad que ahora sabemos que existe; ya no estamos haciendo suposiciones, ¡lo sabemos! Así que la naturaleza, a su vez, es otro reflejo diferente del *Samith*. Pero el *Samith* por sí mismo es algo magnífico: mucho más grande y poderoso que todos sus reflejos. Incluso hoy, si alguien nos hablara de cuán extremadamente grande es, no seríamos capaces de concebirlo. Pero nadie nos habló de eso, ¡lo vimos con nuestros propios ojos! Y esa es nuestra principal diferencia."

Estábamos sentados lo suficientemente alejados de otras personas como para que nadie pudiera escucharnos. Stefan guardó silencio por un minuto, con la mirada perdida en el mar abierto. Se veía conmovido, pero siguió adelante. "Lo vimos y eso explica el, desconocido para las generaciones más antiguas, sentimiento de inmensa felicidad que ha inundado nuestros corazones desde entonces. Lo vimos gracias al *Nibelvirch* (el *Virch* supremo) después de miles de dudas atormentantes, muchas lágrimas, muchos momentos de debilidad moral y desesperación y después de ser preparados durante siglos por el Valle de las Rosas. Y usted no puede decir que Alexis Volky fue algún semidiós que fue el único que poseyó y pudo transmitir todo este maravilloso conocimiento directo. Él fue un mero mortal como el resto de nosotros; solo que, antes de él, el *Oversyn* era algo desconocido para el mundo. Él fue el primero en resistir la 'nueva vibración' que había probado ser fatal para muchos otros; él fue el primer sobreviviente."

El doctor Diseny comenzó a dirigirse hacia nosotros justo después de que Stefan me hubiera dado su palabra de que al día siguiente me traería algunos libros sobre el *Nibelvirch*, el *Samith*, Alexis Volky y el *Oversyn*. Oh, Dios... no podía creer todas las cosas increíbles que acababa de escuchar...

(De vuelta en la mansión de Stefan)

12-X

(Medianoche)

Entonces eso fue todo. No más mar. Todos volvimos a la mansión de Stefan ayer en la mañana y ya estamos ansiando regresar. Ellos querían partir temprano con el objetivo de evitar el calor, así que todos llegaron cansados; todos excepto yo, que ahora me he acostumbrado a las noches sin sueño.

Mientras íbamos camino a la villa, Stefan me habló de cuán fatigoso es el estilo de vida de aquellos que actualmente viven en los grandes centros urbanos. Parecía como si él estuviera intentando darme una explicación, a pesar de que yo nunca podría entender esta clase de tono modesto y apologético que a veces asumía cuando hablaba. ¿Era una señal de modestia? ¿O era una señal de culpa por ser uno de los miembros de la mayoría que solo "descansaba" después de su servicio de dos años? No lo sé. Pero me dijo que otras personas también, incluyendo a los "*Cives* trabajadores", a menudo abandonaban sus ciudades y vivían en el campo por largos períodos de tiempo. No era solamente un hábito de los "desempleados". Nadie, dice él, podría vivir en las pobladas ciudades modernas y masivas para siempre.

¡Miren esto! ¿Quién podría imaginar que extrañaría mi pequeña habitación? Estoy tan bien acomodado aquí que he comenzado a amar a esta familiar mesa, la pequeña cómoda naranja de libros, mis sillones hondos y cómodos, mis jarrones de vidrio y mis otras pocas posesiones, pocas, pero claramente mías.

Descansamos un poco en la mañana y entonces, como acordamos, fui a dar una caminata vespertina con Silvia, habiéndoles dicho a Stefan y a Hilda que íbamos a hacer una excursión por encima de los lagos.

Volamos sobre el antiguo Bignasco, viendo desde arriba el enorme y rectangular palacio carmesí, el *Civesgard* que descansaba sobre la ladera occidental de la montaña. Yo había visto muchos otros edificios desde arriba, en varios lugares, pero este me dejó una fuerte impresión, debido a sus colores atrevidos que contrastaban completamente con los usuales pasteles que prevalecían en esta tierra.

Desde la terraza sobre la cual aterrizamos, podía ver los jardines colgantes. Se sentía muy refrescante y relajante estar cerca de ellos. Más allá, en el horizonte, hombres y mujeres jóvenes en máquinas voladoras individuales que parecían enormes alas mecánicas estaban volando sobre y alrededor de las montañas del frente. No sé por qué soy tan feliz cuando estoy cerca de ella. Incluso este rápido cambio, del mar a las montañas en unas pocas horas, me llenó de alegría.

Hay muy pocas personas, ni siquiera veinte, sobre esta enorme terraza y en el gran salón central contiguo con el acuario inmenso. Es un contraste enorme con los miles de visitantes en las playas, con su griterío, su risa y sus juegos.

Repentinamente, Silvia se volvió hacia mí y dijo, "Pienso en esos lugares, detrás de las montañas, y que allí hay más lagos, tan hermosos como los nuestros."

Mi corazón estaba latiendo rápido. El lugar detrás de las montañas era Suiza. No dije nada; la dejé terminar.

"Iremos allá, ¿no es cierto? Será tan hermoso. No sé qué me sucede, Andreas, pero cada vez que viajo a Suiza, no siento ninguna alegría en particular. Me siento como siempre. Pero cuando miro esos lugares desde una distancia, solo desde una distancia, me siento melancólica, casi nostálgica..."

Yo no había les dicho nada a Silvia y ni siquiera a Stefan sobre mi antiguo amor por Anna. Cada vez que hablo sobre mi anterior vida, tengo extremo cuidado de no dejar que nada se me escape respecto a esa persona, como si ella fuera un encanto secreto que quiero proteger de todo corazón humano ajeno y profano.

Las últimas palabras de Silvia se volvieron un pretexto para reevaluar este descubrimiento mío. Siento que mi antiguo secreto es aún inaccesible y está bien guardado en mi alma y que nadie sabe nada.

"Entonces, ¿a qué le recuerdan estos lugares?" le pregunté.

"A nada en especial. Es por eso que no entiendo de dónde viene esta inexplicable melancolía. Tenía catorce cuando visité por primera vez esos lugares," respondió ella mientras señalaba las crestas nevadas de las montañas en el horizonte. "Y no solo no tengo ningún recuerdo especial que me ate a ese viaje, sino que también, debido a que estaba en la fase incómoda de la adolescencia, recuerdo lidiar con miles de preocupaciones y problemas."

"¿Y quién nos dice que en otra vida recuerdos poderosos no la conectaron a usted a este lugar?" le pregunté, desviando mi mirada.

"Bueno, nadie puede saberlo con seguridad," dijo ella sin verse para nada sorprendida. "Tal vez sí, tal vez no... Dentro del alcance del

Samith, todo es posible. Pero somos humanos, Andreas, y nunca lo conoceremos todo."

Ella parecía estar entretenida por la conversación. El hecho de que no parecía considerarla pesada o molesta me hizo ahondar más en el tema, perdiendo mi control momentáneamente. "¿Cree usted, Silvia, que es posible para una persona recordar repentinamente incidentes de una vida previa? ¿Alguna vez lo ha intentado?"

Era la primera vez que le hablaba con esta voz temblorosa de emoción, mirándola a los ojos con una expresión de amor y lealtad, casi como si poseyera una inspiración divina. Entonces recuerdo decirle, "¿Quién sabe? Podría ser que nos acabamos de encontrar después de estar separados durante siglos..."

Al principio, ella se vio algo desconcertada por mis divagaciones sobre los "recuerdos de pre-existencia", pero pronto sonrió con una expresión de sorpresa alegre y ansiosa aquiescencia. "¿Lo cree así, Andreas? Eso sería agradable... Pero yo preferiría recordar todo lo que me ha sucedido en esta vida antes de llegar a los recuerdos de pre-existencia. Porque creo que todavía hay algunos incidentes de mi infancia enterrados en alguna parte dentro de mi mente. Me gustaría recordar esos primero..."

Obviamente, sus palabras no me satisficieron. Eran de alguna manera irrelevantes a mi punto. Pero insistí, "¿Qué diría usted si alguien repentinamente resulta recordar incidentes de una vida pasada muy claramente?"

"¿Qué quiere decir con que 'qué diría'? Lo llamaría exactamente por lo que es: un raro fenómeno metafísico."

Yo estaba bastante aturdido por toda esta conversación, a diferencia de Silvia, quien, como dije, lidiaba con ella de una manera completamente natural, así que decidí cambiar el tema. Seguimos caminando de la mano por el bosque.

Siento como si nuestro amor estuviera creciendo día a día. Las señales son demasiadas como para ignorarlas, en ambos lados. Ya no podemos pasar ni un solo día sin vernos. Nuestra soledad se vuelve más pesada que nunca cuando lo hacemos. Según he leído ahora en los libros que Stefan me ha proporcionado, uno de los principios básicos del volkismo es, para los *Troendes*, la "nostalgia por el *Samith*", "el dolor del corazón", la cual es causada por la falta de él y la cual impregna la existencia humana entera sin nosotros ser conscientes de ello. En nuestra especie, esta nostalgia se presenta en forma de un "dolor noble", tal como la anticipación de un gran y verdadero amor.

"Una voz dentro de mí," dijo Silvia, interrumpiendo mis pensamientos, "siempre me ha estado diciendo que habría un día en el que alguien daría significado a mi soledad y mi sensibilidad, así que debía esperar. Había días en los que me sentaba, vestida y arreglada, frente al espejo en la mañana y pensaba para mí misma, 'Quizá hoy…' Pero temía no reconocerlo, no ser capaz de saber quién era él. Al final tenía razón; ¡era usted! ¿Por qué me llevó tanto tiempo reconocerlo?"

Ella entonces comenzó a hacerme preguntas sobre mi niñez, refiriéndose, por supuesto, a la niñez de Northam, preguntas bastante difíciles de responder para mí. Recordó la primera vez que conoció a Northam, en el Tebelen, durante "La Oración de las Flores Silvestres". Él estaba a punto de escribir su nombre en una de las ventanas, empañada por su respiración, y ella lo detuvo.

"Era tan indiferente hacia usted en ese entonces… Creo, sin embargo, que la primera vez que *realmente* lo conocí fue en el instituto Molsen, adonde yo había ido como enfermera, cuando lo vi herido e indefenso como un pequeño bebé. Pero basta de eso. Ahora cuénteme una de esas historias antiguas que a usted le gusta leer con Stefan, las que son sobre apuestos príncipes y hermosas princesas…"

Comencé a provocarla, diciendo que cuando era joven debía haber sido adicta al *Reigen-Swage* y sus gafas tridimensionales. Ella lo admitió. En cuanto a los cuentos de hadas sobre príncipes y princesas, los ha amado desde que era niña.

Me he dado cuenta de que estas antiguas, para ellos, historias ejercen un gran atractivo sobre la gente de esta Mancomunidad Universal contemporánea. A mi forma de ver, las razones por las cuales ellas los atraen tanto son las representaciones de juventud y belleza, suerte y destino, el ideal de "felicidad" y todo eso combinado con el encanto extra que da la enorme distancia temporal. La noción de "poder político", la cual es completamente ajena a ellos, ciertamente no es una de las razones.

Hablé con ella sobre algunos de nuestros grandes nombres, tal como Goethe y Pasteur, y descubrí que ella los conocía muy bien.

Entonces nos preguntamos qué debían haber sentido los creadores mientras creaban. Este tema trajo a la mente al pintor Nichefelt, el *Lorffe* que habíamos visto unos días atrás. Me contaron que él, cuando era niño, sintiendo la llama sagrada dentro de él, había mitificado e idealizado todas las grandes personalidades de los artistas famosos de las generaciones pasadas. Su sueño era ser como ellos un día y el día más feliz de su juventud fue cuando fue aceptado como su estudiante. Si alguien pudiera haberle mostrado en ese entonces la posición que estaría teniendo treinta años después, él no habría sido capaz de soportar tanta felicidad sin límites. Por años no pudo rehuir del sentimiento de que sus obras eran mediocres, sin importar cuánto los otros las admiraran, porque ellas no cumplían sus propias expectativas y no podían calmar la sed de su corazón. Pero al fin llegó el día, después de trabajar durante décadas, en el que finalmente alcanzó su tan codiciado sueño. Luego el ya maduro hombre rompió en lágrimas frente a su composición terminada. Esa obra de arte le trajo reconocimiento y elogios sin fin del "Boulevard de los Palacios". Al nuevo *Lorffe* le fue entonces ofrecida la misma posición que sus profesores una vez tuvieron en el Valle de las Rosas, pero a una edad mucho más temprana que ellos.

Era obvio por la forma en que ella hablaba sobre ellos que Silvia adoraba a estos hombres verdaderamente magníficos. Y en cuanto a Nichefelt, ella cree fuertemente que él debe su increíble creación artística a la sed y el anhelo por el *Samith*. Afirma que si ese anhelo no existiera, él nunca podría haber alcanzado el punto de grandeza artística que alcanzó. Todo parece estar conectado al *Samith*. No lo entiendo completamente todavía. Pareciera ser que es su Dios, pero entonces de nuevo no lo es. Parece ser el "origen de todo".

"Me pregunto," comenté, "cuando él cruzó el Boulevard de los Palacios y vio el Arco Sagrado de ustedes, ¿encontró la salvación que había estado buscando durante treinta años? ¿O quizá no?"

"Por supuesto que no," respondió ella. "Lo que él quería tocar era intocable... Pero sí lo disfrutó con todo el corazón."

Hoy en día, la visión que prevalece es que uno debería regocijarse auténticamente y celebrar la felicidad espiritual que esta época tiene para ofrecer, ¡ya que es un regalo! La gente necesita pensar en cuántos desafíos ha enfrentado el mundo y cuántos obstáculos y espantosos peligros ha superado. Ya no creen que es una distancia temporal lo que embellece a las cosas, personas y situaciones y lo que hace a los problemas y dificultades desvanecerse y ser olvidados.

No creen en las interpretaciones psicofisiológicas en general o, para ser más exacto, las consideran muy superficiales; incluso vacías. Dicen que el "*Nibelvirch*" fue lo que les dio la verdadera y más profunda explicación. A través de la adquisición del "conocimiento directo", ellos vieron el *Samith* y, por lo tanto, la Verdad. Claramente vieron que esa luz no pertenecía a este mundo...

Ella me habla, pensando que yo entiendo todo completamente, sin saber mi verdadera situación; y esto me confunde incluso más. A veces soy verdaderamente yo mismo y otras veces apersono a Northam; ¿por cuánto tiempo más?

"Silvia, ¿alguna vez ha pensado que puede que yo la decepcione, que puede que nunca me recupere por completo, nunca recuerde y nunca recupere mi antiguo ser?"

"Usted sabe mejor que yo que yo no amaba al antiguo Northam," dijo ella con una sonrisa. "En cuanto a su investigación y artículos, ellos no significan nada en comparación con la persona con este corazón enorme que ahora tengo aquí, ¡frente a mí!"

Estas palabras suyas no tenían nada que ver con las palabras de esperanza y aliento de los días tempranos, cuando ella no dejaba de preguntarle a Stefan por qué yo no lo intentaba con más fuerza. Recuerdo cuando, un día, Stefan la descubrió llorando sola después de una discusión que tuvieron sobre si sería beneficioso o no para mí ir a Markfor para un curso dado por el muy simple y entendible Astrucci, antiguo estudiante de uno de sus grandes educadores, Gunnar Bjerlin, y continuador de su trabajo en su instituto educacional. Creo que es algo parecido a las escuelas especiales de nuestra época, para gente con retraso mental, algo muy degradante para el viejo Northam. Stefan me dijo que fuera a ver qué estaba mal con ella y, cuando la encontré llorando todavía, apreté sus manos, la besé y le dije, "No iré si usted no quiere que vaya... Simplemente no quiero verla llorar... No puedo soportarlo."

Llegamos a la terraza alrededor de la hora en que el sol se estaba poniendo. En algún punto, por alguna razón inexplicable, todos aquellos sentados en la terraza se pusieron de pie y comenzaron a dirigirse hacia el segundo balcón. Todos habían dejado de hablar y lo único que se podía escuchar era el trinar de los pájaros. Aún no habíamos llegado cuando Silvia me hizo señas de que me acercara. Nos unimos a ellos y yo estaba impresionado por la devoción religiosa que caracterizaba el comportamiento de todos, incluso a pesar de que estábamos al aire libre, no en una iglesia. Pero repentinamente escuché una melodía, una de hecho muy familiar. "¡Es nuestra! ¡Nuestra! ¡De nuestra época!" pensé. Entonces me di cuenta de que era una parte de la 9na Sinfonía de Beethoven. Sin importar cuánto tiempo haya pasado, ¡no ha sido olvidada! Sentí la necesidad de decirle algo a Silvia; una palabra, un nombre, algo. Pero apenas logré soltar un sollozo ahogado de alegría dentro de mí. Solo un náufrago que ve al barco que lo salvará aproximándose, después de días en el mar, puede sentirse de la manera en que yo me sentí en ese momento: un sentimiento de salvación y un orgullo increíble. Deseé que Stefan estuviera allí para que me dijera por qué, si tal barbaridad extraña caracterizaba a mi época, la cultura moderna ahora toma sus obras de arte y las convierte en oraciones. "¡Escuche, Stefan!" le diría, "¡Esto viene de una era que usted llama 'prehistórica'!"

La sinfonía sonó por bastante rato. El atardecer ya había caído cuando noté los ojos repletos de lágrimas de dos de las personas próximas a mí, quienes estaban escuchando devotamente a medida que las palabras proféticas del coro se desvanecían, palabras que rogaban fe en el gran destino de la humanidad, palabras que fueron escritas hace más de veinte siglos...

Froh, wie seine Sonne fliegen
Durch des Himmels pracht'gen Plan
Laufet, Bruder, eure Bahn,
Freudig, wie ein Held zum Siegen

(Alegres como vuelan Sus soles,
a través de la espléndida bóveda celeste,
corred, hermanos, seguid vuestra ruta
alegres, como el héroe hacia la victoria.)

Tan pronto cayó la noche, el ambiente alrededor de nosotros cambió completamente. Estábamos a punto de irnos, ya que habíamos dicho al grupo que cenaríamos todos juntos, cuando escuchamos las primeras voces jóvenes y vimos las primeras hogueras en las cimas de las montañas cercanas y en los claros del bosque en las laderas frente a nosotros. Poco a poco, las canciones se multiplicaron y también lo hicieron las fogatas y la frase "Los nuevos *Cives*... ¡Los nuevos ciudadanos!" fue cantada por todas las bocas. Nos enteramos de que miles de hombres y mujeres jóvenes habían acabado de completar su servicio de dos años ayer y se quedarían aquí esta noche, en los "palacios de los extranjeros". Ya habían puesto mesas y sillas de repuesto alrededor de todo el suelo y el primer piso y habían hecho muchas preparaciones que nosotros ni siquiera habíamos notado. Si ustedes miraran alrededor, no encontrarían una sola persona infeliz o insatisfecha, como si todos estuvieran poseídos por el encanto de la vieja amada tradición. Incluso las personas mayores cantaban unas pocas canciones que recordaban de su tiempo de servicio. Los "socios", por otra parte, los futuros *Cives* (niños todavía) bullían de emoción, disfrutando con antelación la dicha del "gran día", el cual, para ellos, sería en un par de años, pero, aun así, hoy al menos había interrumpido la monotonía del trabajo.

Los nuevos ciudadanos están quemando sus trajes de trabajo de seda de un intenso verde. El ritual habrá terminado pronto y varios de estos hombres y mujeres jóvenes pasarán la noche en nuestro *Civesgard*. Pero nosotros tenemos que irnos. A medida que partimos, veo todos los *gesteles* juntos por primera vez; estos hoteles majestuosos deben ser más de 100 en toda el área. No me había dado cuenta de cuántos eran durante el día, pero ahora, a medida que los veo brillar desde arriba, ¡se ven como un estado entero de hoteles que se extienden más allá de lo que el ojo puede ver!

LA ESENCIA DEL SAMITH Y EL VISLUMBRAMIENTO DEL MÁS ALLÁ

14-X

Stefan y yo fuimos a dar un paseo de una hora por el bosque Albiel, solo nosotros dos. Era otro día precioso y todo eso me recordó a mis primeros paseos en compañía del padre Jacob. En ese entonces, me dominaban el escepticismo amargo y la falta de fe. ¡Cuántas cosas magníficas e increíbles me han sucedido desde entonces! Esta vez, puede que yo no haya tenido a un muy instruido clérigo a mi lado, aunque pensándolo bien, las personas de hoy parecían saber mucho más y a una edad más temprana que cualquiera de los hombres y mujeres instruidos de nuestro tiempo; es como si ellos estuvieran libres de dudas.

"Stefan, prométame que me llevará al Valle de las Rosas cuando sea el momento," lo insté con una voz cálida. "Creo que merezco con creces ir con usted. ¡Por favor, prométame esto! Usted sabe lo mucho que he sufrido. Lo justo es que cumpla con mi petición."

Mis palabras lo dejaron un poco pensativo. Evadiendo mi mirada, no me dio una respuesta. Yo continué, "¡Piénselo! Ni siquiera Jaeger se opondría a esto. Recuerdo sus palabras: 'Confíe en Stefan; él lo guiará a través de todo.' Y entonces insistió en que yo debía poner más atención a los grandes caminos espirituales que ahora se han abierto a la humanidad."

"Pero ¿quién se opondría?" preguntó Stefan con completa honestidad. "Solo me parece triste darme cuenta de que usted aún cree que el *Nibelvirch* es un asunto de lugar y que el Valle de las Rosas tiene algún tipo de poder mágico. Se decepcionará. ¿También cree usted que está listo? Si solo supiera cuántos de nosotros creemos que estamos listos y cuán pocos realmente lo estamos..."

Entonces me preguntó, cambiando de tema, "¿Le echó un vistazo a los libros que le di?"

Tuve que decirle la verdad, esto es, que había entendido muy poco sobre el tema del Conocimiento Vólkico. No era que su idioma universal moderno, rico en raíces anglosajonas y escandinavas (yo lo llamaría una mezcla corrompida de danés e inglés americano) fuera muy difícil de entender para mí. Todo lo contrario; el problema estaba en el significado y en la terminología muy especializada mencionada en estos libros sin la más breve explicación y también en unas pocas palabras totalmente desconocidas del antiguo idioma usado por los *Ilectores* del Valle.

Me sentía agobiado por el entusiasmo e impaciencia en anticipación a descubrir finalmente este "conocimiento", el cual ahora sabía que existía y que estaba muy difundido entre la gente después de tantos siglos. Es por eso que las palabras de Stefan sobre mi decepción próxima me empujaron de vuelta a la tierra. Lo vi observándome inicialmente con sorpresa e inmediatamente después con una sonrisa alegre, como un adulto que se está dando cuenta de la ingenuidad de un niño pequeño.

"Ahora veo cuán inútiles fueron los libros que le di para que leyera. Y es normal haber sentido y entendido tan poco de lo que leyó. ¿Creyó realmente que nosotros habíamos conquistado la esencia pura de estas grandes cosas y que de hecho habíamos logrado apropiárnoslas? ¿Tanto desestima y subestima la esencia de la Gran Realidad como para pensar que es tan accesible a nuestra cognición y habilidades mentales?"

"No es *mi* creencia," repliqué en una voz que se desvanecía junto con mis esperanzas. "Todos compartían la misma creencia en mi tiempo. Y pensar que los principales defensores de esta creencia fueron las mentes más brillantes de la época, a los que aún se cita y se hace referencia hoy en día. Cada uno de estos líderes espirituales analizó cómo las preguntas más grandes sobre el mundo, la vida y el origen de Dios y la realidad podían ser explicadas. Y rara vez estuvieron de acuerdo entre ellos. Cada uno tenía su propia interpretación. Pero había una cosa en la que todos estaban de acuerdo: que la sustancia y textura de la Gran Realidad no es impenetrable a la percepción humana. Los indios, chinos, egipcios, griegos y otros europeos después del Renacimiento creyeron que habían encontrado la explicación o, por lo menos, que estaban muy cerca de encontrarla. Y por supuesto, todos pensaron que su propia teoría era la correcta."

"Tiene razón," dijo Stefan. No dijo más nada por un rato, como si estuviera contemplando el pasado. "Tiene razón, así es como era en ese entonces; y no solo en su época, sino incluso durante un tiempo después de ella, hasta la época del primer *Nibelvirch*, hace un par de siglos. El mundo carecía de tantas enseñanzas sabias hasta ese momento. Pero solo cuando vino el *Oversyn*, junto con la adquisición del conocimiento directo, nos dimos cuenta de que la realidad es tan increíblemente grande que nuestras pobres percepciones y organizaciones racionales y nuestras 'antenas' en general no están en posición de capturar su esencia."

"Así que el *Nibelvirch* no les ofreció realmente el conocimiento de la Gran Realidad..." murmuré.

"El conocimiento de su esencia, no; solo una cognición 'sobrehumana' podría quizá entenderla o al menos concebirla. Pero sí nos ofreció el conocimiento de su existencia de una manera obvia y directa, completamente diferente a las enseñanzas de su época. Y eso fue lo que nos rescató y nos redimió de manera fundamental, poniendo fin a nuestras dudas metafísicas de una vez por todas. Porque una cosa es que la gente se lo diga e intente convencerlo de que existe algo más grande que usted, ¡y otra es ver la luz dentro de usted y sentir por sí mismo su existencia!"

"¿Entonces nosotros, junto con todas nuestras enseñanzas, estuvimos equivocados respecto a todo durante todos esos años? ¿No estaba en lo correcto ninguna parte de nuestro conocimiento?"

"Todo lo contrario; ¡los consideramos como los primeros intentos de la humanidad por aproximarse a la Luz y por lo tanto los apreciamos enormemente y los honoramos! Pero todo esto salió a la superficie solo por el *Nibelvirch*; todo se originó por la nostalgia y la sed por el *Samith*, al igual que las más grandes obras de arte y todos los grandes logros de la humanidad. Esta sed del espíritu y el alma por un destino divino y prueba de nuestros orígenes sobrehumanos es lo que nos hace idealizar y embellecer miles de aspectos de nuestra vida diaria en este pobre ambiente terrenal: la virtud, el perdón, la amistad, el humanismo, la juventud, la belleza, la justicia, la felicidad, la libertad, el afecto. La carencia del *Samith* es la fuente más profunda de todas las grandes obras del intelecto."

Y la verdad es que el destino del hombre en nuestro tiempo era nacer, amar, dañar y morir. Aparentemente, por lo menos. Pero debido a que la consciencia del hombre sabía intuitivamente que algo más grande estaba encubierto detrás de las apariencias, ella no podía tolerar esta explicación y se sublevaba.

"No podíamos explicarlo," dije yo, "y deseábamos secretamente haber nacido como robots, sin la habilidad o la necesidad de concebir todas estas cosas, ya que de todas formas son tan ajenas e inaccesibles, tan incompatibles con la vida real."

"Son solo incompatibles en el ambiente pobre y temporariamente finito de este mundo y vida. Pero si nada más grande existiera, tampoco existiría ninguno de nuestros pensamientos y conceptos como eternidad, infinito o Dios. La propensión mental innata a la perfección no existiría y tampoco lo harían el mundo platónico, el budismo y ni siquiera el cristianismo, para hablarle a usted en su propio lenguaje. Actos de sacrificio como la negativa de Sócrates a huir, los 300 de Leónidas e incluso la crucifixión de Jesús jamás habrían sucedido en la historia humana."

No quise hablar ni escuchar más. Yo había entrado en otra dimensión, en un mundo diferente y más empírico de preguntas y respuestas. Ya había demasiados conceptos que yo debía contemplar. Sin embargo, sentí que una brecha había sido llenada de alguna forma dentro de mí, que muchas preguntas habían sido respondidas y muchas dudas resueltas; a pesar de eso, nacieron más de sus cenizas.

EL INFINITO, LA VIDA DESPUÉS DE LA MUERTE Y LOS ORÍGENES DEL ETERNO IMPULSO DE HACER EL BIEN

14-X De nuevo

(Tarde en la noche)

A partir de la conversación de ayer con Stefan pude ver por qué a esta gente le interesan los mayores casos "históricos" de los altruistas menos famosos y de bajo perfil: personas desconocidas que no pasaron a la historia, tal como convictos cumpliendo largas condenas, quienes cambiaron sus mundos interiores, o padres al azar con historias de increíbles actos de sacrificio. La gente de aquí cree que, a pesar de que tales actos no han sido registrados en la memoria colectiva de la humanidad a través de la historia, una vez registrados, son igualmente importantes que cualquier acto famoso y que no se han perdido.

Stefan me contó que ellos habían sabido de la santidad del sufrimiento humano desde la era del cristianismo y que el *Nibelvirch* simplemente los había ayudado a darse cuenta de cuán significativo era este valor moral. Le pregunté su opinión sobre el cristianismo y él me dijo que era una religión muy reconfortante que dignamente se mantuvo para el conocimiento directo durante miles de años. Sus palabras me hicieron sentir muy bien e impulsaron mi fe, la cual había comenzado a titubear con todo lo que he visto desde que desperté aquí.

"No es que ahora hayamos comprendido el significado de la vida. Todo lo contrario; pero incluso el hecho de que sepamos cuán indescriptiblemente grande es objetivamente la realidad y el hecho de que sepamos por todos que existe, tarde o temprano, son suficientes para liberarnos y concedernos la salvación. El continuo del espacio-tiempo, verá, no es exactamente como se lo imagina la percepción humana. El infinito y lo omnipresente son uno y lo mismo. La realidad objetiva es multidimensional. Los números, la materia, el espíritu, los individuos, las ideas o el infinito no existen separadamente, sino todos juntos. Si pudiéramos descubrir el verdadero significado de cada uno de los aspectos del *Samith*, la Gran Realidad, entonces también podríamos sentir a Dios. Podríamos ser capaces de entender el propósito, textura y significado de la vida. Adquiriríamos una sabiduría superior a la que poseen los humanos. Pero eso simplemente no puede suceder, amigo mío... El conocimiento directo, el *Nibelvirch*, nos mostró que el universo físico, la creación, Dios, el infinito y todas estas nociones son meros aspectos, meras caras de la Gran Realidad. Y hay una multitud de otras caras, inconcebibles para los humanos."

De acuerdo a Stefan, después del *Nibelvirch*, el intento del hombre por reducir todos los fenómenos del mundo y la vida a un solo "principio" ha disminuido notablemente. Ahora la gente ve muchos aspectos de la realidad como componentes del *Samith*. Él seguía reiterando que solo una pequeña parte de ello puede ser percibida por nuestras antenas. Allí es hasta donde llegan nuestras "capacidades de conocimiento". "Lo sé, mi buen amigo, y usted entiende cuánto más difícil eso hace mi vida. Mis propias antenas son incluso más pequeñas que las suyas," pensé para mí mismo.

Me sentía, sin embargo, alentado por la visión de que nada se desperdicia y nada se pierde nunca en la Gran Realidad. Incluso si todo lo demás es destruido, nuestro espíritu encontrará una forma de manifestarse, probablemente en alguna otra parte, pero lo que importa es que lo hará. Hoy se argumenta que el propósito de la vida es claramente la cultivación propia del espíritu (particularmente para nuestra especie y para la vida en nuestro planeta) y es hasta allá que pueden llegar los humanos. Como me dijo Jaeger, el propósito de la vida del hombre debería ser el constante rumbo ascendente hacia una cultura cada vez más espiritual. La gente nunca entenderá los propósitos más grandes de la vida, sin importar qué haga.

La gran diferencia es que hoy en día el héroe anónimo, el mártir de la vida diaria, nunca es olvidado y eso es porque ellos entendieron la santidad del sufrimiento humano: los actos de amor por sus semejantes, el perdón, la paciencia, la sensibilidad, la compasión y el autosacrificio llevan a la persona un paso más cerca de la divinidad. Ante sus ojos, el hombre interior es un completo mundo nuevo. Y eso es porque ellos creen que el mundo real carece del secreto de la composición casi simétrica del individuo y el universo, el microcosmos y el macrocosmos, es decir, el aspecto del mundo natural, el cual también es un aspecto del *Samith*.

Todo esto no era completamente desconocido para mí. Sin embargo, me sorprendió el hecho de que Stefan hablara como si él no fuera otra simple persona como todas las demás, sino como si estuviera del otro lado, del lado de las leyes de la creación. Anna vino a mi mente inadvertidamente de nuevo, el recuerdo de nuestro último encuentro en la colina con las anémonas blandas.

"Stefan, me ha sucedido antes, en mi vida normal, que he escuchado a una persona hablar de la manera en que usted lo hace, como si estuviera en una posición más alta en la escala humana que el resto de nosotros."

Él replicó, casi ofendido, que no estaba hablando desde una posición de superioridad, sino era que ahora los estándares humanos eran más elevados e iluminados que en mis días. Yo guardé silencio...

"Está bien. No tiene que decir nada si no desea hacerlo. ¿Cuál era el nombre de este 'precursor' con el que usted se encontró? Si vamos al Valle puede que usted vea su estatua junto con las otras."

"No, no, ella no era famosa... No fue más que una existencia noble que murió joven y desconocida."

Esta vez ambos dejamos de hablar. Stefan fue el primero en romper el silencio. "¿Por qué le sorprende tanto la forma en que pienso? Después de todo lo que hemos visto, ¿cómo podría existir la posibilidad de que pensáramos de la misma vieja forma en que ustedes lo hacían? Ahora tenemos una razón tangible para mantener nuestras almas más serenas."

No pude contenerme y dije, "Usted mencionó antes que nada se pierde nunca. ¿Eso lo vieron también o es solo una suposición? ¿Qué diferencia hace para mí cuán grande es la realidad si ya no estoy aquí para verla? Dígame, Stefan, ¿qué vieron acerca de la vida después de la muerte? ¿Hay un mundo mejor después de este?"

"Así es como solía ser dividido y definido, lo sé: el pasado, el presente y el futuro. Pero ya no lo dividimos así. Ahora sabemos que la vida es una y también lo es el mundo; una entidad, una esencia. La realidad es fluida y el ambiente de nuestra vida, incluyéndonos, es una pequeña subdivisión del *Samith*. La realidad es todo y nada que exista en ella puede perderse alguna vez; y esta certeza, como le dije, esta inclusión en el *Samith*, es suficiente para mantenernos alejados de todo el dolor y dudas pasadas."

Él me habló del regreso voluntario a la vida orgánica para luchar de nuevo, para ganar nuevas experiencias, para ser desafiado, amar, herir, darnos a nosotros mismos incondicionalmente, aprender a hacer el bien, no porque tengamos que hacerlo, sino porque queremos, por un impulso interno. Con todo esto como nuestras herramientas y guardianes, podemos lograr nuestra misión y recortar el camino hacia nuestro destino divino. "Hasta cierto punto, nosotros creamos nuestro propio destino," dijo él literalmente, de forma muy parecida a un teósofo de nuestro tiempo. También me habló sobre "la barrera del olvido", la cual aísla esta vida del conocimiento y recolección de las anteriores. Luego me preguntó cómo es posible no haber oído, en nuestra época, ninguna enseñanza o interpretación que se pareciera incluso vagamente a los principios del conocimiento vólkico. Yo le dije que había unas pocas visiones e ideas similares sobre el tema, pero eran relativamente tentativas y demasiado débiles como para ser oídas fuera de ciertos círculos intelectuales.

Habló respetuosamente de las grandes figuras del pasado, a quienes describió como "precursores". Mencionó los nombres de Pitágoras, Sócrates, Platón, Aristóteles, Jesús, varias figuras orientales que no recuerdo, Plotino, San Agustín y Orígenes, Bacon, Descartes, Spinoza y Kant. Del siglo XIX, habló de Engels y Kierkegaard, quienes son ahora considerados unos de los más grandes. Más allá de eso, dijo que la era de la prosperidad tecnológica unilateral, que siguió y duró unos quinientos años, creó un clima que no era conducente a la aparición de grandes figuras y enseñanzas espirituales. Los siguientes nombres que mencionó fueron de unas de las grandes mentes intelectuales del Valle de las Rosas y especialmente a Chillerin, del Instituto Aidersen.

Le pregunté de nuevo sobre las principales diferencias entre el conocimiento nuevo y el antiguo, si es que lo que teníamos en nuestro tiempo podía ser llamado conocimiento.

"La primera diferencia," respondió él, "está en la difusión del conocimiento. La percepción vólkica de los principales problemas de la vida y el mundo no solo está localizada en la inteliguentsia o en ciertas etnias. Las personas de hoy están impregnadas de este conocimiento y creen tanto en él que se ha convertido en parte de su vida cotidiana."

La verdad es que he observado varias veces que, incluso en sus ocupaciones diarias, estas personas a menudo incorporaban principios del conocimiento vólkico de una manera que demostraba profundo entendimiento.

"Entonces," continuó, "tiene que ver con la forma en que se transmite el conocimiento. Gracias al *Nibelvirch*, tenemos acceso al conocimiento directo, el cual está libre de cualquier enseñanza externa. Y, por último, pero no menos importante, comparado con la realidad que se nos reveló por sí misma a través del *Oversyn*, todo lo que había sido dicho en el pasado por los anteriores grandes místicos de la religión sobre desaparecer en nuestro propio espíritu y alinearnos con lo divino nos parecía ser palabras infantiles. Todavía los honoramos, por supuesto, porque son la herencia espiritual de nuestros ancestros. Ellos habían estado aliviando el sufrimiento humano hasta la llegada del *Nibelvirch*. El conocimiento directo debía llegar para que se hiciera la comparación y para que se mostrara la tremenda diferencia. Solo la comparación ante lo que realmente existe allá afuera podía demostrar su ingenuidad infantil y lo hizo. Pero ahora, todo esto es solo de significancia histórica."

Stefan dejó de hablar por unos pocos minutos, como si estuviera intentando recordar lo que había visto o leído, intentando poner sus pensamientos en orden.

"Así es como todo se reveló. Y eso explica ese horrendo golpe del *Roisvirch* que, si usted lo viera completo de una vez sin estar preparado, lo despedazaría del susto y el cual, al principio, fue fatal para miles de corazones humanos desprevenidos. Este torrente repentino e impetuoso de tal felicidad espiritual sin precedentes era más de lo que el alma humana podía soportar. Dicen que las generaciones más antiguas no podrían imaginar y creer cuánta objetividad hay en lo que nosotros llamamos 'mundos espirituales'. En ese entonces, pensábamos que si la raza humana no existiera sobre la tierra, entonces la belleza, el arte, la religión, la poesía, la filosofía y otros valores morales no existirían tampoco."

Hizo hincapié de nuevo en cuán metafísicas probaron ser de manera última las ciencias espirituales. "Justo como el hombre no podría imaginar la verdadera composición y estructura de la materia observando el polvo y las piedras, así también el mundo espiritual está fusionado con el mundo material de forma trascendental. Es solo que nuestra mente es muy finita para comprenderlo y nuestros sensores son defectuosos. Pero esto no significa que no exista."

Dejó de hablar de nuevo y se concentró en sus pensamientos. "La llegada del *Nibelvirch* trajo a la mente algo similar que había sucedido en el pasado, concerniente a la conciencia del mundo natural. Hace dos mil años, alrededor de su propio siglo XX, hubo un auge en las ciencias naturales y sus aplicaciones técnicas, un salto enorme hacia delante sin precedentes, dentro de un período de tiempo muy corto. Llegaron las invenciones una después de otra, el conocimiento humano fue mejorado significativamente y de alguna manera los límites del mundo natural se expandieron hasta un grado increíble. En unas pocas décadas, llegaron a entender que la tierra era, de hecho, una nada en medio de ningún lado, en vez del centro del universo, como anteriormente habían creído. Algo similar sucedió con Volky (aunque no solo respecto al mundo natural) y entonces nos dimos cuenta de que la verdad era completamente diferente a la manera en que la tradición teológica y las ciencias exactas la presentaban."

Me senté y lo miré, pensando en cuánta fe tienen estas personas dentro de sí, cuánto creen, no de la forma incondicional y de mente estrecha de nuestro tiempo, sino, en cambio, con una absoluta certeza de que lo que han visto es cierto. Le pregunté si creía que la gente hubiera logrado de alguna otra manera obtener el conocimiento que ahora ellos tienen sin el *Nibelvirch*. Él dijo que lo dudaba seriamente. Afirmó que la brecha entre el conocimiento del pasado y el del presente era enorme y que la mente humana no podía cubrir la distancia por sí sola. Pero incluso si alguien lograba verlo o aprender sobre ello y luego intentaba convencer a otras personas, a ellas se les haría imposible creer. Primero tendrían que liberarse de la mentalidad antropocéntrica egoísta que nublaba su juicio; y era muy difícil escapar de esta mentalidad.

"Pero ¿cómo fue posible," se preguntó, "que los hombres creyeran que ellos y su planeta, un punto en el universo, eran el centro de todo, que ellos fueron elegidos por el destino en medio de trillones de otras estrellas, de otros puntos? ¿Era tan difícil creer que, bajo cualquier ley de probabilidad, podía haber otros centros importantes de vida inteligente en otra parte y que la vida orgánica y la famosa 'ley de adaptación' podían existir en un millón de otros mundos, más antiguos, pero más evolucionados, tanto desde una perspectiva biológica como ética?"

"¿Y cómo puede esta increíble grandeza tolerar todo esta inmundicia e injusticia dentro de ella?" pregunté.

"Precisamente porque es tan grande acepta fácilmente tal pequeñez. La peor maldad humana no tiene oportunidad ante esta tempestad de maravilla, créame. Sin mencionar que esta parte, de amargura y dolor, directamente relacionada a nuestro destino biológico finito, nos da un elemento de realidad, sin el cual estaríamos incompletos."

Entonces se tomó algo de tiempo para explicarme que en los tiempos del primer *Nibelvirch* y el *Roisvirch* que siguió en el mundo, el mismo Volky dio un paso adelante y elevó su voz junto con los otros grandes hombres de la era, porque ellos tenían fe en la deseabilidad y necesidad de esta forma progresiva de existencia, y sus palabras, llenas de paz y esperanza, lograron calmar a las multitudes enloquecidas y detener las estampidas y el embate de los suicidios colectivos.

Pero de ninguna manera podía yo comprender y aceptar lo que él me estaba diciendo. Era inconcebible: ¿cómo puede algo tan extremadamente maravilloso poseer una parte empapada de mezquindad, fealdad y maldad y aun así mantenerse sin defectos?

Me preguntó si yo había tenido oportunidad de leer el libro de Tinersen y le dije la verdad: que no la había tenido. Era uno de los libros que él me había dado recientemente y yo no había logrado leerlo. La única cosa que sabía sobre este libro era que era aproximadamente del siglo MCC y que era uno de los cientos de libros simplificados y popularizados del conocimiento vólkico.

Una vez hube respondido de manera negativa, él comenzó a contarme una historia imaginaria, una especie de parábola del libro. La contó de manera simple para que yo pudiera entenderla. Y la historia iba así:

Millones de seres pequeños nacen y mueren en un lugar cerrado, oscuro y sucio. Este lugar, que para los humanos no es más que el interior de una flauta, es para estas pequeñas criaturas su mundo entero, todo su universo, su hábitat natural, y ellos no imaginan que pueda haber algo más allá afuera de él. Suponga usted ahora que ellos están dotados con un elemento de intelecto y son conscientes de la fealdad y oscuridad de su mundo. Sus muy breves vidas (unos diecisiete minutos humanos) fluyen monótonamente, generación tras generación; es una vida restringida de aburrimiento sin fin.

De vez en cuando, sin embargo, unos ecos extremadamente distantes de una harmonía, la cual ellos nunca pudieron haber imaginado que existía, alcanzan sus débiles órganos de los sentidos.

Y, sorprendidas, las pequeñas criaturas se preguntan de dónde podrían provenir tales maravillosas harmonías.

Con el pasar del tiempo, algunas de estas criaturas, sus "líderes espirituales", lograron ver y sentir que su prisión oscura no era todo y que su mundo era algo mínimo comparado con la "totalidad" que existía. Muy pocas de estas criaturas vieron y entendieron esto al principio y el resto de ellas las consideraron dementes. Pero al final, la existencia de otros mundos y realidades se volvió un conocimiento común y se convirtió en una fe compartida. Estas pequeñas criaturas diminutas finalmente se dieron cuenta de que lo que existe realmente, la realidad objetiva, era mucho más grande que su mundo oscuro.

Y de acuerdo con Stefan, este es el punto más importante de la parábola: "Usted les explica que su ambiente natural es solo una parte de esta Gran Realidad, esta gran harmonía, y que es incluso esencial para su compleción," escribe Tinersen, "pero es imposible para ellos creerlo. Ellos argumentan que no hay nada maravilloso acerca de este pedacito que viven y este lugar en el que lo viven y que eso no podría de ninguna manera posible ser parte de tal increíble belleza, ya que la estropearía. Estas diminutas criaturas fueron incapaces de entender el significado, propósito y misión de una vida que está comprometida con la totalidad."

Estoy pensando que estas personas o han alcanzado un nivel completamente nuevo de conocimiento y espiritualidad o necesitan desesperadamente una cura para su candidez infantil. No obstante, entiendo la alegría y la increíble felicidad espiritual que llena las vidas de esta gente. Como me recuerda Stefan todo el tiempo: "Nosotros no solo creemos en ello, ¡lo hemos visto!"

¡Oh, cuánto los envidio! ¡Cuánto desearía que el *Nibelvirch* viniera también a mí! A pesar de que pienso eso, sin importar qué tan fuerte sea mi fe, yo no sería capaz de mantener esa felicidad pura e inalterada frente a esta realidad llena de sufrimiento.

Esto es solo una pequeña parte de lo que Stefan me dijo esa noche. La fatiga y la hora tardía me obligaron a detenerme. Stefan fue muy paciente conmigo y no se fue hasta un cuarto para la medianoche. Después de que se fue, yo me hundí en mi sillón. Una vez más, tenía mucho que ponderar; y una vez más, tarde en la noche, me levanté y comencé a escribir de nuevo...

LA OBRA DEL INSTITUTO AIDERSEN Y LA VIDA INTERIOR SUPERIOR COMO UN CAMINO A LA EVOLUCIÓN HUMANA

16-X

Si no me equivoco, las teorías y principios que brotan del Valle de las Rosas, el maravilloso Rosernes Dal, llevan el sello de una espiritualidad recién encontrada, sin precedentes en toda la civilización moderna, un sello de superioridad en comparación con aquellos de su previo pico cultural. Especialmente el Instituto Aidersen, también localizado en su capital espiritual, tiene prestigio global y una influencia única sobre todo el mundo.

Un progreso notable en el intelecto humano también se había alcanzado en tiempos previos por generaciones previas. Sin embargo, ninguno de ellos puede compararse con el importante salto hacia delante que hizo el Instituto Aidersen concerniente al camino espiritual e intelectual de nuestra especie. Hasta ese entonces, durante miles de años, todos los logros históricos fueron en relación a las habilidades psicoespirituales de cierto tipo de hombre. Es por eso que, hasta los últimos años del *Eldrere (su antigua era)*, el viaje espiritual del hombre se movió más o menos por las mismas líneas. Desde nuestros intelectuales a los suyos, tal como Runerborg del Valle de las Rosas, el *Lorffe* Esterling de Aidersen y, más importante, Chillerin, el más grande, por mucho, del Instituto Aidersen, nuestra especie no había cambiado. El intelecto humano, a pesar de las diferentes "escuelas" y visiones, siempre se había dirigido a la misma dirección, una dirección que estaba definida por la bio-capacidad de nuestra especie, nuestro destino biológico.

El gran logro del Instituto Aidersen fue que abrió nuevas perspectivas para la historia del intelecto humano y, después de largas preparaciones, dotó a la humanidad de una nueva "antena", dando así un paso decisivo hacia la transformación del antiguo tipo de ser humano a una nueva versión intelectualmente superior.

No creó un súper humano, por supuesto, pero sí nos dio un "ser humano avanzado" significativamente. Gracias al Instituto Aidersen, el *Homo sapiens* dio lugar al *Homo Occidentalis Novus*, el actual "hombre iluminado" del *Nojere*, la Nueva Era *(el Nojere comenzó en 3382, el 6 de septiembre de acuerdo a nuestro calendario, que es cuando Volky sobrevivió al Nibelvirch. Cuando el ascenso del Conocimiento Vólkico estuvo completo hacia el 3430 d. C.*, este día se proclamó el *"comienzo de una nueva era en la historia"*).

Los Grandes Hombres del Valle lo habían dicho desde el mismo principio de la fundación del Valle, los mismos primeros siglos de su operación en medio del *Eldrere*: el ser humano superior no nos será dado por las computadoras o los cerebros de la tecnología. No podemos esperar nada de los dispositivos sin vida. Si tal evolución ocurre alguna vez, dijeron ellos, no será debido a, o por medio de, el progreso tecnológico. Si la humanidad alguna vez logra superar su propia naturaleza, eso solo se puede lograr a través de nuestra cultivación interior. Solo esto podría alguna vez hacernos capaces de experimentar una vida interior superior.

Las nobles y bienintencionadas aspiraciones de estos primeros grandes hombres se limitaron a esta comprensión. Hasta allá llegaban sus ambiciones. Ellos no podían ver que hay vastas realidades separadas de, y sin ningún tipo de relación con, las religiones, cosmovisiones, ideologías y descubrimientos inspirados por los humanos; no tenían idea de que ellas existían. La nueva era, el *Nojere*, les mostró a todos que no era razonable considerar al hombre como un "Dios pequeño y terrenal". La verdadera realidad existiría independientemente de la contribución de nuestra propia especie.

Le pregunté si era verdad lo que nosotros pensábamos en mis tiempos, esto es, que, de acuerdo con la versión antropocéntrica, los humanos, y más específicamente su espíritu, son la única especie que se considera tanto a sí misma como al universo entero como un objeto de observación. Todo lo demás que existe en el mundo natural, ya sea animado o inanimado, es siempre objeto de observación y nunca el sujeto.

"¿Ni siquiera reconocen esto?" pregunté.

"Sí, lo hacemos. Pero la filosofía actual considera esta verdad como aplicable solo en el contexto de nuestro planeta, el cual, como usted tal vez se haya dado cuenta, es algo mínimo en comparación con los planetas inhabitados del espacio cósmico."

Entonces ¿qué argumentan los aidersianos? Ellos sostienen que la verdadera realidad objetiva existe independientemente de las capacidades sensoriales de cada especie. Su existencia se volvió conocida para la gente del *Nojere* gracias al *Nibelvirch* cuando ellos sintieron que el conocimiento directo llegaba, ya no desde afuera, sino desde adentro, si hemos de creer a Jaeger, Stefan y el resto. Por lo tanto, el *Samith* probó tener esta grandeza indefinible descrita en la predicación völkica. Así, se adquirió el *Oversyn*, la "nueva antena", y todo lo que antes parecía ser trascendental, ahora había probado estar dentro del alcance de las capacidades humanas. El alcance de las capacidades cognitivas de los humanos se expandió, algo que permitió al *Homo Occidentalis Novus* ver al *Samith* y aceptar su existencia.

En cuanto al elemento de espiritualidad, este no solo existe dentro de los humanos. Es el maravilloso fruto de una evolución biológica de largo plazo, sin relación con las fuerzas naturales. La adquisición de este elemento de entidad espiritual es lo que une a millones de seres inteligentes, racionales y emocionales en el universo. Es lo que une a las especies dotadas por el destino que están separadas una de la otra por distancias astronómicas y las cuales, biológicamente hablando, difieren enormemente la una de la otra debido a los ambientes naturales en los cuales cada una se desarrolló durante millones de años.

Gracias a este elemento de espiritualidad, estas especies pensantes, incluyendo la nuestra, escapan de los confines de la naturaleza que las rodea y, con el pasar del tiempo, entran gradualmente en otras etapas más elevadas de desarrollo.

Me dieron una descripción increíble de nuestra especie en las profundidades del tiempo; sentí como si la historia completa de la humanidad destellara ante mis ojos como una película. Al principio, dijeron, éramos una simple parte de la fauna de este planeta. Una vez erradicamos a la mayoría de nuestros instintos animales, la vida interior y la cultura externa comenzaron a desarrollarse. Es aquí cuando hizo su aparición la autoconsciencia que ahora nos separa del "resto de la fauna".

Después de varias etapas de desarrollo biológico y espiritual, la humanidad comenzó a ser poseída por una intensa sensación de estar viviendo en un ambiente extraño, por una necesidad interior de encontrar respuestas a sus orígenes, una necesidad que probó ser la fuente de los más grandes logros culturales e intelectuales del hombre. Esta sed del alma se manifestó a través de la adoración de fuerzas invisibles, capturando los secretos y leyes del mundo físico, representando la belleza ideal, imponiendo un orden moral que regula la vida social y, por lo tanto, permitiendo que prevalezcan la justicia, la humanidad, la libertad y la equidad. Ellos argumentan que los conceptos del bien derrotando al mal y la moralidad derrotando a la inmoralidad son innatos en los humanos. Y la razón por la que la gente sufrió fue exactamente porque ninguna de estas "leyes innatas" fue preservada ni respetada. Es por eso que la gente persiguió tan impulsivamente las formas mundanas del *Samith*; en el ambiente finito en el que las personas vivían, ellos soñaban con lo infinito…

Y cuando vino el *Nibelvirch*, todos entendieron por qué. Todos entendieron de dónde provenía toda esta nostalgia y fe en algo mucho más grande y brillante que explicó toda la lucha y los sacrificios de miles de personas por propósitos que no tenían ningún tipo de utilidad práctica para ellos. De manera muy resumida, según entendí, la fuente de todas las culturas espirituales en la historia de la tierra no es otra que el sufrimiento metafísico humano, la amargura más profunda del alma humana causada por la ausencia del *Samith* en nuestro mundo. Así es como todos los logros humanos son interpretados hoy en día: como esfuerzos por superar las barreras de la naturaleza física y redimir a la "gente real" de este ambiente sofocante.

17-X

Regresé esta mañana. También llevé a Stefan conmigo. Él estaba intentando convencerme de no ir, pero lo hice venir conmigo a mi vieja Suiza, el lugar donde crecí. Desearía haberlo escuchado; desearía no haber ido. No quedaba nada que me recordara a mi antiguo pueblo natal. En el lugar donde debía haber estado mi casa, ahora solo había montones de piedras, ruinas… No había señal de humo o luz en el horizonte, ni se escuchaba el sonido de llantos de bebé o voces de adultos. Estos habían dado paso a incontables tierras de pasto con miles de animales, todo parte del colectivo de los socios. No había nada más. Una vez logré orientarme, me senté en una roca junto con Stefan, de cara a las laderas de las montañas del frente, las compañeras de mi corazón de la infancia; al menos ellas no habían cambiado en lo más mínimo.

Regresé rápidamente a mi habitación. Silvia me había enviado un mensaje. Ahora, no solo podía escucharlo, sino que también podía verla a través de una pantalla; sus ojos, sus labios. Ella estaba enfadada por no haberme visto durante dos días, pero con el tipo dulce de enfado...

Nos quedamos en casa por la noche, escuchando las *Rapsodias Húngaras* de Liszt y otras dos piezas maravillosas de uno de sus propios compositores llamado Wesley. Espero tener un piano exclusivamente para mí en un par de meses ¡y será justo como los pianos de nuestra época! Stefan prometió que haría todo lo que estuviera en su poder para conseguirme uno. Ayer lo escuché hablando por teléfono con el *Consumfiorinin* y los Socios, quienes se encargan de los archivos en centros importantes alrededor de Blomsterfor.

CONSUMACIÓN DE SU RELACIÓN CON SILVIA

22-X

Durante los últimos días mi vida ha sido como un sueño. ¡Silvia y yo hemos consumado nuestro amor! Constantemente me siento embriagado, así de feliz estoy. Hay un ritual completo en torno al sitatska, su cinta de seda, púrpura y amplia, que extienden sobre docenas de flores que se han asegurado de que crezcan en abundancia en el lugar. Siguiendo la costumbre ancestral de siglos, Silvia ató ella misma la cinta ceremonial a la entrada. Antes de ingresar, le eché un último vistazo; era como si hubiera entrado en un pequeño paraíso. Y entonces… oh, Dios, ¡gracias por permitir a estas manos tocar ese cuerpo divino sin quitar la magia de nuestra relación! No pude haberlo imaginado mejor. ¡Fue la consumación última! ¡No se preocupe, mi amada, conmigo usted nunca lo lamentará!

22-X De nuevo
(Tarde en la noche)

Su asentimiento, sin embargo, una vez más me recordó a Anna. Con Anna, ni siquiera había pasado por nuestras mentes consumar nuestra relación. Y yo creo que si eso hubiera sucedido, Anna se habría echado a llorar y nunca la hubiera visto de nuevo. Ella habría pensado que nuestro amor estaba contaminado.

VIAJE AL NORTE: LA MEGACIUDAD DE NORFOR

5-X

Fui incapaz de resistir la tentación de un nuevo viaje corto al norte. Una vez estuvimos allí, le pedí a Stefan, quien continuaba siendo muy paciente conmigo, que fuéramos a la parte occidental. Me sentí atraído por los colores de los asentamientos. Creo que en ningún momento en la historia de las civilizaciones el sueño se había parecido tanto a la realidad como aquí. Extensas plataformas hechas de mármol sintético arrojaban una luz blanca a lo largo de las orillas del lago. La consistencia en el diseño arquitectónico y los bloques de mansiones distribuidos equitativamente en toda el área habían vuelto irreconocibles a mis vistas familiares. Ya no se podía distinguir a Vevey de Clarens o Montreux; todas se habían convertido en una, o mejor dicho, habían cesado de existir. Una Babilonia moderna había tomado su lugar, habitada por millones de personas, si hemos de juzgar por las innumerables mansiones que casi alcanzan las cimas de las montañas.

Tampoco quedaba nada de la antigua fortaleza de Chillon. En su lugar, ahora se extendían jardines colgantes, tejados escamosos, canchas de pelota, hostales, *Civesgardes* y *Civesheimes* sobre un área que habría parecido increíble en nuestra era. Y enfrente, al otro lado del estanque, estaban las nieves eternas; el aire acondicionado artificial que habían inventado no era necesario aquí tan al norte. En el lago cercano se estaba llevando a cabo una fiesta interminable. No sé si era un acontecimiento cotidiano, pero desde arriba se podían ver sus aguas tachonadas con cientos de coloridas velas durante miles de kilómetros, una vista encantadora.

15- XI

Ya han pasado tres días desde que volví adonde Stefan y he regresado a mi escritura después de esta sensacional semana. Nos involucramos en nuevas e interesantes conversaciones incluso más a menudo últimamente. Uno no sabe qué pasará aquí de un día a otro. El largamente planeado viaje a Norfor ahora se ha pospuesto hasta principios de la próxima semana, a pesar de que nunca me lo consultaron. Realmente no podía creer su prisa e incluso en cierta medida su indiferencia. Creo que puede que ellos hayan calculado mal el impacto que ese cambio repentino de escenario podía tener sobre mí. Y por supuesto, estaba condenado a fracasar, considerando lo que ellos habían estado esperando de mí. Me habían traído de regreso a los dos días.

Ahora están obligados a venir a mí para conducir su interrogación extraña y sin sentido. Esto sucedió ayer y anteayer, cuando Jaeger trajo a dos de los grandes nombres del Valle a nuestra villa, tarde en la noche, cuando todos los demás estaban durmiendo, solo para que ellos pudieran tener el placer de escuchar sobre el pasado con todo tipo de detalles. Lo hice solo por Jaeger en apreciación por toda su ayuda. Si no fuera por él, ni siquiera hubiera aceptado verlos.

Yo había estado ansiando y soñando con este viaje a Norfor desde que aprendí de la existencia de esta "megaciudad" y escuché a la gente describirla como un "viaje a la tierra de los cuentos de hadas". Todo lo que había leído sobre la posición de esta cuarta ciudad más grande del mundo, combinado con lo que Stefan y Jaeger me habían dicho sobre su gran influencia en el estilo de vida global, me hacía anhelar este viaje a la así llamada "Flor del Norte" con un deseo ferviente.

Aparentemente, tenía que extrañar los bosques, lagos y la luz por unos pocos días para poder apreciar profundamente la serenidad y dicha que ofrecen y darme cuenta de que no los cambiaría por nada. Parecía obvio; no lo era. La famosa "Flor del Norte" e incluso Skane y Artenfor, New Helsinburg y Riegen, Tholosi y el Jardín de los Lirios, Svendoni y la agitada ciudad de Sgelen y más al sur el Gran Torneo, la Puerta Lesley y la Estrella del Amanecer, New Göteborg y el majestuoso Enole con sus enormes viejas calles y palacios: todos los vastos estados actuales de Europa Central y Meridional, adonde Stefan me llevó desde el seis hasta el ocho de este mes, no son para mí. No encajo allí.

Sentía como si mi alma no pudiera respirar en esas colosales ciudades sobrepobladas, que se veían más como estados, con sus caminos masivos en el medio de los cuales, a pesar de su anchura, apenas se podía encontrar un metro cuadrado vacío o ver un pedacito de cielo, con todos los vehículos volando o moviéndose por las calles, deslizándose por todas partes. Era la apoteosis del Titanic: un ajetreo y bullicio que drena el corazón y seca la boca. Esto explica por qué, a veces, me acurrucaba en el *linsen* y no quería salir, incluso cuando habíamos llegado a nuestro destino. No lo hacía de manera obvia y creo que ellos también se dieron cuenta de eso.

Lo primero que me decepcionó fue el viaje. En una larga avenida de Markfor, en las afueras de la cercana y gigantesca ciudad jardín, me distraje unos pocos minutos en medio de la multitud de viajeros que constantemente iban y venían esperando al *daner*. Yo estaba repleto de alegría, anticipando el vehículo que me llevaría a la verdad de sus centros de ciudad. ¡Cómo había ansiado este viaje! Imaginen mi decepción cuando, solo un par de minutos después de partir, ¡Stefan me dijo que habíamos llegado! ¡Creí que estaba bromeando! ¿Eso era todo? Sí, eso era todo.

En cada lugar de este mundo, bendecido por Dios y la naturaleza, entre más lejos se viaje, más cosas hay para ver. Aquí sucede lo contrario: puede que usted se quede atascado entre cuatro paredes hechas de metal incoloro, pero si el viaje es corto, puede ver el mundo entero desfilar ante sus ojos. Sin embargo, si está viajando un poco más lejos, la única cosa que verá es el lugar al cual se está dirigiendo. Mientras tanto, puede pasar el tiempo caminando alrededor de las instalaciones del vehículo: los jardines que hospedan flores poco comunes de todo el mundo, las piscinas, las canchas de lanzamiento de bala, los amplios salones y tiendas del estado volador, o puede solo relajarse en su sillón, ver las más recientes noticias y asuntos actuales en su *Reigen-Swage* o mirar a las personas jóvenes bailando bajo la luz artificial proveniente del costado, como un rayo de sol matutino que alarga las sombras sobre el piso.

¡Norfor!

Desde la meseta de Vikingaand, que significa el espíritu de los vikingos, con sus enormes *quays* donde atracamos, vi por primera vez ante mis ojos deslumbrados un océano interminable de largos bulevares y parques y callejones y cuadras y esos, extraños para mí, edificios gigantescos, los cuales continuaban interminablemente hasta las montañas y a través del valle de Lyseblaa.

Sosteniendo a Stefan por el brazo, en medio de un ataque de vértigo, contemplé con asombro esta área densamente poblada que hospeda a veintiocho millones de personas, veintitrés de los cuales son residentes permanentes, y la red de puentes que atraviesan la ciudad, completamente negra de toda la gente que está sobre ella. Y muy en lo alto, a una altura de unos trescientos kilómetros, apenas podía ver las islas-observatorios, flotando en el aire, casi escondidas detrás de los incontables *linsenes* que estaban yendo y viniendo sin cesar. Stefan estaba intentando convencerme de que no solo esta era la imagen cotidiana de esta ciudad, que siempre está congestionada y ridículamente atareada, sino que también, bajo nuestros pies, profundo dentro de la tierra, también existía otra gigantesca ciudad iluminada, similar a esta, llena de vida e inundada por una tranquilizadora y pálida luz verde que alivia en gran medida los ojos y el alma. Bueno, ¡no pude creer eso!

Enormes hileras de gente, multitudes interminables con la misma expresión alegre en sus rostros que cada vez me hace preguntarme si les han dado un regalo o algo. Asustado y desconcertado por la multitud, sujeté a Stefan por la camisa para evitar que me llevara a través del camino principal. La verdad sea dicha, estaba completamente confundido; mi corazón latía como el de un pichón asustado. Afortunadamente, Stefan probó una vez más ser extremadamente paciente conmigo y me dejó observar desde la distancia.

En la multitud había muchas personas jóvenes con las insignias de sus universidades cosidas a sus ropas. A medida que pasaba el tiempo, comencé a sentirme más atrevido y me uní a ellos, obteniendo la oportunidad de observarlos desde cerca por primera vez. ¿Cómo sería si yo fuera de hecho Andreas Northam? Podría ser que estas personas formaran parte de mi círculo... ¡Este pensamiento me causó una emoción indescriptible!

Los muy jóvenes, aquellos que estaban en sus primeros veintes, no se caracterizaban todavía por la comodidad en sus modales y la amable ingenuidad del resto, las cuales también se volverán un hábito para ellos después de unos pocos años. Se veían como si aún estuvieran mareados por el reciente cumplimiento de su "deber" y la temprana adquisición de los "derechos de los *Cives*". Era como si sus expresiones faciales fueran mantenidas en su lugar por un orgullo comedido, que pronto daría su lugar a la alegría pura que llega a la edad de veintitrés o veinticinco años.

Se podía verlos estando de pie de una manera algo tiesa e incómoda en grupos de dos o tres, incapaces de ver más allá de sus narices, vestidos con sus uniformes de universidad por primera vez, con una apariencia seria, inadecuada para su edad, hablando sobre sus campos de estudio elegidos o acerca del nuevo profesor, quien, según se enteró Stefan, era un experto muy famoso que venía del otro lado del océano para dar un curso de verano. Y como era de esperar, ellos pagaban su decisión de aislarse con la indiferencia que les mostraban las muchachas que pasaban junto a ellos. La mayoría de los adultos estaban en compañía de otros o con sus compañeros. Se veía todo tipo de razas: mujeres tirolesas, toscanas y españolas paseando con gracia por la calle, usando de vestimenta ya sea el *skulderbindo* o el *skaerf* del norte, y mujeres africanas, cuya complexión era equitativa, sin embargo, ya que, según fui informado, el continente negro entero estaba ahora habitado casi exclusivamente por blancos originarios de América Latina y que se asentaron en África hace siglos *(como resultado de las guerras nucleares que tuvieron lugar hacia 2309 d. C. y la recolonización que siguió en los años después de eso)*. Se veían niños de Chipre y Malta mirando fijamente con asombro las publicidades de excursiones polares en las grandes vallas publicitarias luminosas. Todos ellos tenían pureza y amabilidad, cualidades que eran difíciles de encontrar a estas edades en nuestra época. Esto es algo que, a mi forma de ver, está definitivamente conectado a la existencia de la "Fuente" que es ahora un conocimiento común entre toda la gente.

Me dijeron que a todos ellos les han enseñado historia y que son conscientes de todas las creencias diferentes en cuanto al tema del amor que prevalecieron en la sociedad en el pasado. Ellos han escuchado de la libertad sexual que comenzaba desde una edad temprana y de la crianza materialista de niños pequeños y ellos consideraban a nuestro tiempo como "la Edad Oscura". Creen que todo lo que sucedió en ese entonces en cuestiones de moralidad sexual no es adecuado a la moralidad de sus tiempos. Estaban sorprendidos de cuán primitiva debía ser esa era para degradar tanto el amor y la intimidad al reducirlos solo a su lado animal y retratándolos como un instinto sexual. Ellos sienten que el valor de las relaciones había sido deshonrado y que había alcanzado un nivel muy bajo. No están de acuerdo con la "sexualidad científica" de nuestros tiempos, ya que la consideran superficial y privada de las preciosas emociones de amor y dolor que una relación con otra persona tiene para ofrecer.

Creo que estas personas no durarían un segundo en nuestro mundo; no tendrían suficiente aire para respirar. Son mucho más emocionales y sensibles que nosotros y se enfrentan a la vida con más admiración y esperanza. Esperan a los años próximos con alegría y una fe inmensa. Y principalmente por eso, el erotismo intenso de nuestra época, placeres materialistas como encuentros sexuales grupales y el delirio sexual de nuestros ancestros en general, sería insoportable para ellos. Creen en "vivir la vida como un sueño" y nuestro estilo de vida arruinaría sin dudas ese sueño.

Lo que lo deja a uno sin palabras en Norfor son las ciudades-distritos que, bordeadas por amplios espacios verdes, se suceden una a la otra. Cada una de ellas es más grande que la Roma o Venecia de nuestra época. Cuando estuve allí, me sentí como si fuera un coetáneo de Aristóteles que de repente se encontraba en una metrópolis estadounidense. Había, sin embargo, una harmonía y un equilibrio entre el ambiente pintoresco y las construcciones arquitectónicas increíblemente enormes que sobrepasan la imaginación humana. Campos universitarios rodeados de jardines, teatros, museos, bibliotecas y miles de instituciones desconocidas para mí alargándose durante millas y millas.

Sin importar cuánto me esfuerce, nunca lograré entender el punto de esta vasta metrópolis ni comprender su significado más profundo y eso es porque mi alma carece de guía y de una preparación de generaciones enteras. A diferencia de ellos, la voz de sus ancestros no hace eco en mis oídos y su espíritu no vive en mí.

EL INTERROGATORIO: LA VISITA AL LUGAR DE TRABAJO DE NORTHAM

Creo que mi primer contacto con Norfor, esa vista panorámica desde la colina de Vikingaand, fue la más comprensible de todas mis impresiones de este vasto estado. Durante los pocos días que me quedé allí, Stefan se vio desconcertado y distraído por los debates sin fin con Jaeger y otros cuatro extranjeros. De hecho, parecían ser más interrogatorios que conversaciones, ya que el pobre Stefan tenía que responder a todo y con tanto detalle como fuera posible y dar explicaciones sobre "reportes" pasados sobre mí y mi caso. Así que ni siquiera tuvo tiempo de mostrarme la ciudad. Tengo la sensación de que todo este viaje fue planeado exclusivamente para estos extranjeros, de manera que pudieran satisfacer su curiosidad.

Me hicieron pasar casi todo el tiempo en el laboratorio científico donde Northam solía trabajar hasta hace unos pocos años. Al menos me sentí cómodo allí y me acostumbré a él con bastante facilidad, así que no tuve que perseguir a Stefan todo el tiempo. Solían llevarme allí después de que los laboratorios personales de los investigadores habían cerrado y me dejaban por un buen rato en la oficina hace mucho tiempo abandonada de Northam, en medio de montones de sus viejos papeles, en caso de que recordara algo.

Pasé muchas horas encerrado dentro de esas enormes paredes del anfiteatro. De pie frente a mí, con algún tipo de cuaderno, estaban los extranjeros, tomando notas e intentando hacerme recordar. Y entre más obvio se volvía el hecho de que estos lugares no me recordaban a nada, más escéptico se volvía el rubio de cuarenta años que estaba usando la toga oficial y el cinturón de *Tilteys*, indicando su lugar como un oficial de medio rango en su jerarquía espiritual. Tanto él como su compañero, cuyo nombre era Stirlen según escuché, intentaron sin éxito esconder su decepción. Esto contrastaba de manera muy fuerte con la sonrisa amable y paciente de Jaeger y la expresión serena de fe de los otros.

El último día, unas horas antes de partir, me trajeron a un hombre joven, pálido y delgado, de ojos grises, de unos veinte años de edad. Su nombre era Alex Wettel Smith y acababa de llegar de los países bálticos por invitación de Stirlen. A pesar de verse cansado, al segundo de haber llegado, vino y se detuvo a mi lado, sonriendo e ignorando a todos los demás. Recuerdo su nombre tan bien porque había escuchado que sin él Northam no habría sobrevivido al accidente. El daño habría sido mucho peor si Alex no hubiera estado cerca de él. Él se había dado cuenta de lo que estaba a punto de suceder y en una fracción de segundo se había lanzado enfrente de Andreas con el objetivo de salvar al científico que él estimaba tanto. Acababa de ser dado de alta de la clínica de cirugía ortopédica de las costas del Báltico hacía unas pocas semanas, donde había estado hospitalizado durante meses. Era un milagro que hubiera sobrevivido. Otro milagro más...

Desde la mañana había estado escuchando que el hombre sabio con la toga y el otro, Stirlen, depositaron sus esperanzas en mi "reencuentro" con Alex Wettel Smith. Esperaban que su imagen obrara como un golpe que restaurara parte de mi memoria, ya que era lo último que Northam había visto antes del choque. Por supuesto, él no me recordó a nada... Era la primera vez que veía al hombre. Lo hicieron quedarse con nosotros por más de una hora y media para que me hablara de incidentes pasados y de ese fatídico viaje.

Luego me preguntaron si podía recordar en medio de quién estaba sentado directamente antes del accidente. Les aseguré que no recordaba nada antes de mi despertar en el Instituto Molsen. La próxima cosa con la que se obsesionaron fue mi falta de sueño. Dijeron que era imposible que yo hubiera estado despierto desde entonces y no dejaban de preguntar si, incluso por un par de segundos, había dormido. Estaban presionándome a hacer mi mejor esfuerzo por recordar un sueño, cualquier sueño que pudiera haber tenido, incluso el más tonto e insignificante. Les respondí calmadamente que sabía completamente bien que no había dormido en lo absoluto, ni un pestañeo.

Me di cuenta de que mi caso se había vuelto conocido en un círculo un poco más amplio durante las últimas semanas, a pesar de que solo unas pocas personas habían sido añadidas a los "informados" iniciales. Si Stefan estaba siendo honesto, no solo el Valle había respetado mi petición de protegerme para no convertirme en un objeto de curiosidad ante los ojos del mundo, sino que también le desagradaba el prospecto de que cosas relacionadas a mi caso salieran a la luz, especialmente porque ellos mismos todavía no tenían idea de qué estaba sucediendo exactamente conmigo. Es más, este círculo de "informados está conformado por figuras muy serias y seguras, con un pensamiento crítico y un juicio agudos, predispuestos a ser escépticos, a quienes les gusta tomarse su tiempo y sopesar todo cuidadosamente. Estas muy sensatas personas creían que no pasaría mucho tiempo antes de que Jaeger y los otros descubrieran en qué parte de su valoración respecto a mi situación se habían equivocado.

Incluso hubo una persona que solo estuvo presente en un par de las discusiones y que argumentó que mi acento no tenía nada que ver con un acento de una lengua muerta, como dice Jaeger. En opinión de este hombre, fue el resultado de una conmoción postraumática combinada con el severo trauma craneal-cerebral que Northam había sufrido y no tenía nada que ver con un "antiguo suizo de habla alemana".

También escuché por casualidad a Stirlen decirle en un punto a Jaeger que dejara de buscar en épocas antiguas el secreto de mi personalidad y que comenzara a enfocarse de una manera positiva en tratar mi amnesia, de manera que yo pudiera revelar mi personalidad una vez más. "Sabemos que él es Northam, ahora debemos convencerlo de salir del mundo en el cual se ha encerrado para evitar enfrentarse a la vida real después del accidente."

Me di cuenta de que discutían una posibilidad similar a lo que nosotros llamaríamos "doble personalidad" o "cambio de personalidad" y ellos sostienen que Northam aún está vivo en alguna parte dentro de mí. Creen que mi memoria ha sido bloqueada hasta el momento del accidente, como una puerta de metal que está bloqueando el camino de la razón, haciéndome imposible recordar algo del momento del accidente y, obviamente, todo lo que le precedió.

No obstante, dos de los hombres sabios, Esterling y Erlander, no dejaban de hablar de algún tipo de "experiencia y conocimiento fuera del cuerpo". Los oí mencionar el término "memoria fuera de la consciencia", a pesar de que, a diferencia de Jaeger, descartaron la posibilidad de la reencarnación.

Por otro lado, la versión de otro hombre sabio, Valdemar Esklud, era totalmente opuesta. Él cree (y realmente insistió y me cansó con ello estos días) que si yo hacía un verdadero esfuerzo, podría recordar momentos de los primeros días de mi corta enfermedad en 1917. Yo intentaba convencerlo infructuosamente de que mi memoria nunca me ha traicionado hasta ahora y que nunca había recordado nada de esas dos semanas, cuando caí por primera vez en la letargia.

Sin embargo, él y la Sra. Coiral, con su cabello plateado y su bastón pesado de ébano con el mango de platino, fueron los únicos que respetaron mi arranque de lágrimas y no comenzaron a gritarme cuando les revelé mi firme convicción de que un día regresaré a mi lugar y tiempo, incluso si es solo por unos segundos antes de morir.

Aparte de eso, Esklud y Coiral se inclinan más hacia la visión de Jaeger, esto es, que están siendo testigos de uno de los fenómenos parapsicológicos (o "fenómenos metafísicos", como otros los llaman) más inusuales y extraños que se haya manifestado alguna vez, con una claridad de memoria sin precedentes y una sensación de consciencia marcadamente intensificada.

Respecto a la información que me pidieron, me sorprendió que estuvieran más interesados en las condiciones de nuestra vida diaria, nuestra manera de pensar, hábitos, instituciones y creencias, que en las grandes guerras o eventos políticos, quizá porque conocían los últimos muy bien por medio de la historia. Y lo que era de particular interés para ellos era el siglo anterior al de nosotros. Siempre guiaban la conversación hacia ese tema. Y lo que les intrigaba más no era el hombre que vivió en 1921, sino el hombre que estaba en la adolescencia en el cambio de siglo y aprendió sobre el pasado reciente por medio de la escuela y libros. De hecho, me explicaron que el siglo XIX estaba marcado como un "siglo suspendido" que destacaba entre los varios siglos precedentes y pasados. En especial el final del siglo XVIII y el comienzo del XIX fue una era muy única para ellos, que albergó a muchas figuras y obras precursoras que incluso se podría argumentar ser equivalentes a las de hoy.

¡Más específicamente, el hecho de que las ideas de libertad, equidad, hermandad y amor a la naturaleza fueran introducidas y nutridas en esa época los distrajo! Hablaron sumamente bien de las luchas de las naciones por la verdadera liberación y libertad y, por supuesto, de los tratados de paz de Europa.

Los eventos del siglo XX no parecían emocionarlos, ni tampoco la Gran Guerra, que espero nunca se repita *(Dienach no sabe de la Segunda Guerra Mundial y lo más probable es que la gente del futuro no le informara sobre ella, pensando que quizá regresaría a su ser de 1921)*, ni las enormes pérdidas que sufrieron las naciones en todo el mundo. Ellos no sabían cuántas personas juraron dar sus vidas (y lo hicieron) para que al menos sus hijos pudieran vivir libres y mejor... Yo sí lo sabía...

Entendí que el pasar del tiempo, y todo lo que ha sucedido en los últimos 2000 años hasta su época, ha hecho que olviden todos esos eventos decisivos que una vez sacudieron nuestras vidas y cambiaron el curso de la historia. Líderes pasados, que pasaron a la historia como salvadores de la humanidad y a quienes pensamos inmortales, ahora son considerados "gente mezquina", "líderes locales indignos", "contrarios a la mancomunidad y al progreso de nuestra especie", "negadores de la cultura" y "anti-humanistas". Y estoy hablando de líderes que jugaron un papel significativo en la historia durante décadas. Lo único que me preguntaron cuando les dije que era suizo fueron, primero, si conocía algún detalle sobre una organización global de protección al niño con base en Ginebra, y segundo, si había conocido a cualquiera de los dos famosos "Alberts" de la era, Schweitzer y Einstein, o a Bertrand Russell y a Bergson. Este último se considera otro precursor aquí, ya que es debido a su observación sobre la instrucción que ellos lograron "ver" la profecía acerca del *Nibelvirch*. Lo mismo sucede con Maurice Maeterlinck y "El Pájaro Azul"... Ellos afirman haber visto al verdadero "Pájaro Azul"...

Mi último recuerdo Norfor fue también el mejor. Me despedí de Norfor visitando el viejo pueblo de Blomsterduft, que mantuvo sus antiguos institutos y sus campos alternantes de espacios verdes y calles arboladas, donde casi se puede sentir el antiguo espíritu escandinavo en el aire que uno respira. Era una de las pocas áreas de la anterior Noruega y Suecia donde unos recuerdos nacionales lograron sobrevivir en este crisol global tan devastador de su era...

Una de las primeras cosas que hacen los estudiantes jóvenes que vienen en millones a Norfor desde todo el mundo es rendir homenaje a la antigua ciudad, el eje cultural de sus ancestros durante 32 generaciones. Cada rincón y rendija es un recuerdo de su cultura de los últimos siglos. Según aprendí, dos grandes maestros de hace doscientos-trescientos años se llamaron Holberg y Eilensleyer y las tradiciones que estas dos figuras espirituales dejaron atrás no se han desvanecido en lo más mínimo.

Si el Valle de las Rosas (que no tiene ni un cuarto de la población de Norfor, a pesar de que los dos lugares cubren aproximadamente la misma área) es considerado hoy el "Corazón de la Tierra", Norfor, comenzando con Blomsterduft, es el "Arca del Espíritu", según Stefan y Jaeger, por la conexión directa que tuvo con el desarrollo de las civilizaciones occidentales, dándole a Europa un lugar junto a las regiones culturales de América del Norte y Sudáfrica que fueron los centros de la cultura espiritual durante cientos de años, desde California y Florida a Boston y Nueva Orleans, Ciudad del Cabo y Pretoria.

MEDIOS DE TRANSPORTE PRIVADOS Y SU OPINIÓN SOBRE EL TRABAJO

17- XI

En nuestro camino de vuelta viajamos a través de los Alpes costeros occidentales a otro estado que era desconocido para mí, el cual estaba inundado por una pálida luz blanca artificial, con edificios palaciegos que continuaban en interminables hileras simétricas hasta el Mar Mediterráneo. Bajamos por avenidas de al menos una milla de ancho. Solo logré echar un vistazo rápido antes de abordar a nuestros medios de transporte individuales de regreso a nuestras villas. Mientras descendíamos, Stefan me mostró un vasto complejo de edificios que se veía como si estuviera hecho con bloques de juguetes para niños, esparcido por todo el país. Al principio yo no podía entender lo que era, pero recuerdo pensar que esos bloques deben haber sido de un tamaño inmenso. Stefan me explicó que estábamos volando encima de los centros de producción de Ragrilia: una ciudad industrial entera, una de las más grandes de Europa Meridional, con unidades de producción colosales donde millones de jóvenes entusiastas trabajaban sin parar en turnos.

La gente de hoy sabe que la existencia de estados industriales tales como Ragrilia fue un prerrequisito para la existencia y mantenimiento de Norfor, el Valle de las Rosas y sus otros centros espirituales. Ellos están muy conscientes del hecho de que estas enormes unidades de producción estatales, con los interminables dispositivos electrónicos, son las bases de la actual cultura espiritual.

"El hecho de que vivamos con tal comodidad, que tengamos bastante tiempo libre para la cultivación interior y que la libertad y la felicidad sean ahora verdaderamente posibles se debe a estos estados," había admitido Stefan.

Y justo al igual que Stefan, todos ellos están convencidos de que no es probable que los humanos regresen a su condición previa. Ellos creen que ahora están camino a escribir la verdadera historia y que ninguna generación jamás permitirá que se derrumbe este increíble edificio social de nuevo.

"Hemos pagado muy caro por esos errores como para cometerlos de nuevo. Ríos de sangre y lágrimas fueron derramados para poder escapar del atolladero. La gente no volverá a vivir con hambre o ser explotada por otra gente nunca más. Puede que ustedes no les hayan dado suficiente importancia a esas cosas en ese entonces, pero tal historia de dolor y vergüenza no ha sido y nunca será olvidada por nosotros."

Le dije que tales situaciones extremas en nuestra época eran raras y no una ocurrencia cotidiana, como puede que ellos piensen. Él sacudió su cabeza con incredulidad y me dijo que yo tenía que admitir que durante la "prehistoria" (mi época) *(la gente del futuro considera al tiempo antes del Eldrere, esto es 2396 d. C., como "prehistoria")* la racionalidad estaba completamente ausente en la vida social y económica. Y él sabía mucho, tanto que me ponía en la difícil posición de convertirme en un defensor y en un apologista de nuestra era.

Pero también había momentos en los que hablaba con pura ingenuidad, contándome historias con tramas y exageraciones asombrosas acerca de los fabricantes de armas y terratenientes que tomaban a todas las mujeres europeas altas y de ojos azules como su "botín".

"Justo como los viejos bárbaros del norte, quienes una vez ahogaron a Europa en sangre, así también sus propios bárbaros carecían de cualquier valor moral, espiritual o estético."

El orgullo que las personas de hoy sienten de la situación actual era evidente en cada palabra de Stefan. "No piense que los *linsenes* individuales o el privilegio de no trabajar de nuevo en su vida después de los diecinueve años de edad fueron siempre algo dado," me dijo. Luego me explicó que todo comenzó un día de invierno de 427 de su nuevo calendario *(en el 2823 d. C. de nuestro tiempo)* en el vestíbulo de la planta baja del Palacio Binenborg, en el lado este de la gran plaza central, donde los cuatro líderes de esa época fueron los primeros en aceptar los medios de transporte individuales gratis de esa era, los cuales ellos siempre, a partir de ese punto, tendrían a lo largo de sus vidas privadas y profesionales.

Fue entonces cuando uno de ellos, Torhild, una figura principal en ciencias naturales y más tarde gobernador y líder, presentó una pregunta simbólica: "¿No los van a necesitar más que nosotros las personas con discapacidades u otros problemas?" El resto entonces le aseguró que todos ya habían recibido sus propios medios de transporte y que ya no había escasez...

Stefan, evidentemente conmovido y emocionado, pausó por un segundo y entonces me dijo, "Usted no puede imaginar la satisfacción moral que se obtiene de trabajar por el bien común, en vez de acumular o apartar individualmente el dinero de manera que sus nietos puedan disfrutar del aburrimiento y el tedio de no ser capaz de encontrar un propósito en la vida."

¿Qué podía decir? Yo admiraba al asombroso sistema que les permitía, con un solo servicio de dos años, asegurar el resto de sus vidas. Le pregunté por qué, sin embargo, no aumentaban el servicio a cinco, diez o quince años para proveerlos de incluso más riquezas.

"Porque nuestro objetivo de vida no es tener riquezas inconmensurables," respondió Stefan. "Uno es sabio cuando sabe cuándo detenerse. Y confíe en mí, no siempre es fácil decir dónde se detienen la suficiencia y la comodidad y comienzan el absurdo y la extravagancia... No necesitamos excesos. Nuestra meta es nunca ser acusados de poner barreras en el camino espiritual de los *Cives*, los ciudadanos. El trabajo de un obrero industrial, por ejemplo, no satisface ninguna necesidad innata del alma humana. El trabajo duro no es una necesidad del corazón; no se parece en nada a la creación científica, artística o intelectual. Consideramos un nuevo derecho individual de los nacidos científicos, artistas o filósofos ser dejados solos y libres de cargas, para crear."

"Eso no es excusa," comenté, "para dejar los *glothneres* en manos de esos niños, especialmente cuando usted sabe cuán mejor sería la producción si se dejara en manos de gente más madura."

"No hay necesidad de temer por eso. Los socios actuales son mucho más maduros de lo que usted creería, considerando su edad."

Sus últimas palabras me recordaron una observación que yo había hecho en relación a esta gente, en cualquier lugar al que iba, desde el primer día. Por una parte, estas jóvenes personas parecen tener una madurez admirable que desearía que nuestros adultos pudieran tener. Por otra parte, sin embargo, todos ellos, hombres y mujeres adultos, a veces se veían y actuaban como "niños grandes".

Estuve pensando que si lograba aprender cómo lograban exactamente la abundancia en bienes de consumo y medios de transporte, si pudiera descubrir los detalles de los planes de servicio y los métodos de alistamiento, su confederación universal de sindicatos, la mancomunidad de los *Cives* y sus instituciones racionalistas y pudiera regresar a nuestro tiempo un día, nosotros podríamos implementar todo esto también. Pero primero tendríamos que transformar a los humanos, construirlos desde cero. Porque aquí, durante los últimos siglos, no ha habido un solo caso de una persona aproximándose a otra con el propósito de beneficiarse de ella o explotarla por cualquier razón. Este fenómeno se ha desvanecido de sus relaciones interpersonales. Y me avergüenzo de admitirlo, pero, al principio, sucede que incluso *yo* tomé ventaja de su ingenuidad con el objetivo de hacer intercambios que probarían ser beneficiosos para mí. Yo podía lograr cualquier intercambio de la manera en que yo quisiera, en menos de dos minutos, mostrándoles primero entusiasmo excesivo sobre algo suyo y entonces apelando a su amistad y buena naturaleza. La idea de que yo no estaba siendo completamente honesto nunca cruzó por la mente de nadie. Luego dejé de hacerlo.

Uno podría fácilmente hacerles un daño irreparable tomando ventaja de su ingenuidad, pero la cosa más terrible es que después ellos no hablarían del daño ni tratarían de demandar responsabilidad, solo se preguntarían cómo podía haber tanta astucia en el mundo y cómo su amor y honestidad era pagada con tal malicia.

Un día le pedí a los Socios de Oficina del sector de recursos técnicos un segundo *Reigen (una pantalla 3D)*, afirmando que había perdido el primero. Al siguiente día me enviaron uno nuevo sin siquiera comprobar si estaba diciendo la verdad y sin verificar la orden o el número de serie.

El mismo Valle de las Rosas da instrucciones a los *glothneres* de manera que haya abundancia y variedad de bienes de consumo con el objetivo de que los *Cives* tengan el privilegio de elegir, pero solo para los bienes estándar. Los oficiales de la jerarquía espiritual, sin embargo, incluso los *Tilteys*, tienen derecho a productos personalizados y pueden hacer pedidos especiales. En cuanto a la suficiencia en cantidad de productos, esta es asegurada por medio de la demanda estadística; los tipos, variedad y cantidad de producción son determinados por los datos estadísticos recolectados de los consumidores del año previo.

TROENDE: EL NUEVO SER HUMANO

Stefan no sabe nada de mi comportamiento antes mencionado al comienzo de mi estadía aquí y, en cualquier caso, es una cosa del pasado. Su pureza infantil de corazón y mente es tan conmovedora que hace querer ser como ellos. Su pureza y claridad intelectual y moral tienen tal poder de relajarme y aliviarme que hay momentos en los que siento amor por el mundo entero... Ellos no sospechan nada malo de uno y uno, a cambio, siente la necesidad de deshacerse de incluso la más ligera fealdad dentro de uno. En sus ojos, uno se ve mucho mejor de lo que realmente es y eso lo urge a volverse de hecho mejor. Ellos ven tanta sinceridad, amor y altruismo en uno y algo dentro de uno hace que quiera justificar esta idea que ellos tienen de uno tanto como sea posible.

Así es como es: el actual *Troende*, el hombre de la nueva era, es un tipo de humano social y psicológico, sucesor del humano-robot, el "hombre práctico", que usó las vendas en los ojos de su lucha diaria por la supervivencia, quien siempre estaba al borde de la ansiedad, privado de cualquier vida interior y tiempo libre para cuidar de sí mismo o de la naturaleza, el hombre-producto de la tecno-cultura sin alma, el hombre materialista de la era de la filosofía mecanicista que estaba completamente apartado de cualquier fundamento espiritual.

Es más, ahora también son capaces de distinguir el intelecto del alma. Hoy, más que en ningún otro momento en la historia de la humanidad, la cultura espiritual pesa en la consciencia del hombre contemporáneo, independientemente de los logros del intelecto, conocimiento, progreso científico y tecnológico.

Pero la diferencia más sorprendente entre la historia social antigua y la nueva es aritmética; el *Troende* es ahora el tipo de hombre social más común en el mundo. Aquí, el mandamiento de "amar al prójimo" es la forma de vida que prevalece; es la regla, no la excepción. Estas personas han logrado convertir lo "increíble" y lo "imposible" en "posible" y "real". Están siguiendo las predicaciones del cristianismo sin ser cristianos.

SEXO, MATERNIDAD, RELACIONES Y LA ESENCIA DEL AMOR

25-XI

Últimamente pareciera que alguien ha lanzado un mal de ojo sobre nuestro grupo y dos de las cuatro parejas se han separado. Axel y Juliet, quienes parecían incluso más enamorados que Stefan y Hilda, después de muchos quejidos y malentendidos, decidieron tomar caminos separados. Nadie sabe cuáles fueron las causas exactas de la separación, ya que nadie aquí habla sobre ellos. Probablemente eran demasiado jóvenes para un compromiso duradero. Después de una corta fiesta de despedida, entre sollozos y risas, ella se fue, dirigiéndose hacia el norte. Poco después, Axel se fue también. Primero fue a Sicilia, pero estaba planeando irse después de un período de dos meses para continuar sus estudios de violín.

Hace una semana, Aria rompió con Eric con inesperada y notable determinación y se fue a vivir con su familia en su segunda tierra natal, Norfor. Esta separación fue aparentemente repentina. Por mucho tiempo fue obvio que su cohabitación y coexistencia no duraría mucho. Se separaron de una manera completamente civilizada y con unas pocas palabras claras.

Fuimos a ver a Eric la primera noche después de la partida de Aria y lo acompañamos durante horas. Él se sentía triste de no haber podido mantenerla a su lado y dijo que siempre había sabido que si se separaban alguna vez sería por iniciativa de ella, como eventualmente sucedió. Lo aceptó, sin embargo, con una actitud relajada y ligeramente triste y falta de alegría.

"Desearía haber podido hacerla más feliz," fue su última frase.

En cuanto a mí, aún me estaba quedando donde Stefan y Hilda y cerca de ellos estaba experimentando diariamente la única cosa que verdaderamente había extrañado en mi vida: amor fraternal.

Incluso si habíamos perdido nuestras dos parejas de amigos, las reuniones con nuestro círculo más amplio no disminuyeron. Todo lo contrario, de hecho; la alta temperatura de los últimos días hizo que Stefan tomara un descanso de sus ocupaciones matutinas por un tiempo y ahora él nos lleva bastante a menudo en viajes de un día a las piscinas de Mendrisio, los jardines de flores de Verbania, el Lago de Lugano, Bellinzona y otras veces a las costas de la Riviera Italiana, al oeste de Génova.

Ahora, en cuanto a lo concerniente a Silvia, no ha venido a nuestras reuniones en un largo tiempo. Dijo que quería que estuviéramos solos cuando nos encontráramos. Tanto Stefan como Silvia eran ahora conscientes de lo que estaba sucediendo y así, con los ojos repletos de lágrimas, les confesé todo.

Ellos estaban muy felices por nosotros y me dijeron que hacíamos una gran pareja. Yo le dije a Stefan que estábamos planeando ir a los Pirineos por unos días y él estuvo de acuerdo de todo corazón con que era una buena decisión.

Entonces hablamos acerca de cuán frecuente era un "amor" ocurrente a su edad y él me dijo que la mayoría no lo experimenta más de una vez en su vida, o incluso, en algunas raras ocasiones, nunca. Le pregunté si ellos consideraban poco ético tener relaciones cuando no es un resultado del amor. Él me respondió que de ninguna manera lo consideran poco ético, pero no puede compararse con la verdadera unión del amor, la cual es un poco parecida al *Lipvirch*. Durante los viejos tiempos, a través de toda la época del *Eldrere*, cuando el sentido del *Lipvirch* todavía era inexistente, las relaciones físicas se basaban únicamente en la atracción entre los sexos y la evaluación del carácter. Pero incluso en ese entonces, justo como ahora, tener muchos cambios de compañeros sexuales no era algo aplaudido. En ese entonces estaban más interesados en que les gustara la persona; la sensibilidad y el enlace espiritual venían después de la atracción natural y apreciación por el ser humano, mientras que aquí, durante los últimos siglos, el Valle de las Rosas ha estado sosteniendo (incluso si algunos de los *Ilectores* están en desacuerdo) que la abstinencia, especialmente cuando es una decisión consciente, incrementa la espiritualidad, algo reminiscente de los principios ascéticos de nuestro tiempo.

En general, ya no ven el amor como una batalla en la cual el más astuto gana y el más ingenuo pierde, sino como una alianza entre iguales, sin secretos o motivos ulteriores, una alianza que lo provee a uno con la paz mental necesaria para vivir su vida.

"Así que su moralidad solo se opone a los cambios muy frecuentes de parejas," comenté.

"Algo así. Cambios muy frecuentes no son ni comunes ni aplaudidos en nuestra época. El equilibrio siempre existe. Pero los problemas éticos no siempre se generan solo por estos cambios" respondió Stefan.

Me preguntó qué pensaría yo de Juliet, por ejemplo, si ahora que ha roto con Axel, encontrara un nuevo amor y fuera a vivir con él.

"No me estoy refiriendo a un par de casos aleatorios," repliqué. "¿Qué pensaría *usted* si la viera pasando toda su juventud cambiando de pareja cada seis meses?"

"Incluso entonces," dijo, "no la consideraríamos poco ética ni socialmente inferior. Uno podría caracterizarla como descuidada, desafortunada, frívola o bastante incapaz de dominar sus impulsos. Uno podría argumentar que ella estaría mejor siendo libre y viviendo sola. En cualquier caso, si ella no tenía ninguna intención de engañar a nadie, su forma de vida no sería considerada antisocial o inmoral. Además, mire usted a todos estos hombres y mujeres jóvenes que viven solos y aparentemente solteros y quienes han sido oficialmente *Cives* por décadas ya. ¿Alguien sabe o alguien les ha preguntado con cuánta frecuencia cambian de pareja? Puede que socialicen entre ellos y hablen frente a otros con la mayor dignidad, como si nada estuviera sucediendo entre ellos, pero ese no es siempre el caso. Y por supuesto, yo sería la última persona en culparlos. No es un asunto de hipocresía sino un asunto de superioridad moral de gente que no hace el mal, pero, por naturaleza, aún no son capaces de hacer uniones permanentes. Nadie aquí va por ahí revelando sus secretos. Pero yo no puedo afirmar realmente que cada uno de nosotros espera pacientemente al *Lipvirch*, durante años y años."

"¿Hay algo que ustedes sí consideren inmoral? ¿Están familiarizados con el concepto de inmoralidad?"

"¡Por supuesto! Y lo que es verdaderamente inmoral se castiga ejemplarmente. En tales casos somos firmes. Pero es solo que son tan raros. Las personas de hoy obtienen una cierta satisfacción de ser éticas, sin ser obligadas a sentirse de esa forma. A diferencia de ustedes, quienes, si recuerdo correctamente, tenían un dicho que decía que 'la fruta prohibida es siempre la más dulce'."

"Es fácil para usted decirlo," repliqué algo ofendido, "ya que esencialmente nada les es prohibido."

"Se equivoca en eso," respondió tranquilamente. "Nuestra sociedad también tiene ciertas restricciones morales. Si, digamos, cuando Juliet estaba viviendo con Axel, ella se encontraba secretamente con otro hombre, eso sería considerado inmoral. Pero ni Juliet ni alguien mucho más frívolo que ella haría algo así. Todo lo que tendría que hacer es decirle a su pareja. ¿Por qué lo escondería? Las personas se dicen entre ellas cómo se sienten y sea cual sea el resultado (aceptación o separación), habrán dicho la verdad. De hecho, la mayoría del tiempo, actos como estos son perdonados, especialmente si es una infatuación, un momento de pasión o una pérdida de autocontrol. Mientras que, si lo esconden, las cosas se complican y la gente es invadida por una consciencia culpable, la cual en nuestros tiempos es difícil de manejar."

Yo me preguntaba adónde él estaba yendo con esto y sentía mucha curiosidad por averiguarlo.

"Nunca estaría una mujer con un hombre, o viceversa, por interés propio, solo para beneficiarse de él después y no por amor o una fuerte atracción física," dijo Stefan. "La deshonestidad es inexcusable e imperdonable. Lo que más queremos es tener un corazón calmado y una mente calmada, lejos de incertidumbres morales como los celos, la sospecha o el miedo. Por otro lado, nuestros líderes han puesto barreras éticas más estrictas para la gente joven. Normalmente, hasta convertirse en *Cives*, ellos no tienen permitido tener relaciones sexuales. Y es increíble y de gran significancia cómo tuvieron éxito los *Ilectores* al establecer el concepto de abstinencia sexual en las mentes de la gente joven, a la edad tanto tierna como difícil de diecinueve años. Hoy, un socio debería apreciar la franqueza, el amor, la honestidad y respetar algunos valores morales, incluso si es con algo de privación. El servicio es por tanto simultáneamente una prueba de autodisciplina y de abstinencia sexual. Solo unas pocas violaciones a esto ocurren cada año y, por supuesto, no son penalizadas."

Le pregunté en qué etapa de la vida una mujer decide convertirse en madre.

"No podría responder a eso con exactitud. La misma que en su época, a veces antes, a veces después. Depende de su temperamento y de la suerte... Hay muchos factores involucrados. Nuestro caso con Hilda está entre los más comunes. La mayoría de las veces toma tres o cuatro parejas de prueba, nacidas ya sea del *Lipvirch* o de una fuerte atracción, para poder encontrar a "El Indicado". Usualmente, los primeros consorcios son más cortos y puede que ni siquiera duren un año. Luego se vuelven más estables. Con un poco de suerte, tres o cuatro cambios entre libertad y cohabitación con alguien son suficientes para que la persona adquiera una mentalidad más madura, la cual permite tener la experiencia y conocimiento para hacer su trabajo y tal vez dar a su relación ulterior la forma de un vínculo de por vida."

Luego habló tan despectivamente de nuestra época y sus "valores": adulterio, falta de franqueza y lealtad, deshonestidad diaria, fraude, prostitución, la explotación de la debilidad y la pobreza, perversiones, violencia, crímenes de "honor" y pasiones enfermizas. Yo no sabía en dónde esconderme. Él incluso consideraba las ceremonias de boda de los tiempos pasados como indecentes: la reunión de la gente, la diversión, los comentarios, las provocaciones y... bueno... lo que venía después: los momentos más íntimos de la pareja.

"Nuestra consciencia y nuestra brújula moral innata complementan la brecha de esas instituciones abolidas muy eficientemente y así, cada consorcio y cohabitación está basada sobre y definida por el orgullo y el honor. Si una gran decepción, un nuevo amor o diferencias irreconciliables en creencias y caracteres pueden cortar el lazo es irrelevante. Además," concluyó él, "¿no sucedía lo mismo en su época, independientemente de las limitaciones legales?" Yo no tenía nada que decir.

Entonces le pregunté qué sucedía la primera noche que los socios se volvían *Cives* (ciudadanos). Esa debe ser la noche en que ellos se vuelven totalmente salvajes, supuse, y razonablemente, después de tanta restricción. Estaba equivocado.

"Eso es, de hecho, lo que solía suceder... Pero hace varios cientos de años. La atracción física todavía jugaba el rol más importante y esa noche era vista como el llamado de la naturaleza para los jóvenes. Pero ha pasado mucho, mucho tiempo desde entonces. Las cosas han cambiado. No estoy diciendo que nadie hace el amor esa noche, sino que aquellos que lo hacen son en su mayoría las parejas que se conocieron durante el servicio y decidieron consumar su amor en su primer día como ciudadanos. La gran mayoría, sin embargo, no lo hace. Algunos esperan meses, incluso años, hasta que encuentran un compañero adecuado, mucho después de quemar

sus estolas blancas, el símbolo de su pureza, la noche en que termina su servicio."
Stefan miraba fijamente hacia el vacío como si reflexionara sobre el pasado.
"Yo también tuve una noche como esa, usted sabe..." dijo él.
"¡Tanta emoción! Por una parte, el mundo entero se está abriendo ante uno esa noche, y por la otra, finalmente tiene el derecho de acceder a la mágica sensación de hacer el amor. Años inolvidables..."
Sus ojos se llenaron de lágrimas. Yo estaba sobresaltado. Él continuó, obviamente conmovido. "Incluso esa canción que cantamos esa noche significa mucho para mí... para nosotros... Todos los habitantes de la tierra han estado cantándola por más de mil trescientos años. Todos la aprendimos en la escuela, niños y niñas. Sé que no tiene una gran letra, pero, aun así, ¿tiene idea de cómo esa vieja melodía simple y algo plana hace eco en nuestros oídos, en nuestras almas? ¿Le ha prestado atención a la letra? 'A la luz de sus diecinueve años, vienen las golondrinas y los capullos de las flores se abren temprano'. O la otra; 'La vida es un sueño rosa que ahora comienza. Cántenla'."

Ahora hablaba con el mayor entusiasmo. Por supuesto que no lo interrumpí. "Unas relativamente pocas generaciones después de la suya, después de que los movimientos puritanos comenzaran a desaparecer y Flessing y Kirchof encontraran el remedio para su terrible enfermedad, la pesadilla terminó y las cosas comenzaron a cambiar en la manera en que los padres hablaban a sus hijos sobre el amor y el sexo. Ya no había necesidad de hablarles sobre riesgos y precauciones. En cambio, les hablaban acerca de la anticipación de una gran felicidad, la cual, si eran suficientemente pacientes como para esperar al momento correcto y la persona correcta, podrían disfrutar (con moderación) por el resto de sus vidas.

A medida que las generaciones pasaron, la idea de que es mejor que esta felicidad nivelada, ética y sin manchas venga después del cumplimiento del deber se volvió parte de su consciencia social. Eso fue después de que el servicio fuera considerablemente reducido. Ahí es cuando comenzaron a darles las estolas blancas a los adolescentes. De hecho, les dijeron: 'Nadie los obligará a cumplir su servicio de dos años en los *glothneres*. Si se rehúsan no hay penalidad. Solo consideren que la Mancomunidad Universal los necesita'."

Y, de hecho, según me dijo Stefan, nadie se fue. Y de esa manera corrigieron la injusticia de nuestra época que asociaba el "cumplimiento del deber" con la jubilación, la cual llegaba en una época cuando la felicidad ya no podía ser comprada ni con el mejor oro.

Ellos consideraban la edad de quince años como la etapa clave en la vida del individuo. Creían que era entonces cuando se abren los nuevos horizontes en el esoterismo humano. Era entonces cuando todo cambiaba en los ojos de una persona, ya que, a partir de ese punto, el alma se hacía cargo y veía las cosas de manera diferente. De hecho, me dijo que "los ojos comienzan a llenarse de lágrimas más fácilmente".

Yo le dije que si ellos pensaban que lo mismo no sucedía en nuestra época, estaban bastante equivocados. Él me respondió que se refería a la regla y no a la excepción. "Las excepciones no definen una era... la regla sí."

"Sí, pero usted me acaba de decir que las limitaciones ayudaban en nuestro tiempo porque de otra manera la situación se salía de las manos y alcanzaba el punto de la promiscuidad. Usted mismo dijo que necesitábamos restricciones, ya que éramos 'prácticamente incivilizados'."

"A veces tengo la impresión de que usted y yo no nos podemos comunicar, ya que no hablamos el mismo idioma. Y aun así eso es normal, ya que provenimos de diferentes eras, diferentes culturas y diferentes maneras de pensar. Me pregunto cuánto de lo que le estoy diciendo usted entiende realmente. Habla de 'lo justificable' y 'lo necesario' sin pensar en el efecto que todo ello tuvo sobre la humanidad, independientemente de lo apropiado que era en ese momento. Habían creado un mundo para usted que estaba rodeado por un cielo gris y era habitado por almas muertas. ¿Alguna vez pensó en cuánta gente inocente de la minoría había estado constantemente (y durante miles de años) pagando por las leyes designadas por la mayoría, solo porque sus líderes no podían promulgar leyes individuales? ¿Y está seguro de que usted sería verdaderamente feliz en ausencia de leyes y restricciones? ¿O hay algo más que culpar de su infelicidad?; ¿algo más profundo, algo escondido que fue realmente la razón por la cual las leyes se volvieron necesarias en primer lugar?"

Me dijo mucho, mucho más: cómo el amor no era una cosa humilde e insignificante y cómo nosotros éramos demasiado inferiores para ello, demasiado insignificantes como para comprender su belleza y superioridad. "Justo como la obra de Valmandel o Larsen siempre será monumental, sin importar si vienen tiempos oscuros en los que la gente no entenderá ni apreciará la poesía y la música." Y no había terminado...

"Lo peor de sus líderes espirituales de ese entonces (y con líderes espirituales quiero decir sus maestros, padres, legisladores, sacerdotes y escritores) es que no tenían problemas en bloquear las fuentes de alegría espiritual pura de ustedes. ¿Y sabe lo que eso significa, Andreas? ¿Sabe que estos 'entusiasmos' (y utilizó la palabra griega para ello) son manifestaciones, aspectos del *Samith*, casi tan importantes como el arte? ¿Qué diría acerca de alguien que destruyó el *Hermes* de Praxíteles o nuestra propia *Dama Nostálgica de Ojos Verdes* de Nichefelt? Había una tendencia sistemática a suprimir cualquier forma de alegría en sus tiempos."

Yo luché por no sonreír ante su manera infantil de pensar. "Desearía que ese hubiera sido nuestro único problema, mi querido Stefan... Teníamos tantas cosas que nos inquietaban, tantas responsabilidades, privaciones, preocupaciones innecesarias: dependencia, pobreza, adicciones e incertidumbre sobre el futuro... Había millones de problemas que no podían ser solucionados y millones de necesidades que no podían ser satisfechas solo con oler las flores y mirar las estrellas. Puede que ustedes ahora tengan todo el tiempo que quieran para observar, pensar acerca de todo y analizarlo, pero en ese entonces, nosotros no podíamos ni distinguir que eso faltaba..."

Pero él no habría de estar de acuerdo conmigo.

"No diga eso," se quejó "y no diga que no pensaba en eso y que no podía decir que hacía falta. La alegría es el alimento del alma. ¿Se da cuenta de eso? La supresión violenta y diaria de cualquier inclinación espiritual o emocional, incluso si no podía ver cuán dañina era, estaba rompiendo gradual y acumulativamente cada fibra de alegría que tenía adentro. Así que no, dejar que su alma muera antes de que sea tiempo, poco a poco, no es aceptable. Este prematuro envejecimiento interior y artificial de ustedes fue una gran pérdida injusta para nuestra especie, mucho más grande de lo que puede imaginar. Las condiciones bajo las cuales vivió su vida diaria y las convenciones sociales que prevalecieron fueron francamente robando lo que fue dado a los humanos por la creación y cuyo completo significado acabamos de sentir y descubrir: la sonrisa de Dios."

Hizo una vez más una alusión a los descubrimientos del Conocimiento Vólkico y al "resplandor tímido" del *Samith*. Por extraño que parezca, esta es su visión del *Lipvirch*: es la experiencia de una vida espiritual más elevada y el acceso a lo divino (en el camino hacia el *Samith*), pero a través de una manera totalmente diferente a la meditación, religión, arte o visión del mundo.

"Es por eso que hoy en día ninguna persona mayor jamás se burlaría de los ideales de la juventud; porque la gente mayor tiene sus propios ideales y no querría que nadie viniera y los insultara o irrespetara. Además, sabemos de manera última que hay un único y común origen y fuente de todos los ideales, a pesar de las vastas (pero superficiales) diferencias entre ellos."

Más tarde, sin embargo, admitió que la riqueza espiritual de su juventud no solo se debía a la herencia o tradición y que no era completamente inherente tampoco; una orientación y educación propiamente dicha de la familia, escuela y los *glothneres* destacaba como un ayudante muy útil.

VIEJOS Y NUEVOS AMORES: SU FORMA DE SEPARACIÓN

26-XI

A veces me pregunto si sus percepciones actuales y nuevas condiciones sociales son realmente capaces de proteger sus corazones del dolor y si ellos han logrado realmente obtener la verdadera felicidad a través de ellas. Según lo que he visto, no solo no han adquirido la largamente buscada "serenidad de la mente y el alma", sino que demasiado a menudo todos también parecen encontrarse con los mismos problemas en sus vidas emocionales, el mismo dolor profundo, los mismos dilemas dramáticos y conflictos interiores que nosotros sufrimos en nuestra época. Y digamos que creo lo que Stefan dijo, esto es, que las antiguas pasiones violentas y las "soluciones dramáticas" de nuestro tiempo han cesado completamente de existir. He escuchado con mis propios oídos sobre casos en que un amor fuerte y nuevo ha entrado en conflicto con una asociación duradera y fuertes lazos emocionales, quebrantando el afecto entre la pareja, sus recuerdos y sueños compartidos y sus vidas compartidas.

¿Qué sucede entonces en tales casos? No hay ninguna regla, ninguna penalidad, ninguna solución aparente. Pareciera que en tales asuntos no hay un "debe" o "no debe". Hay lágrimas y emociones en ambos lados. Y entonces se sientan y se preguntan qué están haciendo. Stefan sostiene que en incidentes como estos lo más frecuente es que cada parte deje la toma de decisiones a la otra. Pero ¿es esto un producto del altruismo o un intento por evadir la responsabilidad ante la felicidad de su persona amada? Stefan dice (y sería muy lindo si fuera verdad) que, muy a menudo, en tales casos los compañeros sienten por sus amados lo que los padres sienten por sus propios hijos: el mismo amor y emoción. Poniéndose a sí mismos y a sus sentimientos a un lado, intentan ver qué es lo mejor para su compañero y actúan de esa manera para así evadir meterse en el camino de su felicidad. "Hoy en día, tenemos un sentido altamente elevado de cuidado y comprensión de nuestros semejantes," dijo él. "Es una de las características más distintivas de nuestra mentalidad. Exactamente lo opuesto, esto es, al egoísmo y los instintos de las épocas primitivas."

Si, por otro lado, usted le pregunta al Valle, ellos le dirán que lo más importante es la estabilidad de la asociación. Ellos desaprueban fuertemente las pasiones fervientes y las aventuras amorosas que franca y precipitadamente vienen a romper lazos emocionales duraderos y refinados. Sin embargo, aconsejan a los "viejos amores" no asustarse ante un verdadero y genuino *Lipvirch*, si alguna vez llegan a encontrárselo... Este no puede hacerle daño a la gente civilizada con cortesía espiritual que, sobre todo y todos los demás, se respeta a sí misma. Les aconsejan abrazarlo y ver adónde los lleva. Por supuesto, el resultado final de tal conflicto, con miles de factores diferentes cada vez, difiere de caso a caso. A veces el nuevo amor termina solo poniendo a prueba la fuerza y la resistencia del antiguo y pronto se desvanece, derrotado.

Menos a menudo, especialmente en casos de una asociación muy larga con niños ya crecidos, sucede que el nuevo amor y el viejo afecto se comprometen y reconcilian entre sí, sin desplazarse entre ellos. Cada uno ocupando un lugar especial en el corazón de la persona, duran y evolucionan el uno junto al otro por muchos años.

Pero, a veces, el nuevo amor prueba ser más fuerte y rompe el viejo vínculo. E incluso si tal resultado no es aplaudido, siempre que no haya otras discrepancias más profundas en la asociación (porque normalmente la fase de la asociación experimental busca traer a la superficie tales incompatibilidades latentes y no abrir la puerta a nuevas aventuras), las cosas terminan como solían hacerlo en nuestros tiempos.

Generalmente, su argumento es que las relaciones actuales, siendo completamente libres de, y ajenas a, cualquier antigua convención y estando basadas en una elección sin restricciones, el amor mutuo y la intención pura de un vínculo de toda la vida, sin las barreras legales de nuestra época, deberían ser inmensurablemente más fuertes y más estables que las nuestras.

Uno podría decir que estas separaciones escasas, junto con las instancias del amor no correspondido, son, si no los más grandes, algunos de los más grandes problemas de sus vidas actuales despreocupadas y felices.

"¿Estamos completamente libres de dolor? No, no hemos logrado tal cosa..." me decía Stefan ayer. "No hay pobreza, dependencia, violencia ni asuntos similares, pero los dolores del corazón, sin importar cuán intensos, son bienvenidos. Nos recuerdan a la nostalgia y la sed por el *Samith*. Aún sufrimos hasta este día, e incluso más profundamente de lo que ustedes solían hacerlo, pero al menos sabemos por qué sufrimos..."

He observado cómo sufren en silencio y con dignidad, cómo esconden el dolor proveniente de la pérdida de un ser amado o de un amor no correspondido, con una perseverancia que refleja la antigua percepción cristiana del dolor interior. ¡Ellos creen que este dolor interior eleva tanto al alma que puede convertirse en una adquisición incluso más grande que el mismo amor! Mientras uno es transitorio, el otro nunca puede ser arrebatado...

Un libro que estaba leyendo de su Jonas Geerlud decía que en un verdadero *Lipvirch*, el cual era, sin embargo, unilateral y permanecía no correspondido hasta el final, la persona a la que uno debería compadecer no era la que estaba sufriendo en soledad, sino a la otra persona que nunca fue capaz de alcanzar ese nivel de dolor casi metafísico. "Porque la primera se mantiene más elevada y ve cosas únicas sobre las cuales la última nunca posará la mirada."

Otro escritor, Alex Rogen, escribe que muy en el fondo nada nunca se pierde. Las apariencias no deberían guiar a conclusiones equivocadas: "Todo lo que han soñado alguna vez y todo por lo que han llorado está almacenado para ustedes y no será olvidado, amables almas viejas...", escribe, aludiendo a lo imperecedero de la Fuente y a la predicación beatífica vólkica de la universalidad del *Samith* que contiene a todo...

Todos aquí dicen que "el pasado no es tan pasado como parece..." recordándome a mi propio destino. "Lo que *usted* solía llamar felicidad solo existe en nuestros sueños," me dijo Stefan. "Nosotros no vinimos a este mundo con el objetivo de encontrar felicidad tangible, algo que es imposible, ¡sino con el objetivo de comprender el verdadero significado de ella y descubrir cuál es su fuente para poder ser capaces de reconocerla cuando la veamos!"

En este punto me recitó las palabras de uno de sus poetas: "¿Por qué más nacimos, por qué más vivimos, excepto para ver a nuestras propias vidas desperdiciarse?" Lo que quiso decir con eso fue que la sed noble de sus almas, que nunca cesó durante todas sus vidas, fue la evidencia dolorosa de la superioridad de esta especie avanzada que nunca se cansa de buscar al *Samith* en todas sus formas mundanas (arte, religión, asuntos metafísicos, autosacrificio y así sucesivamente) y nunca se rinde ni se frustra por los obstáculos y desilusiones en el camino...

"Entonces si, digamos, Hilda encontrara a alguien nuevo que la hiciera sentir más completa, ¿eso no le molestaría?" le pregunté a Stefan.

"Definitivamente no sería placentero, pero no es como si pudiera detenerla. Sin embargo, el amor profundo es un proceso apasionado e interno que nos hace mejores. Al principio de nuestra relación, yo mismo sufrí una gran cantidad de dolor; esa chispa que vi en sus ojos las primeras veces que me habló y la cual no había visto desde hacía mucho tiempo, la vi mientras hablaba con alguien más. Me preparé para lo peor, pero no sucedió nada. Era algo completamente transitorio. Aunque yo estaba más preocupado acerca de si ella sería feliz adondequiera que fuera y de si esa persona realmente podría completarla como persona de lo que lo estaba acerca de que ella me dejara. Una amiga mía perdonó a su compañero cuando él le confesó su infidelidad, solo porque ella recordaba cuán feliz se había visto él durante esos días y cuán feliz la hizo, también, verlo feliz. De hecho, durante esos días, ella le había dicho: 'Lo que sea que dé tanta fuerza, alegría y creatividad no puede ser más que bueno'."

Así que he aquí otra manifestación del *Troende*, la persona vólkica de hoy, el accionista de la nueva sabiduría, el no tan estable y no tan completamente normal ante nuestros propios ojos...

Ahora, en lo que se refiere a nuestro concepto de matrimonio, ellos han mantenido la parte del afecto, el interés por la otra persona, la lealtad, la reciprocidad y el altruismo y los han integrado a la vida de hoy. Pero la parte que no entienden es el elemento del envejecimiento interior abrupto y prematuro que venía con el matrimonio en nuestra era. Creen que la sociedad empujaba a las personas al matrimonio temprano, privándolas de la oportunidad de vivir sus propias vidas primero, de experimentar la alegría espiritual y de otros tipos en el camino. La conveniencia social y política demandaba este sacrificio.

Le dije que la lucha por la supervivencia nos mostró desde el principio cuán difícil iba a ser la vida y así era más fácil adaptarse al ceder a la rutina de tener un compañero permanente. Teníamos que compartir todos esos problemas y preocupaciones con alguien...

"Afortunadamente esta esterilización abrupta y antinatural no dio lugar inconscientemente al verdadero odio hacia su compañero," respondió él.

¿Qué puedo decir? En cualquier caso, estas personas se las arreglaron para mantenerse jóvenes de corazón para siempre, combinando por una parte la felicidad familiar y su naturaleza completamente humana, y por la otra, los nuevos entusiasmos y la alegría espiritual pura de origen divino. No tengo idea de cómo lo hacen...

EUROPA MERIDIONAL

Loikito, 30-XI

Los Pirineos nos recibieron con una lluvia de tres días sin parar y abismos masivos repletos de abetos que aparecían entre la niebla. Hace dos días, sin embargo, el sol reapareció y parece ser que está aquí para quedarse. El estilo de vida aquí es tranquilo, pacífico y relajado, bastante similar al que nos encontramos hace medio mes alrededor de Bignasco y las playas de Salerno. Pero este lugar es mucho más concurrido; cada noche, a la hora de la cena, es imposible encontrar una mesa libre en los restaurantes. Los socios, con túnicas de seda blancas como la nieve, trabajan todo el día, contrario, esto es, a lo que vimos en Bignasco.

1-XII

Solo somos Silvia y yo esta vez y me siento bendecido por cada uno de los días que me encuentro a su lado. Hoy, yo estaba esperando pacientemente a verla despertar, ver sus primeros pestañeos bajo la luz matutina. Cuando se despertó y me vio mirándola, se echó a reír. No sé qué pensó de mí en ese momento.

Creo que cometí una enorme torpeza ayer, mientras estábamos en uno de los *Civeshosteles* de New Tarracona, localizado en el lado opuesto de las montañas, adonde habíamos ido con un montón de gente y nos quedamos hasta tarde en la noche. Yo había estado bailando con Silvia toda la noche, pero al final nos dijeron que la cinta que nos habían dado determinaría nuestro próximo compañero de baile. Sucede que yo había sido emparejado con una muy rara, para la noche, muchacha: una rubia entre tantas morenas claras y oscuras. Mi error fue apresurarme y preguntarle su nombre en medio de nuestro baile, pero entonces recordé que hoy en día se supone que uno tiene que hablar con todos como si los conociera desde hace siglos.

Al principio hablamos sobre miles de cosas mientras bailábamos. Su conducta era muy simple y nada pretenciosa. No sé qué me poseyó y le pregunté su nombre. "Stella Cadens," respondió ella de una manera ingeniosa. Era obvio que estaba bromeando, así que me reí y cambié de tema. Noté, sin embargo, que a partir de ese punto ella respondía con monosílabos. Pensé que preguntarle su nombre la había molestado, pero estaba equivocado. Pronto comenzó a hacer bromas de nuevo y cuando la llamé "Srta...." ella completó mi frase con el mismo nombre que me había dado antes y de la misma forma ingeniosa. Quizá su mente estaba centrada en su compañero, un joven alto de piel oscura, quien no parecía estar muy deleitado de estar bailando con la muchacha regordeta con el que fue emparejado y cuya mirada estaba constantemente fija sobre su pareja.

Acabo de recordar otra cosa extraña. Hace dos días, cuando la lluvia se detuvo y todos fuimos a dar un paseo por el bosque, noté que una gran cantidad de hombres y mujeres estuvieron observando las hormigas durante horas, ¡sin razón aparente! Ellos dijeron que disfrutaban observarlas vivir y trabajar bajo la luz del día. Tenían sus miradas fijas sobre dos líneas masivas de hormigas, una yendo a trabajar y otra regresando del trabajo, llevando sus cargas. Incluso estaban comentando que cuando una hormiga no era capaz de llevar su carga, esta buscaba a tres o cuatro hormigas más y, tocando sus antenas, clamaba por su ayuda. Hace dos días, ¡ellos también comenzaron a soltar una risita sofocada ante la visión de las primeras uvas frescas del año! Y si uno les pregunta: "¿Nunca antes en su vida habían visto eso?" lo consideran a *uno* extraño. Pero así es como es la gente aquí; he comenzado a acostumbrarme a ellos. Se emocionan por las cosas más simples: la luna saliendo detrás del follaje de los árboles, los balidos de los animales en una noche silenciosa, un saludo cordial.

Una imagen repleta de belleza natural no es solo una imagen para ellos; no solo la ven, la sienten como una unidad que vibra con la mera alegría de la creación. Su antena no es la visión, como la nuestra; ¡ellos verdaderamente "experimentan" lo que ven! Además, la libertad que les dan sus vehículos individuales (los *vigiozas* y los *linsenes*) de ir a cualquier lugar al que quieran ir los llena de alegría. "Solo piense en un lugar y puede volar hasta él," dicen ellos y lo dicen literalmente... Tienen su propia manera de no dejar que la "embriaguez" de las nuevas experiencias se desvanezca.

Incluso los cambios de clima les dejan una impresión enorme y se vuelven un tema de conversación. Un fenómeno tan simple como el cambio de estación es una gran fuente de felicidad para ellos. Y si usted le dice a Stefan que las personas de esta era han más bien perdido su agarre sobre la realidad, él no lo admitirá. "Es increíble," me dijo, "cuánta felicidad potencial está escondida en nuestro mundo interior. Ustedes no tenían idea de esto en su época, pero solo porque no podamos comprenderlo no quiere decir que es inexistente. Los sensores de nuestras almas han sido entorpecidos y ya no son receptores adecuados. Así que todas estas cosas que usted ve como extrañas, ¿quién ha de decir que son infantiles en vez de divinas?"

Al vivir entre ellos durante suficiente tiempo, uno comienza a sentirse influido inconscientemente por su forma de vida. Personalmente lo veo como un tipo de desintoxicación mental y lo considero bueno para mí. ¡Stefan lo considera necesario! Aquí ellos se las arreglan para mantener el estado adolescente de la mente durante muchos años. Intentan mantener intactos sus años tempranos y la mentalidad que tenían en ese entonces y el Valle los urge a mantener los ojos de sus almas abiertos hasta que sean viejos y grises si pueden.

1-XII De nuevo
(Durante la noche)

Hoy, Silvia me dijo que cuando está conmigo no extraña a su familia. Luego me dijo que siempre había sabido que nadie puede ser feliz cuando está solo, sin una persona querida a su lado a quien poder amar y atesorar.

Entonces añadió, "Pero si no lo hubiera encontrado, no sé si alguna vez sería capaz de imaginar cuán grande finalmente es el amor." También dijo que quería tener un hijo mío, un hijo que heredaría mi corazón y mi manera de pensar y percibir el mundo alrededor de nosotros.

¿Qué más podría pedir?

Antes de conocerla, tal criatura con tantos talentos en el alma y el espíritu y tanta riqueza emocional existía solo en mi imaginación. Recuerdo pensar que el mero reconocimiento de la existencia de tal persona en algún lugar del mundo habría sido más que suficiente para satisfacerme. No me atrevía a imaginar nada más… Esa es su mera existencia, es la más grande recompensa moral y emocional que alguna vez he recibido. Y esta comprensión es suficiente para hacerme feliz, mi vida ya no parece un tormento…

2 a 3-XII
(Muy tarde en la noche)

¿Cuántas veces no se ha hablado acerca del dolor como la esencia dominante de la vida y del mundo? Yo mismo lo creí por un largo tiempo y lo experimenté más profundamente que cualquiera y ahora que me he recuperado y puedo ver la vida claramente y vivirla más profundamente, ¡no puedo reconocer a mi nuevo ser!

No se apresuren a afirmar insensatamente que la verdadera esencia de la vida es solo pura y tangible en la adolescencia y que después de eso, la psique comienza inevitablemente a distorsionarse de una manera que hace imposible volver a encontrar la antigua alegría, no importa cuán exitosamente usted armonice sus alrededores a las circunstancias en su vida. Yo he pasado horas interminables retorciéndome en mi sillón por las noches en vano, cada pulgada de mi cuerpo inundado de alegría y anticipación por un millón de cosas maravillosas que han de venir, una alegría y anticipación que persistentemente mantienen mis ojos abiertos y previenen cualquier posible intento de concentración y meditación.

"¡Oh, destino! ¡Los más grandes sueños de la gente no son nada comparados con lo que *usted* es capaz!" ¡La conciencia de que estas personas son mucho más ilustradas que nosotros me fascina! Un sentimiento de gratitud hace que mi corazón se hinche. Pienso acerca de su certeza en la "multiplicidad de la vida", su fe en la "vida después de la muerte", sus pensamientos sobre las existencias sucesivas de la misma personalidad, su conocimiento de que el fallo en la consciencia es temporal y relativamente raro y que las largas distancias, y el continuo espacio-tiempo en general, no constituyen barreras para el espíritu, y finalmente, pienso en su firme convicción en la eventual justificación del alma humana ¡y me siento abrumado de tal entusiasmo que es como si hubiera visto todo eso con mis propios ojos!

También recuerdo algo más que Stefan me había dicho hace un tiempo, en referencia a las realidades que están más allá de la comprensión humana.

"No hay manera de que nuestras mentes puedan entender lo que nos sucede después de la así llamada 'muerte'. Es una de las facetas del *Samith* sobre la que le hablé, inconcebible para la cognición y racionalidad humana. No olvide lo que dijo Matjei Svanol sobre algunas de las partes más grandes y sagradas de la psique humana después de ver el *Nibelvirch*: 'En efecto, todas eran mentira. ¿Pero quién podría haber sabido qué gran Verdad estaba oculta detrás de esas "mentiras"...?'."

La tradición aidersiana es, según descubrí, cautelosa y no va más allá del *Roisvirch*. No declara nada más aparte de lo que había mostrado el *Oversyn*. Sin embargo, muchas experiencias interiores y personales de la gente, tomadas de una amplia extensión de círculos, han mostrado que en el alma del *Troende* hay una multitud de existencias en capas superpuestas. A veces incluso estas hablan de una multiplicidad correspondiente en vidas modernas y paralelas (que sobrepasa la naturaleza humana) hasta que el Ego gana total consciencia, el sentido de la unidad y de la continuación irrompible de la individualidad. Una vida entera dedicada al conocimiento, una a la riqueza emocional, otra a las grandes experiencias de amor y una separada para la creación espiritual o artística...

"En su era," dijo Stefan, "anhelaron y soñaron con la eternidad, a pesar de que una tarde lluviosa era suficiente para hacer sentir a la mayoría de ustedes aburridos y solitarios." Una vez más noté su tono condescendiente cuando hablaba de la era de la "tecno-cultura unilateral y vida mecanicista" en la cual las personas vivieron, la era de la cual yo seré parte nuevamente si alguna vez regreso...

Explicándolo lo mejor que puedo, aquí está cómo perciben ellos la atracción emocional del espíritu humano hacia lo "infinito" y lo "eterno": como un asunto de "espacio" o "duración" a pesar de que es algo incomparablemente más elevado que eso.

Ahora recordé a Anna... ¡Por cuánto pasó usted! ¿Puede escucharme? ¿Está escuchando ahora mismo? Todo lo que habíamos imaginado y soñado, mi querida Anna, todo lo que hacía a nuestros ojos llenarse de lágrimas, ¡todo existe! ¡Todo es real! ¡No era nuestra imaginación! ¡Todo existe aquí, en la vida real!

LA VIDA EN LA CIUDAD EN FRANCIA OCCIDENTAL: COMPARACIÓN CON EL SIGLO XX

9-XII

Saboreé el aire fresco de las altitudes de la montaña nuevamente esta noche después de la escapada de esta semana, frente a la costa del océano. Un viaje de pocos días a las costas de nuestra propia Francia occidental, tan diferente de los grandiosos centros de producción y las playas lujosas del sur, es suficiente para darle a uno una imagen fugaz pero típica de los (ahora idénticos) estados en todos lados: sucesivos, inmensos...

Para un viajero proveniente de mi época, el lugar es irreconocible. La vida de los puertos, las imágenes pintorescas del tráfico comercial y naval, el color local típico de esta parte de la Francia rural, incluso el complejo de lagunas que solía embellecer el lugar: ¡todo se ha ido! Incluso el clima ha cambiado; se ha vuelto más templado, más dulce y más... transparente, libre de la humedad traída por el mar, más... mediterráneo, si puedo decirlo. El antiguo glorioso idioma "mundial" ahora había sido reemplazado por la lengua vernácula, la cual ahora casi he aprendido escuchándola en las villas y en Salerno, durante mi breve visita en nuestro camino hacia las ciudades de Europa Central y la gran capital del norte. Contrario a lo que había notado mientras estaba en las afueras de Salerno, aquí, ningún topónimo se ha salvado, ni siquiera los más históricos.

Solo sus viñedos llenos de fruta son una reminiscencia de los viejos días. En todo el país, sin embargo, no había una pulgada de tierra sin atender. Quizá la población podría convertirse en un asunto de debate y uno podría argumentar que algunos lugares podrían permitirse más o menos habitantes, pero eso es todo. Ellos habían transformado los pantanos en enormes ciudades jardín. ¡Estas áreas una vez indiferentes ahora habían adquirido el aire y el encanto de una amplia megaciudad y habían resultado ser más impactantes que incluso la vieja París! Ahora no se ve miseria junto a la belleza... No se encuentra ninguna obra de arte en ninguna otra parte, excepto en lugares donde pueden conservarse solas. Ellos no pueden soportar la fealdad y la decadencia, ni siquiera en la menor escala. Lo que vi fue un sentido único de belleza y uniformidad generosamente esparcido por todos lados, como si hubiera sido artísticamente elaborado por un espíritu racional. Eso, por supuesto, fue un resultado de las condiciones económicas actuales y sus increíbles capacidades tecnológicas.

Lejos de la costa, a unos sesenta kilómetros tierra adentro, hay un lugar llamado Nido Florido, el cual se extiende alrededor de la enorme ciudad de Denia Vallia con sus terrazas de flores carmesí y el increíble número de espacios diseñados para plantas y flores. Estaban literalmente por todos lados: en cada columna, cada balcón, cada tejado, cada porche, sobre las fachadas de los palacios... Recuerdo preguntarme cómo estas personas lograban hacer crecer y preservar todas estas flores durante todo el año, de manera que siempre se veían tan frescas e increíblemente hermosas y, sobre todo, el porqué de toda esta inundación floral, la cual al final no beneficia a los residentes de aquí, quienes son en su mayoría antiguos estudiantes.

Otra cosa que me impactó fue la existencia de grandes y brillantes mariposas, las cuales, según me informó Silvia, tenían a este lugar como hábitat natural y eran una de las especies más grandes y hermosas de Europa. Había momentos en los que, caminando a través de la ciudad, ¡uno era sorprendido por enjambres de cientos de mariposas azul claro que saltaban fuera de racimos de rosas blancas!

Pero yo estaba más fascinado con las estatuas. Tan pronto como veía una, corría directo a estudiarla. Podía ver el pedestal y leer la inscripción, pero, desafortunadamente, los nombres no significaban absolutamente nada para mí. Puede que estas personas hayan cambiado el curso de la historia y yo no tenía la menor idea de quiénes fueron. En momentos como estos, la distancia y mi diferencia de Silvia, Stefan y el resto se sentían incluso más grandes que nunca. Yo era y siempre sería el hombre de una era diferente.

Expulsé estos malos pensamientos y deambulé en la multitud sintiendo como si encajara de nuevo, como si perteneciera a su mundo. Al menos eso es lo que decía mi apariencia física, sin traicionar nada de lo que estaba sucediendo dentro de mí, ¡y eso hizo que me hinchara de orgullo! Sí, sin embargo, me pregunté si la alegría y la felicidad que sentía eran en el fondo inexistentes, si no eran más que mero entusiasmo.

Más abajo, vi niños y niñas pequeños dentro de los lechos de flores, quienes, disfrazados de amapolas y ciclámenes, corrían incontrolablemente alrededor y cantaban fuera de tono, cada uno a su propio ritmo. La salud y la incondicionalidad de estos niños desaliñados, quienes no carecían de nada y a quienes les fue dada la libertad de expresar su alegría pura e intacta sin esfuerzo a través de canciones, risa, juegos y voces graciosas, eran increíbles.

Afuera, la vida de la ciudad durante la mañana era más o menos la misma que en los viejos tiempos. Miles de personas inundaban las calles, cada uno con un destino diferente. Excepto que ellos, los "despachados" prematuramente de los *glothneres* y su servicio, no tenían nada que temer en términos de redundancia, aburrimiento y otros síntomas de nuestra época. La mayoría de ellos iba a las canchas de pelota o a otros centros de estado físico, algunos pintaban, otros estudiaban, pero, sin importar cuánto esperara, nunca vi a ningún obrero con gorra chata, ningún empleado con cuello blanco rígido ni a ningún hombre de negocios en traje y con un maletín debajo de la axila.

CLASES SOCIALES, JERARQUÍA, MODALES Y LA BESTIA DERROTADA DE LA BUROCRACIA

Desde un punto de vista social, la percepción moderna del Nido Florido era la de un estado de clase baja, esto es, lo opuesto a Waren, el Jardín de los Lirios, New Göteborg, Soonval en el sur y, sobre todo, Norfor. Pensé en Aria, quien, como ella dijo, lo escogió por su aura de espiritualidad y su atractivo en general.

A medida que pasa el tiempo, me sumerjo más profundamente en sus significados y creencias evaluativas. La jerarquía de clases aquí tiene un contenido puramente intelectual y cultural. El Nido Florido, por ejemplo, hospeda a muy pocos líderes espirituales, los cuales viven ahí solo temporalmente. La gente de allí es educada siguiendo las instrucciones espirituales y las tendencias ideológicas que vienen de los grandes centros del norte.

También hay algunos antiguos graduados de las escuelas de Norfor viviendo allí, gente verdaderamente entusiasta y amantes del arte apasionados quienes tal vez no sean grandes artistas, pero saben cómo distinguir los elementos buenos y hermosos en una creación artística. Son verdaderos receptores, capaces de incluso echarse a llorar ante la vista de una obra de arte.

Tuvimos tan pocas personas como estas en nuestra era. Aquí hay infinitamente más. Además, hay solo un puñado del tipo de persona que, careciendo de cualquier esoterismo, simplemente acumula conocimiento de manera que puedan mostrarlo en circunstancias correspondientes. Esta gente confunde el conocimiento con la educación, pero son, en realidad, verdaderamente imposibles de educar.

Y, aun así, esta mayoría de personas cultas con este refinamiento interior excepcional, que sería más que bienvenida y estimada en nuestra era, en esta época simplemente constituye la clase relativamente baja y a menudo he escuchado que los acusan de no hacer nada. El médico más mediocre o la enfermera más humilde son considerados socialmente superiores a Stefan, Hilda y el resto de los vecinos de las villas, siempre contando con que ellos, también, puedan "experimentar" la naturaleza y "ser conmovidos" por el arte elevado, lo cual entiendo que es el caso de casi todos de la generación völkica en adelante.

Por lo tanto, concerniente a las masas, la percepción social de hoy desafía la corrección de pasar décadas de estudio, en conciertos y espectáculos, cursos y lecturas, visitas a exhibiciones y viajes, deportes y otras actividades recreacionales que no les dejan tiempo de hacer algo por sus seres humanos semejantes.

Y todo eso no tiene absolutamente ninguna relación con el servicio. Recuerdo los primeros días de mi nueva vida en el instituto Molsen, el cual era en sí mismo un microcosmos de la sociedad: una comunidad pequeña entera con todas las características de la estructura social actual. Los socios de oficina estaban haciendo su servicio allí. Todavía recuerdo a su líder, un muchacho de piel oscura de diecinueve años que se inclinaba ante todos los pacientes, esto es, los *Cives*, quienes estaban hospitalizados allí, como si ellos fueran a darle una propina.

Las enfermeras eran consideradas socialmente superiores a sus *Cives* y, por supuesto, a los socios de oficina, los socios cuyo trabajo era asistirlas en mantener los registros y otros asuntos administrativos generales. Las enfermeras, por lo tanto, no estaban haciendo su servicio; todas eran maduras y eran tratadas por todos como sacerdotisas.

Al dejar el instituto Molsen me volví más consiente de todos los diferentes escalones de la jerarquía social actual. Así que aquí está cómo funciona: los *Lorffes* del Valle de las Rosas, todo tipo de *Ilectores*, los "líderes" del Instituto Aidersen y todas sus sucursales y, por último, pero no menos importante, los grandes Maîtres de Norfor son los que gobiernan. Esos son a quienes las masas tienen como sus ídolos. Todas estas personas, de acuerdo a las percepciones meritocráticas de hoy, ahora en 3906 d. C., ocupan los puestos que hace mil años fueron ocupados por los científicos que, a su vez, habían sido elegidos por los grandes hombres de nuestra era, de CC a D *(de 200 a 500 de acuerdo a su calendario, eso es hacia 2600-2900 d. C.)* y quienes, en nuestros términos, eran algo como los magnates de América, los Jueces del Tribunal Supremo, los grandes políticos, los oportunistas, los generales y los aristócratas. Además, yo había verificado por mí mismo que las pocas posiciones administrativas existentes son cubiertas por los socios que están cumpliendo su servicio. Y pensar que *Cives* ordinarios como Stefan son considerados inmensurablemente superiores a ellos.

De hecho, la exención de los *Cives* de cualquier interacción obligatoria con los socios de oficina (similares a nuestros propios servidores públicos), o al menos la reducción de este contacto al mínimo posible, fue un derecho que fue conseguido de manera definitiva hace siglos por su Mancomunidad Universal. Y actualmente se considera como uno de sus logros más valiosos y envidiables, algo parecido a lo que la obtención de los derechos civiles y la libertad individual fueron para nosotros. Por supuesto, tal derecho no se obtuvo de un día para otro, sino gradualmente, durante cientos de años. Y es una idea muy prometedora la de que el monstruo de la burocracia se derrumbará hasta el suelo algún día, derrotado por la lógica.

Las aprobaciones administrativas que se requieren hoy en día son muy pocas, mayormente de naturaleza científica, y los socios las preparan de buena gana para los *Cives*. Esta complacencia por servir es uno de los elementos más fundamentales de su cultura.

La regulación y control demográfico y de tráfico siempre se hace de cierta forma y siempre se comunica directamente a los *Cives*, de manera que ellos estén conscientes de ella. Eso es todo. No hay incumplimientos, pero incluso si los hubiera, la intervención de los socios en casos individuales es injustificable. Por ejemplo, el *linsen* de Stefan necesita constantemente afinamientos, pero él no está obligado a recordar nada ni a llevar registros. ¡Los socios son los que tienen la responsabilidad de llevar registros de las fechas y detalles y de preguntar cuándo pueden venir, llevarse el *linsen* y regresarlo arreglado sin molestarlo! De hecho, incluso se les ha enseñado cómo pararse con respeto no solo ante Stefan, sino también ante cualquier otro *Civis*. Y todo este respeto se deriva meramente del hecho de que estos últimos han completado su "deber social"; su servicio.

Ahora, si uno se enfoca solo en los *Cives*, uno se dará cuenta de algo más que nosotros no teníamos en nuestra época: las distinciones de clase actuales, desde los *Lorffes* hasta el resto de la población (es decir, las masas), no se interponen en el camino de lograr el objetivo de que todas las clases sociales obtengan la misma cultivación interior, el mismo aire de "alta sociedad", la misma alegría de vida. Y esto es algo que nosotros nunca logramos, ni siquiera durante la Revolución Francesa.

Estas personas han conseguido lograr (y yo ni siquiera sé cómo) que las masas sean un receptor con alma, tengan la misma cortesía y los mismos modales que los mejores intelectuales del Rosernes Dal. Y, según me informaron, ¡todos ellos se consideran descendientes de la antigua clase obrera!

Parece increíble cómo esta clase logró evolucionar hasta tal punto desde ese momento decisivo en la historia (hace más de mil doscientos años, hacia 2600 d. C., cuando los tecnócratas y científicos naturales asumieron el gobierno mundial), cuando el liderazgo político fue abandonado y reemplazado por las Marie Curies y los Max Plancks de ese tiempo. Y recuerdo cuánto me sorprendí cuando Stefan me dijo que los grandes ancestros de los *Ilectores* de hoy solían ser obreros industriales.

Para un observador social de nuestro tiempo, un paseo por las calles y los jardines del Nido Florido sería seguramente de gran valor, ver con sus propios ojos cómo todos, sin excepción, sabían cómo vestirse, cómo hablar, cómo entrar en un grupo por primera vez, cómo caminar y mantenerse de pie en cualquier circunstancia. Es tal vez sorprendente que un mundo tan avanzado en su cultura interior no considera este compromiso con los "buenos modales" como algo superficial, algo demasiado formal y conservador, una convención social demasiado indigna como para que se involucre la "gente superior". Pero ellos argumentan que algo que refleja una verdadera riqueza emocional y moral no puede ser clasificado como vacío y superficial.

Verlos dar este tono de alegría y felicidad a todo lo que hacen es verdaderamente encantador. Se los ve socializar entre ellos y la percepción actual que ha pasado de generación en generación desde una edad muy temprana viene a la mente: este amor inocente y desinteresado, combinado con cortesía y buenos modales: ¡una verdadera obra maestra!

Y yo me pregunto: ¿es propiedad de cada persona individualmente o es otro logro admirable de su actual crianza y educación? En mi opinión, no es ninguna de las dos por sí misma, sino más bien las dos combinadas. Esta finesa y cortesía sin pretensiones, su nerviosismo típico, su moralidad y modestia y su completa indiferencia al humor barato, al instinto ganando la ventaja y a seguir alguna estrategia planificada previamente en su vida social cotidiana no son cosas que vienen de la nada o que son obtenidas solo a través del ejercicio persistente.

Lo mismo sucede con su resguardo de los antiguos complejos de inferioridad ancestrales que solían manifestarse a través del egoísmo, la arrogancia y la vanidad. Tantas generaciones antes de esta habían pasado su vida entera en tal atmósfera de amor y verdadera nobleza, que gradualmente se volvió suya y se transformó en una manera de vida natural y sin esfuerzo.

Me imagino cuán incómodas se sentirían estas personas si estuvieran en la presencia de nuestros profesionales ingeniosos, cuyo propósito esencial era sellar tratos comerciales provechosos y no estaban ni cerca de interesarse en la delicadeza de los modales o la sutileza del estilo y la expresión. Ellos estarían completamente consternados desde el primer segundo. Concluirían que debían tratar con gente primitiva y aburrida. Y estarían en lo correcto. Por el contrario, quizá ellos podrían haberse comunicado con un "buen" hombre de nuestro tiempo durante un par de minutos. Y estoy diciendo un par de minutos porque después de un rato, nuestro "buen" hombre se aburriría, pensaría que no había nada que ganar de esa conversación y se levantaría y se iría, ya que incluso yo estuve tentado a tomar ventaja de su ingenuidad y credulidad al principio.

Ahora se puede ver que los hombres y mujeres no pueden tolerar ni la más mínima "política" y conveniencia en sus interacciones sociales, incluso cuando se trata de un apretón de manos. Cualquier comportamiento calculador (si, por supuesto, les llama la atención) causa reacciones adversas. Esta gente hace arte por el bien del arte y nunca con fines de lucro, o de lo contrario deja de ser arte. Hacen amistades por el bien de la amistad y por la nutrición espiritual que ofrece, alejados de los objetivos utilitarios.

SU RENACIMIENTO Y EVOLUCIÓN HUMANA ANTES DEL PRIMER NIBELVIRCH

9-XII De nuevo

(Tarde en la noche)

En lo que se refiere a su cultivación interior, Stefan me había dicho hace algún tiempo, "Nuestros maestros tienen sus maneras. Para cada uno de esos niños llega un momento, incluso antes de que entren en su adolescencia, en que sienten tal atracción hacia nuestra cultura que, aprendiendo sobre ella en la escuela y gradualmente llegando a un entendimiento más profundo de ella, ¡hace que las voces de la generación de 876 *(3272 d. C.)* cobren vida en sus cabezas! Ese año, millones de personas permanecieron en interminables filas durante meses, día y noche, para ver al entonces recién terminado 'Templo del Amor y la Paz' en el Valle de las Rosas. Se quedaron tan asombrados que le agradecieron a Dios por no haber nacido en una era diferente. Con esa misma admiración y esa misma necesidad interior, nuestros jóvenes se ponen de pie ante el edificio espiritual de nuestra civilización."

Según aprendí, ciento diez años antes del primer *Nibelvirch*, Alicia Neville añadió el Templo del Amor y la Paz al mar de las obras maestras del Valle, el cual fue considerado la más grandiosa creación de mármol de todos los tiempos. Ellos también tuvieron su propio Renacimiento, a finales del siglo VII de su propia cronología *(hacia 3100 d. C.)*, cuyo punto de partida fue marcado por la construcción del Valle de las Rosas. Este siglo pasó a su historia como incomparablemente más elevado que el siglo V a. C. en Atenas o el siglo XIX en Europa Occidental.

Una noche, busqué en el *Reigen-Swage* a este edificio increíble localizado a las afueras de Markfor, el cual, según noté, se las arregla para combinar la simetría y armonía del antiguo escultor Ictino con la forma majestuosa en la que las personas del norte expresaban el alma en sus obras maestras arquitectónicas.

A veces, la información que tengo que procesar es tanta que me pierdo y me confundo. Salto tanto de un tema a otro que a menudo olvido mencionar las partes más importantes. Realmente estoy intentando registrar tanto como puedo y de la manera más precisa posible, pero no siempre tengo éxito.

Ahora recordé algo más, un poco irrelevante: el primero en prever la evolución de la humanidad fue un biólogo ordinario del Valle llamado Jansen, quien en ese momento no estaba entre los mejores de su campo, pero que tuvo más suerte que sus maestros. Después de siglos de vida en esta amplia capital espiritual y larguísimas iniciaciones de varias generaciones a la autocultivación de largo plazo que habían refinado la psique de la gente y los había transformado en seres humanos más sofisticados (y todos aquí verifican que jamás fue hecha una intervención en infantes por los institutos biológicos del Valle) él, Jansen, fue el primero que con gran confianza anunció desde su laboratorio a todo el mundo que tenía pruebas que sostenían que había habido cambios anatómicos diminutos, pero extremadamente significativos, en las neuronas más delicadas e importantes del cerebro, cambios que estaban directamente conectados a la calidad de vida espiritual de los residentes del Valle. Todos estaban de acuerdo con su existencia, pero nunca habían logrado probar si esos cambios eran de hecho un resultado de la calidad de vida espiritual o viceversa.

Independientemente de las diferencias de opiniones y maneras de expresarlas debido a los períodos de tiempo diferentes, otro hombre sabio, Jacobsen, había hecho una declaración vaga respecto a la posibilidad del nuevo y eminente florecimiento de la cultura. Veinticinco años después, si recuerdo correctamente, el esteta y filósofo Close y Lelia Nopotkin llamaron la atención de su generación sobre la necesidad de mantener sus ojos abiertos, tener fe y estar preparados para algo inesperadamente grandioso: el "siglo de la promesa secreta", para lo que "es invisible hoy".

Los especialistas de cada campo tenían sus propias teorías y opiniones sobre el tema. En los diversos observatorios de las facultades del Valle, cada uno de los cuales tenía el tamaño y estructura de un pueblo pequeño, los dos Ferids, padre e hijo (astrónomos y pensadores), junto con muchos otros seguidores leales del venerable anciano, un gran amante del universo, estaban buscando influencias espirituales y mensajes de seres amables y distantes.

Antes del año 830, Aloisius Nilson, un intelectual solitario de Flambia, escribió desde allá, en medio de su soledad, sobre los "grandes eventos que están dormitando en las profundidades del futuro" y que "puede que no sean tan distantes como parecen". Dijo que "no está lejos el día en el que los diálogos de Platón puedan reescribirse; en el que nuevos Partenones puedan construirse y nuevas 9^{nas} sinfonías puedan componerse."

Ninguno de ellos, sin embargo, fue capaz de predecir (ninguno entonces ni después en la historia) la llegada del *Nibelvirch* ciento cincuenta años después.

Esos sermones esperanzados y prometedores duraron décadas. De hecho, los últimos años antes de la llegada del *Nibelvirch*, unos pocos *Ilectores*, principalmente Bearen, Tatiana Baclyn y un sujeto llamado Gunnar, cuyo apellido no recuerdo, hablaron con su generación sobre muchas cosas relacionadas a esta, tanto generales como más específicas, cosas que después fueron lo suficientemente afortunados como para ver con sus propios ojos.

La humanidad esperó a "eso que habría de venir" durante décadas. Las condiciones de vida habían mejorado tanto que ellos habían alcanzado el nivel de hacer las predicciones posibles. Pero había muchos que decían que la gente estaría mejor sin la habilidad de predecir con tanta confianza una revolución espiritual que pasaría sesenta años después, de la manera en que anteriormente podían predecir un fenómeno natural como la llegada de un cometa. Tan intensa era la sed de sus corazones que ellos no podían esperar.

Esas personas que tenían un acercamiento más filosófico podían comprometerse y aceptar su destino más fácilmente. Hubo muchos, sin embargo, que no pudieron hacerlo y culparían a su suerte de no haber nacido después, de manera que pudieran tener la oportunidad de ver lo que vendría. Ellos creían que "aquel que muere en estos tiempos muere mil veces". Consideraban como una gran pérdida perderse la llegada de tal realidad del futuro inmediato. Al final, encontraron consuelo en la idea de que al menos sus hijos tendrían una verdadera oportunidad de estar presentes cuando sucediera y que ellos verían los grandes días del futuro a través de sus ojos.

Efectivamente, unas pocas décadas después, el prometido florecimiento de la cultura vino finalmente. Primero influenció a las naciones europeas, las cuales habían caído por mil cuatrocientos años en la oscuridad, atrapadas en medio de gigantes en guerra. Y la razón por la que esta nueva ola de civilización espiritual golpeó primero a Europa fue el establecimiento de Norfor como un centro espiritual del mundo ya desde el año 450 *(hacia 2850 d. C.)* y, por supuesto, el establecimiento del Valle de las Rosas.

En términos de duración, este auge en las artes, letras e intelecto tuvo muchas similitudes con el antiguo "milagro griego", pero en términos de espacio, este nuevo espíritu europeo no se quedó localizado en un lugar. Puede que su brote inicial haya sido en Europa, pero se extendió rápidamente por todo el mundo.

Docenas de nombres de ciudades y regiones y de grandes figuras de la nueva civilización están listados en las páginas de la historia: grandes hombres sabios, líderes espirituales, artistas, educadores, filósofos, investigadores, héroes del intelecto humano y apóstoles del humanismo, quienes trabajaron y enseñaron generación tras generación durante esos inolvidables sesenta a setenta años en Gran Torneo y Gled, en la Puerta Lesley y Blomsterfor, en Ossen y Vikingegnist, en Leag-Aud y New Upsala, en Roselukin y, especialmente, en el Valle de las Rosas.

Su historia actual dice que esa era en particular (su siglo IX) fue la primera en toda la historia de la humanidad que logró representar de manera tan precisa las ideas y sueños de la gente y hacerlos cobrar vida. Me dijeron que fue como si un hechizo divino fuera lanzado sobre la tierra mientras esas dos generaciones bendecidas vivieron en ella. Esos años parecieron ser un sueño para la población mundial de la época: incontables obras de arte inmortales y eternas, secretos del universo físico decodificados, piezas únicas de escritura, nuevas ideas inauditas, harmonías musicales que excedían a aquellas de los antiguos, para ellos, alemanes.

Pero independientemente de las vastas diferencias en estilo y carácter de aquellos antiguos griegos, la consciencia estética común se había elevado a un nivel similar al de la Atenas clásica. Excepto que entonces la población era de 10 000 y ahora es de millones…

LOS GIGANTES DEL ARTE: LARSEN Y VALMANDEL

Recuerdo los nombres de algunas obras de arte. Espero que las esté escribiendo correctamente. Las *Trenzas de Mármol* de Melsam, en la parte alta de la colina de Spring, la famosa pintura de Dora Vilen, *De Regreso al Viejo Camino*, y otra obra de arte altamente mencionada, *Entre las Rosas* de Svansen. Pero los verdaderos dioses del arte fueron dos: Larsen y Valmandel: sus equivalentes a Homero y Beethoven.

Larsen, el "Homero de la poesía lírica", que con su lira mágica hizo la "obra maestra de la creación poética de todos los tiempos" y que dejó este mundo en 857 en Skanes, pasando a la inmortalidad, se colmó de interminable fama y amor profundo de sus compañeros ciudadanos. Dos millones y medio de personas permanecieron alrededor de su perfumada pira hexagonal; yo mismo vi imágenes de la triste ceremonia en el *Reigen-Swage*. Recuerdo que cuando el cuerpo fue quemado y las cenizas se juntaron, la multitud estalló espontáneamente en interminables vítores, gritando llenos de gratitud "Larsen, Larsen," al unísono.

Y tres años después, en uno de los primeros días de verano, durante un concierto en el Jardín de los Lirios del oratorio de Valmandel *Oración Entre las Esferas Doradas de las Estrellas,* tuvo lugar algo inesperado y sin precedentes en la historia de la música sinfónica, algo que nadie nunca había pensado que sucedería: ¡la música de las figuras destacadas tales como Bach, Beethoven, Mozart y Wagner fue superada!

Desafortunadamente, solo puedo recordar unos pocos de los nombres, eventos, ideas y obras de arte que cambiaron la historia de la cultura humana. Debería sentarme seriamente un día y poner por escrito todo lo que recuerdo. Voy a explicar mi cerebro para poder recordar, ¡lo prometo!

COMPARACIONES CON EL SIGLO XX

Stefan me dijo algo más que me hizo regocijarme: que ellos aceptaban que esta increíble creación espiritual e intelectual no era solamente producto de las pocas décadas pasadas. ¡Las bases fueron establecidas por nuestros ancestros hace cuatro mil quinientos años! Al principio en el Mediterráneo y luego en todo el mundo, en cada esquina del mundo, cada generación hizo su contribución, ya sea grande o pequeña, dependiendo de su fuerza y capacidades, a este logro incomparable que la raza humana ahora considera su ornamento más valioso. Desde el autosacrificio de los líderes-héroes y las enseñanzas incomparables de Cristo, hasta los millones de corazones humildes y anónimos dentro de los cuales vivió el espíritu del desinterés y el altruismo: ¡todos ellos contribuyeron a este milagro! Eso es lo que creen.

Hoy en día, la gran mayoría de esas personas que no posee el regalo de la creación en ningún campo específico encuentra su propósito de vida en sentir y experimentar, tan intensamente como sea posible, las adquisiciones culturales más importantes de sus tiempos. Ellos quieren hacerlas suyas y están extremadamente obsesionados con la autocultivación.

Naturalmente, han elevado sus valores e ideales en gran medida. Literalmente los adoran: ¡la religión, el planeta, la libertad, la familia, la humanidad, la educación y la justicia hacen eco en sus corazones como las trompetas de la Revelación! Y junto con los antiguos, ellos también tienen sus propios nuevos sistemas éticos: la percepción actual de belleza, los sermones espirituales de los siglos pasados, las nuevas olas de ideas, sus instituciones, sus nuevas creencias meritocráticas y sus maravillosos logros en el campo del humanismo. Todo esto los hace muy sensibles y yo creo que así es cómo se han ganado la fe, lealtad y confianza de sus semejantes.

Estoy seguro de que cada uno de ellos daría felizmente su vida con el objetivo de defender la hermandad global y proteger la coherencia de la Mancomunidad Universal. Creo que la idea völkica y el nuevo y maravilloso significado que le han dado al dicho moral profundamente humano: "Todo este dolor no puede ser y no será desperdiciado, sino que será justificado tarde o temprano," son las bases de su mentalidad.

Ellos "viven" la alegría de la naturaleza, las alegrías de los viajes, el amor, la música y el baile, de la amabilidad, la amistad y la emoción de contemplar lo estético. Disfrutan del inimaginable, en nuestros tiempos, placer de trabajar en lo que realmente quieren, en lo que sus almas desean, ¡sin que nadie los presione! De esta manera, su mundo interior se enriquece. Dicen que cuando uno sigue sus inclinaciones, la aversión al mal se crea automáticamente dentro de uno. Y entre más uno escala esta montaña espiritual, más claramente ve la vida.

Si uno ha de aceptar lo que dice Stefan, pareciera que este alto nivel de superioridad interior que estas personas han alcanzado a través de su exquisita civilización puede incluso justificar la jovialidad infantil de la que he escrito tantas veces.

Ellos dicen que no hay nada más simple y fácil que esta felicidad. La vida está repleta de ella. La creación la ha extendido generosamente por todos lados: en el rayo de sol que emerge después de la tormenta, en el color y aroma de las flores, en la blancura de las nubes, en la pureza de pensamiento, en el cantar de los pájaros, en las intenciones nobles, en las buenas obras... ¡La vida es un regalo divino inestimable! Y cada aspecto de nuestra existencia se desborda de pura alegría y gracia.

"¿Quién tiene la culpa de que ustedes desgarraran sus almas con sus propias manos?" me preguntó Stefan.

Creo que justo ahora me acabo de dar cuenta de cuán equivocado era el camino que habíamos elegido, cuán diferente del verdadero y simple camino recto que conduce a la felicidad. Las condiciones de nuestras vidas en el siglo XX estaban regresando para atormentarme en la forma de un canto fúnebre que hace eco en mi mente. Las actividades y quehaceres cotidianos que mataban al espíritu, la rutina que ennegrecía nuestro humor, la sed egoísta de lucro, la lucha por la supremacía, el miedo eterno a un desastre venidero, enemigos, preocupaciones, privaciones y esta completa anarquía económica, política y social que prevaleció. ¡Cuánto nos lastimaron! Terminaron envenenando constantemente nuestra alma hasta que la hicieron atrofiarse y gradualmente la deshabilitaron. Y así dejamos de disfrutar de los tesoros del corazón.

Stefan continuó. "A medida que los años pasaron, se arrepintieron amargamente de ello, pero ya era demasiado tarde. Los reflejos de la Gran Realidad, del *Samith*, habían cesado definitivamente de existir en sus vidas. Habían caído en el olvido. Sus nervios estaban desgastados por las ansiedades cotidianas y por la supresión de las mejores cosas que tenían dentro durante tantos años que permitieron que su mundo interior se secase."

Yo le dije que también había un lado bueno en nuestro temperamento y personalidad fogosos, toda la rivalidad y la guerra por la supremacía, porque ellos eran la única manera de que llegara un nuevo día, la única manera de dar un paso adelante, de tener una mejor vida. "También hubo creación en esas batallas, no solo sangre y dolor," le dije. Él ni siquiera habría de escucharme…

"Progreso y mejora de su estrecho ambiente de vida, sí, quizá lo hubo, pero en el contexto del *Samith*, no fue así," fue la respuesta. "La creación ve la vida como una alternancia entre el trabajo creativo, la alegría, la inspiración y el amor. La vida es un viaje entre viajeros agradables y joviales."

Ellos no sienten lo que una vez nosotros sentimos, que "solo se vive una vez". No sienten que la repetición hace que las impresiones se desvanezcan. "Nuevo día, nuevas alegrías" es su lema. Se regocijan con todo, con cada pequeña cosa, sin esperar una ganancia de ello. Una simple charla con gente inteligente y agradable es suficiente para hacerlos felices.

Recuerdo una mañana, hace unos dos meses, cuando organizaron un baile de miles de personas arriba en las montañas, solo porque era el solsticio de verano. Y no estoy hablando de granjeros o niños pequeños. Hordas de hombres y mujeres serios salieron al amanecer de las villas y Orta, Varez, Arona, Streza y Luino, vestidos con anticuados trajes tradicionales que habían sacado de Dios sabe dónde especialmente para ese día: medias rojas y cintas coloridas para las cabezas de las hembras, chalecos bordados, camisas blancas sueltas y zapatos con cordones coloridos para los varones. Los vi erigir postes adornados con guirnaldas de flores frescas y luego bailar alrededor de ellos al ritmo de sus canciones antiguas y ancestrales, celebrando el sol y el buen clima, como si fuera algo raro en la costa mediterránea.

Incluso me dijeron que había gente que antes de morir le agradecía a Dios por darle la oportunidad de pasar las noches de mayo caminando a través de los Caminos de Jazmín bajo las estrellas, algo que yo mismo hice en Norfor y que debo admitir que fue maravilloso.

Creo que nuestra juventud se vería muy vieja en alma y espíritu comparada con sus adultos mayores. Aquí, incluso si uno es anciano, aún es considerado joven. Las personas de aquí, además de mantenerse al día con los aspectos serios de sus vidas, también alcanzan una notable preservación de sus psiques de niño. Este es su secreto. Y no es coincidencia que uno de los principios fundamentales de su vida psicológica se resuma en la frase: "¡De vuelta a las alegrías tempranas de nuestra infancia!" Si uno habla con ellos sobre descansar, ¡ellos se reirán de uno! Uno los ve sentirse así y no puede evitar pensar: ¿no han aprendido todavía? ¿Aún no se han dado cuenta de la falsedad del mundo? ¿Viven en una pequeña burbuja rosada todavía? ¿Los años que han pasado no han abierto sus ojos? Un afán y emoción constante por vivir y viajar, con esperanzas y sueños de la infancia, como si aún tuvieran quince años de edad. Y a pesar de eso, sí; ¡su entusiasmo es permanente y duradero! La edad no les importa. La anticipación del final no les causa amargura ni dolor.

Recuerdo ver el nuevo Planetario siendo construido, no hace mucho, en New Göteborg, un estado entero en el bosque. Dijeron que al entrar a lo que sería el más grande de su tipo en el mundo, uno sería capaz de viajar al infinito, tan lejos de nuestro sistema solar que haría a nuestro sol verse como una estrella. En un *Reigen-Swage* especial, uno será capaz de ver paisajes reales de otros mundos, con soles dobles y triples de color naranja, azul y verde. Escuché muchas charlas más como esta sobre este futuro estado mágico, para el cual el nombre "planetario" ya no era adecuado, pero aún era usado como una forma de hablar. Se construía principalmente con fines educativos, tanto para niños como para adultos, y estará listo en unos 20 años. ¡Un proyecto colosal!

Con motivo del Planetario, llegué a la conclusión de que, junto con los adolescentes de doce a quince años, quienes estaban esperando con ansias el día en que lo verían terminado, la misma alegría era compartida por la gente mayor que no tenía oportunidad alguna de llegar a ese día; una alegría despreocupada y genuina, como si ellos nunca hubieran envejecido.

Jaeger y Stefan le atribuyen esta nueva mentalidad y temperamento principalmente a la predicación vólkica y no tanto a la prosperidad material de sus tiempos, ya que, según me dijeron, durante el *Eldrere*, todos sus problemas económicos ya habían sido solventados y, a pesar de eso, la felicidad no estaba para nada asegurada. La juventud de la era solía apresurarse a tomar lo que pensaban que era una oportunidad para ser feliz muy temprano en la vida y entonces se daba cuenta de que aquello con lo que había terminado no era lo que estaba buscando. Porque la verdadera felicidad no puede existir sin los valores morales básicos que operan como la base del equilibrio interior de una persona y le dan significado y un propósito más elevado a la vida. Jaeger y Stefan compararon al *Eldrere* con una larga era milenaria que esperaba encontrar a su salvador, su propio Confucio, Cristo o Sócrates, y que eventualmente lo encontró en el Instituto Aidersen.

UN CONCIERTO ÚNICO

Mallorca, 13-XII

Silvia y yo fuimos a Mallorca por el concierto de Olaf Ledestrem, el gran maestro de New Loria, quien vino desde Norfor con este propósito expreso. Está programado para mañana en la noche en el Templo de la Idea, a medianoche, cuando todo el estado estará dormido.

Siete mil parejas amorosas vinieron de todas las costas mediterráneas cercanas para escuchar a este exquisito maestro. Muchas ya están aquí, pero aún hay muchas más en camino. De hecho, Hilda y Stefan también se unirán a nosotros.

Escuché que Ledestrem había elegido interpretar la segunda parte (la más corta) de la gloriosa "Misa" de Ruthemir y toda la "Novena Sinfonía" de Beethoven.

Mientras tanto, Silvia y yo deambulamos por todo el estado con sus característicos jardines florales en lo alto de los tejados y las rejas decoradas en los balcones que, por alguna razón desconocida, me hicieron alegrarme. Las flores aquí, sin embargo, son mucho menos de las que vi en los pueblos costeros a lo largo del Golfo de Vizcaya, en la costa oeste de Francia, desde el antiguo Biarritz hasta el norte por las regiones de Burdeos. Pero lo que realmente me conmovió y me dejó sin palabras no fueron las flores ni las multitudes, sino la existencia de carruajes tirados de caballos, visiblemente diferentes a los nuestros, ¡pero aun así tirados por caballos! Uno se monta en uno de ellos y los socios de este romántico consorcio de transporte lo llevan de excursión por las partes hermosas de la isla con las palmeras, playas y arboledas de naranjos como si nada hubiera cambiado desde los tiempos de mi juventud.

LA COSMOVISIÓN DE SILVIA

13-XII De nuevo

(Tarde en la noche)

Silvia me dijo cuán afortunados somos de que nuestro planeta, una piedra insignificante en la corona del universo, esté albergando una especie dotada con el elemento de la espiritualidad. Cuando le dije que la belleza no existe sin la vida, ella replicó que yo estaba equivocado, porque hoy se sabía que solo unos pocos planetas están habitados, pero todos son hermosos...

Ella dijo que no se trata solo de la existencia de vida en un planeta, sino de que un porcentaje de ella, un porcentaje mínimo donde la vida orgánica existe en el universo, evolucione a etapas más avanzadas de la evolución biológica y crecimiento espiritual. Y en algún punto de esta etapa de evolución, la "sed del alma" surge y se manifiesta a través de la tendencia a alcanzar y lograr cosas que son "increíbles, inexistentes e inviables" para muchos. "Entonces," dijo ella, "llega el punto de retorno más significativo en la historia de la cultura espiritual de cualquier tipo. En los viejos tiempos pensamos en ellos como creaciones del espíritu humano, pero ahora sabemos que estas manifestaciones provienen de otro lugar y existirían en otro lugar (posiblemente en formas diferentes) independientemente de si los humanos habitan el planeta. Tipos similares de vida psíquica habrían hecho su aparición en otros planetas aparte del de nosotros."

También dijo que una de las características de este punto de retorno es que genera una "consciencia común y fe en el propósito de la vida individual", la cual escapa de las restricciones de la prosaica realidad racional. Me habló de sensibilidad, desinterés, sentimentalismo y sacrificio voluntario, sobre la inclinación del alma, que puede llegar a la autodestrucción biológica, la cual no es una creación humana. Completó su frase diciendo, "Antes, la dimensión vólkica de la profundidad eludía al hombre como receptor."

Lo que estaba ella intentando decirme era más o menos lo que Stefan y Jaeger intentaban explicarme todo el tiempo. Cuando pregunté, admitió que por supuesto que no sabía el propósito general y último de la vida, pero que, a su modo de ver, el propósito inmediato de la vida para cada especie biológica con espiritualidad es construir, durante su tiempo de vida, la cultura personal más elevada posible. Y eso es lo que da valor a las vidas de nuestra propia humanidad. "Verdaderamente," dijo, "vale la pena nacer siendo humanos. Primero tuvimos que atravesar todas estas pruebas, por supuesto, pero yo creo que finalmente valía la pena atravesarlas."

Me parece que su único propósito era impresionarme, hacerme prestarle más atención y quizá incluso probar cuán fresco en su memoria estaba todavía todo lo que había aprendido en la escuela. Además, yo ya sabía por Stefan que eso es lo que aprenden en la escuela: perfección moral antes que prosperidad material y no solo en términos del individuo, sino en términos de la raza en general. Alcanzar de manera última el destino de uno no tenía nada que ver con ganar poder sobre la naturaleza, descubrir sus secretos o esclavizarla, ni tampoco con la evolución tecnológica, riquezas y prosperidad asegurada. Ellos afirman que esos son los medios, no los fines.

Silvia añadió que están conscientes de que la humanidad no vivirá para siempre, que será borrada en algún punto u otro. Y creen que solo si nuestra especie elige "un camino hacia el *Samith*" no habrá vivido en vano.

"Lo que sea que logremos en esta vida solo vale la pena porque nos lleva un paso más cerca del *Samith*; es un intento de sentirlo, de tocarlo. Esa es la única manera de que algo pueda durar después de su desaparición o después de la muerte. Esa es la única razón por la cual nada nunca se desperdicia. Sin el *Samith*, ni las instituciones perfectas, ni la Mancomunidad Universal, ni la abundancia y las comodidades que disfrutamos tendrían algún valor."

Finalmente me dijo que, sin la calidad que define a nuestro amor, nosotros habríamos sido privados del "conocimiento mágico" que todos compartimos hoy. Es su calidad y no su intensidad ni el poder de la atracción física lo que nos ayudó a profundizar tanto nuestras relaciones. Y tal conexión de corazón a corazón es algo completamente diferente a una fogosa pasión. Entonces añadió que (si entendí y transmito sus palabras correctamente) el verdadero amor puede compararse con una experiencia o intuición religiosa. ¡Tan increíblemente creativo es su poder!

Me habló de muchas cosas, como otras culturas y sus fortalezas y capacidades, explicándome que los más grandes y elevados valores de la cultura interior no difieren de mundo a mundo; son uno y el mismo sin importar si una cultura es superior intelectual y espiritualmente. La misma chispa divina aún existe.

POETAS DE LA NUEVA ERA

14-XII

(Amanecer)

Era la una de la mañana cuando Silvia abrió el libro de poemas y comenzó a recitármelos. Ella fue de Larsen a Goethe y de Schiller a Sulsnik, cuyos versos recordaba de memoria:

Poetas, no lloréis por vuestras inspiraciones perdidas hace mucho,
Ellas tuvieron el destino más merecido.
Se mantuvieron puras, genuinas y verdaderas,
Al igual que lo eran dentro de vuestro corazón.
Sin ser traicionadas por la expresión
O la externalización,
O ser reducidas al vestirlas con palabras humanas...
Poetas, no lloréis por vuestras inspiraciones perdidas hace mucho,
Porque nada está perdido dentro del *Samith*...

Y luego continuó leyendo al azar. Recuerdo un poema antiguo acerca del viento y luego un par de poemas de Munsven seguidos, los cuales fueron escritos hace unos trescientos cincuenta años en francés fluido, un idioma bastante raro de encontrar en la tradición oral en la época del poeta. Ambos fueron inspirados por la predicación völkica.

Aún recuerdo dos versos del primero:

Dechira le voile du Temps et fit preter
L' Oreille les siecles étonnés du Passe

Hablan acerca del *Nibelvirch* y acerca del "grito de éxtasis y asombro" y con la palabra "étonnés" quieren enfatizar cómo tanto había sido dicho y "predicho" por cada una de todas las diferentes religiones, teorías y filosofías, pero ninguna jamás había imaginado que las expectativas de los humanos pudieran ir tan lejos, ¡que el anhelo de miles de años y las esperanzas y deseos de cada corazón humano eventualmente serían justificados!

Del segundo recuerdo estos versos:

De diverses lueurs fuyantes de la même
Realité suprême

Ahora, acerca de Pradelli *(3er siglo de su cronología)*: me habían dicho que no era uno de los mejores. Efectivamente, su época fue un tiempo de recesión en las artes y la creatividad. Durante un largo tiempo, su nombre y su obra habían sido olvidados, pero al principio de su nueva era, el *Nojere (su año 986 o nuestro 3382 d. C.)*, él fue más bien afortunado, ya que la gente de esa época estaba obsesionada con buscar entre los viejos intelectuales cosas que habían "predicho sin estar conscientes de ello". Y la causa principal de esa obsesión fue el hecho de que la "Gran Revelación" que presenciaron les recordó que generaciones pasadas habían predicho y expresado muchas veces (aunque débil y vagamente) suficientes cosas y pistas relevantes, cuya importancia y significado sus contemporáneos no podían comprender y de hecho no lo hicieron.

Lo mismo se puede observar en estos versos suyos que escuché esta noche, los únicos que han sobrevivido:

Passai la mia vita qui piangendo
Da nostalgia di Qualche Cosa
Che on questo mondo non existe

Estos no deben su supervivencia a su valor, sino al hecho de que fueron escritos 700 años antes del *Nibelvirch*.

Silvia los recitó todos de un solo golpe, de forma piadosa y con una voz repleta de alegría y entusiasmo, a pesar de que un parisino no sería capaz de soportar su pronunciación.

¿Quién iba a saber, sin embargo, adónde apuntaban todas las viejas esperanzas y amarguras de esos seres humanos sensibles? ¿Quién iba a pensar cuán tímidas probarían ser todas esas expectativas comparadas con lo que "verdaderamente existe"?

Me parece haber mencionado antes que, hoy en día, ellos están fuertemente convencidos de que la única y singular, la causa raíz de toda la cultura histórica del mundo, es el anhelo por el Samith; esta sed sagrada del corazón y del alma, este "dolor metafísico", como las generaciones pasadas solían llamarlo. Sin su existencia, nuestra vida sería idéntica a la de un animal o un robot, dicen.

De los puristas vólkicos, los más populares no fueron necesariamente los mejores. Selius, de la época de los primeros *Nibelvirches* (o del período justo después de ellos) es un típico ejemplo: se volvió popular con su "verso-grito", con el cual captó bellamente la atmósfera de estupor que prevaleció en medio del "horror sagrado" y hábilmente revivió el grito de éxtasis que fue oído antes de que el milagro sucediese. *"Samith* efir! *Samith* ves gret efir!" Fue el grito que se escuchó desde el Valle y más específicamente desde el Instituto Aidersen, seguido por el torrente del Roisvirch desenfrenado que vino a conquistar la vida humana. Silvia se sabe de memoria todos estos versos. Cuando encuentra la página, la recita casi sin mirar el texto, mientras sus ojos humedecidos le impiden leer.

¡Ahí está! ¡Ahí está la llama extraordinaria,
la que hizo a todo brillar!
¡Puede verla finalmente desde aquí arriba!
¡Después de una escalada de siglos,
a través de incontables aflicciones,
finalmente alcanzamos la cima
y podemos verla desde aquí arriba!

Eso fue lo que sucedió en aquel entonces en el Valle, lo que ahora es considerado como "el evento más importante en la historia de la humanidad". Fue seguido por la predicación sin precedentes: "¡Algo existe, algo que es tan magnífico que es imposible captarlo con nuestras mentes humanas, algo tan magnífico que su mera expectativa será suficiente para inundar el mundo con interminable felicidad!"

Silvia continúa leyendo. Yo estoy sentado a su lado, observándola. El libro salta en sus manos temblorosas. Ella está intentando reprimir su emoción. Las últimas palabras que logró pronunciar, antes de romper en lágrimas, creo que fueron de nuestro propio Lamartine:

Deux mille ans sont passés, je te cherche aujourd'hui.
Deux mille ans passeront et les enfants des hommes
S'agiteront encore dans la nuit où nous sommes.

Se veía como si su completa existencia estuviera protestando y gritando "¡no!"

Su voz, cargada de emoción, se desvaneció mientras leía la última oración. Murmuró el nombre de Volky y el del Valle y me dijo que, si no hubiese sido por él, la profecía pesimista del poeta podría haber sido verificada. Se enjugó los ojos y se puso de pie.

"Es tiempo de irse, Andreas," me dijo.

GRETVIRCH AARSDAG

(En la noche)

Silvia y yo estuvimos en el templo cuando, después de medianoche, Olaf Ledestrem dirigió una de las más grandiosas partes de la gloriosa *Misa* de Ruthemir. Stefan y Hilda, quienes habían llegado hace dos días, estaban sentados junto a nosotros.

La primera parte de esta obra magnífica fue interpretada en medio de un completo silencio, ¡sin que ninguna de las 14 000 almas que estaban presentes hiciera el más ligero sonido!

Recuerdo escuchar ávida y devotamente, sintiéndome como si estuviera flotando en alguna parte entre la tierra y el cielo, pensando para mí cuán inevitablemente impotente es el oído humano de apreciar tal milagro ¡y esperando que nunca se terminase!

Al mismo tiempo, sin embargo, estaba orgulloso de haber nacido humano y de que uno de mis semejantes hubiera logrado hablar con Dios de esta manera, en su propio lenguaje. Con la mirada y la mente en las estrellas, escuchaba con devoción las voces perfectamente harmoniosas que, en ese momento, en mi corazón parecían ser idénticas a las leyes harmónicas que rigen el universo.

Era la primera vez que escuchaba la gloriosa *Misa* y verdaderamente sentí que tocó mi lado más puro y amable. Sentí una profunda fe inundando mi alma después de escuchar a su propio Bach de su siglo XI. Y admito que estaban en lo correcto: él había superado al nuestro...

La música ahora se había terminado, pero nadie de ese mar de gente se movió de su silla por un largo rato. Durante esos aproximadamente diez minutos que pasaron, me pregunté qué estaban esperando. Uno podría pensar que ellos habían sido petrificados o que Ledestrem ni siquiera se merecía una sola ronda de aplausos hoy... Y esos colores en el crepúsculo... Las mujeres, todas las siete mil, vestidas con mantos de seda de diferentes colores claros, y los hombres vestidos de negro, usando los trajes tradicionales del Valle de las Rosas... Incluso nos hicieron usar los pantalones cortos con polainas negras de seda que llegaban hasta la rodilla. Las mujeres, quienes tenían el peinado estándar uniforme y estricto para tales circunstancias, se veían como flores de la misma familia, ¡increíble e igualmente hermosas! ¡Me di cuenta de que dentro de la parte interior del auditorio había siete mil historias de amor diferentes!

Al final, me pregunté si la *Misa* de Ruthemir aún podía escucharse allá arriba, o si más bien en cambio ahora estaba sucediendo una verdadera Misa secreta bajo la luz de la luna que iluminaba todo el cielo.

(Media hora después)

Cuando, después del concierto, Silvia y yo estábamos solos, ella sacó su anillo favorito entre sus cosas, el que tiene la piedra verde, una de las pocas piezas de joyería que posee, y después de besarlo, lo puso en mi dedo "para conmemorar nuestra oración conjunta de esta noche", como ella dijo. Permaneció callada y aún se veía influenciada por lo que había escuchado. En ese momento, noté por casualidad que ella estaba usando su único brazalete con las gemas coloridas en la muñeca izquierda. Las esmeraldas, rubíes, zafiros, diamantes y ametistas, diez en total, estaban distribuidos escasamente y colocados en oro.

Después de un rato le pregunté, "¿Cuándo cree que el destino decidió nuestra unión?"

Pero ella, a pesar de su profundo sentimentalismo, es aun así una mujer educada, con los pies en la tierra y un pensamiento crítico y formal.

"¿Cree que el destino no tiene nada mejor que hacer que planear nuestra unión?" respondió sonriendo.

No quise continuar la conversación. Nunca he dicho una palabra sobre mi pasado, sobre mi otro yo. Ni tampoco sabe ella acerca de Anna, por supuesto. No sabe nada de su vida, nuestra vida…

Le pregunté a Stefan si aquellos que no son jóvenes enamorados no tienen lugar en este gran aniversario, el *Bigvirchstag*, como nosotros lo tenemos. Además, no había visto a ninguno de los destacados *Ilectores* y tampoco a los *Lorffes*. Él me dijo que esta medianoche encontró a toda la humanidad arrodillada. Todos a lo largo de toda la tierra rezaban anoche. Pero el Templo de la Idea había estado reservado para estas siete mil parejas y solo para ellas. El resto del mundo oró en otras partes y los Grandes Líderes tuvieron su propia congregación en el Valle.

Ahí fue donde el primer *Nibelvirch* exitoso (*Biglys* y *Storlys*, lo llaman en su lenguaje) tuvo lugar, dijo él, hace quinientos veintitrés años, a la medianoche. Volky fue el primero en verlo y sobrevivir, o más bien, en sobrevivir después de verlo. Y después de eso vino la redención de la vida humana. Tal redención no podría haber llegado a no ser que la humanidad hubiera ganado consciencia y maestría sobre su existencia.

(Muy tarde en la noche)

El encuentro con Hilda y Stefan antes del concierto (con un cálido apretón de manos y las chicas besándose y abrazándose) me dio la oportunidad de ponerme al día con todas las noticias de los últimos veinte días que no los habíamos visto. Entre otras cosas, yo estaba impactado por el triunfo de Aria en Norfor, ¡donde sus cursos se habían agotado! Ni siquiera se podía encontrar un sitio de pie, mucho menos un asiento vacío, incluso a pesar de que las malas lenguas decían que más asientos estaban reservados por los admiradores de su belleza que por los amantes del intelecto.

Stefan había escuchado todo eso de los visitantes del norte. También me dijo que los mejores arqueólogos e historiadores le habían rendido honores y que un gran hombre sabio (cuyo nombre se me escapa), quien inicialmente había estado en desacuerdo con ella, reconoció su error e incluso admitió que *ella* era la que estaba en lo correcto. Y eso la hizo aún más popular entre el público. Aria les dijo a dos de sus amigos en Norfor: "Fue con gran pesar que él me envió la cadena de rubíes que había poseído durante cuatro años, con gran pesar, ¡pero también bastante emocionado de deshacerse de ella!"

¿Su trabajo posee tal valor significativo? Yo sabía que ella tenía una personalidad muy única, pero del poco trato que tuvo con ella, no me había dado la impresión de tener un valor tan grande. Por supuesto, ella nunca hablaba sobre su trabajo. Nunca había soltado la menor pista sobre la superioridad colosal de su trabajo en relación a Stefan y su pobre compromiso. Acabo de enterarme por Hilda que sus compañeros de clases en la escuela solían burlarse de sus "asuntos amorosos con los incas" y de la costumbre de escribir sus ideas en todos lados: en los márgenes de sus libros, en su escritorio, ¡incluso escribió en sus piernas una vez, para así no perder la inspiración!

Se dice que, después de su ruptura con Eric, ella nunca es escoltada por la misma persona más de una vez, ya que hay muchos que estarían felices de etiquetar a cualquiera como su prometido. Parece ser que esta amable costumbre de la gente de no entrometerse en las vidas personales de otras personas solo se aplica a los meros mortales. Y alabo a Dios por hacer a Andreas Northam uno de ellos.

De cualquier forma, este incidente con Aria y mi equivocada primera impresión de ella me hizo sentir escéptico acerca de cuántas cosas realmente puedo percibir y entender a mi alrededor. Hoy han pasado ciento treinta días y noches desde que comencé mi nueva vida y todavía me pregunto hasta qué punto he comprendido cualquiera de los conceptos, creencias y costumbres de este nuevo mundo. Y, por supuesto, una parte bastante notable de mi vida y atención gira alrededor de Silvia...

Pongo en duda si percibo de manera correcta todo lo que veo a mi alrededor y, por lo tanto, si lo capto correctamente...

Hoy al mediodía tuve una conversación con Stefan acerca del concierto. Él tenía las mejores cosas para decir sobre el maestro, la orquesta y el coro que había traído con él desde Norfor. Los solistas eran los mejores de Blomsterfor, Norfor y New Göteborg. Ahora solo recuerdo el nombre de la soprano de ojos azules, Hilda Diran. Cambié el tema a nuestro propio Beethoven, ya que toda la 9na fue interpretada en el concierto anoche, justo después de la segunda parte de la composición de Ruthemir.

Finalmente tuve la oportunidad de decirle lo que había pensado para mis adentros hace un largo tiempo, pero que nunca tuve el coraje de contarle: "Debimos haber tenido alguna extraña 'barbaridad' en nuestra época para que ustedes tomen nuestras obras de arte y las vuelvan oraciones..." pronuncié, esperando con ansias su respuesta. Anoche, a pesar de su discreción, noté que me miraba mientras la 9na Sinfonía estaba siendo interpretada. Cuando entró la percusión e interpretó su parte y mis ojos se llenaron de lágrimas, él apretó mi mano firmemente. Me sentí conmovido y orgulloso durante todo el tiempo en que la 9na estuvo siendo interpretada, un sentimiento ligeramente diferente al que tuve durante la composición de Ruthemir. Era algo "mío" esta vez, ¡algo de mi hogar!

Pero Stefan no parecía estar para nada afectado por mi declaración. Según lo que he escuchado, supongo que consideran a Beethoven "uno de ellos", al igual que consideran a Cristo y a Sócrates "sus hermanos que estuvieron deambulando en la oscuridad de la prehistoria". Él dijo que nosotros entendimos muy poco de lo que ellos dijeron y trataron de transmitir a través de su obra y que no merecían haber nacido en esos tiempos. Finalmente, preguntó retóricamente cómo logramos perdonar la vida de Beethoven y no lo envenenamos ni crucificamos también y entonces añadió que la cultura no es hecha por ciertas personas y su obra, sino por el impacto y atractivo que tienen sobre aquellos que están a su alrededor...

También me dijo algo muy agradable acerca de la sordera de Beethoven: que hoy ellos lo vinculan a él y a su discapacidad con Prometeo, quien fue castigado por los dioses por robar fuego. Al igual que Prometeo, ¡él también fue castigado por haber dado esta música divina a la humanidad primitiva, inmadura y estupefacta al ser encarcelado en un mundo sin sonido!

Para ellos, Beethoven y Ruthemir son precursores y evangelistas y no es una coincidencia que sus obras fueran interpretadas juntas.

Hoy la 9na es vista como un tipo de himno nacional universal que predica amor y lealtad a la humanidad y su destino divino. De hecho, encuentran inapropiado escucharla sentados...

MARKFOR *(EX-ROMA)*: LA MEGACIUDAD
Visitando el Palacio del Reigen-Swage

16-XII

(Al alba en nuestras villas)

Estoy escribiendo estas pocas y apresuradas palabras a la luz del alba: ¡las noticias de ayer me hicieron muy feliz! Esta noche partiremos a Markfor, donde los cuatro nos quedaremos durante todo el otoño, ¡quizá incluso para el invierno! ¡Residencia permanente y regular en una gran ciudad con todas sus maravillas! ¡Caminar por los Caminos de Jazmines! ¡Estoy extremadamente emocionado!

(Amanecer)

Toda la noche estuve retorciéndome en mi sillón de la impaciencia. Recuerdo la primera vez que visité Markfor con Stefan, tarde una noche, hace unos tres meses; me dejó la misma maravillosa impresión que París me dejó la primera vez que la vi, con toda su febril alegría y luces, ¡y revivió en mi subconsciente los recuerdos y frescura de mi juventud! Stefan no sentía deseos de dormir esa noche, así que entró en mi habitación y me encontró leyendo un libro de historia. "¿Cómo puede sentarse a leer a una hora tan divina?" me dijo y me acercó a la ventana para mostrarme la mágica luz de las estrellas...

Y así comenzó el viaje, si es que siquiera puede ser llamado un viaje. Fue más bien una inmersión en el infinito, ¡tan silenciosa y rápida que ni siquiera me di cuenta! ¡Solo duró cuatro minutos y se sintió como si estuviéramos en una aspiradora!

Lombardía se extendió bajo nuestros pies, la Lombardía de hoy, esto es, esta masiva ciudad-país vastamente poblada habitada por millones de escandinavos o, mejor dicho, sus bisnietos de cabello oscuro, la cual, sin embargo, ha mantenido el mismo nombre antiguo. ¡Se veía como una gigantesca colmena humana que se extendía hasta el infinito! ¡Imaginen que toda la llanura, desde Gallarate en adelante, es ahora un inmenso asentamiento que se extiende continuamente hasta donde alcanza la vista!

No sé qué le sucedió a Stefan y él repentinamente (por segunda vez) le dio al vehículo una trayectoria completamente ascendente. Mis instintos y reflejos me llevaron a sujetarlo para poder sostenerme.

En respuesta a mi reacción, él me lanzó la mirada de "Ya casi llegamos"...

Hubo un momento en el que pensé que ese sería el último para mí, pero al final mi fe en sus avances tecnológicos mitigó el miedo en mi corazón.

Desde arriba se podían ver incontables reflectores de color lechoso provenientes del sur. Uno de ellos comenzó a acercarse más y más hasta el punto en que se veía como un pedazo de luz vespertina hundida en la profunda oscuridad de la noche... Esta luz fría y sin combustión que ellos han logrado crear es, en mi opinión, uno de sus más grandes logros.

"¡Mire! ¡Mire! ¡Es Markfor!" gritó Stefan, señalando en dirección a la ciudad. E instantáneamente el "Estado de los Templos" se reveló debajo de nosotros: esta exquisita megalópolis, el centro del arte y la literatura modernos, de la cual había escuchado tanto del *Ilector* Jaeger.

Disminuimos la velocidad, entrando al flujo normal de tráfico junto con los otros pájaros mecánicos que coronaban esa parte del cielo, pasando unos junto a otros silenciosamente. En unos pocos minutos estábamos aterrizando dentro de la poderosa luz blanca.

Viendo cuán emocionado estaba, Stefan me dijo que desearía que su propio mundo mental fuera una tabula rasa como el mío, listo para dar la bienvenida a nuevas impresiones sin estar influenciado por ningún recuerdo previo.

No se veían casas allí, solo palacios, parques y templos. Diversas terrazas increíblemente grandes y muchas obras de arte arquitectónicas, fuertemente influenciadas por el orden romano, diría yo. Enormes jardines y plazas y muchas esculturas, incluyendo a una enorme estatua de mármol que vi, representando a Cristo con un halo en la cabeza que, sin embargo, ¡no estaba hecho de mármol sino en cambio de una fuente invisible de luz!

Muchas veces esa noche escuché a Stefan pronunciar la frase "otro día"... Él era de mente tan estrecha que no podía entender que para mí y mi impaciencia no había "otro día"; ¡yo quería ver todo ya! Entre otras cosas increíbles, vi un árbol muy frondoso, algo entre un abeto y un ciprés, de enorme tamaño y muy diferente a los nuestros.

Después de un rato, en el Palacio del Reigen Swage, los socios caminaron delante de nosotros, guiándonos a través del edificio.

Esas amables señoritas y dispuestos jóvenes, todos con el mismo peinado de paje típico y vestidos con sus uniformes blancos y verde claro adornados con cinturones plateados, aparecieron detrás de unas enormes columnas para darnos la bienvenida, antes de que incluso hubiéramos terminado de subir la magnífica escalera exterior de mármol. Recuerdo haberle preguntado a una rubia de diecisiete años con ojos grises, quien terminó siendo nuestra guía, si tener que quedarse despierta hasta tan tarde en la noche era fatigoso para ella. "No, ¡por supuesto que no!" respondió sonriendo de manera vacilante, como si estuviera sorprendida; si era por mi pregunta o por mi acento es algo que desconozco. "Cada uno de nosotros solo tiene que quedarse despierto durante la noche una vez al mes, pero, aun así, hacemos cambios cada pocas horas."

Stefan había entrado al Instituto Reigen-Swage para informarse y, por un corto rato, yo esperé solo y ligeramente perdido, observando las escenas de historia moderna capturadas por los grandes carteles en las paredes. No había inscripciones en la parte baja y, por lo tanto, los temas y contenidos de ellos permanecieron siendo desconocidos para mí. Repentinamente, Stefan salió y mi corazón saltó emocionado. Es increíble cómo incluso ver a este hombre me hace sentir tan alegre, considerando que hace unos meses desconocía completamente su existencia. ¿Qué le pasa, sin embargo? No se ve tan contento.

"Algún otro día," dice, "podremos ver cosas que le interesan e importan más. Hoy vinimos sin ningún aviso y están exhibiendo cosas con las que ya está familiarizado. ¿Qué le gustaría ver?"

Por ahora realmente no me importaba lo que viera, siempre y cuando viera algo. Le dije que entráramos de igual manera porque no podía esperar más; ¡mi impaciencia me estaba matando!

Nos guiaron a una de las puertas pequeñas a lo largo del corredor. La abrimos y entramos.

¡Oh, Dios mío! ¡La sensación de entrar a un lugar con una expectación secreta de alegría, la sensación de escuchar la puerta cerrándose detrás de uno, como si lo separara para siempre del mundo y repentinamente enfrentarse al vacío es impresionante! No era oscuridad completamente negra lo que permanecía ante nosotros: yo no temía a la oscuridad. Algo espantosamente interminable se extendía a nuestro alrededor, dándome una impresión clara como el cristal de un abismo incoloro rodeándonos desde todos lados... Impactado y farfullando, sujeté a Stefan, quien, sin embargo, se veía tranquilizadoramente calmado. "No tiene motivo para asustarse," me dijo. "Siga caminando." Di un primer paso tentativo. Efectivamente, uno podía permanecer de pie y caminar de manera muy segura en este caos. Stefan me condujo pacientemente a través de la pequeña habitación y me hizo extender la mano y tocar las paredes hasta que mi primera impresión equivocada (esta ilusión óptica terrible) se hubo corregido. Me di cuenta de que simplemente estábamos dentro de una habitación como cualquier otra, con un techo, un piso sólido y paredes de un metal incoloro. También observé que alejarse dos pasos de las paredes era suficiente para volver a darle a uno la impresión de caos absoluto.

En algún lugar en medio de la habitación había unos asientos cómodos, en los cuales nos hundimos.

"Ahora escuche," me susurró. "No se asuste, porque de ahora en adelante no seremos capaces de seguir hablándonos. Aquí..." apretó mi mano, "Yo estaré justo a su lado... Sostendré su mano..."

Y entonces vi cosas con mis propios ojos que parecían ser increíbles. Repentinamente me encontré con Stefan en el campo y una suave luz comenzó a elevarse en el horizonte distante, una luz ambigua que cada vez se hacía más brillante. Al principio no podía ver claramente las formas de las cosas, pero gradualmente todo comenzó a tomar figura y forma, ¡como una nueva creación! Y finalmente todo cobró vida: el campo y los prados, los rebaños de pastoreo y el molino de agua, las cigüeñas flotando sobre las montañas circundantes.

En un pestañeo, un mundo entero había sido creado a nuestro alrededor. Sin mover un dedo, nos volvimos espectadores no desde afuera, ¡sino desde adentro de ese mundo! Stefan y yo nos encontrábamos sentados en una roca sobre una colina, cuando en realidad aún estábamos anidados en nuestros asientos.

Junto a y ante nosotros, el pueblo: calles, fuentes, las típicas casas enmarcadas con vigas cruzadas con los techos triangulares y la plaza a la derecha. Al otro lado de la plaza estaban cambiando los caballos de los entrenadores de correo. En otro lado había una congregación de granjeros en los atuendos característicos de los pueblos franceses del siglo XVIII. Los granjeros estaban reunidos alrededor de alguien que, de pie sobre una mesa, hablaba mientras gesticulaba animadamente.

¡Entonces eso no era un mero espectáculo! ¡Era la vida! ¡Vida real del pasado, sacada de las páginas de la historia!

Lo que estaba viendo y experimentando era tan plausible que me había hecho olvidar dónde estaba realmente. ¡Se veía tan real que mantenía el interés intacto de uno en todo momento y en una medida increíble! Si uno intentara hablar, su voz no se escucharía, sin importar cuán fuerte lo intentara o cuán ruidoso fuera su grito. Si uno intentara levantarse y caminar, entonces todo este milagro desaparecería instantáneamente y estaría atrapado en la oscuridad una vez más. Si después de eso uno regresara a su asiento, entonces comenzaría a ver de nuevo, pero se habría perdido una parte de la historia.

¡Allí! Ahora un hombre venía jadeando desde lejos. Se dirigía directamente al ayuntamiento. Poco después, se anunciaron grandes noticias en la plaza. Ese hombre era el cartero Droue y había visto un carruaje afuera del pueblo acercándose. Él estaba muy sorprendido por la increíble semejanza entre el pasajero del carruaje y el hombre representado en el billete que sostenía en sus manos. ¡Ahora yo entendía!

"¡Estábamos en Waren! ¿No es cierto, Stefan? ¡Estamos en Waren durante la gran Revolución Francesa! ¡Es el día en el que el rey huyó y lo atraparon! ¡Allí! ¡Los ciudadanos ahora están corriendo a buscar sus armas! ¡Oh, Dios, todo es tan real! Tan, tan real..."

Camino a casa, no hice más que hablar con Stefan con gran entusiasmo acerca de mis impresiones. Mi mente estaba trabajando incesantemente. Sabía que para otros todo esto era muy común, pero para mí era la primera vez. Sabía que en los *Reigen-Swages* uno podía virtualmente regresar en el tiempo y ver los acontecimientos de eras pasadas desplegarse ante sus ojos como un espectáculo dramático gigante, ¡pero nunca pensé que se podía ver tan perfectamente real!

Recuerdo que, incluso cuando habíamos dejado hace mucho el Instituto Reigen-Swage e íbamos camino al Parque Stella Maris para buscar nuestro *linsen* e ir a casa, yo estaban tan afectado todavía que fui lo suficientemente ingenuo como para preguntarle a Stefan hasta qué punto todo lo que habíamos visto era auténtico.

"¿Cómo *podría* ser auténtico cuando estamos hablando de una era tan remota en el tiempo?" dijo él, viéndome notablemente desconcertado.

También dijo (si entendí bien y transmito sus palabras correctamente) que lo que algunos científicos querían probar aún permanece como un sueño sin cumplir, eso es, que algún día en el futuro, nosotros los humanos seremos capaces de capturar las imágenes que habían, mientras tanto, corrido hacia un espacio infinito a una velocidad increíble. Ahora, sin embargo, su progreso tecnológico ha empezado a declinar y no hay grandes visiones de nuevos avances tecnológicos como hubo en el pasado. Desde esta perspectiva, su cultura ha empezado a declinar. Él me explicó que por supuesto que todo esto no era sino una representación, aunque a partir de cierta era en adelante eran de hecho auténticas.

Arribamos a la villa muy tarde y Stefan, quien no estaba acostumbrado a horas tan avanzadas, se veía cansado y exhausto.

"Usted no durmió esta noche nuevamente debido a mí..." le dije.

Él me respondió bondadosamente que se sentía bien y que la brisa nocturna lo había reanimado.

Markfor, 27-XII

No escribí una sola palabra durante once días y noches. Es difícil encontrar tiempo y humor para escribir o incluso para una pequeña meditación y pensamiento sin distracciones.

Últimamente, rara vez pongo un pie en casa, un apartamento nuevo, grande y cómodo que se nos fue dado a los cuatro cuando llegamos, localizado en una de las seis ciudades que constituyen Markfor. De hecho, los hombres dijeron que es mucho más grande que el que Stefan y Hilda tuvieron el año pasado en la vieja ciudad.

Pasé nuestra primera noche entera aquí, afuera de la ciudad, vagando por los vecindarios cercanos y buscando principalmente monumentos y estatuas con inscripciones. Stefan estuvo intentando persistentemente convencerme de quedarme unas pocas horas en casa y descansar, pero yo me mantuve firme.

Ahora camino diariamente desde la mañana hasta el mediodía por este vasto estado y entonces de nuevo en la tarde, ya sea con Silvia o solo. Nunca antes en esta nueva vida mía me habían dejado salir solo tan a menudo y durante tanto tiempo, pero ahora Jaeger les dijo que ya no había necesidad de evitar que lo hiciera. De hecho, él se está quedando aquí también, en su propio palacio pequeño, y hace dos días fui a verlo.

No puedo describir cuánta alegría me da ser capaz de ir libremente a donde sea que quiera, ¡tener la libertad de escoger cualquier ruta y destino y explorar este estado de ensueño en mis propios términos! Me detengo y miro detenidamente durante el tiempo que me apetezca sin nadie que me presione y me arrastre por todos lados. Y créame, una cosa es venir aquí como invitado y otra muy diferente es quedarse aquí permanentemente por un tiempo. Esta última me ha dado tal confianza en mí mismo que puedo caminar por las calles de Markfor y ver miles de pares de ojos a mi alrededor en vez de *sobre* mí y decir, "Soy uno de ustedes. Pertenezco a su mundo. Soy una parte de sus círculos. ¡Soy otra gota de agua en este río!"

Aquí tienen unas bicicletas de aspecto extraño llamadas *velos*, muy diferentes a las nuestras, y casi todos las usan para movilizarse cuando no están caminando.

Lo que quiero decir es que si usted es como Stefan y el resto de nuestro grupo, redimido de locas ambiciones de ascender por la escala social o de ser famoso, si es libre de cualquier clase o aspiración personal de sobresalir, de cualquier obsesión con el trabajo espiritual creativo y original (el cual es aquí la única manera de sobresalir, equivalente a nuestra noción de "éxito en la vida"), entonces usted realmente se siente y está feliz y completo. En este embudo de mundo, los sueños y aspiraciones, la individualidad y las labores y sacrificios son obliterados.

ESTATUAS DEL FUTURO

28-XII

(Mediodía)

Hoy malgasté toda la mañana estando en casa. Silvia quería la opinión y ayuda de todos (incluyendo la mía) para organizar los miles de cosas que llegaron ayer junto con las alfombras y los muebles para el nuevo apartamento. Esta distribución era para todo el invierno y no habría otra.

Entre todo tipo de cosas útiles, también había bastantes cosas curiosas hechas de marfil sintético, elegidas hace unos días por Silvia de la Exhibición de los Socios en Monza, y algunas otras figurillas pequeñas hechas de algo parecido a la porcelana, de New Cristiana.

Pasé horas mirando fijamente a estas últimas hoy. El material del que están hechas se parece bastante a nuestra porcelana, pero los colores, el estilo y lo que estas esculturas pequeñas representan (algo que tuve que preguntar para descubrir) eran completamente diferentes.

Tales objetos o unos similares a ellos habían sido enviados a cada país del mundo. Solo los *Tilteys* tienen el privilegio hoy en día de la "singularidad" en las obras de arte. Solo *ellos* tienen derecho a obras artísticas con personalidad, sin la mediación de la máquina. Solo *ellos* pueden hacerlas "suyas", incluso si es por un corto período de tiempo y en un número limitado de copias, con la condición, por supuesto, de que hagan sus pedidos a tiempo.

(En la noche)

Nada es como la primera vez. No había nada de la fiebre del tráfico y la sensación de fatalidad que impregnaba el aire y mi cuerpo cada vez que no sentía a Stefan a mi lado. Es fácil orientarse en esta interminable ciudad jardín con su diseño y planificación urbana impecables y su disposición racional de las autopistas; ningún otro tipo de camino existe aquí. El elemento más impactante y característico de esta ciudad son los inmensos parques y espacios verdes y los templos monumentales, más grandes y mucho más impresionantes que cualquiera que haya encontrado en mis viajes alrededor del mundo de hoy.

El tráfico y el congestionamiento en las autopistas y el cielo es solo insoportable en las horas pico, temprano en la mañana y tarde en la noche, pero, incluso entonces, todo se mueve calmada y silenciosamente, sin ansiedad y ruido innecesarios. Hay una gran simetría que rige las bandadas alineadas de estos vehículos voladores sin alas y fusiformes, de los cuales todos tienen el color del pasto directamente impactado por la luz del sol y una cinta gruesa de color verde oliva oscuro en la parte inferior. Se pueden ver incontables vehículos de esos viajando en la misma dirección y en vías paralelas sobre las cúpulas y arcos de Santa Virgo, en la parte este de Markfor.

Los rostros de la gente que pasa se caracterizan por una serenidad increíble, exactamente lo opuesto a los viajeros apresurados haciendo fila para los *daneres* en el *quay* del aeropuerto en Norfor, la "Flor del Norte".

Todos son tan pacíficos que le hacen preguntarse a uno si todos van a algún lado y rezan en grupos. Quizá van a uno de sus miríadas de templos: el templo del Espíritu Universal, el Sócrates, el Templo de la Historia, la Ars Poetica, la Sabiduría Divina, la Misericordia o el Templo del Corazón de Jesús. Este último, con los campanarios gemelos en el frente, me recuerda fuertemente a las torres de nuestro propio Grossmünster en Zúrich, aunque estos son mucho más altos. Sus templos son extremadamente grandes y pueden albergar hasta unas cuarenta mil personas cada uno. Siento que alguien más, con más experiencia que yo, sería mejor sintiendo y apreciando su historia y su estilo y entendiendo profundamente su verdadero significado. Creo que no soy la persona adecuada para este trabajo...

Intentaré escribir algunos nombres que estaban en las inscripciones de las estatuas que vi, nombres de distinguidos contribuidores de la nueva era: Inge Borksen, Spinelli, Rodersen, Axel Jenefelt, Tinersen *(el de la parábola)*, Felix Torquay, Erlander, Rudelin (una montaña de laureles frescos rodeaba su monumento), el famoso crítico cultural Anerholm, el historiador Esterling, el esteta Nimotti, Dimagia, Larsen y Mary-Lea Volky, cuya estatua yacía extática sobre la arena dorada, con su cabello mojado junto al mar y su frente brillando bajo los rayos del sol. Ella había sido estudiante de Alexis Volky y casi alcanzó la santidad después de su muerte. De nuestros propios hombres familiares, vi las estatuas de los escritores Friedrich Schiller y Victor Hugo, los poetas Edward Young y John Keats, San Francisco de Asís, el filósofo Jean-Jacques Rousseau y el estadista Lorenzo de Medici. Era como si las estatuas hubieran añadido una nueva belleza espiritual a sus rostros. Todos ellos tenían un deje de sonrisa dibujado sobre estos, como si supieran exactamente lo que se planeó para la humanidad...

(Media hora después)

¡A veces me pregunto si alguien ha conjurado algún tipo de hechizo sobre este lugar que hace a todos volverse tan felices solo por respirar su aire y mirar fijamente a su sol! En los once días que he estado aquí no he hecho más que deambular de un lugar a otro con un mapa en mis manos, sediento de exploración. Museos, palacios, galerías de arte; ¡no puedo cansarme de ellos! Siempre necesito más tiempo para disfrutarlos. Podría pasar mi vida entera en esta ciudad, estudiando hasta el final de mi vida. Qué no daría por haber crecido aquí y haber experimentado como niño todos los años pasados y todas las alegrías de la infancia de primera mano...

Y entonces está ese encanto del topónimo: el magnífico Parque Stella Maris, la Pequeña Anolia, Rosenborg (un simple distrito de Markfor, sin relación con el gran estado de Europa Central); los dos Fiammes (el este y el oeste), Fiammarosa y Fiammazzura, los Caminos de Jazmines de siete carriles (autopistas paralelas y enumeradas), la antigua Magenta... Me embriago ante la mera mención de los nombres... Y por extraño que pueda sonar, sentí una punzada de celos cuando escuché a un niño de diez años de edad, con el que me encontré en la calle hace dos días, hablando tan naturalmente con su madre acerca de su regreso de Smirilud, en la parte oeste de la ciudad. Yo estaba celoso porque él nació aquí, habla con tal facilidad sobre todo tipo de cosas, menciona con naturalidad el nombre "Smirilud", vive entre ellos, recuerda nombres desde sus años más tempranos. En cuanto a mí, ¿quién sabe cuánto tiempo llevará para que estos lugares me acepten como "uno de los suyos"?

(Más tarde)

Stefan encuentra toda mi impaciencia, sed, entusiasmo y "fiebre" general normal. Es lo mismo que Jaeger me había dicho hace unos cinco meses: que si podía acostumbrarme a la idea de mi increíble destino personal y podía finalmente dejar que mi corazón respirara, imágenes y experiencias increíbles aguardaban por mí, inalcanzables para cualquier otro hombre de mi era. Y tenía razón. Nunca olvido cuánto me ayudó mi maduro amigo a domar mis nervios y ansiedades y a calmarme, mirar a mi destino directamente a los ojos.

HABITANTES PROMINENTES DE MARKFOR

28-XII Nuevamente
(De noche)

¡Este El Dorado espiritual no tiene fin! En algún punto, al salir del asentamiento y llegar a los espacios abiertos, uno siente que llegó a las regiones externas de este estado gigantesco. Y repentinamente, detrás de los densos árboles del gran parque, se ve otra ciudad saliendo de la nada y el encanto por lo desconocido se enciende de nuevo dentro de uno.

"Markfor es para todos los que nacimos en esta antigua tierra italiana y compartimos su orgullo y alegría," me dijo Stefan esta noche. "Es prueba de que, sin importar cuántos infortunios ha sufrido Europa debido a la ingenuidad criminal de sus propios hijos, la mente humana nunca se desvaneció bajo el cielo mediterráneo."

En algún punto le pregunté cómo sería si la gente de mi época y de mi generación viniera aquí. ¿Los cambiaría este lugar? Él me dijo que dependía de la mentalidad con la cual llegaran. ¿Llegarían con la mentalidad de los viejos tiempos?

Él considera que este asunto es en su mayor parte puramente interior. Lo ve como una cuestión de preparación. Entonces dijo algo (no sé si lo hizo para hacerme sentir mejor) que me dio coraje: "En muchos aspectos, su corazón estaba bastante preparado para nosotros. Y, aun así, piense cuánto tiempo le llevó incluso a usted desintoxicarse de los venenos de su tiempo."

Su manera de pensar me hizo sonreír.

"No es un cumplido," dijo con gravedad. "Jaeger fue quien dijo esto de usted primero en su círculo más cercano en Norfor. Y usted sabe muy bien que Jaeger no da cumplidos."

Entonces le abrí mi corazón y hablé acerca de todo lo que había visto en los bosques de Filiatura con sus pinos recién lavados de color claro, acerca de las multitudes que se congregaban en los muelles de la Cooperativa de Transporte, donde tomaban agua mineral helada y azucarada en la sombra, acerca de la felicidad que llena mi corazón cada vez que veo parejas en las calles. Le dije que siento como si hubiera encontrado el clima correcto para que mi alma creciera.

"Siento como si todo esto también fuera mío," le dije a Stefan con una risita. Me estaba riendo de mí mismo, ya que hablaba con la ingenuidad de un niño, evadiendo su mirada.

Stefan apretó mis manos, intentando hacer que lo mirara, y me dijo, "¡Por supuesto que es suyo también! ¡Es suyo si usted lo siente suyo! Así es como *debería* sentirse. Se ha convertido en uno de nosotros; es por eso que ahora estoy sosteniendo sus manos. Eso es exactamente de lo que trata la riqueza del corazón: de ser digno de regocijarse con todo y vivir todo. Los paisajes, el cielo, las canciones y todos los mensajes divinos del *Samith*. ¡Esa es la verdadera riqueza de la vida y no pasar toda una vida trabajando innecesariamente con el objetivo de hacer que todo sea suyo! ¡Ay de aquellos que esperan a comprar algo primero y tenerlo a su nombre para poder empezar a disfrutarlo y sentirlo como suyo!"

"Así es como funcionaba en mi época."

"Lo sé... Ustedes incluso tenían 'registros de tierra y propiedad' individuales," soltó con una risa algo sarcástica. "¿Cómo se las arreglaron para traer tanta miseria a sus vidas? ¡Vaya percepción de felicidad que tenían en ese entonces!"

Recuerdo que exactamente en ese momento, él levantó su mano y señaló algo que estaba fuera de la ventana. "¿Cómo nos harían más felices de lo que nos hacen ahora estos jardines y esos macizos de flores si fueran de nuestra propiedad? ¿Sería diferente el alivio que ofrecen al ojo y al alma? Confíe en mí... Rico es el hombre que puede disfrutarlos; no el hombre que los posee."

En cuanto al orgullo que sentían por Markfor, él me dijo que tenía que ver tanto con la belleza y riqueza de su megalópolis como con el alma de la ciudad; Markfor había crecido exclusivamente debido a su vida intelectual.

De hecho, lo recuerdo diciéndome que las poblaciones de los centros de producción en la vecina Ragrilia, en el sur de Francia, eran mucho más grandes. "Pero esos son centros de producción," dijo él.

"Todo lo que tiene que hacer es pensar en su Oxford con la población de su Nueva York o su Londres."

Noté que Stefan evitaba comparar a Markfor con las grandes ciudades del norte que también se dedicaban al intelecto. Pero la historia del norte era vieja y diferente. Markfor nació *del* intelecto; no estaba construida sobre las ruinas de un viejo centro industrial y comercial.

Había, sin embargo, una diferencia significativa entre Markfor y Oxford que hizo que la comparación de Stefan fuera inexacta: en nuestra época, los que iban a Oxford eran casi exclusivamente estudiantes, mientras que hoy, todos aquellos que vienen a Markfor son gente cotidiana y normal. Ellos no estudian el espíritu y el intelecto; ¡lo viven!

Ya debe haber pasado más de un mes desde que la población permanente ha regresado de sus vacaciones de verano junto con miles de viajeros de los estados del sur y todos los auditorios, salas, museos y lugares de encuentro se han abierto para albergar concursos de poesía, exhibiciones de escultura y pintura, festivales y conferencias para amantes del arte y eventos de música. ¡Esta es su rutina diaria!

Me dijeron que en sus reuniones y simposios no tienen un solo bocado y que en sus festivales no se escucha música que siquiera se asemeje ligeramente a la música italiana del siglo XIX. La ópera no es realmente de su preferencia... Sin embargo, en las obras teatrales, que son incontables, interpretan de todo, desde Shakespeare, Schiller y los grandes dramaturgos de New Göteborg, hasta la trilogía de *Los Caminos Etéreos* de Evelyn Cornsen y Borodin, inspirada por la asombrosa obra *Oración Entre las Esferas Doradas de las Estrellas* de Valmandel. Escuché a mucha gente hablar con respeto acerca de este oratorio que es descrito como un completo "universo musical" en sí mismo.

Los pensadores extranjeros ya casi nunca vienen a Markfor a enseñar. Este gigantesco estado tiene sus propios maîtres, la mitad de los cuales nacieron y se criaron en la ciudad y están extremadamente orgullosos de ella. Puede que uno se encuentre con algunos de ellos en las calles, caminando solos, sin ser molestados, sin que nadie los fastidie con excesiva efusividad. La buena y antigua noción de discreción gobierna a esta ciudad que sabe cómo reconocer y respetar los momentos íntimos de una persona y no molestarlos yendo más allá de un saludo cordial. Y hablo de nombres desconocidos para nosotros, aunque muy famosos hoy en día, ¡verdaderas estrellas! Estrellas que no se han elevado en el cielo nocturno de nuestra época...

Aquí es donde Axel Engelmeier, el filósofo de las matemáticas, ha trabajado toda su vida y todavía enseña ahora, a una edad muy avanzada. Aquí es donde Kershey realiza sus cursos de invierno sobre el acercamiento filosófico a la cultura. Miles de personas se reúnen cada noche en el templo de Lysborg, en Altona, para el sermón religioso del amado Knut Dieter, de cabello blanco como la nieve y con el alma de un niño, para escucharlo recitar de manera tan exquisita el mandamiento de "Amar al prójimo como a sí mismo" y escuchar su discurso sobre el Monte de los Olivos. Y la lista es muy larga; Rudelin, Brigita Luni, Lestrem y Kirsten Nymark. Esta última es famosa en el campo de la historia del arte. Su cronograma anual es este: cuatro meses de viaje y estudio, cuatro meses de aislamiento, escritura e investigación y cuatro meses de dar clases. Ella dice que esta alternancia de tiempo y ocupación es suficiente para descansar.

Mi viejo maestro Jaeger es el único "intérprete" de la obra de Alex Jenefelt, quien ahora vive en el Valle. Me sentí muy decepcionado, sin embargo, un día que fui a escuchar su clase. Casi no entendí nada. Aunque he de conceder que el mismo Jaeger me había dicho que solo fuera a las clases de Lain y Astrucci, porque allí entendería más.

Entiendo las frases y las expresiones, ya que ahora estoy muy acostumbrado a su idioma anglosajón quebrado, pero no puedo darles sentido en absoluto. Así que muy bien, iré a la clase de Astrucci, para ver lo que este educador del futuro tiene para decir. O mejor incluso a la de Lain. Eso es lo que haré. Solo tengo que asegurarme de que Silvia no se entere y empiece a llorar de nuevo por la caída de Andreas Northam...

Koralsen, un amigo muy cercano de Jaeger, se había retrasado con su trabajo hace mucho tiempo, según me informó Stefan, debido a un gran amor. Cuando Jaeger le preguntó si habría sido mejor no haberle prestado atención a su amor, él respondió que "si fuera algo común, entonces quizá sí, pero cuando se trata de algo tan único y hermoso, vale la pena renunciar a todo para ganar esta riqueza del alma con la que te deja el recuerdo de ello." Koralsen era un experto en el análisis e interpretación de las canciones de Larsen y especialmente un tipo particular de sus canciones.

Dalia Keety es tan famosa por su hermoso cabello sedoso como por su método de clasificar la historia de la música.

Multitudes interminables hicieron fila para participar en la serie de cursos de Felix Diemsen y Duilio Markmatt acerca del siglo XIX ¡y yo también asistí! También fui a escuchar al crítico Oaken, a quien conocimos en persona hace unos días cuando él estaba dando una clase sobre el gran dramaturgo de su siglo IX *(3300 d. C.)*, Inias Valmin. Lucifer también había armado una serie completa de cursos, basados en la renombrada pintura *Dama Nostálgica de Ojos Verdes* de Nichefelt.

Y allí hay muchas otras figuras líderes de todos los campos; el estudio de la ética, filosofía e historia, crítica cultural, filosofía de la naturaleza y ciencia, cuyos nombres ni siquiera intenté recordar, porque creo que sería inútil y fútil, ya que ni siquiera entiendo los temas de sus campos de estudio, abarcando desde la ontología völkica, la epistemología, el nuevo enfoque cosmológico y otras, desconocidas para mí, ciencias espirituales.

Otros se van por el análisis de las principales obras de arte a través de los siglos; Shakespeare, Dante, antiguos dramaturgos como Virgilio y escritores de lírica del renacimiento como Victor Hugo y Alessandro Manzoni. También analizan libros como el *Fausto*, *Los Hermanos Karamazov* de Dostoievski, novelas de Dickens (principalmente *Grandes Esperanzas*) y *Hambre* de Knut Hamsun, *Guerra y Paz* de Tolstoi, *La Montaña Mágica* de Thomas Mann y muchas otras obras de nuestros escritores.

Me impactó, sin embargo, cuán pequeñas son las creaciones de nuestro tiempo comparadas con las grandes obras de su siglo IX: una brecha enorme.

La verdad sea dicha, el espíritu antiguo no ha sido arrastrado por el avance científico o espiritual de la nueva era. Por el contrario, yo sostendría que su siglo IX lo ha reavivado, dándole nueva vida. Justo como la predicación völkica no impidió la supervivencia de los valores antiguos y cristianos, sino que más bien les dio otra interpretación, otra profundidad, otro significado. Libertad, justicia, honor, democracia, amor, dolor, patria, ideales, lucha por la eternidad, sed de conocimiento... Más o menos los mismos conceptos, pero en nuevas formas más integradas.

No fue una coincidencia que yo viera la estatua de *Los Hermanos Gracchi* de Feinrich, la escultura de mármol *Jesús Orando en Getsemaní* de Levertin y *Ética* de Gutorp Nilsen, todas en el centro de Markfor, a pocos kilómetros la una de la otra. Esta última era una obra de belleza incomparable, hecha de marfil sintético, una obra que se las arregla para capturar y retratar artísticamente el dolor como algo inextricablemente vinculado a la felicidad mental. Lo mismo va para la obra maestra *Hacia la Luz* del escultor Pradelli, de quien se dice que es un descendiente distante del poeta del siglo III. Sucede que vi a las cuatro el mismo día y en la misma área; en el corazón de la ciudad.

La otra cosa que quería mencionar es el respeto con el cual todos en Markfor tratan a la antigua Roma, la cual todavía existe, pero ocupa solo una quinta parte de Markfor y es ahora una ciudad nueva y diferente, reconstruida desde cero después de la Gran Destrucción de su año -87 *(nuestro 2309)*, la cual casi arrasa con todos los templos de Europa, según dicen. No he averiguado más detalles acerca de ella todavía.

Entonces es así que paso mis días. Nylienborg, Almetta, Aurizio, Aarl, Rho, Legnano, Arona, Notiburg y Sesto Calente son los próximos en mi lista de destinos. ¡Y los visitaré todos! Estoy tan feliz. En realidad, no sé qué he hecho para merecer tal felicidad...

LENGUAJE Y ARTE

29-XII

(De noche)

Otra razón por la cual estoy tan feliz es porque veo que mis habilidades de lenguaje están mejorando día a día. Cuando estaba en las villas, casi nunca usaba el conocimiento que había obtenido de las clases de lenguaje y pronunciación que Jaeger y Stefan me habían dado al principio. Markfor, sin embargo, es para mí un campo de oportunidades infinitas para practicar la conversación. Uno puede ampliar el círculo de sus interlocutores muy fácilmente, siempre y cuando pueda hacerse pasar por uno de ellos y esconder profundamente dentro de uno cualquier pista de una "vida previa", cualquier pensamiento sobre preexistencia y la vida después de la muerte.

Hablar con ellos acerca de cosas neutrales: el clima, los nuevos avances e instalaciones en el transporte aéreo urbano, la misa de ayer en Santa Virgo, las maquetas de los jardines de flores del año pasado, cuya construcción se demoró tanto... Esa es la mejor práctica de lenguaje y definitivamente está funcionando.

Como consecuencia del estilo de vida colectivo moderno, con este carácter universal, los antiguos idiomas de nuestro tiempo han desaparecido de la vida cotidiana. No se han vuelto obsoletos en los textos escritos y estudios, pero ya no constituyen la lengua vernácula común.

El sentimiento de pertenecer a una sola etnia predomina en todas las partes de la tierra: "nuestro país", como ellos la llaman. Aunque los recuerdos históricos han sobrevivido al igual que el sentimiento de obligación moral hacia los grandes del pasado.

La cultura intelectual se ha vuelto una en todo el mundo, pero aún existen algunas formas individuales de literatura, música, historia de la ciencia y filosofía de la consciencia.

Todos los diferentes idiomas que tuvimos habían cesado de existir como resultado de los matrimonios mixtos de los pueblos a lo largo de los años, según me dijeron. Se extinguieron cuando las naciones europeas principalmente se vieron envueltas en una terrible guerra civil y casi fueron aniquiladas *(en la guerra nuclear de mediana escala que estalló en Europa en 2309 d. C.)*. Había habido una reducción alarmante de la población debido a las guerras perpetuas en el pasado, antes de que emergiera la Mancomunidad Universal, y la humanidad estaba en declive. Pero la ley de la historia es siempre una: el progreso siempre llega, a pesar de los retrocesos, tiempos de oscuridad y declive. Pero ellos dicen que la "Nueva Edad Oscura", como ellos llaman a la era que comienza desde nuestro 1914 en adelante, no fue en vano. Gracias a esa era, la humanidad tomó un nuevo curso ascendente de evolución. Como había profetizado Soren Kierkegaard, un hombre sabio de nuestra época, esos años oscuros fueron necesarios para el progreso que vino después.

Según su teoría, todo sucede por una razón y todos juegan su propio rol especial en el curso de la historia. Ni nada ni nadie es inútil ni innecesario. Incluso las personas más aparentemente insignificantes son útiles de una forma u otra, ya que el todo está compuesto de meros individuos y ese todo es el eje del progreso y la evolución.

INTERROGATORIO EN CASA

30-XII

No salí hasta tarde hoy porque Stefan me recibió muy temprano en la mañana con noticias muy perturbadoras. Sabba, el rubio escéptico cuarentón de teorías extravagantes, el compañero de Stirlen, vendría a verme y yo debía estar en casa a una cierta hora porque él estaba muy ocupado y no podía esperar mucho.

Tan pronto como llegó, él comenzó a hacerme docenas de preguntas sobre mi vida en Markfor y mis impresiones y si recordaba haber estado alguna vez aquí. Estaba acompañado por Alex Wettel Smith, el joven salvador de Northam en el momento del accidente. Realmente disfruté el comportamiento de este último hacia mí. Tenía una expresión serena en el rostro y se veía bastante indiferente ante los pensamientos que preocupaban la mente del profesor. Una pista de ironía en sus ojos sugería algo como: "Si le hubiera creído desde el principio, las cosas serían más simples..." Si Sabba no hubiera estado presente, le hubiera dado la mano y le hubiera agradecido.

Estos "hombres sabios" del norte son verdaderamente injustos consigo mismos. Si pudieran sobrepasar su egoísmo y re-examinar su prejuicio de que yo era meramente un caso de "personalidad dividida", serían más humanos y capaces de darse cuenta y admitir su error...

Pasé toda la tarde en casa. No fui a ningún lado. En cambio, me senté y medité. Me estuve preguntando cuántos amaneceres más estoy destinado a ver antes de morir. Nadie lo sabe.

VÍSPERA DE AÑO NUEVO

(Acabando de regresar de Santa Virgo, Markfor)

Hoy todos nos quedaremos despiertos hasta la medianoche para darle la bienvenida al Año Nuevo.

Estoy de pie junto a mi ventana, observando este estado maravillosamente iluminado. Es la única época del año en la que todas las luces están encendidas en la noche. Levanto mi mirada y veo hacia arriba, rezándole a Dios para que me haga digno de ver mi propio mundo nuevamente, ya que había visitado Roma en mi anterior vida y es allí donde Markfor fue construido. Siento mis ojos llenarse de lágrimas. La noche finalmente había caído.

Tres horas antes de la medianoche fui con Stefan y las chicas a una Misa corta pero muy conmovedora en Santa Virgo. Noté que todos en la calle llevaban velas como si fuera la Resurrección de Pascua. "Año nuevo, una nueva hoja en la vida" era su lema. ¿No es eso lo que *nosotros* solíamos decir también?

Markfor es la ciudad del más intenso espíritu cristiano y todas las iglesias permanecieron abiertas y funcionando hasta la medianoche, de manera que pudieran complacer a todos los millones de personas que llegaban. El último día de cada año, todos piensan acerca de su año en retrospectiva, en términos de moralidad y otros factores interiores. Y cuando digo todos quiero decir todos, sin excepciones y no por obligación. Esta es su Víspera de Año Nuevo. Velas blancas, devoción y silencio. Nada de globos coloridos, nada de fuegos artificiales, nada de celebraciones. Y aun así, es difícil creer la increíble cantidad de felicidad que ofrece este día.

LA MUERTE Y EL ESPÍRITU

1-I-MDX

Le pongo la fecha del primer día del año, pero ese fue ayer. Ayer no podría haber escrito incluso si hubiera querido hacerlo. Nadie lo hace. Pasan todo el día concentrándose, meditando y rezando. No vi a Stefan ni a Silvia para nada ayer y la verdad es que me cansé de estar solo. Ni siquiera podía leer. Aún estaba sobre-estimulado por el clima de la noche solemne de ayer.

Estas personas parecen ver las cosas de una manera totalmente diferente a nosotros. Acerca de la muerte, por ejemplo, nosotros solíamos decir: "Todo debe tener un final. Despídete de todo. La vida es algo tan único e irrepetible. No verás nada de esto de nuevo. Estás dejando todo atrás."

Ahora tienen creencias diferentes: sienten que cuando uno parte de este mundo, deja atrás todas las buenas obras que ha hecho y todos los trabajos que ha completado y que la única cosa que se lleva es su cultivación interior y el perfeccionamiento de uno mismo, dependiendo, por supuesto, del camino que cada vida espiritual haya seguido.

Con esta lógica y mentalidad, y debido a esta creencia, a ellos no les importa cargar el peso de otro año sobre sus hombros.

Su fe metafísica es también completamente diferente a la nuestra. Nosotros creemos que uno solo nace una vez, mientras que ellos creen que incluso si el cuerpo humano no existiera, el espíritu encontraría la manera de manifestarse en algún otro mundo.

En cualquier caso, Stefan me había dicho que estuviera a tiempo en el piso de arriba, justo antes de la medianoche. Y así lo hice. Yo estaba mirando hacia afuera de mi ventana ¡cuando repentinamente todas las luces se apagaron en toda la ciudad y las campanas comenzaron a sonar! Simultáneamente, la luz artificial (esta vez, azul claro en vez de blanca) comenzó a envolver gradualmente a cada uno de todos los distritos de la ciudad. ¡La parte mágica fue que la luz provenía de la tierra! ¡Era como si la ciudad estuviera naciendo de la nada! El Heptágono con sus estatuas y sus soportales, las ocho avenidas paralelas de Lambarene, las cúpulas de Grazie Dei, los jardines interminables de Serinaio, Chilisprin, Gretatria, los patios del Alexiad, los claustros del Novum, los Caminos de Jazmín, la

Galería Central, Santa Virgo, el templo de *Grethys*, el Parque Tuplin colgante, la Colina Artificial de Noghera, el lago artificial de Viborg con sus famosos árboles de cerezo japoneses; adonde sea que se volviera la mirada, se veían arcos semicirculares en posición vertical emitiendo luz de tal manera que era como si la estuvieran sacando del interior. Bajo el velo de esa luz azul resplandeciente y transparente, la ciudad le dio la bienvenida al comienzo del Año Nuevo durante media hora. ¡Yo estaba encantado!

3-I

(Tarde en la noche)

Hoy es mi 150º día aquí y mi corazón se está desbordando de la alegría y la emoción. Hoy hubo un hermoso sol matutino después de diez horas de ligera llovizna que me habían obligado a mantener mis ventanas cerradas. Este sol me recuerda a mi ciudad y a mi madre. Madre, déjeme apoyar la cabeza suavemente sobre su hombro como solía hacerlo... ¿Recuerda? Déjeme contarle mi historia acerca de la gran felicidad que he encontrado, una felicidad tan grande que aún no sé qué hice en mi vida para merecerla...

4-I

¡De vuelta a las primeras alegrías de nuestra niñez! ¡De vuelta a los tiempos cuando incluso la cosa más pequeña era una fuente de alegría! ¡Es una mañana agradable y clara y nos vamos a la pequeña mansión junto al mar de Jaeger!

YENDO A LA ESCUELA
Lecciones de los profesores Lain y Astrucci

4-I De nuevo
(Mediodía)

Stefan y yo acabamos de regresar hace poco tiempo de donde el profesor Lain, donde pasamos unas dos horas esta mañana. Por primera vez, Jaeger vino también. Disfruté ver a este afable profesor de cabello blanco con ojos brillantes de nuevo después de unos tres meses y a todos estos niños pequeños que, muy sorprendentemente, lo llamaban padre. Él es simple y fácil de entender, me gusta la manera en que habla y puede que venga a escuchar sus enseñanzas, siempre que no tenga nada más que hacer. Además, Silvia finalmente se ha reconciliado con la condición de Andreas Northam. Y Jaeger le ha contado tanto a Lain como a Astrucci acerca de mí. Creo que nos estamos convirtiendo lentamente en grandes amigos, el venerable *Ilector* y yo.

6-I

Creo que cuando la gente de nuestra época alcanza la madurez, quedan atrapados en una rutina y lentamente se vuelven esclavos de ella. Se vuelven aparentemente "conocedores" y "con los pies en la tierra" y comienzan a caminar con sus cabezas gachas por la presión y el estrés de la vida diaria, perdiendo cualquier interés en el color de un cielo de otoño, como el que estoy viendo ahora mismo. ¡No, madre, no es una mentira! Crea en mis palabras: "El magnífico estado con los árboles de hojas doradas" no solo existía en los sueños de un simple, ingenuo y cándido corazón de niño...

9-I

Es la tercera mañana que voy a escuchar a Lain. Este hombre tiene su propia manera no solo de transmitir el conocimiento, sino también de hablarle directamente al corazón. ¡Y cuán agradablemente explica y simplifica todo! No hay una sola cosa que yo no haya entendido en ninguno de estos tres días.

Esta tarde fui al gran bulevar que corre junto al parque central. No busqué su nombre, pero es paralelo al camino medio de los Caminos de Jazmín y, en mi opinión, es la parte más hermosa de todo este estado. A mi mano derecha, tenía ese enorme parque con el lago artificial que he mencionado antes, y a mi mano izquierda, del otro lado del bulevar, tenía la hilera de palacios de 130 metros de largo, los cuales se veían como si estuvieran habitados por titanes.

Una ligera llovizna caía sobre mí y rebotaba en mis zapatos y recuerdo que pensé que en mi vida previa ya habría caído en la melancolía ante tal clima. ¡Pero ahora estoy feliz! Sé que lo repito todo el tiempo, pero este contraste psicológico mío me sorprende y no puedo evitar señalarlo una y otra vez.

SUS MESES Y DÍAS FESTIVOS
Enseñanzas de Lain

9-II

Es nueve de nuevo, pero el nueve del siguiente mes. No escribí una sola palabra durante treinta días enteros esta vez. Estoy tan absorto en las lecciones de Lain en las mañanas, en mis paseos interminables por la ciudad en las tardes y en el *Reigen-Swage* por las noches que no he tenido tiempo de escribir.

Hoy en día, cada mes tiene exactamente treinta días. Ahora los señalan con números romanos en lugar de con los antiguos nombres que nosotros usábamos para distinguirlos. El comienzo de cada Año Nuevo está marcado por el equinoccio de otoño. Ha sido de esa manera desde que los mejores científicos tomaron en sus manos la autoridad política y obtuvieron el poder de legislar y manejar todos los asuntos políticos de la vida diaria.

Cada año consta de cinco festividades intercalares: Año Nuevo, Navidad, una dedicada al altruismo humano y dos de aniversarios. El primero es para marcar el 5 de marzo de 2396 *(según nuestro calendario)*, el *Aarsdag* del *Retsstat*, el cual es el aniversario del día en que el mundo entero se unió en una Mancomunidad Universal regida por la ley y el orden. El segundo es conmemorativo del 6 de septiembre de 3382, el *Aarsdag* del *Gretvirch*, el día en que se ganó acceso al conocimiento directo por medio de Alexis Volky, quien llevó a la especie humana a la siguiente etapa de la evolución.

Tienen una sexta festividad cada cuatro años, la cual ocurrió en el año antepasado, el MDVIII *(3904 de nuestra cronología)*. La antigua división de la semana ya no se usa, quizá debido al servicio de dos años, sin ninguna excepción ni días libres, poniendo fin a la distinción entre los días laborales y los domingos. En cuanto a los ciudadanos, los *Cives*, tales como Stefan y el resto de las personas, ellos ajustan su calendario individual dependiendo de su humor y el trabajo al cual deben dedicarse, si es que tienen uno...

Ahora, en cuanto al tema de Lain y sus lecciones. En el aula de clases se escuchan cosas que no son solo para niños. Incluso los adultos podrían completar su educación allí. Él enseña sobre casi cualquier tema, desde filosofía e historia hasta ciencias sociales y sus propias, principalmente espirituales, ciencias: una amplitud de campos, aunque no en tanta profundidad, pero, aun así, algo como eso nunca pasaría en nuestros tiempos durante nuestros años de educación básica. Y así, estos maduros adolescentes de dieciséis y diecisiete años tienen un conocimiento perfecto de al menos la base de cada campo de estudio cuando se gradúan y, por lo tanto, después de completar su servicio de dos años en los *glothneres*, pueden elegir especializarse o solo recibir entrenamiento en cualquier campo hacia el cual se sientan inclinados.

Hoy en día, se aprecian y honran de verdad las ciencias espirituales, no las diseñadas para describir e interpretar el mundo externo y la vida, sino las que prestan atención especial a la profundidad interior, las que penetran en el significado más profundo de las cosas existentes. Y ellos sostienen que estas ciencias no están tan conectadas a las habilidades del intelecto humano, sino principalmente a los sentimientos y emociones. Y lo que usan como "medios para capturar e interpretar" esa parte de la existencia humana no son más que las experiencias y los deleites que sacuden el alma humana hasta su centro.

Este hombre habla de una forma muy extraña y se vuelve incluso más interesante cuando él mismo enseña acerca de los grandes hombres y mujeres del Instituto Aidersen y el Valle.

"Nadie nunca se esperó," dijo él, "tal increíble justificación, tal catarsis de la tragedia humana." La gente "inteligente" y "conocedora" de las épocas tempranas, los "expertos" del *Eldrere*, dejaban que las personas fueran bombardeadas perpetuamente con valores morales solo para facilitar sus propias vidas. Entre más personas estuvieran atadas por principios y sentimientos éticos, más difícil era para ellos comprometer su consciencia y más "especialistas" se beneficiaban de todo esto. Usaban las vacilaciones honestas de la gente buena y ordinaria para su propio beneficio.

Y los líderes poderosos del planeta decían las mismas cosas; líderes políticos, sociales y eclesiásticos abogaron por mantener ese "código de conducta y ética", porque ayudaba a su plan. Y así, estos ideales fueron reciclados a través de los años y siguieron manifestándose una y otra vez de formas idénticas o similares, impulsando el curso evolutivo de la vida de la humanidad hacia la madurez y aun así sirviendo a intereses individuales y colectivos al mismo tiempo. ¡En especial, uno de sus mayores principios era la promesa de una vida después de la muerte como recompensa para la virtud!

"Las personas de la prehistoria," dijo Lain, "e incluso de nuestro *Eldrere* estaban fascinadas con el advenimiento indetenible de altos ideales en la forma de amor a la libertad, la justicia social y el humanismo. Sin embargo, nadie antes del *Nibelvirch* sabía la verdadera Razón de ellos. Los llamaban ideales, sueños, protestas de multitudes oprimidas por la degradación de la dignidad humana y la vida. Pero luego vieron qué magnífica verdad se escondía detrás de ellos..."

13-II

"Hasta la generación de Mary-Lea," dijo Lain hoy, "una de las estudiantes de Volky, todo lo transcendental o metafísico era considerado y tratado como una forma de fe, no de conocimiento. Tomó tiempo que se dieran cuenta de por qué existía esta distinción simple entre el bien y el mal y entendieran que no eran solo unas reglas de convivencia hechas por el hombre, útiles solo para el funcionamiento sin problemas de la sociedad."

LA ESENCIA DEL CONOCIMIENTO AIDERSIANO: LA UNIDAD DEL MUNDO MATERIAL Y EL ESPIRITUAL Y LA EVOLUCIÓN DE LAS RELIGIONES

14-II

Lain dijo nuevamente hoy que las realidades más grandes son aquellas de las cuales no tenemos consciencia. Nuestros ojos no pueden verlas y nuestro intelecto no puede concebirlas. No hay palabras conocidas por la razón humana que describan su sustancia divina. Puede que se nos haya dado la consciencia de nuestra existencia como un obsequio, pero, siempre y cuando nos mantengamos como simples seres humanos, su sustancia y estructura seguirá siendo transcendental y estando más allá de comprensión para nosotros. Luego dijo algo que no entendí completamente: que el camino hacia el conocimiento es una "idea relativa" a la que nos aproximamos, a veces más y a veces menos, pero que nunca podemos poseer.

Solo después de que el Instituto Aidersen lo señalara fue que la gente se dio cuenta de que la distinción entre el universo físico y el espiritual es completamente subjetiva y generada por el ser humano. No hay un mundo material y otro espiritual; solo hay géneros de seres vivientes, especies orgánicas, racionales y biológicas, otras con antenas más fuertes y otras con habilidades cognitivas más débiles. La Gran Realidad es singular y uniforme y esto fue probado y demostrado por las grandes mentes visionarias del Instituto Aidersen. Y así, la "cognición" de nuestra especie se iluminó y sus límites se expandieron enormemente, algo que en la era del *Eldrere* nadie pudo haber sospechado o esperado; ni siquiera los ancestros del *Homo Occidentalis Novus*, la siguiente etapa de la evolución humana después del *Homo Sapiens*.

Lain continuó con que no hay milagros y cosas sobrenaturales; no hay cosas que rompan las leyes de la naturaleza. Todas estas cosas que llamamos sobrenaturales no son más que leyes que son inaccesibles a la cognición humana, la lógica y la manera de pensar.

Su historia y cronología solo consiste en dos eras; el *Eldrere* y el *Nojere*; la antigua y la nueva era. La primera es la heredera genuina de nuestros siglos XIX y XX, influenciada por el espíritu de la cultura técnica y los logros de la ciencia, deslumbrada por las hazañas tecnológicas del hombre, la ciencia, la razón y la mente. La segunda, el *Nojere*, reveló la verdadera profundidad y significado de la existencia y les dio la interpretación correcta a las tendencias mentales del hombre. Reveló que el mundo y la vida tienen un significado y propósito divino, completamente diferente y sin relación alguna con el estrecho y finito destino humano. Las ciencias naturales no eran y no ofrecían el verdadero conocimiento. La ciencia era práctica y muy útil para nuestras vidas, pero no contenía la verdad absoluta. Solo la nueva experiencia del *Oversyn* o el *Oversynssans*, como también lo llaman, en conjunción con el *Nibelvirch*, le da al hombre el conocimiento puro y la liberación del dolor y la duda y el final de su angustia metafísica. Esta "nueva experiencia" es el milagroso logro del Instituto Aidersen.

Solo escribir sobre todo esto me pone la piel de gallina. Cada vez que escucho o pienso sobre ello me parece increíble. Todo el conocimiento que se restringió de las ciencias y las creencias metafísicas de los tiempos (para ellos) antiguos se ha concentrado, adaptado y reformado para crear algo singular y unido: la predicación vólkica. La fe dogmática, o más bien la parte dogmática de todas las religiones, se ha reemplazado, pero sin manipular su sustancia. Todo lo contrario, ya que las religiones estaban exentas de la carga antigua de detalles simplistas que habían sido obviamente inspirados por la mente humana. Como resultado, los elementos morales y emocionales y los tesoros de cada religión salieron entonces a la superficie y finalmente fueron resaltados. Así que aquí la religión ya no se convierte en tema de criticismo ni cuestionamiento después de cada progreso y descubrimiento científico. No se "refuta" de vez en cuando y ya no está obligada a defenderse constante y desesperadamente.

Él continuó, citando como ejemplo el hecho de que la cremación ahora estaba más popularizada y que aquellos que estaban vivos ya no esperaban "ser arrebatados juntamente con ellos en las nubes para recibir al Señor en el aire." ¡Citó la Biblia palabra por palabra! No pude aguantar la risa cuando las palabras salieron de su boca... Este hombre tiene sus maneras...

Él dice que mantener la autoconsciencia del ego ahora es suficiente para salvarlos de la amenaza del antiguo, estrecho y finito destino biológico de los humanos. Así que la muerte y la decadencia del cuerpo ya no les importan.

"¿Acaso el hombre de los antiguos años oscuros," preguntó, "tuvo en cuenta los descubrimientos de la investigación biológica, la cual mostró que cada siete años no quedaba nada del ser material del humano, ya que todas las células de nuestro cuerpo se renuevan?" En este punto, incluso los jóvenes se rieron.

Mencionó nombres conocidos, como Nietzsche, quien, en palabras de Lain, intentó "destruir cada valor espiritual y afectar la validez de todas las victorias espirituales previas", y Darwin, cuyo error fue "su creencia excesiva en las habilidades cognitivas del hombre."

"La Teoría Darwinista es de hecho compatible con el regalo divino de la vida," dijo, "pero solo si se la ve como un punto de vista separado e individual en lugar de como la verdad absoluta. Porque, en ese caso, se estarían ignorando los diferentes millones de especies de seres vivientes racionales que habitan millones de otros planetas. Pero supongo que así es como es... Exactamente igual a como pasaron miles de años hasta que el *Homo Sapiens* finalmente obtuvo la consciencia, lo mismo sucedió en la siguiente etapa de la evolución humana: el mundo del hombre fue sacudido por cientos de manifestaciones de esta increíble sed del alma y el espíritu, pero él no sabía que todo eso provenía del *Samith*. No tenía consciencia ni conocimiento. Necesitábamos la llegada del *Nibelvirch* para poder obtener la consciencia de nosotros mismos y del mundo e interpretar, tardíamente, todas las emociones que sentimos como especie."

También dijo que, gracias a este elemento divino de textura no diagnosticada, todas las especies del universo tienden a elevarse más y más alto, hablando tanto espiritual como intelectualmente, habiendo logrado terminar creando una historia completa de la cultura desde un estado de materia orgánica animal. Llegando al final de la clase, habló nuevamente acerca de la "autocultivación del espíritu" que viene junto con la evolución biológica en general.

CÓMO VIVIR DE ACUERDO AL PROFESOR LAIN
Comentarios acerca de la Prehistoria y la unidad del tiempo

16-II

Recuerdo a Lain diciendo ayer que, en cada era, los hombres y mujeres jóvenes están sedientos de ideales, ya que el alma joven está hecha de esa forma. Mientras hablaba con los jóvenes, hizo la distinción entre los "ideales de un pueblo" y sus ideales personales. Sobre los primeros, dijo que su objetivo es el mantenimiento y mejoramiento del curso histórico de la humanidad y la civilización espiritual. Añadió que la cultura, como un ideal, no tiene un comienzo ni un final y no está limitada a nuestro planeta.

Ahora, en lo concerniente a sus ideales personales, lo recuerdo diciendo que el ideal personal más elevado que uno puede tener es el ideal de la libertad, es decir, el intento de todos por convertirse en una personalidad libre, moral y espiritual al máximo grado posible. Y también que la verdadera educación no está necesariamente tan definida por el conocimiento, sino por la cultivación interior de la persona y el impulso mental de actuar, basado en, y guiado por, altos estándares morales.

"Deshágase de sus pasiones, los vicios, todas las cosas vulgares y básicas. Libérense de los grilletes de la naturaleza humana material. Sean personalidades libres y morales e intenten iluminar sus vidas con todo lo que es hermoso y significativo."

Estas últimas palabras suyas me recordaron a varios de nuestros sermones religiosos. Pero entonces habló acerca de cómo, después de que la juventud se acaba, las personas se alejan de los reflejos del *Samith* y cómo esto termina en dolor y angustia moral, causando un tipo de depresión que a menudo toca las almas post-adolescentes.

"Pero ustedes," dijo él, "no dejarán que su entusiasmo juvenil se desvanezca. No serán derribados abruptamente de regreso a la tierra como las generaciones más viejas. No se volverán 'conocedores' sin importar cuántos años pasen. Porque a nosotros, la gente del *Nojere*, afortunadamente nos precede el Aidersen..."

¡En efecto, recalcó que gracias al Aidersen se ha demostrado que el humor y estado mental de la gente durante la pubertad siempre ha sido mucho más sabio que el estado mental de aquellos de una edad más madura! Las antenas jóvenes probaron ser más poderosas para capturar el mundo de hoy.

"Mírenme," dijo, obteniendo toda su atención. "¡Ustedes, gente joven, siempre han sido receptores más capaces de la belleza y la importancia de la primavera, una luna llena, el amor o la verdadera felicidad!"

También añadió que las personas del *Eldrere* pensaron que "dejar ir sus sueños" era un resultado y una señal de experiencia de vida y sabiduría y que, si ellas vieran a los hombres sabios de hoy, los considerarían y los tratarían como "niños demasiado grandes".

"Pero nuestros hombres sabios aún son receptores capaces y mucho más sabios que aquellos de generaciones pasadas, porque nunca dejaron ir sus sueños y nunca abandonaron sus ideales frente a una creencia de origen dudoso."

Luego habló de todas las diferentes formas de "estados locales", es decir, nuestras naciones, antes del *Eldrere* y echó una mirada breve al período completo de su propia prehistoria: nuestro presente y futuro inmediato, es decir, hasta el final del siglo XXIV. Si estoy transmitiendo sus palabras correctamente, dijo que en términos de organización de estado, en conjunción con las realidades sociales correspondientes a cada época, fueron tres los grandes momentos cruciales de la "prehistoria": el período de la democracia ateniense, el final del siglo XVIII (con los tipos de estado francés y norteamericano) y la mitad del siglo XX (con el surgimiento de los estados de bienestar de los europeos del norte y los estados de paz social, seguridad y prosperidad de los escandinavos). Añadió que mientras los atenienses tenían su propio tipo de instituciones políticas, ellos también tenían un Platón y un Sócrates para complementarlas.

También dijo, sin embargo, que nuestros ancestros pensaron que la respuesta a cada problema social era la garantía y la protección de un estándar de vida elevado, en el sentido material de la palabra, esto es, la abolición de la pobreza, el desempleo y la inseguridad ante el mañana. Pero tal mentalidad y tácticas ignoraban el factor humano y su textura interior completamente, porque se hace más daño a la gente si se proveen soluciones a todos sus problemas económicos y se los alivia de cualquier preocupación y responsabilidad respecto a la vida diaria si sus almas carecen de fe en los valores e ideales eternos y si sus valores morales centrales y orientación en la vida no existen. El equilibrio interior de estas personas está más en riesgo entonces.

Repitió una vez más que la distinción entre el bien y el mal, lo correcto y lo incorrecto, no fue hecha por el hombre; en cambio, tiene un significado eterno que va mucho más allá de lo que pensamos y refleja y responde a realidades más grandes, las cuales ahora sabemos que existen. Esta distinción existiría aún y permanecería inafectada incluso si la vida dejara de ocurrir o si nunca hubiera ocurrido en nuestro planeta. Habría vida en otros planetas. La así llamada moralidad innata en un hombre digno, dice él, tiene un origen de una profundidad increíble: no es accidental ni hereditario.

"Este conocimiento ahora nos ha ofrecido la consciencia del destino de la vida humana, la cual es puramente aidersiana y a la cual los humanos de la prehistoria e incluso del *Eldrere* ignoraban completamente, ya que habían vuelto unilateralmente toda su atención hacia la cultura económica e industrial de la época. El conocimiento era incompleto y unilateral. No hay aquí y allá, ahora y entonces. La realidad es singular y multidimensional y contiene a todo dentro de sí."

Lo recuerdo diciendo, entre otras cosas, que la duración de esta vida o la felicidad en ella no importan tanto como la búsqueda de experiencias excelentes, los mejores reflejos del *Samith* (arte, sacrificio, amor). La idea central, si entendí correctamente, era el surgimiento de la idea de lo Alto, lo Divino, lo Maravilloso, en todas sus manifestaciones. Él estaba tratando de expresar de toda manera posible su veneración a los grandes ideales.

"Ellos les dieron valor a sus vidas," dijo, resaltando las palabras "ellos" y "valor", "independientemente de si la vida de aquellos que pasaron de la mortalidad a la inmortalidad fue corta y llena de dolor. Su lucha y su sacrificio no fueron en vano, incluso si lo que lograron terminó decepcionándolos. Y no tanto las luchas y los sacrificios en sí, como lo que representaban en ese ambiente de vida en particular. De hecho, los insignificantes y humildes, aquellos que no fueron hechos para la grandeza, probaron ser más dignos comparados con aquellos cuyas vidas estuvieron pavimentadas de rosas, por medio del enfrentamiento exitoso ante los desafíos de la vida contra cualquier pronóstico. Y cuando digo 'exitosamente', no quiero decir en términos de lucro, sino en términos morales. La felicidad tangible, incluso si estamos de acuerdo en que existe, no vale tanto como confrontar la miseria. Por lo que la vida, aquí abajo, no la disfrutaron aquellos que fueron felices y afortunados, sino aquellos que mantuvieron una actitud moral apropiada de cara tanto a los desafíos como a las alegrías."

Él no podía resaltar más que la felicidad solo existe en forma de "potencial", el cual, según descubrí, era un término aidersiano especial. También aprendí que Lain había perdido su único hijo, si eso dice algo sobre él...

Otra cosa que dijo que me impactó fue que la necesidad interior de afecto y buenas obras era capaz de darle significado y valor a la vida o incluso a la persona más aislada, la más desamparada y sola. Por lo tanto, desde una edad temprana (y enfatiza esta parte como una recomendación a sus estudiantes) debemos ser capaces de distinguir las apariencias de la esencia de las cosas. Luego subraya la necesidad de la persona iluminada moderna de luchar contra el instinto de alcanzar la felicidad fácil y una larga vida, porque sin la intensidad correspondiente y el alto nivel de espiritualidad, no puede existir ni la felicidad ni la verdadera longevidad.

Finalmente, acerca de la vida en este ambiente, él dijo que es transitoria y temporal y que esa es la razón por la cual es tan corta y de tan baja calidad. La individualidad moral y espiritual viene aquí para vivir una aventura dolorosa, llena de frustraciones, una experiencia dramática de vivir en tierras extranjeras, dominada por una sensación constante y dolorosa de ausencia de su verdadero hogar; un sentimiento de nostalgia, sed y falta de realización.

LA CREACIÓN ARTÍSTICA: ¿ARTISTAS O PROFETAS?

19-II

Ayer volvimos a abrir el tema de que la cultura y la creación artística ya no son consideradas como meras proyecciones del espíritu humano en el mundo exterior. Él sostiene que todo lo que se ha transmitido a través de toda la historia humana en los campos de la cultura y el arte no cae en la categoría de creación, sino en la de revelación (en realidad, una parcial), una revelación de cosas maravillosas, las cuales, sin embargo, eran "pre-existentes", es decir, sin relación con la aparición del hombre sobre la tierra.

Y muy en el fondo, dice, todos predicaron lo mismo; Platón y Cristo, Praxíteles, Da Vinci, Miguel Ángel, Goethe, Wagner, Einstein y Henry Durant, Agni y Menestrem, Valmandel y Larsen. Solo que todos lo expresaron en sus propios idiomas; unos con enseñanzas, algunos con cuadros, otros con esculturas, líricas o descubrimientos. Todos fueron profetas sin saberlo y expresaron, aunque de manera tímida e incompleta, algunos de los más divinos y verdaderos significados y propósitos de esta vida y del mundo en general.

Los momentos experimentados por un amante del arte culto, esto es, un receptor sensitivo, ante una magnífica obra de arte visual, tienen mucho en común con las horas correspondientes de oración o ensimismamiento de un hombre religioso o un filósofo o con los momentos de inspiración de un poeta. Es la misma "intuición del resplandor del *Samith*" revelándose de muchas maneras y formas distintas ante el receptor capaz y digno; es la misma "sensación de liberación" de los confines de la vida mundana, el cruel destino de la vida.

Dijo que después de la adquisición del *Nibelvirch*, los sueños e ideales probaron ser mucho más reales y tangibles que todo lo que contenía la simple realidad material del mundo natural. Y los grandes poetas, los anteriormente considerados locos, ¡repentinamente se transformaron en profetas! ¡Al final, las criaturas de su imaginación probaron ser reales!

También habló de las religiones, diciendo que la gente del pasado se apoyaba completamente en las principales religiones que se habían formado a lo largo de los siglos. Pero lo que es más importante que las religiones individuales es el sentimiento religioso, innato para los humanos, debido a algunos puntos cruciales en su desarrollo biológico y espiritual, esta "sed del alma" que nos hace considerar la vida imposible sin la existencia de "poderes elevados" ni "el elemento divino".

Anteriormente, las personas admiraban exclusivamente las teorías científicas, leyes o descubrimientos de *su* era: Copérnico, Kepler, Newton, Einstein, Astrom, Jergesen, Sioberlef, las cuales tenían que ver con el universo y la mecánica celeste. Hoy en día, sin embargo, dijo Lain, sabemos que tarde o temprano nuevas "verdades" darán paso a las viejas, refutándolas y desplazándolas.

Basándonos en Lain, lo mismo ocurre con la vida social. La gente en el pasado les dio mucha importancia a sus reglas, códigos de conducta y límites. Actualmente, sabemos que lo que más cuenta es la consciencia innata que existe dentro de cada persona, la cual quiere que la justicia y la moralidad prevalezcan y se perturba al ver la injusticia.

Todas estas formas de necesidad interior no son más que la "sed del alma y el espíritu" del *Samith*. Depende del tipo de psicología de cada hombre. Algunos encuentran salvación en el arte y otros en la religión. Esto es en lo que creemos ahora. Esto es lo que ahora nos guía; el recuerdo de la Gran Realidad, el *Samith*, el cual ahora todos han visto con sus propios ojos...

20-II

Sobre las creaciones artísticas, lo recuerdo diciendo que, en el pasado, hacia el final del *Eldrere*, los teóricos creían que el arte era el proceso de crear un mundo hermoso más elevado encima del real, un mundo ideal o ilusorio, algo como un sueño. Pero ese no era el caso. El objetivo principal del artista no es dar conocimiento, sino experiencias superiores, para legar a sus contemporáneos *esa* experiencia que crea y transmite la emoción artística. El trabajo de un artista no es revelar, sino tocar el corazón.

"Como los genios compositores, los grandes filósofos o el poeta inspirado, el científico digno o el noble fundador de una religión, como el líder que sacrifica su vida por el bien de su gente, escogiendo su autodestrucción biológica para salvar al resto, así toma el gran artista las características de un pequeño dios que tiene el poder de darnos vistazos tímidos y fugaces de lo que realmente existe: el *Samith*."

22-II

Hoy en la mañana, él repitió que "antes de la llegada de esos grandes y visionarios espíritus aidersianos", la mitad de la población estaba de acuerdo con que la vida era única e irrepetible y que éramos afortunados de experimentarla, aunque fuera una vez. La otra mitad sostenía que venir a esta vida es otra experiencia de existencia biológica que se dedica por sí misma al espíritu. Ese tipo de experiencia también hizo su aparición en este planeta. La vida será breve en cuanto al tiempo (solo unas pocas décadas) pero estará dotada del potencial completo para el suministro moral y espiritual y el "conocimiento amplio", ya que el hombre observará la evolución de la vida y la cultura extenderse sobre este planeta solo en unos pocos años, un proceso que anteriormente llevaba todo un milenio.

Pero ahora lo saben: las maravillosas experiencias de la vida no son un asunto interior; tienen su fuente externa. Las viejas generaciones fueron atraídas por una interpretación psicofisiológica apresurada y superficial, una interpretación de hecho vacía. Se dice que la existencia biológica sobre la tierra es un "camino lleno de dolor y gloria con un exquisito significado secreto" para la entidad espiritual de los seres humanos evolucionados.

Eventualmente, concluyó, los humanos aprenden a amar a su cuerpo (algo que sería increíble para ellos si se lo dijeran en un principio), la envoltura mortal, porque es un fragmento de su ego y se han asociado de manera cercana a él. Ellos maduran con él, sufren, sienten amor, dolor, entusiasmo y pasiones nobles con él, pasan a través de miles de inevitables aventuras, peligros, dolores y enfermedades orgánicas con él y, al final, se separan de él entre lágrimas, porque ha sido parte de lo que son...

24-II

No pude entender toda la clase de hoy. De lo que pude comprender, él decía que, justo igual que en la parábola de Tinersen de la manzana de la tierra tropical, el "gran secreto del mundo y de la vida", el cual llamó la atención de las almas curiosas de los Kiils, las criaturas viviendo en la manzana, era la tercera dimensión, a saber, algo que existía, pero que era inconcebible para sus antenas mentales. Igualmente, la distancia que existe entre nuestro mundo y el *Samith* es para nosotros increíble.

LAS "BESTIAS" DE LA HISTORIA Y EL VALOR DE LA VIDA HUMANA

En otra parte de su lección, hablando acerca de la megalomanía y las tendencias destructivas de muchas de las "bestias salvajes de la historia", como él los llamó, dijo, "El culpable más grande de los correspondientes crímenes en contra de la humanidad, más grande incluso que los rufianes internacionales de la bestia del Apocalipsis, como Clarissa Leyton, el opresor Tebrief, el dictador sediento de sangre de una era de sobrepoblación sofocante e intolerable y otras 'bestias salvajes', fue el ambiente de vida de esos tiempos oscuros. [Lain usó el número 666. Quizá quiso decir Adolf Hitler, pero evitó mencionar su nombre frente a Dienach para poder protegerlo de este conocimiento en caso de que regresara a su cuerpo normal]. Ya que los villanos por sí solos no podrían haber cometido tales crímenes si la vida y la sociedad hubieran tenido la previsión de estar estructuradas de una manera diferente."

Cuando se trata de un hombre paranoico, es mejor controlar y domarlo que ir en contra de él. La valoración adecuada de las cosas no escapó a esos líderes paranoicos, quienes apoyaron la doctrina de "acción, no pensamiento", pero que confiaron aún más en el intelecto y el clima espiritual y moral de su tiempo. Eso es lo que impidió la organización y funcionamiento adecuado de las instituciones.

La gente de esos tiempos fracasó al intentar mantener un orden legal en un contexto más amplio que el mero territorio de un país, de manera que se constituyera un "verdadero orden legal" que no se pareciera a un castillo de arena. El factor humano no se apreciaba realmente, ya que las personas eran percibidas meramente como un número más que como un valor moral y espiritual.

"Hoy," añadió, "tales maníacos presumidos serían considerados despreciables porque, guiados por su sed de poder y escondiendo su propensión criminal bajo el manto del poder material y con el pretexto de intentar hacer un nuevo y mejor mundo, pisotearon a incontables seres, cada uno de los cuales era todo un mundo separado, como si fueran hojas de otoño. Y ahora conocemos el valor de todos y cada uno de los seres; no los vemos como material viviente o como mera materia orgánica, sino como entidades morales e intelectuales. Pero en ese entonces, los 'coléricos gobernantes del mundo' y los líderes políticos individuales locales tenían sus formas de presentar todas nuestras magníficas y actuales verdades y realidades como cuentos de hadas, exageraciones didácticas y enseñanzas morales vacías."

Luego, si mi memoria no me falla, dijo que hoy en día nadie tiene el derecho de "pensar en nombre de su prójimo, controlarlo ni actuar como una fuerza ciega de la naturaleza, decidiendo la duración más larga o más corta de su vida terrenal." Pero es así como nuestras eras ancestrales anteriores al *Nojere* se enfrentaban a la vida como un todo; ellos creían que un mero aspecto del *Samith*, nuestro universo físico y la materia y la energía contenidas en él, junto con las leyes de la naturaleza, era el todo. La dimensión de la profundidad se les escapaba. Nuestros ancestros sufrieron la misma ilusión que los Kiils de la parábola de Tinersen de la manzana de tierra tropical...

27- II

El Instituto Reigen-Swage en Markfor puede ofrecer noches de invierno inolvidables. He estado viniendo aquí todos los días, a partir de las primeras horas de la mañana, desde el comienzo de nuestro noviembre, unos veinte días ya. Uno puede desviarse y transportarse allí y pensar que vive en otros mundos, otras eras.

Aquí, el arte del entretenimiento ha tomado caminos increíbles, inimaginables en nuestra época, y ha inventado formas de arte nuevas e impresionantes, totalmente diferentes a nuestro antiguo arte teatral y nuestro teatro de sombras. ¡Este maravilloso arte de estos tiempos ofrece un espectáculo vívido que también está acompañado por sonido!

Perdonen mi escritura floja y torpe, la cual no puede describir ni ilustrar en lo más mínimo ninguno de esos milagros que yo vi con mis propios ojos. Perdónenme ustedes, quienes algún día tendrán mis escritos en sus manos. Yo ni siquiera era digno de verlos, mucho menos de describirlos... Desearía que pudieran leerlos directo de mi corazón, antes de que la expresión los traicionara, antes de que mis palabras humanas arruinaran su belleza mágica...

El mar tenía su propia fragancia mientras se navegaba a bordo del barco francés de tres cubiertas llamado *Ocean*, proveniente del último trimestre del siglo XVIII, sentado en lo alto de su mástil más alto, escuchando los sonidos que hacían las grandes aves marinas que se mezclaban con las órdenes de los oficiales. La misma emoción se generó en el claro de la pendiente tirolesa; la misma en el país de la aurora boreal; la misma frente a la imagen auténtica del paisaje del planeta rojo, la cual se dice que fue enviada por nuestra propia gente hace cientos de años. ¡Todo se veía tan real! ¡Cualquiera pensaría que se ha transportado a los verdaderos lugares!

Pero mi pasión más grande era la historia, igual que para tantos muchachos y muchachas adolescentes inscritos en el Instituto Lain. Nos sentamos aquí y la historia de eras pasadas se despliega ante nuestros ojos.

Incluso más imperativa (innecesario decirlo) es mi sed de saber la historia europea y mundial del siglo XX en adelante. Y ahora han archivado todo esto con notable precisión y con gran detalle y conocen todo mucho mejor de lo que nosotros conocíamos los hechos históricos de la diferencia de tiempo correspondiente a nuestra era.

Los desastres y las pérdidas consiguientes de material valioso que ocurrieron, especialmente durante esa terrible calamidad del año -87 de su calendario *(aproximadamente nuestro año 2300)*, fueron mucho más grandes en tamaño, extensión y profundidad que cualquier otra que hayamos presenciado en nuestro tiempo. No obstante, mucho sobrevivió. Aparentemente, el terrible torrente de sobrepoblación, la explosión inesperada de la población con los consiguientes y horribles conflictos y atrocidades consecuentes y las nuevas armas de destrucción masiva no acabaron con todo. Y es así que los investigadores de hoy saben mucho de las eras anteriores a su siglo XVI *(nuestro XL)*, mucho más de lo que nosotros sabíamos acerca de, digamos, el Imperio Romano y las formas pasadas de vida política y social. Sus representaciones en particular contienen menos elementos artísticos y fantásticos, en comparación con las nuestras, y muchos otros más auténticos. Y eso es porque ellos se basan en documentos más numerosos y mejor seleccionados.

EL OCASO DE LOS SIGLOS XX Y XXI
La sobrepoblación muestra su cara

28-II

El siglo XX vio el fin de la hegemonía europea en todo el mundo, no solo en términos de influencia y poder militar, político y económico, sino también en términos de imposición de la autoridad y la ética. Si creemos a Lain, todo el siglo pasó volando de esta manera, completando esta lamentable caída de la civilización europea, la cual había tomado la forma de una tecno-cultura cuyas principales características fueron los abundantes y estandarizados productos industriales, hechos mayormente para el consumo, la primitiva admiración incondicional de las aplicaciones técnicas de las ciencias naturales (y todos los valores económicos en general), el anhelo por las comodidades materiales en la vida, la indiferencia hacia la cultivación interior y, consecuentemente, un enorme vacío en el alma e inteligencia emocional de la gente.

En las artes, el primitivismo y la abstracción estaban de moda y cosas que solían considerarse inconsistentes e incoherentes, ahora se consideraban un nuevo tipo de estilo. En arquitectura, la era de las formas cúbicas había reemplazado a las obras maestras de las épocas anteriores. "La señal inconfundible de decadencia," dijo Lain, "no era tanto el hecho de que tales 'obras de arte' fueran producidas, sino el hecho de que, en el segundo en que salían a la luz, eran inmediatamente bienvenidas por el público sin ningún cuestionamiento ni queja. En esto consistió principalmente la gran degradación."

Durante el siglo XX, los valores morales del siglo XIX gradualmente dieron lugar a la actitud materialista hacia la vida, su "mejora" física a través de la popularización de las comodidades y las ocupaciones "prácticas". Los estándares de vida subieron y el consumo de comida y productos industriales se elevó en una medida inconcebible para las épocas anteriores. La "búsqueda del dólar" a partir de ese momento se convirtió en una de las motivaciones principales de las acciones creativas y la vida cotidiana. La sensibilidad se había vuelto vieja y obsoleta. La consciencia del hombre ya no desafiaba las circunstancias y sus capacidades de rebelión, muy comunes en el pasado, se habían reducido significativamente.

El "espíritu occidental" se expandió en términos de territorio, pero también perdió gran parte de su espiritualidad. Se difundió en todas partes, por todo el mundo, superando gradualmente los atributos únicos de cada nación, como la raza y el idioma, incluso en los países del Lejano Oriente. Los anglosajones en general se las arreglaron para imponerse a una escala internacional con sus monedas y su idioma y la confederación norteamericana en particular tomó responsabilidades de influencia política en todo el mundo, hasta un grado tal que nadie pudo haberse imaginado al comienzo del siglo. Pero no estaban preparados para ello; carecían de tradición y experiencia.

Junto con la cultura económica, política y tecnológica que vino del otro lado del océano, Europa también fue inundada por la inmadura cultura americana, la cual logró prevalecer en casi todas las áreas de la vida intelectual sin la menor resistencia: en estética, danza, música, artes visuales, arquitectura, principios de la juventud, actitud hacia la vida. ¡En todos lados! En educación, la enseñanza de los "clásicos" se redujo significativamente en todas partes con el objetivo de ahorrar tiempo para el entrenamiento técnico y la educación "más práctica".

Actos de violencia, terrorismo y subversión y manifestaciones de actitudes y mentalidades nihilistas ocurrían de vez en cuando en todos lados. Principios establecidos hace mucho como la solidaridad, la ayuda y compasión por el débil y el pobre y el respeto a la dignidad humana comenzaron a colapsar uno después del otro, incluso dentro de las familias, frente al nuevo y poderoso sermón egoísta: "Cada hombre por sí mismo".

Si a todo eso se le añade la "automatización del trabajo" en las nuevas y grandes industrias, la cual privaba a la gente de tiempo para la reflexión y el autocontrol moral en el curso de su vida (algo vital para la gente de esta era), uno puede entender la pobreza de la vida interior y el ser, lo cual fue una de las características principales del siglo XX, junto con el ritmo estresante de vida y las muchas manifestaciones de la "lucha agresiva por la supervivencia", como lo llaman hoy en día.

El predominio de un tipo de realismo, según el cual el progreso técnico no es el medio para un fin sino el fin en sí mismo, fue el principal responsable de la crisis del intelecto y el espíritu. Es por eso que una nueva Edad Media hizo su aparición en Europa y en todos los demás lugares del mundo, sin que nadie se diera cuenta de cómo o por qué esto sucedía. Dijeron que fue como si saliera de la luz de los "televisores", fuera de esa tormenta de luz blanca e imágenes... Los ideales democráticos fueron reemplazados por la "competencia de autocracias". La principal preocupación de todo el siglo XX fue si las instituciones totalitarias deberían ser de una ideología de derecha o de izquierda. Y muchos conflictos se generaron por esta razón.

También se produjeron varios enfrentamientos décadas después, cuando la incontrolable sobrepoblación llevó tanto a las personas como a sus clases dominantes indignas a un absoluto punto muerto. Y cuando finalmente se volvió obvio que las medidas preventivas necesarias para monitorear el indicador demográfico habían sido retrasadas durante demasiado tiempo, las siempre presentes demandas éticas y políticas por las "libertades individuales" y por los "derechos civiles y humanos" colapsaron aún más hasta el punto en que ya nadie siquiera pensaba en ellas.

La Edad Media había venido arrastrándose a escondidas. Disfrazados, se abrieron paso en la sociedad a través de bailes alegres y joviales, bulevares iluminados... Era el siglo materialista, una era de cero sensibilidades, cero preocupaciones por los valores humanos y cero sentimientos nobles. Era una época de progreso tecnológico unilateral sin la necesaria madurez moral del hombre.

Todos estaban interesados solamente en sí mismos. El amor, la franqueza, la misericordia y el perdón fueron todos apartados de un barrido. ¡Dentro de un difícil y salvaje ambiente competitivo, el valor o indiferencia hacia los medios utilizados por alguien con el propósito de obtener riqueza se juzgaba basándose solamente en los resultados y la eficacia! ¡Las vacilaciones de la consciencia se consideraban una "falta de sentido común"! Lo que prevaleció fue la sed de poder y dominación y la supresión por cualquier medio posible de toda reacción o emoción que saliera a la superficie.

Las personas jóvenes, quienes entonces carecían incluso de los valores morales básicos, decían que "no creían en nada" y, por supuesto, los culpables eran los adultos que los habían dejado solos, sin un guía, para que "encontraran su propio camino".

Al mismo tiempo vino lo que después sería llamado "la ineptitud de los ídolos", refiriéndose a la observación de que, en todas partes del mundo, ¡la gente joven había empezado a admirar a "ídolos" (actores y mimos, boxeadores, futbolistas, músicos desaliñados y de cabello largo, cortesanas y magnates sin corazón) en vez de a verdaderos héroes! Como resultado de la falta de fe en al menos *algunos* ideales, las personas perdieron su equilibrio interior. La caída de los ideales dejó un vacío terrible. Repentinamente, la gente se volvió incapaz de aproximarse a una visión superior de la vida y el mundo, una interpretación más profunda. El mundo de la religión colapsó. ¡Varios físicos afirmaron que el conocimiento científico había llegado para reemplazar la "fe ingenua" en el bien!

Pero demasiada fe en la omnipotencia de la ciencia no resolvió ninguno de los problemas a los que la humanidad se enfrentaba, o al menos esos miembros de la humanidad que merecían ser llamados humanos, según Lain. En resumen, dijeron que los problemas no existían realmente y que las preguntas se planteaban en vano, ya que no tenían respuesta. "Las cosas son lo que son" era su lema. A su modo de ver, la vida era un flujo irracional de eventos secuenciales, un proceso evolutivo biológico completamente aleatorio sin propósito, dirección o razón de ser.

Y vinieron tiempos en los que esta desaparición de toda fe y refugio metafísico, combinada con el ritmo de vida extenuante del humano-robot, resultó en la aparición de angustiantes efectos secundarios mentales a gran escala: desórdenes neuropsiquiátricos severos y suicidios en masa y luego una etapa de auto-abandono nihilista prevaleció durante muchos años.

8-V

"Hoy en día, enseñamos los sucesos de la prehistoria no solo con propósitos informativos, sino también como un medio de ejemplificación y una especie de intimidación," dijo Lain. Así que en las enseñanzas y en el *Reigen-Swage*, el despliegue de los eventos y hechos históricos también tiene una misión educativa. Todo se expone de manera objetiva, como realmente sucedió, y se incita a los estudiantes a llegar a sus propias conclusiones.

Pero alguien que ha vivido en el siglo XX, como yo, encontraría notables exageraciones en la descripción histórica de las áreas problemáticas de nuestros tiempos. De cualquier forma, lo que vi que prevalece hoy en día es una "sensación de liberación" debido a la promesa de que "lo peor ha pasado finalmente" y que esos tiempos oscuros nunca regresarán. Esta era se caracteriza por un "alma exaltada", una moral elevada, una fe profunda que los mantiene armados moralmente y preparados para luchar y sacrificarse, para defender su institución actual si alguna vez tal riesgo fuese a presentarse nuevamente.

EL "FANTASMA DE LA CANTIDAD" Y EL SUBSIGUIENTE CONTROL DE NATALIDAD

9-V

Tremendos enfrentamientos han tenido lugar, especialmente después del siglo XXI de la cronología cristiana, que ya no se refieren al comercio mundial y al suministro industrial global, ni a los puertos y dominación de los mares y "áreas de consumo" ni a las "fuentes de energía" una vez buscadas, las cuales, hasta el siglo XX, eran el objetivo principal de la política exterior y económica de las grandes potencias de la época, pero por razones totalmente diferentes. La causa de esos enfrentamientos fue el criterio que se establecería y aplicaría entre las diversas tribus y naciones, en relación al control de natalidad y población y las "tazas de reemplazo" que debían asignarse a cada raza, además de la redacción de los textos legislativos correspondientes que habrían de ser votados por las asambleas parlamentarias internacionales y después implementados por las instituciones globales de poder.

La discriminación racial, obviamente, no era tolerada por la gente, al menos en estos asuntos, y de esta manera no tenían que seguir resaltando los principios de la humanidad y el valor de la "equidad" en la entidad espiritual del hombre. Sin embargo, lo que una vez existió y fue aplicable en los años de la "comodidad del espacio y la cantidad", ahora debía obtenerse por medio de luchas desesperadas, ya que eran bastante conscientes del hecho de que los tiempos habían cambiado y que ahora era un asunto de supervivencia o extinción. Ahora se había producido una situación terriblemente riesgosa: habían ocurrido extensas hambrunas, principalmente en las naciones más pobres de Asia y África, y millones de niños estaban muriendo de hambre y falleciendo, atormentados por la pobreza. Pero incluso los países industrializados de Europa habían visto la sombra de la malnutrición extendiéndose sobre ellos. Y debido a eso, ocurrieron levantamientos sociales y políticos con frecuencia por todo el mundo.

Los pueblos bálticos junto con los eslavos, escandinavos, alemanes, latinos, griegos, valones, flamencos, anglosajones y una parte de los indios e israelíes tenían un frente común, contrastando los argumentos ya mencionados en defensa del "humanismo" con la "necesidad impostergable de acción" por la humanidad y, por lo tanto, sacudiendo el edificio de la civilización que sus ancestros habían construido cuidadosamente.

Esta necesidad se había vuelto extremadamente apremiante y tan apretada como una soga, una soga cada vez más despiadada y sofocante, y esto generó una terrible contradicción entre teoría y práctica. A medida que pasaban las décadas, se podía ver claramente que ya no era solo un asunto de suficiencia alimentaria, sino también de adecuación de espacio y del "fantasma de la cantidad", este terror que una vez había sido desconocido y sin precedentes, esta nueva pesadilla que pronto llegó a abaratar y degradar el valor del ser humano y a eliminar en su propia forma (siendo esta forma el declive en calidad que sigue a cualquier "inflación") todos los logros de la humanidad hasta ese momento.

Llegaron tiempos en los que la antigua ley de la selva derrotó a los principios de la civilización temprana. Las desafortunadas razas de color se encontraron en una posición de desventaja en todos los enfrentamientos, a pesar de su incomparable superioridad numérica, porque una vez tuvieron fe en las leyes internacionales y habían dejado sus armas más fuertes en los almacenes de una autoridad federal central, es decir, esencialmente en manos de los blancos, quienes siempre obtenían la mayoría de votos en las instituciones globales. Otra causa de su desventaja fue su inhabilidad para hacer frente a los nuevos descubrimientos en el campo de las armas de destrucción masiva y la dirección "científica" de la guerra. Por lo tanto, se pudo ver el renacimiento de impulsos e instintos primitivos muy antiguos, aunque solo temporalmente.

Nosotros, las personas de los siglos XIX y XX no podemos concebir cuán enorme e intratable será para nosotros en el futuro el problema de encontrar un lugar vacío y permanente en ese colosal "organismo humano" llamado tierra e integrarnos en él y arreglárnosla para vivir nuestras vidas.

El gran mal había venido tan repentinamente como una inundación y a tal grado que nadie había podido predecirlo. Siempre que se adoptaba cualquier medida, daba la impresión de que había llegado demasiado tarde. Y entonces se acusó de incompetencia y pobre previsión a muchos científicos que trabajaron en el tema de la perspectiva demográfica. Luego la protesta pública se dirigió a las Iglesias Protestante y Católica Romana, ya que "viviendo en las nubes" e insistiendo en las antiguas percepciones y la actitud negativa, habían contribuido al fracaso de legislar a tiempo instituciones para el control de nacimiento efectivo y el monitoreo de datos demográficos.

Y los días en los que los blancos solo vieron a la persona detrás de la piel negra y amarilla y predicaron que "todos los hombres fueron creados iguales", los días en los que la gente blanca incluso había ido a guerras civiles con el objetivo de hacer cumplir los principios de la humanidad y el respeto por la vida y la libertad de cada ser humano, independientemente de su color, ahora parecían ser un sueño...

SU DIVISIÓN DE LA HISTORIA

12-V

Como ya he mencionado antes, ellos dividen la historia en dos períodos principales: el "más antiguo" *(Eldrere)* y el "nuevo" *(Nojere)*. Lo que se considera "Nueva Era" son los últimos quinientos veinticuatro años, la era de la "persona ilustrada", la era en la cual apareció el *Homo Occidentalis Novus*. Su punto inicial fue el primer *Nibelvirch* y la supervivencia de Alexis Volky. A veces usan las palabras griegas para ello: "Nea Epoche".

Antes de eso fue el *Eldrere*, la "era más antigua" que había durado novecientos ochenta y seis años, comenzando en el año 1, a saber, el momento del establecimiento del *Retsstat (el "Estado Global de Ley y Orden")*, el cual coincide con el lanzamiento de su propia y nueva cronología. Más atrás estuvo "la Edad Oscura de la Prehistoria", según su propia percepción extraña. Dicen que durante miles de años "la gente había estado luchando por sobrevivir bajo el azote triple de la anarquía: económico, político y demográfico".

En las escuelas de hoy pintan una imagen más bien exagerada y sombría de nuestros tiempos, a los que llaman "prehistóricos: una imagen de caos, brutalidad, exterminación mutua", un "mundo oscuro" de instintos y perversiones criminales, de "sed por los placeres de la vida e indiferencia hacia los actos morales", de motivos materialistas en todos lados y desprecio por la decencia.

De hecho, su idea de hacer el amor era la de un acto superficial y sin corazón, un mero placer biológico sin contacto espiritual, emoción ni cualidades interiores. La influencia de "la familia y la escuela" se había reducido a lo mínimo. La gente joven iba en busca de "la vida", "actividades intensas"; cualquier tipo de "acción dinámica" más que de pensamiento. Las horas de meditación parecían haberse ido y perdido hace mucho.

Lo menos que uno de nosotros podría decir para oponerse a esto es que ellos siempre "exageraban las excepciones", algo que yo mismo noté y le dije a Stefan tan pronto como llegué a casa esa noche de la clase de Lain.

Él sonrió y me dijo que el proceso de producción de las "comodidades económicas" fue arbitrario y completamente carente de coordinación. También había demasiados poderes políticos y

patrones dominantes rivales en las relaciones internacionales, algo como estados dentro de un estado, y, por último, pero no menos importante, una falta de cualquier tipo de monitoreo de datos demográficos. Él sonrió nuevamente...
Ellos también tienen sus propios historiadores y sus propias metodologías de investigación histórica e historiográfica. Su propia distinción, la frontera entre la historia y la prehistoria, no es el comienzo de la escritura, como lo era para nosotros. Su punto de partida fue el predominio de la ley y el orden. Esta última, la ley y el orden y su establecimiento final, se considera un prerrequisito para una verdadera civilización espiritual.

Me han dicho que también se había intentado imponer un control de natalidad durante "los tiempos prehistóricos" y en efecto a una gran escala, pero sin "las instituciones unidas por todo el mundo". Y esta falta de instituciones apropiadas había dado paso a injusticias históricas extremadamente graves. Y no hace falta decir que todos los esfuerzos por el establecimiento de federaciones políticas y especialmente uniones económicas y todo tipo de consorcios económicos antes del *Retsstat* (el establecimiento de la Mancomunidad Universal de ley y orden) tuvieron exactamente el mismo impacto en la sociedad.

Dicen que más de 450 años de "prehistoria" estuvieron repletos de tales "instituciones experimentales" y varios "golpes separatistas", guiando todas y cada una de las veces a crisis y colapsos globales antes de la proclamación definitiva de la Asamblea Unificadora Universal el 5 de marzo de 2396 d. C., la cual más tarde en el futuro fue triunfalmente justificada.

La mayoría de estas instituciones experimentales eran regionales, tomando la forma de grupos raciales nacional o ideológicamente cercanos, los cuales apuntaban a un simple "equilibrio de poder". Y a pesar de que el valor sustancial de esas instituciones era esencialmente insignificante (debido a la forma en la cual aparecieron) a partir de este fue que se constituyeron los fundamentos sobre los cuales la Mancomunidad Universal, en su forma actual, se construyó de manera última. Eso sucedió más o menos alrededor de 2390 d. C., es decir, 477 años después de nuestra Sociedad de las Naciones. La figura dominante, según me dijeron, fue un hombre inglés llamado John Terring, el primer líder de la Mancomunidad Universal.

ELDRERE: LA LUCHA DE CUATRO SIGLOS POR LA VERDADERA GLOBALIZACIÓN
Los primeros luchadores del nuevo mundo y los problemas de comida globales

13-V

Como mencioné anteriormente, la "ejemplificación" y la "intimidación", junto con la transmisión de la información y el conocimiento, son usadas hoy en día como herramientas educacionales para la enseñanza de la prehistoria en las escuelas, lecciones y el *Reigen-Swage*. Algo como mostrarles a *nuestros* niños las costumbres y condiciones de vida de un esclavo romano en un galeón, las tradiciones y moral del tiempo del feudalismo y la extensión de los derechos sexuales de los patrones sobre los recién casados en las aldeas de los siervos o piras de la Inquisición en España...

Y, aun así, hoy en día se rinde honor a las personas del siglo XXIV y anteriores en muchos aspectos, independientemente de cuán aterradores fueron los sucesos de esos tiempos. A su forma de ver, esas personas de nuestra época son los "primeros luchadores", quienes lucharon, pelearon y sufrieron para permitir que las generaciones futuras vivieran una vida normal y humana. Ellos son los "honorables ancestros", los "pioneros que pavimentaron el camino". ¡Miran hacia atrás a nuestra era con gratitud! La caracterizan como "épica" y "heroica" y creen fuertemente que era necesaria para el curso de la historia; sin ella, la ley y el orden y la racionalización de la vida nunca hubieran sido posibles.

Lain dice que cada era genera sus propias preguntas, preguntas que los más jóvenes llaman a responder a los más viejos. Y cada época tiene sus propias características. Dijo, por ejemplo, que el siglo XX se caracterizó por los tremendos esfuerzos de la gente para controlar fuerzas tales como la electricidad, energía nuclear o energía solar. Las personas comenzaron a dominar la naturaleza. Adicionalmente, la automatización del trabajo, debido a los dispositivos eléctricos y electrónicos, creó un problema que no era visible a simple vista: ¡el tiempo libre extra de los obreros! De hecho, sostienen que esa autodeterminación dada a los obreros, principalmente a los industriales, fue, de acuerdo a muchos pensadores, ¡una de las principales razones por las cuales la historia humana y la civilización sobre la tierra tomó ese curso! Porque ese tiempo libre adicional de los obreros estaba repleto de espectáculos y entretenimiento en general de baja calidad, como apuestas, prostitución, las carreras de velocidad y los juegos de deporte y los vulgares medios de comunicación populares. ¡La música se redujo a melodías y ritmos simples, las obras maestras de la literatura circulaban en resúmenes ilustrados y el pensar era considerado como una pérdida de tiempo!

Otra característica de la época era que las personas perdieron su habilidad de distinguir lo bueno de lo malo y lo hermoso de lo feo en el arte y la creación...

En el siglo XXI, la economía rural quedó en un segundo plano. Y como si el problema demográfico no fuera suficiente, un nuevo y terrible asunto hizo su aparición: el área cada vez más pequeña de tierra cultivable, la cual era constantemente consumida por las áreas urbanas gigantes cada vez más grandes: la así llamada urbanización.

Para entonces, ya era un hecho que la comida ya no era adecuada y la gente comenzó a buscar alternativas y fuentes nutricionales fuera de los límites de la industria alimentaria, centrándose principalmente, si hemos de creer a Lain, en mares y océanos, los cuales daban la impresión de ser una fuente de comida inagotable.

Gracias al progreso científico de la época, las sustancias nutricionales y comestibles podían extraerse del plancton y la flora y fauna submarina. La fotosíntesis artificial, sin embargo, no había llegado todavía al rescate de la humanidad.

Pero lo más trágico de todo todavía era el "fantasma de la cantidad". En este punto de la historia fue que la oración "los años venideros serán hostiles" se pronunció por primera vez. La gente vivía en espacios muy reducidos, pero en colosales áreas residenciales, y muchas veces fueron obligados a movilizarse usando máscaras debido al aire contaminado.

En otro campo de la vida, el siglo XXI estuvo marcado por los primeros vuelos de prueba con destino a las tierras alienígenas más cercanas...

(Siguen notas perdidas)

Al mismo tiempo, en nuestra tierra se llevaron a cabo los primeros esfuerzos universales serios y algo positivos para derrotar al monstruo de la anarquía, el cual torturó a las sociedades humanas durante siglos y de muchas formas: desorganización política, enfrentamientos por la soberanía, rivalidades militares, saqueo de las economías nacionales, anarquía demográfica y similares. Y así comenzó una lucha dramática que duró aproximadamente cuatro siglos, con muchas fases y transiciones alternantes, una lucha entre las creencias antiguas, pero bien fundamentadas, y las nuevas ideas acerca de la organización y racionalización de la vida.

La revolución en la organización política que se basó en la lógica y la humanidad siguió el camino exacto y la secuencia de tiempo de las otras dos grandes revoluciones, la francesa de 1789 y la rusa de 1917: primero vinieron los filósofos, intelectuales y teóricos del nuevo orden mundial, diciendo que no podía continuar la misma forma de organización de los siglos XIX y XX de estados naciones dominantes totalmente armados, la cual casi seguramente llevaría al holocausto y aniquilación, y luego (después de un largo período de tiempo) siguieron los activistas políticos, oradores y reformadores sociales.

Principalmente en Europa continental y Gran Bretaña, la intelectualidad instó a los líderes políticos de las grandes y poderosas naciones a detener su "curso anticuado y desincronizado".

Predicaron la prudencia y la razón firme y dijeron que los días en los que "la gente tenía que luchar por sus derechos" habían pasado hacía mucho y que los viejos incentivos y lemas como "el prestigio nacional", "sin compromisos, sin retirada" y "el curso heroico de la nación" habían perdido gran parte de su valor debido a las nuevas condiciones de vida.

Hablaron de un "sistema de valores eternos" que sus ancestros europeos habían dejado como herencia a las nuevas generaciones y les dijeron que debían ser los guardianes de este legado sagrado, el cual era mucho más grande y profundo que cualquiera de las diferentes raíces étnicas o diferencias lingüísticas.

Afirmaron que la herencia cultural, las tradiciones históricas, el curso de la vida y los destinos históricos eran comunes a todos. "¡Debemos unirnos tanto en vida como en consciencia!"

No había necesidad de grandes revoluciones para que el nuevo orden mundial se construyera sobre las ruinas de los viejos regímenes. En gran medida, se firmaron tratados internacionales esenciales y eso fue suficiente, al menos al principio.

La nueva ley y orden siguió caminos más democráticos desde los días de la Pax Romana, aunque llevó mucho tiempo y varios intentos para establecerla. Las expectativas de los partidarios del Nuevo Orden a menudo eran erróneas. Muchos fueron perseguidos repetidamente antes de que el Nuevo Orden finalmente prevaleciera.

Mientras que las pequeñas naciones no tenían tales "preocupaciones acerca del futuro" en el siglo XXI, en los países grandes y poderosos habían comenzado a formarse nuevas alianzas políticas, alianzas que habían integrado en el programa algunas características de las federaciones europeas o mundiales. De hecho, incluso se reportó que los antiguos partidos, el Socialista y el Cristiano Demócrata, también añadieron requerimientos de la nueva era a sus programas.

A medida que las décadas pasaron, estas nuevas ideas y perspectivas encontraron más y más suelo fértil, especialmente en los corazones de la gente joven y los estratos sociales más bajos. Y así, con el pasar del tiempo, el terreno político comenzó a adquirir sus primeros "grandes hombres con reconocimiento y atractivo mundial" por primera vez en la historia, en contraste con los líderes locales a los que nos habíamos acostumbrado.

Los avances tecnológicos habían eliminado las distancias y habían acercado mucho a la gente. El mundo daba la impresión de ser una sola región, todavía políticamente desorganizada, esperando a que los "legisladores" y los políticos poderosos con autoridad global establecieran de manera permanente las reglas para la "organización" del planeta. Al mismo tiempo, el hombre ahora tenía armas de destrucción masiva bajo su control, desconocidas e inexistentes en tiempos previos. La rápida cumbre tecnológica, sin embargo, no estaba alineada con la correspondiente madurez moral y racionalidad. No había una "ley interna", una ley de cultura espiritual como la que ahora tienen, la cual fue necesaria como una garantía de la ley y el orden.

En nuestros tiempos, dicen, nosotros pensábamos que asegurar la conformidad con la ley dentro de cada país separadamente era suficiente. La guerra era para nosotros una manera natural de resolver disputas serias entre naciones. Esa es la mentalidad que teníamos antes del siglo XXI.

El siglo XXI debía llegar para que las personas se dieran cuenta repentinamente de que estaban revoloteando encima de una brecha aterradora en la esfera pública global y que sus instituciones eran completamente obsoletas. Así que, gradualmente, los estados una vez dominantes comenzaron a otorgar, deliberadamente o no, parte de sus poderes anteriormente omnipotentes, especialmente en las áreas de política exterior, relaciones internacionales y armas, a una organización política federal central. Mantuvieron sus recuerdos históricos, tradiciones y costumbres, idiomas, leyendas y sus instituciones domésticas, pero ya se habían dado cuenta de que en una guerra futura no habría ganadores y perdedores. O se mantenían juntos o todos juntos perderían. Comenzaron a ver quién era el verdadero enemigo: la falta de instituciones globales fuertes y eficientes con la misión preventiva de controlar todas las formas de conflicto. Finalmente tomaron consciencia de que lo que unía a sus pueblos (su destino biológico común y su responsabilidad compartida del mantenimiento de la cultura) era más importante que lo que los separaba.

Las naciones más pequeñas estaban más bien cómodas con sus antiguas formaciones sociales y tenían sus propios problemas internos de los que preocuparse, así que fueron las últimas en adoptar las nuevas formas de organización. Sin embargo, las "Grandes Potencias" que habían estado en primera fila en el siglo XXI luchaban por entenderse. Hubo lloriqueos y quejas constantes acerca de las formas y el criterio de la distribución de los ingresos mundiales. Nadie nunca creía que su parte era justa...

Estas "reacciones" del siglo *XXI* pretendían convertirse en el presagio de los "movimientos separatistas" futuros, ¡los cuales estallaron repetidamente y fueron incitados por el mismo "núcleo político" de las reacciones iniciales! Las peticiones fueron las mismas: regulación demográfica e intereses financieros... Durante cuatro siglos enteros, a veces los franceses o los anglosajones y otras veces los alemanes o los eslavos se sublevaron por la "autonomía", todos con el mismo objetivo: tomar la delantera, desde ese momento en adelante, en el curso histórico de la humanidad. "Esta prueba ardua y rigurosa pasará," decían, refiriéndose a la guerra que ellos mismos habían iniciado. "Lo que suceda es para su propio beneficio. Los demócratas son incapaces de darles el orden que ustedes necesitan..."

Y las guerras económicas eran usualmente seguidas por conflictos armados. En este último solo usaban las antiguas armas

229

convencionales, ya que los separatistas no tenían acceso a las "prohibidas", pero eso no evitó que estos conflictos evolucionaran, varias veces hasta el siglo XXIV, en verdaderas guerras extensas con muertes masivas que amenazaron cada una de las veces la federación mundial con un colapso total.

Eventualmente se creó una organización tolerable que, en su forma última, duró muchas décadas y pavimentó el camino para el final de la prehistoria, la nueva cronología, la llegada de John Terring y los comienzos del *Eldrere*. Sin embargo, los intentos separatistas también aparecieron en los primeros cientos de años de la nueva cronología, es decir, casi hasta el final del siglo XXV, según dijo Lain, pero eran demasiado débiles y estaban condenados al fracaso. En su mayoría, como explicamos, estaban condenados en las mentes de la gente del *Eldrere*, quienes ya no toleraban la anarquía política, los golpes y la dominación del más fuerte.

Durante el último siglo y medio de su prehistoria *(siglo XX-XXIV para ellos)* las olas migratorias se habían reducido a lo mínimo y la población se había distribuido equitativamente alrededor del mundo, ya no solo en Europa Central y el Norte de Europa, sino en los otros continentes también. Los escandinavos aún no habían sido invitados a descender a las regiones desérticas meridionales hasta el Mar Mediterráneo, con el propósito de re-colonizar, después de la debacle que habían sufrido solo 87 años antes del establecimiento definitivo del *Retsstat* y el comienzo de la "nueva cronología". La raza blanca ahora había conquistado todos los cinco continentes... Y de los pueblos semíticos, alrededor de ciento veinte millones de israelíes (ahora la mayoría de ellos cristianizados) estaban a la cabeza tanto cultural como económicamente en el suroeste de Asia, habiendo desarrollado allí un alto nivel de tecno-cultura, siempre con las Tierras Santas como su centro.

Las poblaciones latinas, en su mayoría de América del Sur, habían colonizado casi todas las áreas centrales del continente africano; solo se podía ver a gente negra en ocasiones muy raras. Las ahora cálidas (gracias al aire acondicionado artificial) regiones árticas fueron dominadas por una hermandad de rusos, noruegos, anglosajones y otras naciones bálticas tales como los finlandeses, polacos, daneses y canadienses, mientras que la Antártica (también caracterizada por un clima mucho más templado gracias a la intervención humana) fue colonizada principalmente por surafricanos blancos (probablemente descendientes de los Boers) y en el este por australianos y neozelandeses.

Asia oriental fue ocupada casi exclusivamente por eslavos, quienes habían llegado desde el norte, los descendientes de norteamericanos de los estados occidentales y por una mezcla de europeos, quienes ahora podían convivir más cómodamente en todos esos valles fértiles, mientras que varios millones de indios vivían en las tierras altas del centro del continente y el Tíbet. En el Mediterráneo, los otomanos se habían retirado al Lago Van y los griegos habían vuelto a habitar Asia Menor, ya que tanto su país como la costa norteafricana habían sido evacuados. Esta última se volvió a poblar en gran medida, principalmente por italianos, tan pronto como fue posible la vida allí nuevamente. Esto es en general lo que recuerdo y logré copiar de mis libros.

Este fue el statu quo territorial que prevaleció en el siglo XXIII y, de hecho, la conservación de este statu quo se garantizó en ese momento (principalmente por la raza blanca, la cual fue la gran ganadora de los enfrentamientos) en los concejos ecuménicos de la democracia trasnacional federal que se había establecido, con representantes tanto de la población como de los gobiernos de los países miembros.

De hecho, me sorprendió el hecho de que el "espíritu cívico" de aquellos que sirvieron en las fuerzas armadas de la ahora establecida autoridad universal se formara por medio de un entrenamiento educativo especial y a largo plazo. Los removieron de su ambiente social y del ambiente de su vida nacional en la infancia y los sometieron a un entrenamiento especial para que pudieran considerarse ciudadanos del mundo y tener un alto nivel de educación general. Ellos manejaron los nuevos dispositivos electrónicos de orden legal universal de manera excelente y su número fue incomparablemente menor que el número de las fuerzas armadas de la prehistoria, aunque su mandato fue mucho más largo. Así que fue simplemente natural que hubiera más jóvenes científicos y técnicos en vez de oficiales y soldados.

También eran conscientes de que no serían obligados a usar su invencible potencia de fuego, sobre la cual tenían el monopolio y era valiosa solo como una especie de garantía. No obstante, tenían una fe ciega en el en el congreso universal y se les había enseñado al nacer que olvidaran su origen étnico y a obedecer de manera consciente los dictados de los dos Parlamentos y las autoridades ejecutivas de la federación.

Un sentimiento similar de responsabilidad hacia la humanidad también impregnó tanto a la milicia como a los miembros de la oficina Ejecutiva colectiva y el doble parlamento (la primera elegida por el pueblo y el último fijado por los gobiernos). Todos se consideraban devotos al servicio de la unidad. Recuerdo que los llamaban "agentes diplomáticos de la unidad" y siempre "al servicio de la humanidad". Solo de manera secundaria se consideraban a sí mismos como enviados del pueblo que los había elegido o señalado. Una especie de líder local todavía existe, pero posee poderes limitados debido a que ahora la ley internacional ha prevalecido sobre la ley doméstica.

La institución de la "ciudadanía unificada" ya había sido introducida a todos por los anglosajones Verchin y Milstone en el siglo XXII. Sin embargo, la formación de una consciencia nacional común no se obtuvo directamente y en línea con la versión cada vez más refinada de las instituciones federales. Por el contrario, esta formación llevó siglos y fue un proceso psicológico extremadamente lento. Mucho después, luego de los dos primeros siglos del *Eldrere*, una nueva "sensación universal de etnicidad" comenzó a moldearse. La gente comenzó a darse cuenta de que eran miembros de una comunidad singular, universal, nacional y política. A pesar de que los recuerdos históricos no habían, por supuesto, muerto, según me dijeron, más ideales universales comenzaron a tomar forma. "Este es *nuestro* país," decían los representantes de la nueva generación, ¡subiendo la mirada hacia el cielo de nuestro planeta azul!

Al final del segundo siglo de su cronología, alrededor de doscientos años después de la época de John Terring, fue la época en que los políticos habían sido liberados de responsabilidades gubernamentales y reemplazados por los grandes técnicos y otras figuras líderes en ciencias naturales, quienes ahora eran responsables de manejar el poder político en todo el mundo. Los nuevos líderes entonces introdujeron algo que había comenzado hacía mucho tiempo: el establecimiento de una federación global de organizaciones laborales (en la forma de una institución política y ya no en la de un sindicato) y, siguiendo procedimientos completamente legales, convirtieron estos nuevos colectivos cooperativos en las bases de la vida económica sobre la tierra.

Podría añadir que también eran la base de incluso la vida política, si uno considera que las personas debían participar en los *glothneres (sus unidades industriales)*, registrándose para una ocupación de largo plazo allí, con el objetivo de obtener el derecho a votar. En aquellos tiempos, la ley y el orden habían prevalecido de manera concluyente y convincente. Ya no había miedo de un resurgimiento separatista.

Sin embargo, los primeros siglos del *Eldrere*, incluso después del año 486 y de la creación del Rosernes Dal, fueron una era unilateral de civilización técnica y se dice que un verdadero hombre espiritual no se habría sentido cómodo en tal ambiente de mecanocracia y materialismo. El Valle de las Rosas, Rosernes Dal, se tardó mucho en dar resultados y muchos filósofos a través de la historia afirmaron que el siglo IX, de gran creación intelectual, no es en sí mismo una consecuencia de las instrucciones del Valle, ni exclusivamente el fruto de sus influencias espirituales. El Renacimiento en valores espirituales llegó tarde; aproximadamente hacia el 700 de su cronología.

Los rasgos más característicos del *Eldrere*, su antigua era, es el predominio del orden último y satisfactorio en el mundo, "la política de la brújula", como lo llaman, el cual dio como resultado el curso racional de la vida colectiva, buenos gobiernos y administraciones, igualitarismo, universalismo en los valores políticos (tales como el sufragio universal, derechos iguales, justicia social, libertad individual, sentimiento unido de etnicidad y la más elevada seguridad personal), la producción global organizada, abundancia de alimentos y de todo tipo de productos industriales en general y generosas distribuciones a los *Cives*, no basadas en su contribución a la producción, sino en las necesidades de cada persona. Adicionalmente a todo eso, también hubo un monitoreo de natalidad meticuloso por el bien de la dignidad humana. ¡Por primera vez en la historia hasta ese momento, habían logrado estándares altos de vida para toda la población sin excepciones y la participación de todos en la explotación positiva de los bienes de la cultura material!

Y yo, deslumbrado por la increíble cantidad de imágenes que vi en el *Reigen-Swage*, imágenes de comodidad y abundancia en bienes materiales, preferiría mil veces vivir una vida viajando entre París y Viena después de las Guerras napoleónicas... Si tuviera que elegir, cambiaría felizmente la vida sosegada mental y socialmente asegurada de los "maestros del *Eldrere*" por esas décadas. Renunciaría felizmente a tal vida de "seguridad y certeza hacia el futuro". El *Eldrere* me pareció extremadamente falto de vida en sus primeros seiscientos años, juzgando por supuesto según esos pedazos de vida que logré ver aquí, en el *Reigen-Swage*.

Pero Stéfan y los otros aquí más o menos comparten la misma opinión: que en los primeros siglos del *Eldrere*, la habilidad de la gente para experimentar una vida interior y más espiritual era significantemente reducida, casi inexistente. Adormecida por la sensación de satisfacción concerniente a la abundancia y calidad de los bienes materiales y bajo la impresión de felicidad, como ellos dicen, la "sed del alma" había disminuido.

Es por eso que ellos argumentan que la contribución del *Eldrere* a la construcción de la verdadera "cultura interior" fue mínima. Esa era solo se enorgulleció del estándar de calidad de los bienes industriales y la producción más que suficiente para ellos. Los humanos se consideraban números en estudios estadísticos más que personalidades y entidades espirituales. Por "progreso" ellos solo se referían a los logros económicos y tecnológicos. Concebían a la felicidad en términos de comodidades de vida y distribuciones adecuadas. La felicidad era para ellos una vida fácil y llena de disfrutes con pensamientos esotéricos modestos y limitados. Los profetas y los artistas ya no existían. Aquellos que hablaban del dolor metafísico del hombre eran considerados mórbidos.

En pocas palabras, el *Eldrere* fue la era de la apoteosis de la cultura técnica y económica y el declive de la cultura interior, como Cornelius les decía a los niños del Instituto Lain hace algún tiempo.

El *Eldrere*, dijo, fue una extensión de la prehistoria (después del siglo XX y hasta 2396 d. C.), una era de prosperidad técnica y económica. Estas últimas formas de organización y vida brotaron desde mi época hasta el siglo VII de la nueva cronología. Se dice que las generaciones pasadas eran conscientes de que ninguna espiritualidad continúa indefinidamente con nuevos logros. Después de que alcanza su punto más alto, comienza a descender, los fundamentos espirituales y morales se doblan y al final, la única cosa que permanece es el armazón de la tecno-cultura. Creo que lo que Cornelius estaba haciendo allí no era más que contar la antigua versión de nuestro propio Oswald Spengler, quien habló acerca de la caída del mundo occidental.

Así que esta fue la imagen de la vida en el *Eldrere*, al menos según lo que vi en el *Reigen-Swage* y según lo que escuché de Lain, Cornelius y Stefan; y todo esto después del establecimiento definitivo del *Retsstat* el 5 de marzo de nuestro 2396 d. C.

La gran obra intelectual y el legado del pasado no se destruyeron. Aún existían, pero solo unos pocos se comprometieron con ellos. Fueron olvidados en librerías y depósitos, ya sin atraer a las multitudes con su antiguo encanto...

Para que esto sucediera, su propio Renacimiento debía llegar, lo cual sucedió entre los siglos VII y IX, y fue seguido en los siguientes cien años por el famoso y exquisito cenit de la civilización. Fue entonces cuando resurgieron los antiguos tesoros del intelecto y el espíritu...

EL "FACTOR DEL MIEDO" COMO UNA HERRAMIENTA EDUCATIVA PARA LOS JÓVENES CIUDADANOS

2-VI

Es un hábito aquí en el Instituto Lain (y quizá no solo un hábito, sino un método educacional en todo el mundo) exagerar las debilidades de nuestras eras históricas y llegar al extremo de asustar a los niños, creando una especie de ansiedad en ellos con todas las imágenes horribles que los hacen ver. Quieren plantar y promover en la psique de los niños la fe y devoción a sus instituciones actuales, la patria universal y la nueva era desde una edad muy temprana. Creo que su meta es descartar cualquier posible amenaza futura hacia la organización universal de todos los aspectos de vida políticos, sociales y económicos, la cual se ha mantenido durante siglos ya.

No sé qué tan efectivo es este proceso ni en qué extensión su meta es alcanzada a largo plazo, pero los medios que utilizan para llevarla a cabo están caracterizados, en mi opinión, por una ferocidad increíble, una crueldad intolerable; debo admitir que es algo bastante aterrador.

"¡¿Regresarán?! ¡¿Regresarán?!" sollozaban ayer los niños atemorizados de los cursos más bajos al ver el "aluvión de ataques de fuego" y la destrucción de un estado desconocido para mí por medio de bombas explosivas e incendiarias de nuestro propio siglo XX, según me informaron después.

El horror reflejado en las caras de la juventud mientras nos hacían preguntas a Cornelius, Stefan y a mí era indescriptible. Tenían la impresión de que la lava verde que inundaba las calles, los horribles colapsos de los edificios y los torrentes de fuego que cubrían en llamas las cuadras (imágenes que vi con mis propios ojos en el *Reigen-Swage* junto con los jóvenes) eran armas de alienígenas que habían invadido nuestro planeta, ¡armas que no habían podido neutralizar ninguna de nuestras defensas!

Cuando les explicaron al día siguiente que no era una invasión extranjera, sino de hecho una autodestrucción, cuando les dijeron que sus ancestros literalmente destruyeron por sí solos sus propias ciudades y gente, los jóvenes se quedaron sin palabras. ¡No podían creerlo! Cuando finalmente lo comprendieron, apretaron sus puños y juraron que al crecer ¡nunca dejarían que este horror y tragedia sucediera de nuevo!

"¡No se sorprendan!" dijo Cornelius. "Considerando las condiciones de vida en ese entonces, no había otra opción… La mentalidad reinante era: 'Matar o ser matado'. La atrocidad era la regla y la aniquilación de otros el lema."

"¿Cuáles otros?" preguntó un niño.

"Los seguidores del partido u opinión contraria, dependiendo de la ocasión. La amistad no era algo natural; en cambio, cambiaba cada cierto tiempo y dependía de las circunstancias e intereses. Una mera orden era suficiente para convertir los aliados de ayer en enemigos y viceversa. Y no culpen a la gente común. Incluso en ese entonces eran inherentemente dóciles y buenos. Eran mansos y alegres, similares a nosotros. No se odiaban entre ellos. Amaban a desconocidos y extranjeros, eran hospitalarios y les gustaban los animales. Pero a veces, el poder económico y político caía en manos de seres miserables y así es cómo surgían las guerras. Las guerras no se daban de manera natural. Eran creadas artificialmente por sus malos e indignos líderes junto con los fabricantes de armas, principalmente asiáticos," afirmó. "Empujaron a los pueblos hacia el odio y la exterminación mutua. Es una suerte que nuestra especie lograra prevalecer. El riesgo fue fatal."

Muchas veces me pregunté si lo que Lain había dicho a los niños era objetivo y justo. Al escucharlo, se creería que las razas amarilla y negra, las cuales nunca encontraron vindicación en la historia y están casi ausentes hoy en día, fueron las únicas culpables de todo.

"¿No es verdad que la guerra había sido una necesidad biológica?" preguntó uno de los niños mayores. "¿Cómo cabría toda esa inmensa población de la época en esta tierra diminuta sin guerras?"

"Sí, efectivamente fue una necesidad biológica," respondió Cornelius. "Pero también lo era la ley de la selva entre los primitivos, en los tiempos del salvajismo. La ley de selección natural y supervivencia del más fuerte…"

Continuó diciendo que las leyes de la física sienten una indiferencia típica hacia las connotaciones morales de cualquier acción. Es por eso que todas estas atrocidades debían desaparecer permanentemente de la civilización humana. La continuación de tales eventos y tales manifestaciones de brutalidad era un indicativo del fracaso del hombre de establecer un procedimiento regulatorio con el propósito de encontrar una "manera humana de resolver cualquier conflicto".

Luego dijo que unas pocas décadas antes de la era de John Terring, la guerra ya era considerada por todos como "un estado de anarquía, rebelión nihilista contra las instituciones, violencia criminal, colapso general de valores y autodestrucción".

Este profesor moderno y popular dijo más cosas al respecto que lamentablemente no recuerdo. Y creo que ningún maestro del pasado, ni siquiera el más habilidoso y educado profesor del siglo XX, podría haber sido capaz de siquiera aproximarse en lo más mínimo al nivel de espiritualidad y mentalidad de un maestro del *Nojere*.

Aunque puede que sus profesiones y especialidades los unan, están divididos por mucho más: círculos culturales diferentes, eras históricas distintas y una realidad social completamente diferente. Cornelius no es solo un profesor; es "un maestro del *Nojere*". Hay una enorme brecha entre él y nosotros.

Otra conclusión interesante a la que yo había llegado, respecto a los líderes de nuestro tiempo (especialmente los de mayor edad) fue que, desde una perspectiva psicoanalista, a menudo estaban bajo el régimen de un humor desagradable que es bastante común en los ancianos y una amargura profunda y subconsciente que sentían debido a la ley orgánica de la decadencia. También creo que tenían una aversión a la juventud, la cual a menudo tomaba la forma de malicia y es por eso que era extremadamente raro encontrar a la juventud en posiciones de poder en ese entonces, incluso a pesar de que esas posiciones les habrían permitido explotar las cualidades de entusiasmo y amor hacia la vida y la gente. ¡Un punto de vista muy interesante!

LA NOCHE DE LOS "GRETLYS" *(la Gran Luz)*
Los eventos del septiembre que cambió a la humanidad y la historia

3-VI

Esa misma noche, Stefan me dijo, "De ahora en adelante, ya no vaya a las clases de historia de Lain. Para poder ser capaz de experimentar y apreciar profundamente el amanecer del *Nojere* necesita aislamiento, concentración y meditación. Asegúrese de repasar todo lo que ha aprendido cuando esté solo."

Hablé con él acerca de las escenas salvajes que les habían mostrado a los niños, escenas de guerra y de todos los otros incidentes que habían tenido lugar antes del *Eldrere*, haciéndolos encogerse del horror, y le dije que era tanto injusto como innecesario traumatizar a los niños con tales imágenes.

"La guerra no va a regresar," dije. "¡Han pasado quince siglos desde el comienzo de su era histórica y esa es la mejor garantía de que no regresará! Los tiempos han cambiado de manera definitiva; ¡la guerra es algo de la prehistoria!"

5-VI

Hoy he dedicado mi día y a mí mismo a meditar devota y atentamente sobre todas las magníficas cosas que mis ojos fueron dignos de ver anoche. Les he dicho a todos que quiero estar solo todo el día. Nunca en mi vida he sentido tal emoción, o más bien, tal asombro y estremecimiento sagrado. Ahora estoy solo, encerrado en mi habitación, recordando todas las cosas y agradeciéndole a Dios por darme la oportunidad de presenciarlas en esta vida.

Hay momentos en los que siento la necesidad de caer de rodillas y rezar. Anoche, alrededor de la medianoche, me encontré observando en el *Reigen-Swage* los grandes días de 986 *(3382 d. C.)* y ¡no podía creer mi destino, el cual me otorgó a *mí*, un gusano insignificante del siglo XX, la increíble oportunidad de ver el amanecer del *Nojere* desplegarse ante mis ojos! Vi las muertes sagradas de ese septiembre en el Valle, Alexis Volky ante mí en medio del Gran Momento, el torrente del *Roisvirch* que siguió y todos los sucesos importantes que poco después inauguraron nuevas páginas en la historia y vida espiritual de esos tiempos.

Me siento en mi sillón, pensando en todo eso con los ojos llenos de lágrimas, repleto de gratitud.

¡Me pregunto qué poder podría jamás ser tan poderoso como para arrojar tal luz sobrenatural sobre esos rostros blancos! ¿Qué era eso exquisito que esas personas vieron en sus últimos momentos en esta tierra y que fue tan inaccesible para nuestros ojos? Se dice que todos esos hombres y mujeres que sufrieron los "golpes sagrados de la luz insoportable", esos primeros seis días en el Valle de las Rosas, fueron seres de significativa belleza interior y nobleza. ¿Quién podría haber imaginado que incluso su apariencia exterior habría de embellecerse, como si toda la magnificencia de sus almas se hubiera derramado repentinamente sobre sus caras? Y casi todos los rostros eran jóvenes. Los vi uno por uno. Algo parecido al éxtasis y el triunfo estaba dibujado en cada uno de ellos. ¿Por qué la gente de hoy dice que sucumbieron? Yo presencié exactamente lo contrario: cada una de las personas allí se veía como si se hubiera transformado en la personificación de la victoria, ¡como si repentinamente hubiera sido llamada ante Dios!

Después de todas las muertes repentinas al comienzo, nada presagiaba las cosas gloriosas que escondía el futuro. La vida en el Valle pre-*Roisvirch* fluía pacíficamente y las instituciones se estaban incrementando y floreciendo, pero, sin importar cuán satisfactorios fueran los frutos de la reflexión y meditación a largo plazo y los descubrimientos de miles de institutos y centros de investigación, nunca había cruzado por la mente de nadie que tal increíble logro intelectual podría alguna vez ser una posibilidad. Incluso a pesar de que casi cinco siglos de auto-cultivación y desarrollo interior del intelecto y la personalidad (a través de muchas generaciones de finos anacoretas) estaban a punto de completarse, ¡aun así parecía ser un milagro!

Para el mundo exterior, los dos principales eventos de principios de septiembre fueron, en primer lugar, las enormes preparaciones para la Exhibición Mundial en Blomsterfor, la cual resultó ser la más exitosa, por mucho, en términos de participación global y riqueza, y segundo, la elección de un nuevo *Lorffe* de esa época, cuyo nombre se me escapa. Estos eran principalmente los asuntos que preocupaban a las multitudes en ese entonces.

Y la era no parecía esconder ninguna necesidad mesiánica en particular, ni tampoco existían condiciones previas en el mundo para el surgimiento de este tipo de psicología grupal. Al contrario: la gente vivía felizmente en cada rincón del planeta alrededor de esa época, con seguridad, ley y orden, organización política y estabilidad, suficiencia de bienes y comodidades y con un equilibrio moral y psicológico.

El increíble auge en literatura, arte e intelecto, el cual se grabó en las mentes de la gente como "la edad dorada de la cultura intelectual y espiritual", solo había sucedido hacía un siglo, en su gran siglo IX. La gente aún respiraba ese aire fresco del magnífico y recién encontrado período de prosperidad y había incorporado todas sus creaciones a sus propias vidas. Lo contrario una crisis de moral y angustia colectiva prevalecía en el mundo.

Y, aun así, en medio de tal atmosfera completamente equilibrada y afable, uno de los primeros días de septiembre, el mundo exterior descubrió repentinamente que sucesos peculiares se estaban desarrollando en el Valle, sucesos cuya importancia no podía ser explicada, pero que, sin embargo, quedarían en la historia como impactantes a un nivel mundial, si fuera efectivamente probado que su contenido y significado eran, de hecho, lo que muchos grandes nombres del Valle creían que eran.

Treinta y seis horas antes de los *Gretlys* y la supervivencia de Alexis Volky, cuatro sucesos similares ocurrieron afuera del Valle de las Rosas, en locaciones bastante alejadas la una de la otra: una en la Puerta Lesley, una en el Balear y dos en el Mar del Norte. Entonces la gente se volvió hacia Dios y comenzó a rezar en grupos, ¡dejando todos sus otros trabajos y responsabilidades!

Eso me recordó a los tiempos en los que, de vez en cuando, la aproximación de un cometa amenazaba con destruir la vida como la conocíamos y todos buscaban consuelo en la religión. Pero esta vez no era el miedo a la muerte lo que causaba esta ansiedad en las personas alrededor del mundo. Una esperanza secreta había surgido, la esperanza de algún tipo de iluminación inminente, el descubrimiento de un gran secreto, completamente distinto al mundo natural, el cual era objeto de estudio para las ciencias exactas.

Nadie podía decir qué había sucedido realmente en ese entonces. ¿Tuvo algo que ver con lo que algunos hombres sabios afirmaron después, a saber, que algunos seres superhumanos desconocidos, pero al mismo tiempo amigables, de muy, muy lejano, habían arrojado su luz beneficiosa sobre nuestra tierra? Nadie podía decirlo con certeza. La mayoría de la gente no quería aceptar de ninguna forma la existencia de tales fuerzas espirituales externas y alienígenas, limitándose a conmemorar los "200" y repitiendo los nombres de Miliotkin, Joel Letonen y Gunnar Nelbam, los líderes de los primeros anacoretas, los pioneros y colonizadores que, 486 años atrás, fueron los iniciadores y fundadores del Valle de las Rosas. Se dice que el Instituto Aidersen "se hizo cargo" a partir de los descendientes de los "200".

Durante las noches que siguieron, la mayoría de la gente de todo el mundo se quedó despierta. Las campanas repicaban constantemente, llamando a la gente a prepararse para lo que venía.

Ahora dentro del Valle, multitudes de personas pasaron días y noches en los parques y cuadras de los inmensos campos del Instituto Aidersen. De hecho, no solo no se estaban rindiendo, a medida que la fatiga debió haberlos desgastado, sino que las multitudes solo *crecieron* en tamaño después de los *Gretlys* desde el 7 de septiembre y en adelante. Por más de 250 años ahora, este famoso instituto con reputación global ha sido el único en proveer apoyo moral y emocional a la gente de un tiempo en el que las masas descansaban en la dicha de la ignorancia y consideraban la sed por la búsqueda metafísica una tiranía, una sed que en tiempos anteriores fue considerada un honor y privilegio de solo unas pocas figuras espirituales elegidas.

Miles de millones de personas alrededor del mundo habían puesto sus esperanzas espirituales en los grandes hombres sabios que se alojaban en esa gloriosa ciudad, el Instituto. Allí, en el Instituto Aidersen, entre los techos altos del gran palacio central, en los auditorios, junto a la agrupación semicircular de estatuas y acompañado por las venerables figuras de la tradición antigua, aquellas de Pitágoras, Plotino y Kant, la de Blaise Pascal, Sócrates, Platón y Maeterlinck, de Riset, Gustavsen, Rasmathy, Plioskin y tantos otros, el gran Chillerin había pasado la mayor parte de su vida, entrando al Aidersen como un aprendiz desde una edad muy temprana al comienzo del siglo IX, allí, en esos auditorios donde más tarde enseñó...

El mismo Chillerin creía que, independientemente de la naturaleza finita del conocimiento humano, los humanos no habían intentado lo suficientemente fuerte, ni habían seleccionado la metodología correcta para la adquisición del conocimiento en el pasado. No tenía nada específico que decir todavía, pero sí tenía fe en las habilidades de la gente para resolver los grandes misterios del mundo, a pesar de las imperfecciones de la mente y los sentidos, y creía que el día en que ellos finalmente lo lograrían no estaba lejos.

Mientras pienso en todo esto, ahora estoy viendo en el *Reigen-Swage* al Instituto Aidersen, manteniéndose alerta durante esas largas noches, con miles de personas rodeándolo de rodillas, manteniendo una vigilia por todo el campus, esperando a que sus líderes espirituales, los tataranietos de Chillerin, emergieran con una respuesta, una explicación de qué estaba sucediendo, pero en vano, ya que aún no estaban en posición de dar alguna.

Dentro del vasto salón: una multitud de hombres sabios sin dormir, agotados y trastornados, vestidos con el atuendo aidersiano oficial con la raya azul, el armiño y la insignia. El Aidersen entero estaba en un estado de confusión y angustia y muchas otras personas de institutos más pequeños pero relacionados seguían llegando, ¡incluso desde el otro lado del Valle! Las reuniones eran continuas y sucesivas, pero sin ningún resultado positivo hasta entonces. Incluso los mismos hombres sabios del Aidersen esperaban a ser informados acerca de lo que acababa de suceder por aquellos que venían de afuera.

¡Sí! Ahora las cosas finalmente se han comenzado a aclarar y muchos de ellos hablan de algún tipo de recompensa increíble. El surgimiento de un nuevo *Virch* sin precedentes ahora se había convertido de manera vaga en el centro de la discusión y el nombre del anciano Alexis Volky, su antiguo compañero que había dejado el Instituto Aidersen de manera definitiva hacía varios años y se había ido para convertirse en un monje, se susurró en los círculos de los hombres sabios con mucho respeto durante los siguientes pocos días. Nadie había hecho contacto con él todavía. Lo único que *sí* habían hecho es hacer la selección de los embajadores que le serían enviados. Ni siquiera sabían exactamente en qué parte del amplio Valle yacía el retiro secreto adonde el venerable Anciano se había retirado después de "lo que vio", pasando sus días y noches en ayuno, meditando y rezando.

Mientras las multitudes esperaban con devoción en las afueras, adentro, los hombres sabios, con sus miradas bajas ante los bustos de sus predecesores, *Lorffes* e *Ilectores*, y con sus caras enterradas en incontables pilas de libros en miniatura que contenían la cristalización de todo el intelecto de la historia de la humanidad entera, seguían discutiendo y deliberando febrilmente. Pero aún sin resultados...

5-VI

(Tarde en la noche)
"Pero Dios eligió lo insensato en el mundo para avergonzar a los sabios"

Los *Nibelvirches* habían comenzado a multiplicarse y a volverse más frecuentes tanto en el Valle de las Rosas como en países distantes y casi ninguno fue fatal después de la supervivencia de Alexis Volky. Su grito de éxtasis y su sermón pacífico subsiguiente, a medida que los días pasaban, animó a otras voces triunfantes y espíritus individuales a alzar la voz. Pero las multitudes solo reconocían y confiaban en el Instituto Aidersen. ¡Eso es lo que habían aprendido a respetar y escuchar a lo largo de una larga tradición que había pasado de padre a hijo y ahí es donde habían depositado sus esperanzas de siglos de antigüedad! Pero el Aidersen guardó silencio y se mantuvo cauteloso. Y se mantendría de esa forma durante las siguientes semanas.

6-VI

Hoy en día, ninguna parte del lugar sagrado tiene rejas. Lo vi en el *Swage*. Una simple cuerda de mármol blanco, esculpida en unos pequeños anillos rectangulares, la protege de pasos equivocados y descuidados. Incluso un niño podría saltar sobre ella si quisiera. Pero nadie lo hace. Todos van alrededor de ella en sentido contrario a las agujas del reloj, comenzando desde el grupo de pequeños cedros. Pasando por allí, uno se encuentra en un gran patio blanco escueto, o al menos así se veía en el *Reigen-Swage*, con unas pocas columnas y paredes que hasta cierta altura parecían estar hechas de marfil. En el fondo, muy cerca de la antigua pared blanca, debajo de la cúpula con el Novotronium de Nikorski, se pueden ver las siete luces sagradas y los estandartes ondeando en la luz celeste. Todo el santuario está pavimentado con una sola losa de color blanco puro de un material parecido al mármol y el área circundante está cubierta por los famosos arbustos de rosas azul claro, justo como en el Panteón.

Ahora estoy viendo el mismo lugar nuevamente, pero de la manera en que solía verse. ¡Es idéntico! Vi al Alexis Volky de barba blanca vestido con la túnica blanca erguido (como el anciano septuagenario siempre había sido) bajo las estrellas mientras experimentaba su majestuoso y divino Gran Momento.

¡Cuántas veces me habían hablado Jaeger y Stefan acerca de este lugar y con tanta emoción! Veo claramente a la estudiante de Volky Mary-Lea sentada en las escaleras a los pies del gran Maestro, herida y ahora destinada al Más Allá, lejos de la fealdad de esta vida. Se la puede ver llorando de alegría. Ella no esconde su cara; en cambio, mantiene su cabeza en alto, como si estuviera en medio del éxtasis y la inspiración.

Se ve al anciano manteniéndose derecho de manera inmóvil, con su cabeza alta, mirando fijamente hacia el vasto estado. Se ve como una visión blanca. El éxtasis, el asombro y el "horror sagrado" de los primeros momentos están grabados en su rostro y han dejado un rastro de luz, un brillo más allá de descripción, sobre este. Ya no está temblando y se puede ver claramente cómo es ahora, un maestro de su propia emoción. Él sabe que no hay razón para alardear; solo fue una casualidad que, de todas las personas, él fue quien probó estar más preparado. Eso es todo... Él solo es uno más de nosotros, con la excepción de que fue capaz de soportar este "golpe repentino de luz", ya que para él no fue tan repentino. ¡La "exquisita chispa divina" había golpeado una roca real esta vez!

Siempre erguido y rígido, ve hacia el horizonte mientras una lágrima rueda por su cara pálida y ascética. Me pregunto qué está pensando... ¿Está viendo el amanecer del nuevo día espiritual allá abajo sobre el horizonte? ¿O está pensando en el pasado y reflexionando sobre el increíble desenlace de la historia de la humanidad?

Verán, él había pasado su vida entera en el Instituto Aidersen desde que era un niño pequeño. Él se había apropiado de los sueños de sus ancestros y de la promesa de Chillerin y estos le importaban profundamente...

LA HISTORIA DE MARY-LEA: UNA SANTA MODERNA

7-VI

Unos días después, él le dio su apellido a Mary-Lea, adoptándola póstumamente, una larga tradición en el Valle entre profesores y estudiantes amados que perdían sus vidas prematuramente, y luego asistió a su funeral en el Aidersen en medio de multitudes de hombres sabios y los miles y miles de otras personas, irguiéndose con orgullo, sin derramar una sola lágrima.

Ese día fue una apoteosis para Mary-Lea, ya que a partir de entonces sería recordada en la tradición aidersiana como una de las figuras más populares de la cultura espiritual moderna. Su pira funeraria estuvo rodeada por miles de flores de todas partes del mundo y miles de personas, todas vestidas de blanco, se arrodillaron alrededor de las cenizas de esa noble Troendin, cuya alma no pudo soportar el "quiebre de las ataduras" y la "nostalgia por la patria celestial".

El 7 y 8 de septiembre, los últimos dos días de su vida, después de haber escapado del Valle, ella deambuló en tierras remotas, algo mentalmente inestable e incapaz de dominar sus pensamientos. Las últimas personas con las que se encontró se quedaron con la impresión de que estaba poseída por pensamientos obsesivos.

Dos jardineros en Doriani dijeron que, en la mañana del ocho, una hermosa muchacha rubia de ojos azul oscuro, vestida con un largo vestido blanco, los había detenido y preguntado el camino hacia el mar e incluso les explicó que se dirigía a la playa, trayéndole muy buenas noticias a un joven muchacho que había estado esperando allí por una respuesta, pacientemente, durante miles de años... De hecho, incluso repitió la misma frase en antiguo alemán: "Er wartet auf ein Antwort", lo que significa, "Él está esperando por una respuesta".

Más abajo, había un grupo de trabajadores que iban en su camino de regreso del trabajo al comienzo del amanecer. A ellos, ella les habló normal y racionalmente. Ellos le ofrecieron uvas y ella las aceptó. Tres horas antes del mediodía, en los campos de naranjos de Eliki del Este, ella le dio su brazalete como un regalo a la hija pequeña del guardia de seguridad. Se sentó en el taller durante un cuarto de hora y pidió un poco de agua. Sus ojos estaban rojos, como si hubiera estado llorando durante toda la noche, pero aun así habló coherentemente. Lo que llamó su atención fueron los castaños en flor y habló acerca de ellos con la esposa del guardia. Se ahogó esa misma tarde. Fue encontrada en una parte desolada de la playa al amanecer. Dos pescadores, padre e hijo (gente insignificante, cuyos nombres, sin embargo, llegaron a las páginas de la historia), arrastraron su cuerpo fuera del agua. Observé esa escena en el *Reigen-Swage*. Su cuerpo juvenil no se había deformado en lo más mínimo y el vestido largo, blanco y mojado se adhería a sus curvas. Ese fue el final de esta primera "Santa del *Nojere*", la primera figura amada e inmortal de la "Nueva Era".

Ahora, cada año en el aniversario de su muerte, quince días antes del Año Nuevo, miles de personas, vestidas con túnicas blancas y cargando canastas con flores frescas y guirnaldas, caminan y caminan a lo largo de la playa cantando himnos, como un símbolo de remembranza y apreciación. Dos horas antes de la medianoche, arrojan sus flores en el profundo mar azul.

Mary-Lea Volky fue un espíritu bueno y ahora es considerada una amiga y patrona de las niñas y las mujeres. Todos sus otros contemporáneos envejecieron, sucumbieron ante las leyes de la decadencia biológica y dejaron este mundo. Pero Mary-Lea permaneció siendo la misma para siempre: de diecinueve años, impoluta e inmortal, ¡una semejante para cada generación! Su nombre se ha convertido en poesía y leyendas; ¡se ha convertido en una musa! Miles de estatuas pequeñas, bustos y monumentos de ella existen alrededor de todo el mundo y siempre es representada con cabellos dorados, labios color cereza y profundos ojos azul marino, repletos de la luz del Mediterráneo. Incontables amuletos e íconos finamente elaborados se hacen cada año como un tributo a ella. Su recuerdo se ha vinculado en los corazones de la gente a algún tipo de brillante luz sobrenatural que atrae de tal poderosa manera que es imposible ponerlo en palabras.

Hilda y Silvia la habían traído a colación en conversaciones varias veces antes de que yo supiera quién era. De hecho, recuerdo una vez en particular: una noche de vuelta en nuestras villas, ellas la mencionaron mientras estábamos contemplando las estrellas Arcturus y Vega a través de un pequeño telescopio...

EL JUICIO DEL INSTITUTO AIDERSEN
Un nuevo comienzo

8-VI

Uno de los últimos días de septiembre, cuando finalmente estuvo claro que los hechos habían hablado por sí mismos, el Instituto Aidersen rompió su silencio. El Instituto con prestigio global único le recordó a la gente cómo, hacía unos mil cuatrocientos años, el hombre había logrado convertirse en un pequeño dios en el estudio del mundo físico y las aplicaciones técnicas relevantes y, por primera vez en la historia, creó una estrella a través de los procesos de "fusión y división". Lo que ahora estaba sucediendo era tan "divino" como ese avance científico y tecnológico que había ocurrido en ese entonces, ¡solo que ahora concernía a cada aspecto de la vida! Nuevamente como un pequeño dios, el hombre finalmente fue capaz de arrancar el velo del "Gran Secreto" y ver qué había detrás de él.

¿Qué siguió? Ya lo sabemos. Esa generación estaba destinada a llevar a cabo los sueños de hacía miles de años y generaciones y a que el hombre escalara alto en la cima del Valle y "viera" finalmente. Se dice que Alexis Volky fue el primer "elegido", pero cientos de otros siguieron al año siguiente y miles más al año después de ese. Y es así cómo ahora la gente lo sabe. Ellos ya no solo creen; ¡lo han visto, lo saben!

"¡El *Nibelvirch* debía llegar," dijo Arald, otro aidersiano, un mes después, "para que se pudieran mostrar claramente y pudiera brillar la verdadera calidad, contenido y significado de los otros *Virches*!"

Después de que la gente se dio cuenta de lo que acababa de suceder, algunos alabaron a Dios por haber nacido en esa era y ser parte de esa generación sagrada y otros alabaron a Volky por haber soportado tanto y por haber pavimentado el camino para el resto de la humanidad.

Al principio, y por un período considerable de tiempo, la gente de todo el mundo abandonó su trabajo y renunció casi completamente a todos los asuntos y preocupaciones terrenales. Aún eran incapaces de manejar lo que había sucedido: simplemente no sabían cómo hacerlo todavía.

SUICIDIOS EN MASA Y EL PROPÓSITO DE LA VIDA

9-VI

Durante los siguientes meses, Volky y los grandes hombres del Aidersen sintieron la necesidad de detener de una vez y por todas el "éxodo masivo" que siguió, ya que se encontraron frente a cientos y después miles de casos de personas cuyos motivos para vivir habían disminuido y lo que ahora los había reemplazado era un nuevo impulso, el de "deserción" y "escape", que a menudo se manifestaba en la gente como una consecuencia del *Nibelvirch*.

Este nuevo impulso había surgido junto con los increíbles sentimientos de felicidad, paz espiritual, una especie de alegría divina y una conciliación casi "socrática" con la muerte, pero también había traído un desinterés hacia todas las cosas terrenales, que ahora se sentían insignificantes para las personas, preocupaciones ajenas e indignas de la gente.

Lo que no podían manejar no era la rutina diaria, las realidades y las pequeñas alegrías y tristezas de la vida; era que todos sus sueños, amores, amados que ya no estaban a su lado, los momentos más felices de sus vidas, cosas en las que solían pensar como meros recuerdos, ahora se habían condensado en una fuerza increíble que había regresado para acecharlos.

Llegaron días en 986 y 987 *(3382 y 3383 d. C.)* en los que el liderazgo espiritual del planeta estaba seriamente preocupado de si esta "madurez espiritual y psicológica temprana", este salto en la evolución biológica y el progreso espiritual, había venido en un buen momento y si el proyecto de siglos del Valle también tendría consecuencias desagradables. Casi todos habían probado estar lejos de estar preparados, incluso los *Ilectores*, con la sola excepción de unos pocos cientos de ancianos imperturbables, seguidores de Volky.

La creación, con sabia previsión, había escondido exitosamente sus secretos del hombre, con gran celo y durante miles de años. Recordaron que, en los primeros dos siglos del Valle, muchos de ellos estuvieron en contra de esta enorme tarea espiritual e insistieron fuertemente en poner fin al esfuerzo especial de alcanzar una cultura espiritual avanzada y crear a un hombre intelectualmente superior. En resumen, querían decir: Así es como son las cosas y están bien de la forma en que son; déjenlos evolucionar a su propio ritmo y no los apresuren, porque Dios sabe lo que podría despertar cualquier acción que acelere el proceso natural...

La solución a la que llegaron con el objetivo de detener el "éxodo masivo" fue resaltar la utilidad y necesidad de cada etapa de la vida humana sobra la tierra, incluyendo a la que atravesaban en ese momento. Convencieron a la gente de que incluso esa difícil etapa era una parte pequeña pero esencial del *Samith* y era su deber atravesar eso también. Les dijeron que "todos venimos a esta vida con un propósito: amar mucho y dar un pedazo de nosotros a los otros, incluso si eso nos causa dolor, estar sedientos por lo bello y lo verdadero, llegar a conocer las maravillas terrenales de la naturaleza y ayudar a las criaturas más débiles y dejar esta vida cuando llegue nuestro tiempo y no antes, como desertores."

Recalcaron que lo que vieron no debería estar relacionado en ningún caso a la terminación de la vida sobre la tierra. Todo lo contrario. Les dijeron que el propósito es que la vida siga y tome un curso ascendente, cada vez acercándose un paso más a la perfección, ¡a la verdad! "Si nos extinguimos, ¿cómo ha de continuar este curso ascendente? ¿Privarán a las siguientes generaciones de su propia especie de la oportunidad de compararse algún día con nuestra generación y sentirse tan orgullosos de su progreso como nosotros nos sentimos hoy en comparación con nuestros ancestros? Nosotros somos la conexión indispensable entre el pasado y el futuro. ¡Nosotros somos el presente y no hemos de perdernos!"

Junto a este argumento, el Valle dio órdenes para planes inmediatos que habrían de resultar en una organización incluso mejor de la sociedad, una sociedad que daría a sus miembros nuevos incentivos para vivir. Se iniciaron grandes proyectos de infraestructura, se anunciaron investigaciones para nuevas invenciones, se establecieron nuevas instituciones y se crearon mejores asociaciones casi en todas las áreas de la vida social. Incluso se organizaron festivales de música paneuropeos, los cuales sirvieron como una distracción, estimulando los intereses de la gente en la vida nuevamente.

10-VI

Toda esta campaña persistente resultó en una mitigación considerable del impulso de escape anteriormente nombrado y en una disminución en la cantidad de tales incidentes. Como era de esperarse, fracasaron en eliminarlos por completo en el primer año. De hecho, el Aidersen dijo más tarde: "Es muy difícil evitar que aquellos que están muriendo de sed corran directo hacia a un pozo cuando uno aparece ante ellos." Estaban en lo correcto. Porque ¿qué tenían las personas hasta entonces? Vivían de pequeñas gotas de agua que se evaporaban muy rápidamente. Sin embargo, a pesar de las dificultades a las que se enfrentaron el año siguiente, el problema disminuyó gradualmente hasta que fue completamente eliminado. No sucedió de un solo golpe (no podría haberlo hecho) sino paso a paso. El mundo regresó a un ritmo de vida normal, pero todos mantuvieron muy profundo en sus almas el recuerdo de lo que después fue caracterizado como "*el* momento más importante del progreso espiritual de la humanidad".

En ese momento, por supuesto, todas sus preguntas se habían resuelto y todo tenía una explicación: la "sensación de vivir en una tierra extraña", la "sed por lo eterno", el "sentimiento de privación". El *Nibelvirch* le había mostrado a la gente de dónde provenía todo.

11-VI

Desde principios de 987 y hasta ahora, el Valle ha estado estudiando los clásicos con un nuevo celo sin precedentes. Todo ha adquirido un nuevo significado: desde Sócrates y Platón hasta Confucio, Siddhartha Gautama y Jesús. Incluso la concepción del infinito, lo incorruptible, el contraste entre el presente y la eternidad se ha vuelto objeto de reevaluación. Nadie hablaba ya de la "lucha del hombre contra su destino". Nadie hablaba del "conflicto entre el individuo y el mundo" tampoco.

De hecho, acerca de los suicidios de tiempos pasados, ahora se decía que su causa no fue el "dolor del amor" ni la "sensibilidad excesiva". La razón fue "la sed sagrada del alma y el anhelo por el *Samith*".

11-VI De nuevo

(Tarde en la noche)

Mañana en la mañana no tengo clases con Lain y no estoy planeando escribir tampoco. Pretendo pasar todo el día afuera de la ciudad. La luz de las estrellas de esta noche es mágica. Creo que mañana tendremos el primer día soleado de la primavera de cielos azul claro. Ya huele como primavera.

Retsstats Aarsdag, MDX
(aniversario del establecimiento de la Mancomunidad Universal)

Campanas, campanas, campanas, campanas sonando interminablemente desde las primeras horas de la mañana, como si fuera Sábado Santo. Si se les pregunta, ¡dirán que simbolizan la "Resurrección de nuestra especie"!

Los grandes líderes están ausentes hoy. Todos tienen una reunión en el Valle. Estoy sentado en la terraza y miro hacia abajo. Hay pocas personas en las calles. Los parques y las arboledas están brillando. Me da tanto placer caminar al sol de la mañana... ¡podría hacerlo para siempre! ¡Hoy la ciudad llama a recorrerla!

12-VI

Markfor es un estado del que uno puede enamorarse muy fácilmente. Ayer sentí una vez más cuán correcta es la manera de pensar y vivir de estas personas. Y ahora que nuestra estadía aquí casi se ha terminado y pronto comenzaremos una excursión por los estados centrales de Europa y luego alrededor del Rosernes Dal, siento una atracción incluso más grande hacia este lugar, casi como un anhelo.

Ayer en la mañana, descubrí los setos de Leouras mientras buscaba la galería del Medici, un área verde y silenciosa, demasiado verde y demasiado silenciosa para ser parte del centro de la ciudad. Pero los vastos contrastes son una de las mejores características de Markfor. Aún se pueden ver las bandadas de *linsenes* y motos *velo* y escuchar el rugir de las multitudes inundando las arterias principales de la ciudad a media milla de distancia. Pero si uno se desvía un poco, se encuentra repentinamente con paisajes idílicos, como si hubiera viajado a una tierra lejana en un viaje mágico; y aun así, solo ha caminado por unos pocos minutos.

EXCURSIONANDO EN MARKFOR

Para aquellos que aman la tradición del antiguo estado, la parte más hermosa de Markfor se encuentra al otro lado de la cuadra. Estar allí es como regresar en el tiempo cuatrocientos años: enormes mansiones que parecen estar deshabitadas, amplias escuelas y salones de clases que se ven desolados y librerías arquitectónicamente magistrales con contenido que mi conocimiento y educación aún no me permiten apreciar. Hacia el oeste, dentro de los parques enormes, se puede ver el Palacio del Rector con la famosa columnata dórica en el fondo. Cerca, se encuentran las áreas de estudio del Laureatis con la estatua de Giordano Bruno en el medio y el auditorio de Milioki, un antiguo fundador y facilitador de ellos. ¡Y está su poeta, Selius! He leído algunas cosas de él. Su monumento es extremadamente alto en comparación con todas las otras estatuas de mármol. Es de bronce y todos los seis lados del pedestal gigante están embellecidos con representaciones en relieve de su vida y citas tomadas de sus piezas líricas más hermosas.

Otro edificio que me fascinó fue la Iglesia de Alma, la cual es tanto el palacio como el templo del espíritu al mismo tiempo. Construida con un estilo gótico, es famosa principalmente por las esculturas en su fachada. Su construcción comenzó en el siglo IX con el famoso arquitecto Rauschen Torneo, pero finalizó después porque su creador murió antes de completarla. Doscientos metros más allá está el jardín donde los bisabuelos de la generación actual lograron almacenar rocas de siglos de antigüedad para el pedestal de la antigua estatua de Castello Sforzesco, en una barandilla rectangular con una placa sin inscripción.

Markfor es un estado que puede amarse profundamente, ya que combina los tiempos antiguos con los nuevos. Si usted es un amante del arte, Markfor le dará la bienvenida a través de sus tres museos principales: el Luigi Davide, el Titiano y el Goya, y luego el Nibrera e incontables otros más pequeños, entre los cuales está el famoso y especial museo/gliptoteca Tenarelis. Si usted quiere estudiar cualquier campo de conocimiento, no encontrará un mejor lugar para hacerlo. Puede elegir desde simples clases hasta grandes universidades a las que atienden los *Cives* e incluso academias de filosofía y bellas artes.

En cuanto a lo concerniente a las librerías, las cuatro más grandes están abiertas, cada una dedicada a un campo de estudio diferente: la aidersiana a la literatura, la cartesiana a la filosofía, la alejandrina a la historia y la laurentiana a la historia del arte. Y por supuesto, también tienen las famosas orquestas sinfónicas de Markfor, donde se puede escuchar todo tipo de música; desde música eclesiástica hasta las obras maestras de Valmandel, Svelder, Holger Nielsen, Ruthemir y tantos otros...

Si usted es un fan del deporte, Markfor no ofrece anillos de lucha libre ni campos ni canchas para partidos, ya que ahora detestan nuestros deportes y todo tipo de récord, pero tiene abundantes centros de ejercicio físico y piscinas de natación, donde, sin embargo, no se persigue ningún récord ni se celebra ninguna competición.

Si usted de casualidad está triste, un paseo a través de las calles de la ciudad será suficiente para hacerlo sentir mejor. ¡Y si todavía tiene el corazón de un niño, entonces Markfor, la "flor silvestre" favorita, el estado con la sonrisa brillante, le dará la bienvenida con rayos de sol derramándose entre los árboles de castaño del Parco Centrale y sus jardines lo abrazarán!

La manera en que la gente se enfrenta al mundo y ve a sus semejantes aquí es muy diferente a la nuestra. También lo son las reglas del socializar entre ellos. Si uno camina por la calle nadie lo molestará. Si uno permanece quieto, observando los estanques en uno de los grandes parques, lo dejarán solo con sus pensamientos. Nunca me ha sucedido que alguien me hable cuando estoy solo en tales circunstancias.

Sin embargo, es un caso completamente diferente si uno entra en uno de sus centros de juego, estadios de deporte, piscinas o *larinteres*, como ellos los llaman. Recuerdo lo que me sucedió una mañana, hace unos cinco meses, uno de los primeros días que fui a escuchar a Lain. Temprano en la mañana, antes de la lección, pasé por un gran estadio que parecía tener una vasta variedad de instalaciones para tenis de mesa y entré, con curiosidad de ver de cerca todas las mesas alineadas. Caminé alrededor y, naturalmente, de vez en cuando me detuve y miré fijamente. Pero parece ser que había olvidado lo que Stefan me había dicho millones de veces, esto es, que "aquí no hay extraños", hasta que me di cuenta por mí mismo de que en *tales* circunstancias no lo dejan en paz a uno. Por lo tanto, después de un rato, dos muchachas y un hombre joven en sus treintas que las estaba acompañando (todos los tres extraños para mí) se me acercaron y me preguntaron si quería jugar con ellos. Les respondí tan educadamente como pude y terminé mi oración de que hoy tenía prisa con el necesario "tank" *(su palabra para "gracias")*, añadiendo que "tal vez otra mañana podría tener el placer de hacerlo". No sabía qué más decir. Uno no debe decir su nombre aquí, ni la gente lo pregunta ni le dicen el suyo. No obstante, puede que ellos hayan sido extraños para mí, pero para ellos, yo era su viejo y anónimo camarada de los *glothneres*, una persona digna con la cual interactuar, un compañero, ¡incluso un amigo!

En tales condiciones de vida social, ¿quién podría alguna vez sentirse solo? ¡El sentimiento que había experimentado tantas veces en mi vida previa, la melancolía de la soledad, era desconocido aquí!

EL ANIVERSARIO DEL "GRAN DÍA" Y LA EXTINCIÓN DE LAS RAZAS

Ayer en la tarde me llevé la moto *velo* para dar un paseo por segunda vez. La vista vespertina de Markfor es completamente diferente de la de la mañana. Esta vez había miles de personas en las calles y había bastante luz por todos lados. Según escuché, todas estas personas acababan de regresar del Valle, adonde habían viajado ayer para el gran día, el aniversario de 1510 años desde el día de la unión, el día en que un verdadero estado de ley y orden reemplazó la anarquía política y económica del pasado. También escuché sin querer a unos jóvenes en la calle cantando algo que me recordó a las palabras que los niños de la antigua Esparta solían decir a los ancianos: "ἄμμες δε γ' εσσόμεθα πολλῶ κάρρονες", lo que significa, *"pero hemos de llegar a ser mucho mejores que ustedes"*.

¡Querido Señor, por favor ayude a aquellos
Que vienen mañana
A ser mejores que nosotros hoy
Y hágalos más dignos
Por el bien
De la grandeza
Y la gloria
De nuestra amada tierra!

La procesión de antorchas que tuvo lugar finalizó frente a la imponente estatua de John Terring, en el centro de la plaza, como es el caso esta noche de cada año.

Detrás de esa plaza comienza una de las arterias más grandes del este de Markfor. Casi estoy en casa. El horizonte de Markfor, embellecido con miles de rascacielos de 100 pisos a ambos lados, parece ser interminable e increíble. Y en todos lados alrededor de ellos: hermosos y enormes jardines.

Pasando por aquí, también me siento joven y feliz, me siento como uno de ellos. Y últimamente este sentimiento es muy frecuente. Parece como si esta brecha mía en educación y tradición se ha llenado mágicamente esta noche, como si hubiera asimilado sus experiencias y las hubiera hecho mías.

Tarde anoche, en el alegre comedor de los *Cives* de Riyalta, en el techo inmenso de uno de los rascacielos rodeado de verjas de cristal, vinieron a la vida los recuerdos ancestrales de las comidas en comuna de los comienzos del *Eldrere*. La celebración del gran día finalizó con unas pocas palabras conmovedoras, ojos repletos de lágrimas y recuerdos de los personajes gloriosos de su historia. La cena duró una hora y media en una atmósfera muy cordial. Y por primera vez en la vida, vi a estas personas, que detestan el alcohol, beber un poquito de vino, en especial el vino dulce y rojo rubí, servido después de la comida con fruta, su famoso Lacrimae Rosae, producido por el colectivo Grimbole. Cuando la cena se terminó, todos se pusieron de pie y se mantuvieron unos minutos en silencio por el gran día. Sobra decir que yo hice lo mismo. Al final y después de los incontables deseos para las generaciones y años venideros, se pusieron de pie nuevamente y comenzaron a susurrar un himno antiguo, afortunadamente en *sotto voce*, así que pude pretender con dignidad que susurraba junto a ellos…

No hay mezquindad ni regodeo, ni insidias, ni intrigas, ni egoísmo, ni guerras mortales, ni puñaladas por la espalda en la vida social, ni ninguno de esos sucesos de perversidad sin sentido. ¡Qué infelices éramos en ese entonces! ¡Hablábamos del humanismo entonces y ellos finalmente lo han hecho realidad!

Por supuesto, sus historiadores y educadores parecen olvidar que fue por necesidad que esos años fueron tan espantosos y que nosotros no podríamos haber hecho nada para evitarlo. No es que no quisiéramos hacerlo; simplemente no podíamos…

Hay momentos en los que quisiera decirle a Lain y a Stefan, que tanto honran a los fundadores y organizadores del *Eldrere*, que cuando hacen referencia a los "grandes" políticos y "defensores del humanismo" sería más correcto y adecuado preguntarles: "¿Qué les sucedió a las razas de color?" "¿A qué costo alcanzaron el predominio del humanismo entre los blancos y el establecimiento de su amada ley y orden?"

La historia es ahora escrita y leída desde su perspectiva porque fueron lo suficientemente afortunados como para prevalecer. Pero la historia hubiera sido escrita de una manera completamente diferente, y sus atrocidades hubieran sido condenadas en los términos más estrictos posibles, si la raza amarilla hubiera heredado la tierra… Ahora escriben la historia como si fuera un triunfo moralmente perfecto, un camino heroico puro, una exaltación del

alma, una perspectiva histórica posiblemente muy similar a la enseñada en los seminarios de las iglesias por un grupo de sabios españoles en el siglo XVIII: el triunfo de la invasión y la destrucción de las culturas obsoletas como los incas y los mayas...
"¿Qué les sucedió a las antiguas civilizaciones de Asia, hipócritas?" ¡Eso es lo que debería preguntarles! En el *Reigen-Swage* vi que solo hasta la mitad del siglo XXIV de nuestra cronología aún había algunos "focos amarillos" diseminados por aquí y allá en el extenso territorio de Asia, el cual ahora está habitado por los franceses, anglosajones, eslavos y latinos. También vi que, al mismo tiempo, en el "continente negro" era tremendamente raro que uno se encontrara con cualquier negro.

El destino fue muy cruel con estas razas y bastante irónico también, porque mientras ellos acababan de dejar de ser esclavos y se estaban emancipando políticamente en territorios autónomos, la actitud brutal de su "antiguo opresor colonial", que mientras tanto había sido presa del pánico debido a la "pesadilla de la cantidad", regresó para atormentarlos por otros 150 años. La tierra debe haber presenciado horribles atrocidades de inhumanidad después del siglo XXI, las cuales duraron cientos de años. Por último, las razas negra y amarilla, al igual que todas las otras razas de Asia, pagaron el precio con la terminación de su propia historia sobre la tierra.

LAS RIVALIDADES DE AIDERSEN Y LOS ATENTADOS EN CONTRA DE LA NUEVA REALIDAD
Los Institutos Gled y Ossen y la Puerta Lesley

13-VI

(Muy tarde en la noche)

Ya había escuchado mucho de Lain acerca de la crisis que la predicación vólkica había padecido durante décadas hacia el final del primer milenio de su nueva cronología, antes de que prevaleciera más tarde. Y tal crisis fue anticipada, ya que el *Nibelvirch* nunca fue algo dado al público en ninguna de las eras posteriores a su aparición. Hoy en día, sin embargo, el Valle dice que es mucho más tangible y accesible a la gente, incluso fuera de los círculos de los *Ilectores*, de lo que fue en el pasado.

Hoy no fui al Instituto Reigen-Swage. No he ido para allá desde hace ocho días. Me quedé en casa todo el día. Queriendo descansar mis ojos un poco, ¡ordené libros que están diseñados e impresos especialmente para ser escuchados en vez de leídos! Puse uno de ellos en el dispositivo especial que vino con él y escuché una narración histórica corta y popularizada de esos años, desde 987 hasta 1030 *(3376-3419 d. C.)*. Lo que se me hace más difícil de entender son los muchos términos técnicos del antiguo idioma peculiar de sus textos más antiguos, términos que han sido preservados y aún se usan incluso en los libros más simples y cortos de hoy, ya que afirman que la juventud de hoy los conoce y entiende su significado. En cualquier caso, anoto lo que sea que haya entendido y de la manera en que lo haya entendido, intentando comunicar estos nuevos términos y conceptos en el lenguaje de nuestro tiempo y transmitirlos de la manera en que nosotros lo haríamos. Honestamente no sé qué es más difícil: tratar de asimilarlos o transcribirlos usando las fórmulas léxicas de nuestra antigua forma de expresión. Como sea...

Uno esperaría que el tema principal de controversia en el Valle de las Rosas sería el mismo Volky, ya que, con base en nuestro propio dicho, "Ningún hombre es un profeta en su propia tierra". Pero sucedió exactamente lo contrario.

En el Valle, fue adorado y divinizado. En cambio, las reacciones más grandes vinieron de los mayores centros intelectuales de Gled,

Ossen, Vikingegnist y el Instituto Skolkin. Atacaron principalmente a sus fanáticos y estudiantes de los nombres más grandes del Aidersen, esto es, los primeros en escribir acerca de la "Gran Revelación", habiendo vivido previamente el *Nibelvirch* ellos mismos, ya que Volky no escribió nada después del año 986 y durante los últimos diez años de su vida, como fue el caso de Jesús, Buda y Sócrates.

Los institutos Gled y Ossen en particular lucharon en contra del *Umoddelbare Oplysning (Conocimiento Directo e Ilustración Instantánea)* y resaltaron los peligros de cualquier camino a la percepción de la realidad que exista fuera del marco de las capacidades de la cognición humana. Ratziskin de Ossen creía que los sentidos eran imperfectos, pero que la mente humana era un *mirabilis organum* que sustituía su imperfección y remediaba los datos sensoriales incorrectos transmitidos al cerebro. "Todo lo que efectivamente existe," dijo él, "puede reducirse a la cognición. *Nihil in mundo, nisi in intellectu.* Todo lo que no consiente con el intelecto y la razón no existe. O, mejor dicho: es imposible estar seguro de su existencia."

Fue imposible para el Gled y el Ossen, especialmente durante las primeras pocas décadas, admitir las "nuevas habilidades intelectuales" del hombre del Rosernes Dal, el nuevo conocimiento y capacidades y la nueva experiencia sobrenatural del Aidersen (empirismo excesivo). Lo que argumentaba el Aidersen era para ellos inaceptable: a saber, que el hombre había adquirido un nuevo "instrumento de conocimiento" que, por un lado, nos da descubrimientos tan palpables y datos tan positivos que satisfarían incluso a los creyentes tempranos de los datos sensoriales más conservadores y, por otro lado, prueba que su textura está "más allá de la cognición" y "más allá de la razón" (proporción).

Dos científicos, Milliakof y Durant, tomaron ventaja de la "confesión" del Aidersen, a saber, que era imposible que el ancestro remoto original de la "nueva antena" del *Nibelvirch* hubiera sido la "intuición" de los viejos tiempos y, distorsionando esa confesión por medio de la omisión de la parte que los primeros volkistas añadieron a esa idea (que no obstante esa intuición fue desnaturalizada hasta convertirse en algo completamente diferente), recalcaron con todo el poder y la autoridad que el Ossen les otorgaba, cuán precario y peligroso era este camino que guiaba a vuelos místicos de fantasía.

Milliakof no vivió para ver la derrota absoluta de su razonamiento y el triunfo de los volkistas. A mediados del siglo XI, el *Nibelvirch* estaba en su auge y, guiado por los primeros principales aidersianos, ¡el Valle de las Rosas se había convertido en parte de la vanguardia intelectual de la raza humana y estaba haciendo historia!

Otro atentado en contra de la nueva predicación fue hecho por algunos círculos de médicos (aunque con impacto limitado) hace unos mil años atrás, los cuales intentaron encontrar puntos débiles en la psique de Volky y decir que "él fue la primera víctima de una alucinación masiva, la cual ha persistido en el tiempo". El papel de liderazgo en ese "movimiento" lo poseía el Instituto de la Puerta Lesley, con su escuela médica mundialmente famosa, seguido por otros cinco o seis grupos de hombres sabios de todo el mundo, y el debate entero duró alrededor de una década.

¿Cuál era su teoría? Más o menos la siguiente: No se equivoquen; todo lo que sienten ahora viene desde adentro. Todas estas cosas maravillosas que quieren decir no son más que un reflejo vívido de sus propias ideas. Su fuente no es externa; derivan de sus propias profundidades. ¡Así que recapaciten y dense cuenta de que están caminando por la cuerda floja entre la cordura y la ilusión!

La Puerta Lesley dijo, por supuesto, mucho más que eso en contra de no solo los Grandes del Aidersen, sino también de todo el Valle. Escrutaron y criticaron los cinco siglos enteros de la existencia del Valle, adoptando la opinión de los viejos reaccionarios, quienes afirmaban que habrían estado mejor sin ese gran empeño espiritual. Se volvieron en contra de "los 200", los fundadores del Valle, y denunciaron con fuerza todo el proyecto dirigido a la evolución prematura de nuestra especie, argumentando que para poder llegar allí se necesitaban cientos de miles de años y que el Valle era un peligro para el equilibrio mental de nuestra raza. También insinuaron que "muchos grandes hombres sabios nacen en nuestro tiempo, pero muchos de ellos no están mentalmente estables en su totalidad".

Finalmente, dijeron que no era necesario *ni* bienvenido ningún salto artificial hacia adelante y que la más simple de sus recomendaciones hacia el Valle era que debían ser cuidadosos, porque "aparte de predisponer a las generaciones futuras a una intelectualidad más elevada, también las estaban predisponiendo a una psiconeurosis severa".

Ni el Instituto Aidersen ni nadie más del Rosernes Dal respondió a estas acusaciones e insultos. Según escuché, a lo largo de esta década de debate y controversia, el Valle fue defendido tanto por sus colegas de los Ancianos de la Puerta Lesley (aquellos especializados en los mismos sectores y campos de estudios que ellos) como por las grandes personalidades espirituales de afuera del Valle, importantes intelectuales, ajenos a los campos de las ciencias médicas, la mayoría de los cuales eran graduados de las grandes universidades e institutos del siglo IX, yendo desde aquellos de Gran Torneo y Blomsterfor hasta aquellos de New Upsala.

Recuerdo lo que Atterman de Blomsterfor dijo una vez: que para una nueva especie que aún está en su albor, como la especie humana, es ridículo expresar miedos de su degeneración y caída eventual. "Solo durante los últimos siglos hemos comenzado ligeramente a encontrar nuestro camino," solía decir él, "y ya no tenemos una conexión con el espíritu antiguo. Nuestro declive todavía está muy lejos."

Sin embargo, se dice que las venerables metrópolis del norte y, sobre todo, el alma mater del espíritu moderno, el eterno Norfor, se mantenían como los defensores más poderosos de los volkistas. El Instituto Carstens, Orlik, Vera Brandes y el Ekersborg condenaron a aquellos pocos científicos que "buscaban causas patológicas con el objetivo de explicar y simultáneamente arruinar el descubrimiento más benigno y verdadero del espíritu humano en la historia". Incluso les recordaron que, en incontables veces en el pasado, grandes verdades universales y descubrimientos en la ciencia y otras áreas del espíritu humano habían parecido ser completamente improbables y fueron severamente criticados. E incontables veces en el pasado los pioneros habían sido injustamente culpados y desdeñados y habían sufrido un final muy "infeliz".

En cuanto a lo que se refiere a las acusaciones de que el Valle "no da a luz a animales muy robustos", los defensores argumentaron que "ese no debe ser para nada su propósito; además de que tal misión no sería muy honorable. Tenemos abundancia de seres de mediocridad espiritual que solo son útiles para su propio bienestar y no son dignos de hacer nada más. Pero también tenemos abundancia de seres de verdadera superioridad espiritual y fe y verdadera capacidad de contribución global y, aun así, ninguno de estos seres que han vivido entre nosotros, desde tiempos antiguos hasta hoy, encajaría en sus medidas del tipo psicológico ideal de ser humano, el animal robusto sobre el que ustedes predican."

Luego vinieron los grandiosos días de 1050 *(3439 d. C.)*, con la obra confirmatoria invaluable de Gibling, Eric Gord y Tervalsen. El movimiento literario de los Minores, del Aidersen, acerca del cual Jaeger y Stefan me habían hablado bastantes veces en el pasado, vino después, a fines del siglo XI. Las obras de esta escuela de arte y pensamiento se mantuvieron como clásicos a lo largo de toda la historia vólkica. De hecho, en la librería de Lain, vi con mis propios ojos algunos de los escritos relevantes de Fletchius que databan de esa época. Pero después de muchos intentos infructuosos de estudiarlos, concluí que simplemente no eran para mí.

Durante los siguientes pocos años, Alexis Volky encontró reconocimiento global como el "más grande héroe intelectual de la raza humana". Y solo después de que la emoción inicial hubo disminuido, muchos descendientes (MC-MCC) se dieron cuenta de que una figura tal como Volky no tenía necesidad de exagerar, mentir o embellecer hechos. Los hechos eran suficientes por sí mismos. Él fue el primero que fue capaz de soportar ver y contarle al mundo, sin añadir nada propio. Se dijo que él *fue* verdaderamente un espíritu magnánimo y extremadamente dotado; pero eso es todo. Algunos, sin embargo, llegaron al extremo de comparar infructuosamente a Volky con los grandes representantes de sus ciencias naturales: Astrom, Vilinski, Jergesen y Sioberlef ¡e incluso con nuestros propios Newton y Einstein!

No obstante, a pesar de los esfuerzos ciertamente débiles por reducir el valor y la contribución de Volky al desarrollo de la cultura global, él se mantiene aquí entre ellos como una de las figuras dominantes de la historia y, basándose en sus creencias, seguirá siéndolo por muchos siglos venideros.

Cientos de miles de biografías acerca de él ya se han escrito hasta el día presente, sin contar las de la predicación vólkica. Todos y cada uno de sus ancestros, de los cuales todos vivieron en el Valle, han sido estudiados, desde el más antiguo hasta el más reciente Volky, quien de hecho fue uno de los 200. Tinersen, el de las parábolas, fue uno de los muchos, incluso uno de los más grandes, que popularizaron y enseñaron la predicación vólkica después de 1200, con el año 2396 como año 1, así que alrededor de 3596 d. C.

La predicación espiritual de los volkistas tuvo la misma influencia inconmensurable sobre el mundo en las artes visuales, prosa, poesía y pensamiento filosófico, pero también en la formación de la consciencia moral y la educación moral de la gente joven, esto es, la visión contemporánea de la vida humana y el mundo en general.

ÚLTIMO DÍA EN MARKFOR

14-VI

Hoy es el penúltimo día de mi estadía en mi ciudad favorita. En la mañana fui al centro de Markfor, antigua Magenta, a... ¡votar! Nadie aquí pregunta si uno vive permanentemente en la ciudad o si uno tiene derecho a votar y tal. Esta perfecta falta de control por parte del Comité de Socios de la Agencia Técnica del área más amplia de Markfor, la región a la que son asignados como representantes electorales, se debe al hecho de que nunca ha habido ningún incidente de ningún tipo de truco o fraude desde hace ya muchas generaciones.

Las elecciones son concernientes a la construcción de unos nuevos edificios en el centro de Markfor y las maquetas han estado en exposición al público desde hace ya dos meses. Las principales son maquetas de tres grandes edificios, destinados a fines educativos, pero también hay algunas sugerencias de proyectos de floricultura para la decoración de los parques y plazas del estado y cualquier *Civis* que es un residente permanente puede ir y votar según sus preferencias. Así que yo también empleé mis habilidades sensoriales mediocres, elegí cuidadosamente los que me gustaron más y voté. En mi cabeza, mi amor por Markfor expiaba mi "engaño" al pretender que vivo aquí de manera permanente, pero en el fondo sé que "uno de ellos" jamás haría tal cosa; nunca se dejarían llevar ni perderían su autocontrol. Al menos me puedo confesar a través de estas páginas. Pero aparte de eso, creo que ni siquiera se lo diría a Stefan...

18-VI

¡Creo que nunca podría experimentar tal emoción, tal anticipación encantadora por el viaje, en ninguna parte que no sea en esta nueva vida mía! Ahora es el tercer día de nuestro viaje y a pesar de toda la fatiga (ahora no solo volamos todo el tiempo), a pesar de las incontables multitudes y la maravillosa variedad de nuevas imágenes y experiencias, esta noche encontré algo de tiempo para escribir unas pocas líneas, no tanto para describir lo que he visto, lo cual es imposible, sino para decir cuán feliz me he sentido a lo largo de todo este viaje, mucho más feliz que en cualquiera de mis viajes previos, y especialmente el de Norfor.

Esta vez me fue más fácil entrar en contacto con estos vastos estados, cuyo tamaño y ruido me asustaron hasta la médula siete meses atrás. Recuerdo que no podía evitar la sensación de que en cualquier momento caerían sobre mí y me aplastarían. Bueno, para ser honesto, otra razón por la cual no me siento de esa forma ahora es porque ni Torneo, ni New Göteborg, ni Anolia parecen ser tan grandes y concurridas cuando se viene de Markfor... Son mucho más pequeños y mucho más hermosos y no tienen ningún inmenso estado subterráneo iluminado. Su población es menor a un millón y su cielo está libre de las redes densas de acero de los puentes elevados que producen un enorme peso sobre el pecho cuando se está desacostumbrado, como yo lo estuve.

Y sus nombres son fáciles y serenos: Rosa Azzura, Maribor, Liebach, Lilienborg, New Scaldia, Rosenborg, New Christiania, Sotsiana, Bozen, Nymalmoe... Todas son ciudades jardín, continuas y sucesivas en la mayoría de los casos, alrededor de las áreas de la Antigua Tirol, Eslovenia y la ahora antigua ciudad de Stirlen, según noté en el mapa.

Pero, sin importar lo hermoso que es todo lo que he visto durante estos tres días, sé que nada se vería tan hermoso si yo no estuviera repleto de esta maravillosa emoción del viaje por sí mismo. Y esta dulce alegría del viaje, al igual que cualquier otro tipo de alegría, viene desde adentro; ¡es un regalo de mi ser interior! ¡Tener la fortuna de viajar con Stefan, Hilda y Silvia es un sentimiento precioso! Así que, ¿cómo pueden las interminables lluvias del ayer arruinar el humor cuando el sol vive ahora dentro del alma?

20-VI

Miles de señales de la naturaleza, más y más cada día, presagian la llegada de la primavera. Ayer fue un encantador día soleado. En un par de semanas todo estará floreciendo aquí.

SUS MARAVILLOSAS AUTOVÍAS Y OTROS MEDIOS DE TRANSPORTE

New Göteborg, 21-VI

La distancia entre Assilia y New Göteborg es aproximadamente 70 kilómetros y esta parte de la autovía recorre todo el camino a través de densos árboles de plátano y álamos plateados. Stefan dijo que nos estábamos aproximando a importantes centros de producción y que detrás de esos paisajes idílicos, profundo dentro de la tierra, había enormes y poderosas tuberías y convertidores de potencia que aportan fuerzas titánicas a los *glothneres* de New Göteborg, todo el camino desde la costa atlántica, proveyendo así de la energía necesaria a la gente joven que está haciendo su servicio de dos años.

La longitud total de la autovía es de 2500 km si no me equivoco. Es la misma autostrada que la de Anolia y Torneo, el famoso *bilvej* de Taussen, como ahora la llaman, y conecta estados mucho más grandes que los que estamos yendo a visitar. Stefan no sabía mucho acerca de la amplia, antigua y vieja superficie del camino cuando le pregunté. Nunca lo hace cuando se trata de asuntos de arte contemporáneo y tecnología... Parecía estar hecha de un cristal sintético verde claro, sin, sin embargo, ser transparente, y se dice que su mantenimiento no molestará sino a los descendientes muy lejanos de la generación presente.

¡Al ver el ancho de esta autovía no se puede creer en los ojos! ¡Poco menos de media milla! Pero ellos dicen que ahora esto es algo común en sus autovías interurbanas importantes. Pero no son solo las autovías; docenas de caminos y calles se extienden a todo su alrededor y entre ellos hay patios, jardines y macizos de flores. Desde arriba, el césped verde se ve como tiras bordadas en el paisaje, extendiéndose por miles de kilómetros.

Las autovías más amplias son las que usan las *ragiozas*, estos vehículos transcontinentales personales de ruedas y varios pisos, los cuales se parecen a los vehículos articulados. También hay caminos para peatones, *velos* y todo tipo de medios de transporte de hoy.

Algo más que me impactó fue que sus caminos están divididos de acuerdo a la velocidad: ¡hay caminos separados para todas las diferentes velocidades de todos los diferentes vehículos! Nosotros habíamos tomado el camino especial diseñado para la velocidad muy baja porque queríamos disfrutar las vistas y el viaje como un todo. "No hay apuro; podemos ir a nuestro ritmo" había dicho Stefan.

En la ruta que hemos elegido hay cientos de *larinteres*, centros de estado físico, piscinas de natación, espacios de descanso, estaciones de salud y numerosas tiendas esparcidas por todos lados, alojando a los siempre disponibles y dispuestos "socios de *Bilvef*", aquellos a cargo de esta gigante autovía.

Incontables señales con instrucciones y direcciones hacen más fácil la vida para incluso los visitantes más distantes y desconocedores y toda una tripulación está lista para ayudar a los románticos *Cives* que todavía prefieren viajar por tierra, incluso si esos caminos ahora se consideran imprácticos y bastante anticuados. Por supuesto, *ellos* eligen viajar por aire para los viajes significativos. Ningún otro medio de transporte puede compararse con el transporte por aire ni en velocidad ni en seguridad. Incluso los envíos más pesados de materiales en enormes cantidades hoy son ejecutados sin esfuerzo a través de viajes aéreos.

De acuerdo con Stefan, ahora estamos cruzando un campo que solo parece estar deshabitado, ¡pero no lo está! Si uno se adentra, detrás las hileras densas de árboles, verá un asentamiento bastante denso. Después de todo, lo he dicho antes: aquí no hay lugares deshabitados hoy en día; solo escasamente poblados o densamente poblados.

Una interminable formación de rododendros gigantes, artificiales, blancos y rosados ahora corta el camino por la mitad. Escuché que Silvia los llamaba por su, conocido por mí, antiguo nombre: "Albaspinas". Es obvio que la gente ha jugado su parte aquí también, interfiriendo con el metabolismo y alterando la materia orgánica a su propia manera. ¡Parece ser que el pequeño dios terrenal ha hecho maravillas de nuevo, haciendo que los rododendros permanezcan quietos, saludando a los transeúntes!

También quiero señalar la única cosa fea que vi esta mañana. Una media hora antes de que alcanzáramos la ciudad, tres rododendros en fila estaban intentando mantener sus ramas viejas y secas a unos pocos metros de un camino ajetreado y nadie pareció notarlo o siquiera importarle. La única razón por la cual me impresionó esa brecha en el verdor y la fealdad de los árboles muertos fue porque sé cuánta atención le prestan ahora a tales detalles.

AVANCES TECNOLÓGICOS, CONTROL CLIMÁTICO Y LA "VUELTA A LO BÁSICO"

Como lo reconoció Stefan en una charla corta que tuvimos, su cultura técnica y tecnológica ha estado en declive durante varios siglos ya. Sus ancestros tuvieron éxito en proyectos mucho más grandes y más complejos. Por supuesto, ahora se afirma que ya no hay necesidad de repetir tales empresas colosales. Por ejemplo, no he estado en Australia, ¡pero vi en el *Reigen-Swage* que se ha convertido en un enorme generador que provee por sí solo de energía a casi todo el globo!

Ahora, en cuanto a lo concerniente a la agricultura, han vuelto a cosechar cultivos, los que ahora ya no crecen periódicamente, sino que ya no dependen del clima. Durante ese terrible período de sobrepoblación, la gente había abandonado su tierra y sus rebaños y habían buscado la solución a la crisis de nutrición mundial en los laboratorios. Las personas de hoy hacen lo opuesto: regresan a las viejas costumbres, no por necesidad, sino por nostalgia, mejorando, por supuesto, los métodos y procedimientos previos por medio del empleo de sus perfectos avances tecnológicos. Gracias a este cambio en el estilo de vida, de nuevo hay prados y pastizales en la imagen; gracias a los socios del *Lansbee* (áreas rurales) y, principalmente, gracias a los rebaños. No se puede siquiera imaginar el increíble entrenamiento técnico que tienen los pastores y granjeros de hoy. La combinación de diligencia y atención al monitoreo y control de los "instrumentos técnicos" (los cuales ahora tienen su propio tipo de memoria y juicio individual, similar a la mente humana) es la receta de su éxito.

Al mismo tiempo, también controlan el clima, como hicieron sus ancestros durante la era de la tecnología avanzada, y por lo tanto han expandido sus prácticas a áreas que en el pasado no podríamos haber creído que podían ser habitadas. Donde una vez hubo glaciares y desiertos ahora se ven prados frondosos y exuberantes, viveros experimentales, pastizales y nuevas cosechas. Lo mismo ocurre con las interminables llanuras y mesetas de Asia Central que ahora están inundadas de esta luz difusa sin calor que ellos lograron crear. ¡Otra hazaña hercúlea más!

La población actual en los inmensos estados-países se ha elevado a varios cientos de millones bajo este clima controlado y agradable para los humanos, especialmente en los alrededores de las unidades de producción nuclear importantes, donde una increíble cantidad de establecimientos se han acumulado. Augerinia, la Estrella del Este, el Castillo de Acero, Terringa, New Tashkent, Mata Uralia, Samarkanda, Nova Tuguska, (la Nygusca de los europeos), antigua Irkutsk y Omska, Boldieno, Nysuomi... Enormes colmenas humanas de diez, doce, incluso quince millones de personas y, al mismo tiempo, las ciudades industriales han hecho uso de las reservas de energía inagotables de ese vasto continente de Asia (gas, potencial hidroeléctrico, solar, eólico).

¡El hecho de que casi todo el mundo está inundado de gente blanca no me sorprende tanto como el hecho de que han encontrado la manera de que toda esta gente viva y prospere a tal grado inesperado! ¡Podría haber jurado que eso era imposible!

LA COLONIZACIÓN MASIVA DE MARTE Y LA GRAN DESTRUCCIÓN

Incluso esa frenética expedición colonizadora en Marte desde el año 2204 y en adelante, la cual duró alrededor de 60 años, es obra de sus ancestros del tiempo de su apogeo tecnológico. De hecho, se las arreglaron para construir y mantener pueblos enteros y urbanizaciones en las "colonias interplanetarias" del planeta rojo. En efecto, la colonia prosperó durante varios años incluso bajo condiciones muy adversas para los humanos. Ahora, sin embargo, la mayoría de sus establecimientos está en declive. ¡En ese planeta, la naturaleza fue la que prevaleció! Veinte millones de almas perecieron en pocos meses (principalmente anglosajones y eslavos, pero también muchos colonos de Europa continental) debido al cambio brusco e inesperado de clima y condiciones atmosféricas que ningún dispositivo técnico humano fue capaz de restringir. Las fuerzas naturales indiscriminadas fueron la causa del holocausto masivo de 2265. Pero, aun así, incluso solo por unos pocos años, ¡el gran sueño y ambición del hombre de colonizar otro planeta se volvió realidad! Los pocos sobrevivientes de la terrible condena de los "Colones" del éter, quienes lograron regresar a la Tierra, legaron a las generaciones futuras muchas historias acerca de otra fabulosa hazaña humana.

En conclusión, según lo que vi en el Instituto *Reigen-Swage* en Markfor durante el invierno, una cosa es cierta: hace unos mil años, hubo un progreso inimaginable en la ciencia y sus aplicaciones. Habían adquirido una civilización tan avanzada que cuando uno veía sus obras de arte ¡se preguntaba si habían sido hechas por manos humanas! Si ese progreso hubiera continuado ininterrumpidamente, no puedo siquiera imaginar cómo hubiera sido el día de hoy. Pero el así llamado período de "suspensión" intervino y jugó un rol tan clave en la historia que hoy se siente como si su época fuera solo un par de siglos más avanzada tecnológicamente que la nuestra.

Su cultura interior, sin embargo, está miles de años por delante gracias al experimento del Instituto Aidersen y el Valle de las Rosas. Es por eso que estas personas son tan incomparablemente diferentes a mí en términos de asuntos de la vida mental y moral; mucho más diferentes de lo que *nosotros* éramos de la gente de dos milenios atrás.

Por lo tanto, sus vidas ahora están impregnadas de serenidad. Los primeros días pacíficos se volvieron años pacíficos y estos, a su vez, siglos pacíficos. El hombre fue redimido de la violencia, el miedo al futuro, la pobreza, el exilio y la destrucción mutua. Gracias al "estilo de vida, cultura y tradición aidersianos", el valor y dignidad humana encontraron vindicación.

EXTRATERRESTRES: ENCUENTROS BREVES

Pero la gente de hoy también está en una desventaja importante: con la desaparición de todo riesgo, la habilidad del humano para luchar y enfrentar las dificultades se ha visto opacada. Es increíblemente improbable encontrar guerreros hoy en día; son como una especie indefensa al borde de la extinción. Por lo tanto, en caso de un peligro externo potencial, nadie sabría cómo reaccionar. Pero si se le argumenta eso a alguien, responderá que ya no hay peligros y que los vecinos más poderosos y todo eso son cosas del pasado. De hecho, me explicaron que la destrucción de las civilizaciones siempre tiene lugar inmediatamente después de un auge repentino en la cultura cuando las dificultades han cedido al arte y la cultivación interior. Es entonces cuando los toscos invasores hacen su aparición y arruinan todo.

¡Pero lo más increíble que me han dicho es que ni siquiera temen a sus vecinos extraterrestres! Me han dicho que saben todo acerca de los planetas vecinos y que los pocos que tienen vida sobre ellos (¡!) están habitados por seres inteligentes y espirituales que carecen del instinto de dominación y del concepto de conquista y expansión. ¡Tienen una visión mucho más elevada y un respeto hacia la vida y son completamente inofensivos para los humanos! Podrían haber perseguido el contacto con nosotros hace miles de años si hubieran querido. Ya tenían la tecnología necesaria para hacerlo, pero no lo hicieron, ya que estas criaturas no querían ningún contacto ni relación con nosotros, ni siquiera de manera pacífica. Prefieren observarnos y estudiarnos desde arriba, así satisfaciendo su sed de investigación. Estaba en su naturaleza; esa era su mentalidad.

Las únicas ocasiones en las que intentaron contactarnos fueron cuando sintieron que el hombre estaba en peligro de extinción debido a su inmadurez e incapacidad para manejar el poder tremendo de la naturaleza que había desbloqueado. "Entonces," me dijeron, "se nos acercaron, nos enseñaron y desaparecieron de nuevo..."

TERRINGTOWN: EL LUGAR DE NACIMIENTO DE JOHN TERRING, EL PRIMER LÍDER UNIVERSAL

Marienborg, 26-VI

Grande en tamaño, pero escasamente poblada, Marienborg en Europa Central probablemente tiene más museos (principalmente históricos), Institutos Reigen-Swage y teatros que urbanizaciones. Fue construida justo al lado de la gran autovía que conecta a Blomsterfor con Terringtown y estaba destinada a convertirse exclusivamente en un complejo de ciudad-museo, sin ningún residente. Eso explica por qué sus actuales residentes permanentes son todos descendientes de los antiguos críticos de arte, historiadores, musicólogos, estudiantes y amantes del arte que se establecieron aquí hace siglos. Junto con ellos, un gran número de científicos y artistas de Terringtown también han venido aquí a realizar investigaciones acerca de las obras importantes de su propio Renacimiento, el siglo IX. Cuando esta gente se mudó aquí, también trajo consigo su manera de pensar, su moral, estilo de vida y modo de vestir; incluso el aire de la venerable metrópolis y lugar de nacimiento de John Terring.

Se dice hoy que la obra de John Terring fue mucho más superior para la historia de la humanidad que la leyenda que los descendientes de su generación habían creado en torno al "primer gran hombre públicamente activo".

Cuando era joven, fue un gran soñador. Durante su niñez, pasó dos veranos en esta villa ancestral y muy vieja con los hermosos jardines, que hoy se ha convertido en la plaza central de Marienborg. Para el momento de su muerte, lo único que había sobrevivido de la villa eran sus paredes y aun así encontraron una manera de restaurarla, manteniéndose tan fiel a la original como fue posible, y transportarla hasta aquí todo el camino desde Terringtown junto con sus notas de "grandiosos planes dementes", recuerdos de esos dos veranos, los cuales revelaron el corazón inquieto de un niño que más tarde alcanzaría grandes cosas. Aún existen imágenes históricas de sus padres, sus dos hermanas, que tenían casi la misma edad que él, y su hermano menor adoptivo, Charles Terring.

Esta mañana, me senté y miré fijamente a la imponente estatua en su memoria, localizada en la plaza que lleva su nombre. Mondstein, el escultor, lo ha representado con su mano derecha levantada, señalando lejos en la distancia. Más abajo, se pueden ver las cuatro estatuas de menor tamaño de los otros cuatro precursores: Spaak, Verginus, Milstone y Trodalsen.

Para toda la gente del presente, Terring es la figura pública más carismática de la historia. Para sus contemporáneos, los *Cives* de consciencia nacional universal y educación cívica uniforme, Terring, uno de los protagonistas de la historia humana, no solo vive dentro de las páginas de la historia, todavía está aquí, viviendo entre cada nueva generación. Este Woodrow Wilson moderno hizo posible la creación de nuevas rutas, liderando el camino hacia el establecimiento de la nueva cronología. Gracias a él, su encanto y persuasión y el impacto que tuvo de manera última sobre tantas culturas diferentes, se construyó la confianza necesaria en una vida social y política universal, que fuese digna e igual para todos los habitantes de la tierra. Él vive entre *ellos* y *ellos*, todos los habitantes del universo de hoy, lo aman tan profundamente como él una vez amó a la humanidad y compartió el dolor y la amargura de miles de millones de personas. Aman a Terring, la figura política, "el primero desde siempre en escapar de manera esencial y efectiva de los grilletes del mandatario local", Terring, el orador inspirador que hipnotizó las multitudes alrededor del mundo, con las arrugas profundas de concentración mental grabadas en su frente y la estola gris característica del "Gran Año" *(su año 1, nuestro 2396 d. C.)* escurriéndose alrededor de su cuello, un accesorio suyo muy frecuente. Pero incluso más, ellos aman al Terring del retrato de Knut Valdemar, dando un discurso en la Convención Europea de 2394, el año después del cual se estableció la Mancomunidad Universal.

Blomsterfor, 27-VI
(Poco antes de la medianoche)

Esto hace que uno se pregunte: ¿cuál es esa raza ingeniosa que se las arregla para derrotar al monstruo de la sobrepoblación y la carencia implacable de espacio? ¿Cuáles son esas generaciones milagrosas que no temieron sofocarse entre esos millardos de personas y en cambio lograron construir capas de suelo, como pisos, una encima de la otra? ¿Quién es esa gente que se las arregló para producir comida abundante para todos desde sus laboratorios a través de la fotosíntesis artificial?

Le pregunté a Stefan por qué las personas eligieron apiñarse juntas en ciudades sobrepobladas cuando hay tanta naturaleza en el campo que podría haberlos alojado, ofreciéndoles una vida mucho más cómoda y tranquila. Él respondió que ellos prefirieron poblar densamente sus ciudades de una forma racional, una manera que me parece a mí, el inexperto y no familiarizado, una cosa más cercana a la locura, antes que expandirse a tierras de cultivo y otras partes inalteradas de la naturaleza. Es por eso que en cambio construyeron las ciudades hacia arriba, extendiendo puentes aéreos increíblemente amplios que llaman "kroom" muy por encima de sus rascacielos. ¡Incluso se puede ver a sus técnicos sacudiéndolos como látigos cuando los arreglan! Si uno mira hacia arriba, ¡los verá colgando sobre su cabeza como una red o una enorme tela de araña!

¡Para ser honesto, el rostro moderno de sus megaciudades es, a mi modo de ver, un increíble espectáculo! Sin embargo, eso no significa que ellos aun así no me intimiden. Esta mañana, una bandada de incontables platillos voladores gigantes, más gruesos en el centro y más delgados en la periferia, viniendo uno después del otro sin detenerse, me sacudió hasta la médula. Yo estaba sentado en un banco, calmado y desprevenido, cuando repentinamente sentí al sol desaparecer, así que alcé mi mirada. Cuando lo hice, ¡vi los discos voladores gigantes volando encima de mi cabeza, extendiendo una sombra horripilante sobre las aguas del río y las casas de campo!

"¿Para qué temer?" me preguntó después Stefan. "No había razón para estar asustado solo porque de casualidad estaba solo." Después me explicó que esos discos se dirigían a sus lunas artificiales, miles de kilómetros hacia arriba, en las colonias densamente pobladas de sus científicos. Así es cómo los científicos y técnicos cambian de turno. A la hora del almuerzo y de nuevo en la tarde, Stefan me dio unos binoculares especiales y vi por mí mismo bastantes de estas "lunas humanas" artificiales, situadas muy arriba en el cielo encima de Blomsterfor. Algunas eran más grandes, otras estaban más cerca de nosotros y se podían ver brillando ante los rayos del sol.

SINTIÉNDOSE COMO UN EXTAÑO

Blomsterfor, 28-VI

Una breve excursión por las arterias centrales de Blomsterfor me dejó una impresión completamente diferente a la que tenía ayer, observándola desde lejos. Creo que debería cambiar mucho de lo que escribí en mis notas apresuradas de anoche; mis conclusiones fueron frívolas. De hecho, si no hubiera precedido mi iniciación a la apresurada Markfor, no creo que siquiera hubiera sido capaz de mantenerme de pie sin la ayuda de Stefan aquí en Blomsterfor, entre los millones de personas que se apiñan juntas y se apresuran por la ciudad, bajo la sombra de estos edificios increíblemente enormes.

Stefan se mantuvo a mi lado tanto como pudo a lo largo de nuestra caminata matutina. Pero también debíamos asegurarnos de que Hilda y Silvia, quienes nos habían acompañado, no notaran mi perturbación. Y la verdad es que en uno de los distritos centrales de la megalópolis, en el centro de la plaza de 1812 de Toeplitz, casi me expuse de manera irreparable, tanto que después ellas comenzaron a preguntarme si me había enfermado repentinamente. Sosteniendo el brazo de Stefan, apenas me las arreglé para cruzar la plaza. Y no debido a los minteles urbanos (algo similar a nuestros tranvías) que en ese momento ni siquiera se estaban moviendo, sino por el repentino vértigo abrumador que sentí, causado por el área abierta increíblemente amplia y plana con una escultura de bronce sobredimensionada en el centro.

Más tarde, recuperé mi compostura. A mi modo de entender, la causa de mi colapso transitorio fue más psiconeurológica que fisiológica. Me senté en la sombra por un rato, me calmé, tomé un trago de jugo de naranja que me ofrecieron y cuando comenzamos a caminar de nuevo, le rogué a Stefan que no me hiciera cruzar esa inmensa plaza de nuevo. No obstante, vi mucha belleza y majestuosidad esta mañana; la vi con mis ojos, pero no con mi corazón... Mi alma estaba vacía nuevamente, indefensa, incapaz de alcanzar alguna nueva profundidad de percepción, apreciación o entendimiento. Estoy consciente de ese vacío dentro de mí. Y si no escribo nada sustancial, nada más profundo que las fugaces impresiones externas de mis experiencias diarias, no se debe a la falta de interés en preguntar y aprender acerca de todas esas cosas magníficas, ni a mi ociosidad, ni a mi compromiso con mi relación con Silvia; es debido a esta consciencia mía. Verán, la esencia, el alma de todas estas cosas no se ofrece simplemente a cualquiera, a un extraño, un forastero, un visitante temporal como yo. Carezco de preparación y conocimiento de la tradición. Al menos los turistas de mi era sabían algo acerca de los lugares que visitaban. Yo, por otro lado, no conozco nada. Mi visión funciona perfectamente, el deseo existe, pero el destino lo había planeado de tal forma que todo fuera superficial para mí. No puedo digerir todas estas cosas, no puedo apropiarme de ellas; lo intento, pero fracaso cada vez...

Sé que lo que veo es la condensación visible de una larga y profunda realidad, ajena e inaccesible para los no iniciados, la imagen sintética de una vida hermosa en la cual yo no tengo derecho a participar. Una tradición de siglos de antigüedad, madura en significado, en instituciones, en la organización de la vida y la cultura, se atraviesa en el camino y nos separa. Estos siglos supieron cómo proteger sus secretos...

Con cada paso que doy, la consciencia amarga de la brecha en educación y tradición se hace más fuerte. Hace unas pocas horas, me senté a la orilla del río, por ese increíble *quay* de más de 200 pies de largo, y miré las puertas de hierro forjado monumentales de esos enormes edificios que parecían haber sido elaborados con gran cuidado y atención al detalle, como el encaje. Encima de mí, los *linsenes* y *vigiozas* seguían silenciosamente su trayectoria usual mientras yo intentaba descubrir a qué mundo pertenezco de manera última...

DECORACIÓN FLORAL Y SU RED DE TRANSPORTE

Blomsterfor, 29-VI

Esta megalópolis es ahora la más grande en población entre los estados alrededor del Rhine y, aparte de su cultura técnica y espiritual excepcional, también es famosa por su amor a las flores. Vi cascadas de flores por todos lados: en las fachadas de los palacios, sobre las calles, en las plazas centrales. Tanto gladiolas, claveles, lilas moradas y geranios en una cantidad de maravillosos (nuevos para mí) matices, como rosas trepadoras y bígaros que cubrían las paredes. En los soportales, los cuales servían para protegerlos de la lluvia, uno se sentía como si estuviera en un museo; los techos de esos soportales de ensueño están decorados con sus colores pastel favoritos y marcos dorados. Parece ser que en otros estados de Europa Central con una población de veinte a treinta millones también están acostumbrados a decoraciones artísticas similares en los soportales. Esta avenida de siete carriles se llama Von Gottes Gnaden y no sé si es el único bulevar de Blomsterfor. Quizá Stefan me envió aquí deliberadamente para maravillarme. Si ese es el caso, ¡ha tenido éxito!

En la tarde, le conté a Stefan de todos esos caminos increíblemente costosos que tienen en sus estados gigantescos y le pregunté cómo era posible que pudieran costearse tales gastos excesivos imprudentes. Él se echó a reír y me dijo que no habían costado nada y que miles de jóvenes artistas-*Cives* se habían ofrecido para construirlos o vincular sus nombres con la decoración de los soportales de su tierra natal. Eso me recordó al caso de Lain, quien continúa con su obra educativa y pedagógica únicamente por sus inclinaciones intelectuales y emocionales y la satisfacción moral.

Stefan me habló acerca de la redistribución actual del esfuerzo y talento humano, un programa que ha sido implementado por el nuevo avance económico y técnico y busca dirigirse hacia el aburrimiento que plagaría a un gran número de los trabajadores prematuramente desmovilizados, si no hubieran encontrado nuevos objetivos después de sus veintes, un nuevo propósito o una noble misión en sus vidas.

Luego me explicó el procedimiento de decoración de la ciudad; primero, los socios de oficina estiman el número de diseñadores y decoradores que se necesitarán por un período de dos a cinco años.

Entonces, envían los nombres de aquellos que se han ofrecido a ayudar a los especialistas contemporáneos líderes, *Lorffes* del Valle. Después de eso, los *Lorffes*, con la asistencia de delegados dignos (todos grandes artistas), compilan la lista de candidatos y entonces los residentes permanentes del área donde va a tener lugar la intervención artística votan sin esfuerzo en línea y los contadores electrónicos de votos en las instalaciones municipales anuncian la lista final.

Otra cosa que me impactó en Blomsterfor es el hecho de que este estado enorme, con su cielo repleto de *linsenes*, no dudó en construir también una red de transporte terrestre con estaciones terrestres centrales en sus principales ciudades-distrito, lo cual permitió el acceso a Europa mayor y al resto del mundo, así como esas enormes terrazas, bases de su red de transporte aéreo civil. Ahora solo los principales puertos para los *daneres* están localizados varios kilómetros fuera de la capital.

Así que déjenme pintarles la imagen: los peatones y vehículos con ruedas dominan las calles mientras que, muy por encima, miles de vehículos voladores circulan y aterrizan sobre las terrazas de los imponentes edificios. Desde allí, usando ascensores de alta tecnología, la gente desciende al nivel de la calle y continúa con su viaje. Todas las superficies son, por supuesto, incomparablemente más grandes de lo que nosotros estamos acostumbrados, al igual que la increíble cantidad de visitantes que perpetuamente, aunque en silencio, suben y bajan.

A través de las estaciones centrales de Norstat, en las afueras de Blomsterfor, pasan las grandes autovías interurbanas, las autostradas euroasiáticas que llevan a Arlenhom, New Trondheim, el Big Bergen, Terringtown, Varsava, Harkovo, Tobolsk y todo el camino hasta Siberia y la costa del Pacífico.

Aquí vi por primera vez una de sus enormes *ragiozas* aparcadas, porque hasta ahora las veía boquiabierto mientras se movían, acelerando a un ritmo increíble para su tamaño. Con sus pisos múltiples, se veía desde lejos como un rascacielos caído.

Es suficiente ver solo uno de estos vehículos de ruedas interurbanos de dimensiones increíbles, estas enormes ciudades móviles con restaurantes, spas, salones y estacionamientos diseñados especialmente (*furgos*, los llaman) donde almacenan los *linsenes* pequeños y todo tipo de vehículos voladores individuales para los aproximadamente 500-1000 pasajeros, para entender por qué sus grandes arterias universales que conectan a Portugal con los estados metropolitanos y capitales del Lejano Oriente fueron construidas tan increíblemente amplias.

Blomsterfor, 30-VI

Dos directores de cine profesionales de mi tiempo hicieron sus propias películas acerca de la Gran Guerra, una centrada en Londres llamada *Waterloo* y la otra en los Balcanes con su película *The Last Bridge*. Si solo hubieran sabido que, debido a un número de coincidencias, sus obras sobrevivirían después de tantos siglos, mientras que millones de otras películas (posiblemente mucho mejores y no tan comerciales) se han perdido hace mucho, ¡estarían tan orgullosos!

Ahora que menciono a *Waterloo*, recuerdo la manera despectiva en que habló de Napoleón, quien, después de que su ejército fue destruido casi completamente, dijo que "una noche basta para que las mujeres francesas reconstruyan el gran ejército", reduciendo a los seres humanos a mera carne. Stefan me dijo: "Cada persona es un mundo entero. No lo toque. No interfiera con él. Primero que todo, usted no puede, y segundo, ¡no tiene derecho a hacerlo! La persona esotérica es independiente del aspecto físico del individuo, completamente irrelevante para su existencia biológica o material. Están formados por un vasto universo moral de sueños, ideales, historias emocionantes de vida que contienen ternura y afecto, amor, humanismo y sufrimiento humano sagrado. Y ningún Napoleón podría alguna vez destruir eso."

ARTE Y TEATROS 3D

En sus museos y galerías, junto a las exhibiciones de sus obras más famosas (en su mayoría las obras maestras de su siglo IX) también exponen algunas obras de arte de nuestro siglo XIX, principalmente del campo de la música, poesía y el arte del discurso, así como varias obras de las artes plásticas del Renacimiento. Me pregunto si algo del siglo XX, los "tiempos de decadencia y oscuridad", como lo llaman, ha sobrevivido. Probablemente nada relacionado con el arte, pero quizá algo de nuestra tecnología.

Anoche me llevaron al centro de Blomsterfor, al famoso teatro de exteriores de Arlington, con los aires acondicionados artificiales que cubren suficientemente cada pulgada de ese enorme espacio abierto diseñado de manera anfiteátrica. Dicen que es una "arena", pero el significado de esta palabra ha cambiado a lo largo de los años y ahora ha llegado a significar "aire libre", sin hacer referencia a la forma de los teatros (la cual es, sin embargo, usualmente circular o elipsoide) ni a su arquitectura y sin implicar ninguna conexión de ningún tipo con los antiguos anfiteatros romanos. Y la verdad es que no se parece en nada a ellos. Ese complejo monumental de edificios realmente lo maravilla a uno desde el momento en que lo ve, al principio por su tamaño y su elegancia y luego por las posibilidades ilimitadas de su escenario. Cada minuto en ese teatro lo hace sentirse como si hubiera entrado en un universo mágico paralelo; ¡da la impresión de una leyenda o un cuento de hadas traído a la vida, al servicio de la humanidad!

Las escenas alternan con la misma facilidad que en el *Reigen-Swage*. Y en ambos casos, los directores pueden usar todo su genio y talento. A pesar de que en el *Reigen-Swage* se sabe que todo lo que se ve (incluyendo a los personajes, que no son más que actores) es artificial, todo se siente completamente real; como si se estuviera viviendo entre ellos, como si uno fuera parte de la historia. E incluso si se vuelve la cabeza hacia cualquier dirección, la acción continúa desplegándose ininterrumpidamente, aparentemente gracias a algún tipo de combinación milagrosa de "rayos láser", ofreciendo al espectador estos panoramas mágicos. Aquí la trama también se desarrolla ante sus ojos estereoscópicamente, intensificando la ilusión de profundidad, solo que ahora, uno no es parte del espectáculo. Si se da un vistazo alrededor, se pueden ver las gradas de piedra del anfiteatro, al igual que a los otros miles de espectadores que las llenan.

Aquí, los actores son reales y también lo son sus voces. Los diálogos y los ruidos son en vivo. Sin embargo, ¡los recursos técnicos han alcanzado tal nivel de perfección que las nubes que se ven, el cielo, los ríos, las casas, las piedras y todo tipo de paisajes se ven tan reales como los que están alrededor, abajo y encima de uno! Por supuesto, si uno se acercara e intentara tocarlos, desaparecerían. Aquí, todos los espectadores, independientemente de su posición o su distancia real del escenario, ven y escuchan a los actores a través del cristal rectangular transparente frente a su asiento, ¡el cual es flanqueado por una cinta mágica que reproduce sonido! Un espectador en los asientos de las gradas superiores los ve y los escucha con la misma facilidad que un espectador en los asientos de primera fila.

En resumen, con la excepción de la viveza de las actuaciones de los actores y la vitalidad de sus voces (las voces aquí solo necesitan ser claras y con correcta articulación, el volumen no es importante, como en nuestra era), todo lo demás se siente como materia de sueños y cuentos de hadas, exactamente igual que en el *Swage*. Probablemente es por eso que estos colosales teatros vacíos de los tiempos actuales se han diseñado con tantas posibilidades ilimitadas: para crear esa atmósfera de ensueño.

El increíble impacto que la Arena de Arlington tiene sobre el espectador extranjero se debe principalmente a la flamante coordinación entre los actores y los medios técnicos que también son usados por el *Reigen-Swage*. ¡Y la capacidad técnica hace posible que las obras que inicialmente fueron hechas para el *Reigen-Swage* sean interpretadas aquí también, usando las mismas secuencias de escenas alternantes y sin perder nada de su magia!

En cuanto al nombre del maravilloso director que se ganó el aplauso de la audiencia al final de la obra, es Helmut Krotiner.

La gran mayoría de la población de Blomsterfor se origina del norte. Escuché que la gente decía que, aparte de los millones de descendientes de teutones y alemanes, también hay numerosos descendientes lejanos de finlandeses, suecos y noruegos, a quienes les pidieron los líderes de la era de Trodalsen, Verhin, Vohlbach, Delaroche y Baldini, hace 15 siglos, que descendieran al Rin, al Danubio y todo el camino hacia abajo hasta el Mediterráneo. Y ellos obedecieron, sin quererlo inicialmente, con el objetivo de prevenir futuros conflictos.

El gran desastre de -87 aún era relativamente reciente en ese momento y fue así que esta migración concienzuda al sur, la cual fue provocada por el mismo sur, coincidió con la promulgación de la Carta Magna de Altekirchen cuando la esperanza de una mejor vida, hablando política, social y demográficamente, renació de las cenizas. Al mismo tiempo, las uniones y las organizaciones cooperativas independientes y autosuficientes de todo tipo de socios, precursores de los *glothneres*, habían comenzado a institucionalizarse.

CEREMONIAS Y EL USO DE LA RELIGIÓN

Blomsterfor, 1-VII

Hoy es el primer día del mes y aquí en Blomsterfor tienen la costumbre de celebrarlo como una festividad cristiana, como la Navidad y la Pascua.

He notado que no tienen íconos ni estatuas, pero gracias a sus mágicos medios técnicos, la escena de la Anunciación apareció hoy, en las primeras horas de la mañana, en el cielo claro como un cristal, eclipsando el brillo de las estrellas más cercanas…

Perdido como estaba en la enorme multitud, ni siquiera pude ver el cuerpo principal de la procesión, pero Stefan me dijo después que la procesión fue guiada por los VIP en túnicas blanco nieve y representantes del Valle de las Rosas a su lado y por varios *unge*, como los llaman aquí, de la Orden de Mary-Lea, vestidos en sus uniformes oficiales y usando sus bufandas de seda tradicionales. A su lado, niños vestidos con cinturones blancos con dorado alrededor de sus cinturas cargaban guirnaldas de flores de color claro.

A pesar del lujo de los uniformes y las flores, la solemnidad de la atmósfera era innegable. De las oraciones que corearon, reconocí a *Ave Regina Caelorum* y después cantaron *"Sancta Dei genitrix, ora pro nobis"*. Durante esta última, miles de personas siguieron el canto de *"Pra pro nobis… Miserere nobis…"*

Nunca en mi vida había formado parte de tal evocativa, tal solemne ceremonia, hasta ahora. Y lo que me hace llegar a esta conclusión es la increíble devoción y consistencia de la multitud durante la procesión. Lo que le dio origen a este sentimiento de singularidad no fue el espectáculo en sí mismo ni la riqueza de la procesión, ¡sino el hecho de que lo experimentaran de manera tan sincera y profunda!

Una vez más, me doy cuenta de que la religión es, sobre todo, una experiencia y una atracción emocional a lo Divino y a la idea de Santidad. Es cuestión de "corazón e intuición" más que de racionalidad en su "conexión" sagrada entre el hombre y el Espíritu.

Si se le preguntara a Stefan si hay algo verdaderamente racional subyacente a, digamos, la "Virgen María" o si esto corresponde a algo real, mi amigo tendría la respuesta lista: "No quiero escuchar nada acerca de racionalidad cuando se trata de estas cosas."

Pero esta vez insistí. Le pregunté si lo que él y Jaeger me habían dicho era cierto, a saber, que después de la Revelación Vólkica, las religiones, o al menos sus aspectos dogmáticos, resultaron ser algo parecido a cuentos de hadas para niños.

"Sí," respondió pacientemente, intentando hacerme entender. "Lo que dice *es* cierto, pero no olvide que el contenido sustantivo del *Samith*, su verdadera textura y estructura, todavía se nos escapa en su totalidad. Mientras aún seamos humanos, es inaccesible para nosotros. En otras palabras, usamos las religiones como un sustituto; ellas sirven para consolarnos y aliviar esta privación nuestra..."

Sentí compasión por él, porque estaba claramente luchando para expresarse de la manera en que deseaba. Le dolía intentar poner todas estas creencias e ideas que tenía en su cabeza en una secuencia lógica de pensamientos. Cada intento por racionalizar esas "grandes cosas" lo ponían triste y lo agitaban, ya que, para él, tales cosas solo pueden percibirse a través de la fe y la intuición.

Annelud, 2-VII

Lysborg, Cologne, Rozenholm, New Scone, Koblenz, Mayentia, Mannheim: perlas del Rin moderno, el cual es ahora cuatro veces más amplio que el antiguo. Nos llevó todo el día atravesarlo, pero nos volvimos testigos de un desfile de una belleza tan indescriptible que ni siquiera vale la pena mencionar alguna señal de fatiga o aburrimiento. New Radviko, Karlsruhe, Annelud, Strasborg, New Karelia... Si tuviera veinte vidas, ¡las pasaría todas aquí y en ningún otro lugar!

¡Oh, Dios, qué colores, qué luces, qué increíble belleza había en esas áreas cubiertas de abetos! Ciudades de flores y ciudades de agua se alternan a medida que procedemos. Frente a nosotros, una especie de canal con ciudades jardín enteras construidas en sus orillas, lugares ribereños de ensueño y ahora habitados, cascadas artificiales que imitan perfectamente la obra de la naturaleza, *gestalades* de una grandeza monumental, templos modernos del espíritu, conservatorios con salas de concierto inmensas, incontables hostales, *Civesheimes* y villas rodeadas por amplias áreas verdes.

Pero todo esto no fue para mí nada más que una visión pasajera. No puedo decir que vi realmente ninguno de estos milagros, que tuve suficiente de ellos, que los conozco, que los experimenté verdaderamente.

Llegué a Annelud con la impresión de una gran pérdida reciente, un vacío irracional e injusto dentro de mí. Me había quedado con la sed de regresar a esos lugares de ensueño tan pronto como fuera posible, ¡recorrerlos uno por uno! Pero Stefan dice que no podemos regresar. Tenemos un destino diferente: nos dirigimos al sureste. Hay momentos en los que las circunstancias de la vida, que básicamente han sido impuestas sobre mí, me hacen sentir que Stefan no me ve como un amigo y compañero, sino como un "igual" que ha sufrido una experiencia traumática y todavía lucha contra sus heridas. Me ve como el *"Civis* del *Nojere"* que, sin embargo, aún depende de otras personas para cuidar de sí, el mentalmente lisiado "prisionero de su amnesia", el único hombre en el mundo de hoy que no es libre de volar a cualquier lugar que quiera, cuando sea que quiera…

2-VII De nuevo
(Muy tarde en la noche)

La primavera ahora ha llegado finalmente y las noches aquí en esta hermosa ciudad del sur son mágicas. Los días son más largos y las noches son ahora bastante cálidas. Ahora estoy en la terraza del *gestalad* donde nos estamos quedando, tumbado sobre mi diván, de cara al jardín. Estoy sentado envuelto en el abrigo delgado pero cálido que nos dieron a todos en las distribuciones *Forening*, mirando fijamente hacia el cielo. Hace un poco de frío, pero la luz de las estrellas es maravillosa. Además, el viento suave que sopla trae aromas de los jardines cercanos.

Pienso en lo que Kant solía decir: "Dos cosas me asombran más, el cielo estrellado sobre mí y la ley moral dentro de mí." El cielo es mi amigo más leal, el compañero más querido de mi alma, ya que es el mismo que en mi propio tiempo. ¡Y nadie me puede privar de la magia de este claro cielo nocturno!

EL NUEVO RENACIMIENTO DE 3300 d. C.

Artes visuales y sus técnicas

Nysalzborg, 4-VII

El placer estético que ofrecen los "Museos Unidos" en Nysalzborg y las galerías del estado, las cuales se dice que son unas de las galerías más representativas de Europa Central, solo podría compararse con la satisfacción profunda que sentían los amantes del arte de nuestra época al visitar nuestros principales templos del arte: el Louvre, el Prado, el Hermitage, la Galería Borghese, el Palacio Pitti y los museos de Roma. Porque si hay un campo de la cultura en el cual la civilización actual igualó, pero no logró realmente superar los logros de nuestra época (al menos aquellos de hasta el siglo XX), es el de las artes visuales. En cualquier otro aspecto de la vida y la cultura, creo fuertemente que este mundo está mucho más adelantado que el nuestro. Cualquier intento por compararlos sería abrumadoramente nuestro detrimento.

Y por "cultura actual", por supuesto, quiero decir principalmente su magnífico siglo IX y no tanto los 600 años que le siguieron. En ese siglo, el arte alcanzó el pico más alto en la historia de la nueva civilización. En cuanto al período en el que viví, la historia de su arte lo clasifica, incondicionalmente y sin más debate, como un período marcado por el declive y caída del arte, describiendo esos años como una especie de nueva Edad Media que transcurrió entre el comienzo del siglo XX y su regeneración. Sin mencionar la época en la que se concebían las algarabías y los sinsentidos como un nuevo tipo de "estilo", "originalidad" y "arte".

Ahora, cuando digo que estas personas se las arreglaron para igualarnos, quiero decir de manera puramente artística y estética y no en términos de medios técnicos. En el campo de los medios y avances técnicos, su superioridad es inigualable, ya que son capaces de crear efectos que nosotros nunca podríamos haber siquiera concebido. He aquí unos ejemplos: la manera en que se mantienen sus colores y líneas, su "fotocromata", todos los diferentes métodos y tipo de sombreado, la dimensión de profundidad de los topógrafos y la famosa "luz de color", que también se conoce como el "color de la luz cenital de Anolia" (una innovación de la escuela de Stiernsted, un gran pintor del siglo IX) y se usa específicamente para la representación del cielo en pinturas de paisajes, y otros logros técnicos tales que son independientes del valor puramente artístico de las obras. Afortunadamente, ahora saben exactamente hasta qué punto deberían usar estos medios técnicos sin sacrificar jamás la verdadera belleza por el bien del progreso técnico; su estética innegable e inconfundible evita que pierdan el control.

Youthsmile, 5-VII
(Tarde en la noche)

Marzo casi se acaba y no hay lugar como el antiguo Tirol austríaco para darle la bienvenida a abril. La letra de un poema de mi tiempo viene a mi mente cuando pienso en ello: "O primavera, gioventù dell' anno!" ("¡Oh, primavera, juventud del año!").

Llegamos aquí ayer, tarde en la mañana, junto con las decenas de miles de personas viajando en la gigantesca caravana de *daneres*, principalmente provenientes de los países del lejano norte, de Olesud, Trongemi, Bergen, Scavanger, Norfor e incluso de las regiones polares. Sus caras brillaban de felicidad. La mayoría de ellos iban a embarcar en sus medios de transporte individuales y continuar su viaje a las costas mediterráneas... ¡Oh, cuánto desearía que nos detuviéramos aquí un tiempo también! No podría imaginar un deseo personal más grande en este momento. ¡Las tardes y atardeceres primaverales en Youthsmile!

7-VII
(A las afueras de Youthsmile)

Silvia y yo, solo nosotros dos esta vez, pasamos por numerosas áreas rurales llamadas *lansbees*, cuyos nombres no me interesé en preguntar. No sentí deseos de preguntar nada, ni ayer ni hoy.

Días felices... ¡Días dichosos! ¿Quiénes eran estas personas que se las arreglaban para convencernos de que el dolor era "un prerrequisito de la vida" y que el destino del hombre es sufrir? ¡Cuán equivocado estaba! ¡Oh, cuán equivocado estaba al creerles! ¡Cuán equivocado estaba al pensar y vivir de esa manera! ¿Cuánto de mi juventud y entusiasmo por la vida he malgastado? Desearía poder pasar el tiempo que me queda aquí, con Silvia, en este encantador valle tirolés artificial, el cual tiene hoy una población de más de cuatro millones. ¡Cuánto desearía poder pasar mis días y noches aquí y solo aquí, en Youthsmile, viviendo el sueño, el cuento de hadas!

La verdadera felicidad no cuesta nada. Anida en las cosas más pequeñas. La juventud (no la juventud cronológica ni la juventud del cuerpo, sino la juventud del alma) y el amor son suficiente para hacer que el corazón sea capaz de percibir toda esta felicidad que nos rodea, todos estos mensajes divinos que pasamos por alto todos los días.

Hoy, mientras Silvia caminaba a través de la puerta llevando su cabello hacia abajo, la expresión de sus ojos y sus cejas arqueadas me recordaron a las facciones de Vili, el hijo de Anna. Solo lo vi una vez en la plaza central de nuestro pequeño pueblo, pero su imagen quedó grabada indeleblemente en mi memoria. Se parecían tanto en todo lo que decían y hacían, no solo en sus facciones; ¡eran como dos gotas de agua! Era como si ella nunca se fuera a perder siempre y cuando él caminara sobre la tierra, como si ella siempre fuera a vivir a través de él, como si los milagros sucedieran en este mundo y la ciencia humana no lo supiera todo, como si hubiera cosas que existen fuera de nuestra propia esfera de posibilidades y conceptos, como si el factor determinante de la personalidad de uno, junto con los genes, también escondiera algún elemento espiritual inefable que no conoce sus limitaciones de tiempo y espacio, que derrota a la pobre naturaleza transitoria de la vida humana, que cruza el abismo del tiempo, un elemento espiritual inconcebible para el razonamiento humano, pero siempre presente.

PASEANDO POR LOS *LANSBEES*

8-VII

Hoy me levanté de mi sillón temprano en la mañana cuando la paz y la tranquilidad aún abrazaban a los *lansbees* que estaban durmiendo debajo del azul cielo claro como el cristal. Di un paseo bastante largo hasta la hora que sé que Silvia usualmente se despierta. Gradualmente, los *lansbees* comenzaron a despertarse también. Hombres y mujeres, pero principalmente *Cives* jóvenes, muchachos y muchachas con gruesas botas de montaña y pequeños sombreros blandos en sus manos, algunos solos, otros en pares y otros en grandes grupos, se dirigieron hacia las laderas boscosas. La mayoría usaba la insignia de su grupo en sus solapas.

En el camino, conocí a una mujer joven bien formada de trenzas rubias, quien se dirigía sola a la montaña. Me detuve y la miré. Aunque ella se dio cuenta de que yo la había notado, no bajó su mirada. Tampoco me miró de forma lasciva, por supuesto. Ella no tenía la más mínima intención de provocar y eso se reflejaba en su expresión. Esta estaba caracterizada por una inocencia infantil sin ningún rastro pasajero de ningún tipo de coquetería. Revelaba confianza en que no tenía razón para mantener una "distancia" ante el extraño que acababa de encontrarse. Pero no me dio la más ligera señal perceptible de ánimo. Probablemente se estaba preguntando por qué me había detenido y si necesitaba algo. Su mirada era amigable y libre de pretensiones, una mirada que expelía un aire de igualdad.

Yo sabía que si le preguntaba algo, digamos una dirección, ella me respondería con mucha cortesía y dignidad y con el aquí necesario *"tank"* *(gracias)* al final de cada frase. Y que si intentaba caminar a su lado, ella no sospecharía de mis intenciones, ni comenzaría a tener ninguna reacción psicológica similar. Lo encontraría cortés, amigable y cándido, como si fuéramos viejos amigos. Y si después me encontraba con sus amigos y los acompañaba, ellos también me tratarían de la misma forma: como un viejo y regular miembro de su grupo.

Pero no había olvidado que Silvia estaría esperándome en breve, así que no le dirigí la palabra. Puse final a nuestro encuentro con un asentimiento de despedida, como se acostumbra ahora en tales circunstancias, esto es, entre una joven "ciudadana" desconocida y un hombre mayor que no tiene razón para hablar con ella.

En la entrada del prado verde que lleva a la autovía más cercana hay una escultura de mármol de Mary-Lea Volky, una de las más famosas del viejo Tirol, obra de su escultor del siglo XII Ottermanden. La estatua debe su nombre al camino selvático que se encuentra adelante. La autovía *Bilvej* corre afuera de Youthsmile y el valle artificial. Ninguna autovía de ellos corre a través de los estados o ciudades. Es por eso que han construido caminos de circunvalación más pequeños para conectar las dos.

Las primeras impresiones que un extranjero tiene de Mary-Lea es que ella es de alguna manera una "santa del cristianismo", proclamada por los líderes espirituales del Valle de las Rosas, en un tiempo en el que la Iglesia Cristiana había dejado de proclamar santos desde hacía siglos. Al menos eso fue lo que sentí mientras me sentaba a sus pies. Independientemente de la realidad histórica, uno podría caracterizar fácilmente a Mary-Lea como un tipo de "figura espiritual cristiana" y eso se debe a la "relación interior" entre la predicación del *Nojere* y nuestra propia antigua religión, la cual se considera hoy una tradición universal.

Estoy dándole un último vistazo a la obra maestra escultural de Ottermanden. La sonrisa de Mary-Lea se parece ligeramente a la sonrisa enigmática de nuestra Mona Lisa y de alguna forma se las arregla para traer una felicidad indescriptible al corazón. Es un símbolo de regeneración y esperanza: después de la caída de la fe y la belleza, la alabanza de lo incoherente, el desprecio por los principios morales y la ausencia de ideales en la vida, la derrota del humanismo, la anarquía política y el terror de un desastre nuclear que permeaban la vida eventualmente probaron ser impotentes y transitorios. Es el testimonio vivo de que la nueva Edad Media que transcurrió también fue transitoria, ya que Gran Realidad borró ese pasado vergonzoso e inauguró una nueva hoja en la historia de la humanidad, derrotando a todo mal y corrigiendo todos los males.

Solo estoy sentado aquí, mirando fijamente la escultura. Su visión es tan tranquilizadora y reconfortante; me da una satisfacción estética profunda e interna. Me regocijo al ver que la primavera de la Juventud y la Vida aún está presente aquí, impasible e inalterada, después de miles de años. Es agradable ver que en realidad nada se ha perdido nunca; ¡todo está aquí, más fuerte que nunca!

EL "PASEO DE LOS VIKINGOS"
Dareja (el centro de la automatización) y Eliki

12-VII

La enorme autovía que conecta a New Christiania con Ejastrem pasa a través de la amplia llanura con los enormes *quays* enrejados con cristal, construidos para los *daneres* y las otras miles de instalaciones de los socios de *Biltur* que se extienden hasta los Alpes, proveyendo vistas panorámicas de los glaciares, los cuales fueron el producto de tecnología obsoleta de hace muchos siglos que había logrado controlar el clima de las cadenas montañosas, con el objetivo de enriquecer al Silea, un río artificial que fluye justo detrás de ellos.

Es llamado "El Paseo de los Vikingos" y, según Stefan, es la autovía más larga de Europa del sur. Primero, se pavimentó hace mucho tiempo, alrededor de la época en que se creó el Silea.

Al ver la unión de las principales arterias y la *ragioza* con todos esos enormes y heterogéneos vehículos, me sentí como si me estuviera despidiendo de todas esas ciudades suburbanas idílicas y los hermosos paisajes para siempre, solo para regresar una vez más a las grandes ciudades-centros industriales de la vida moderna. Intentando contener mis lágrimas, moví mi mano en una señal de despedida mientras que a los otros tres no parecía importarles en lo más mínimo dejar todo esto atrás. ¡Estaban tan abrumados de alegría y anticipación por nuestra llegada al Rosernes Dal que no podían pensar en nada más!

Le pregunté a Silvia si se sentía cansada debido a las muy pocas horas de sueño que había tenido la noche anterior. "¡Para nada!" respondió. "¡Solo desearía que pudiéramos llegar a las Calles de los Palacios más pronto!" En este punto, el Valle de las Rosas era la única cosa en su mente.

Nos detuvimos en el cruce de Dareja por un rato. Si se toma el "Paseo de los Vikingos" hacia el sur, detenerse en este cruce es obligatorio. Estamos a una milla de distancia de la colina detrás de la cual se esconde el Silea. Ahora estamos muy cerca del río artificial que fluye a través del otro lado del Valle. De hecho, calculamos que al anochecer lo veremos fluir a nuestra derecha.

Yo no sabía que Dareja era un centro de transporte tan importante. Es necesario detenerse aquí si se quiere tomar uno de los *ragioza* para viajar, ya sea hacia el este, camino a las llanuras húngaras, hacia el oeste, camino a los lagos suizos, hacia el sur, camino a Liguria, o incluso si se quiere cruzar el Mar Adriático o el Egeo.

La población de Dareja es de aproximadamente 3.5 millones, con dos tercios de esta siendo residentes permanentes. Para nada grande, esto es, considerando su reputación mundial de "el estado de los grandes técnicos" y el rol crucial que juega en el transporte mundial. Sin embargo, es cierto que su civilización tecnológica y técnica es incomparable. Sus viejos laboratorios e institutos siguen operando con el mismo pulso y vitalidad de antes. Los politécnicos aún atraen a cientos de miles de estudiantes de todas partes de Europa y sus establecimientos son considerados la encarnación del gusto y la moderación.

El Naira y el Fierlan, dos afluentes artificiales del Silea, los cuales se ven básicamente como canales, corren a través de la parte más antigua de la ciudad en líneas simétricas. Los edificios son majestuosos, pero quizá demasiado simétricos y uniformes, tanto en términos de construcción como de color, ya que todos están pintados en tonos alternantes de amarillo ocre.

Dareja es el centro de la automatización. Es el Mecca del sur de Europa, en relación a sus técnicos. Fue con los propios diseños de Dareja que se creó el Silea y fueron los hombres sabios de Dareja quienes hicieron posible la construcción de los glaciares de Small Giostendal. Es la ciudad cuyas escuelas dieron al mundo un Yarl, un Boyer y un Karl Hornsen, algo parecido a nuestros Curie, Lavoisier, Fermi, Max Planck y De Lesseps.

Hilda me dijo que, en términos de civilización puramente espiritual, Dareja no se puede comparar con Markfor, Anolia o Blomsterfor. Nunca tuvo la misma larga tradición de creación espiritual. Y ella dijo que los tiempos cambiantes y las recesiones en tecnología a menudo hieren el orgullo de este magnífico y glorioso estado. Dareja es ahora más un seguidor que un líder...

Está rompiendo el alba. Los enormes vikingos de bronce que han dado su nombre a la autovía flanquean el camino. ¡La vista es espectacular! ¡A lo largo de todo el viaje, el *ragioza* no ha tocado el suelo! ¡Va tan rápido que se siente como si estuviera volando! Stefan dice que el *ragioza* está solo tres pulgadas por encima del asfalto de la autostrada, pero eso es suficiente para protegerlo de cualquier contacto y por lo tanto cualquier fricción con la superficie del camino de la autovía de los vikingos. ¡Eso es como magia, considerando el peso de este "bote-volador" que acelera como el rayo! Ya es de mañana. Si dependiera de mí, me detendría por un rato. Noté que la vegetación había ido cambiando gradualmente, un indicativo de que nos estábamos aproximando al Mar Mediterráneo. "Y aun así estamos muy lejos todavía," me corrigió Stefan. A veces olvido cuán diferente es todo de lo que recuerdo, cuánto ha cambiado...

Cipreses y manzanos, tilos, olmos, árboles de azufaifa, luego árboles frutales, luego árboles de plátano centenarios junto a los arroyos y, más abajo, interminables hileras de azaleas y altos álamos plateados. El olor en el aire me trae recuerdos de los viajes de campo de mi infancia. Tocaron mi alma tan cariñosamente en ese entonces que recuerdo cada detalle ¡y juro que el aire tiene exactamente el mismo aroma y gusto que en ese entonces! No puedo poner en palabras cuán mágico es el sentimiento de saber que he estado aquí antes y que se me ha dado la oportunidad de regresar a esta vida: es una sensación de felicidad triunfante, consciencia de mi destino único, ¡un sentimiento divino de gratitud!

En el cruce de Eliki, todos los pasajeros cambiaron el *vigioza* por varios minteles de *Cives* pequeños y con ruedas que nos habían estado esperando allá. Todos nosotros cuatro nos montamos en uno de ellos y continuamos nuestro viaje.

Después de salir de Eliki, lo primero que vi fue alrededor de cien sacerdotisas del Rosernes Dal esperando a la llegada de los *vigiozas* para poder continuar, a su vez, su propio viaje. Recuerdo haberme cruzado con varias de ellas en Markfor también, pero nunca con tantas juntas. No se veían como viajeras. Los pequeños y suaves bolsos de mano que cargaban era lo único que las delataba. Bastantes de ellas estaban rodeadas por niños, dos o tres alrededor de cada una. Conté unas ciento cincuenta, ¡pero deben haber sido incluso más! ¿Acaso eran considerados una especie de "escolta honoraria" para las sacerdotisas o les habían confiado el cuidado de los niños? No se podía decir. Permanecieron allí inmóviles, en contemplación, y los niños obedientes se mantuvieron calladamente a su lado.

En los jardines florales del cruce de Eliki, vi por primera vez lo que probablemente es el lujo más absurdo de estos tiempos, algo que no había visto en ninguna de las ciudades importantes hasta ahora, ni en Markfor, ni en Blomsterfor, ni en Anolia, ni siquiera en Norfor: canastas artificiales enormes, de un diámetro de 15-20 metros, decoradas con flores y plantas colgadas de todos lados, obras de arte magníficas de algún florista-pintor virtuoso, y maravillosos cuadros con temas del "Advenimiento de los 200" y la creación del Valle de las Rosas.

Las flores y plantas aquí no están arregladas de manera geométrica o de encaje como en Markfor. Aquí lo que prevalece son las miríadas de tonos de verde que se ven totalmente naturales, desde el plateado verde claro aceituna al negro verdoso de los abetos, en formas y figuras exquisitamente elaboradas y atendidas diariamente por unos "floristas-supervisores" asignados especialmente, de manera que el trabajo del "maestro" no se marchite ni se dañe en lo más mínimo. Desde lejos se ven como tapices gobelinos tendidos en el suelo como con intención de darles la bienvenida a los viajeros. Por supuesto, nadie los toca.

En la tarde, íbamos en camino de nuevo. Se había vuelto mucho más obvio ahora por los paisajes de alrededor que nos estábamos acercando al Valle. Grandes templos e institutos extendiéndose por cientos de metros y todo tipo de *kierketaarnes* (pequeños templos perfectamente redondos o elipsoides con columnatas circulares de color blanco nieve) ahora habían tomado el lugar de los gigantescos blocaos a ambos lados del camino y los colores de tonos pasteles habían dado paso a una suave luz de color rosa.

El cielo aquí está completamente libre de esas bandadas densas y oscuras de enormes vehículos voladores y los miles de plataformas y terrazas de los *linsenes* aquí están diseminadas en medio de parques y jardines florales, en vez de los aeropuertos gigantes de las regiones del norte.

De vez en cuando, se pueden ver arriba en la colina las casas solariegas de los *Lorffes* (los representantes líderes del espíritu moderno, todavía encerrados por esta temporada), las cuales, sin embargo, pertenecen al Rosernes Dal y no a ellos personalmente y las cuales después serán pasadas a sus sucesores espirituales, según me informó Stefan.

A su lado, se podían ver las ermitas de los *Ilectores*, desérticos monasterios de granito rojo construidos con contornos severos, los lugares de retiro silencioso personales de los eméritos.

Lo que hipnotiza a la gente de hoy incluso más que la belleza de la naturaleza, incluso más que la magnificencia del ambiente, son los topónimos y los recuerdos de la niñez que estos evocan.

Silvia y Hilda habían venido al Valle en Víspera de Navidad hace muchos años y Stefan había visitado el gran centro espiritual varias veces poco tiempo después que ellas, pero todos ellos ya sabían la historia de cada pulgada de esta tierra desde que aún estaban en la escuela.

Si se echa un vistazo detrás de los álamos que bordean el arroyo, detrás de la pared rosa claro del monasterio de los *Ilectores* en Delfia, se puede distinguir el complejo de las instalaciones comunales de una planta de los ermitaños de Naade. Astrucci y Lain me habían hablado acerca de ellas en Markfor: hace cuatrocientos años, sus predecesores fueron los "padres fundadores" originales del Valle, los primeros eruditos, intérpretes y editores de los textos más antiguos de la tradición aidersiana. Todavía los llaman por la palabra griega "eremitas", que significa ermitaño.

SILEA, SU RÍO MADRE ARTIFICIAL

Mientras el brumoso sol se ponía lentamente, Stefan, quien hasta ese punto había estado tan calmado como siempre, sujetó mi brazo repentinamente para mostrarme un gran río que había aparecido desde el oeste a lo lejos, en el fondo. "¡Mire! ¡Mire!" gritó y simultáneamente Silvia y Hilda comenzaron a gritar con emoción "¡Es el Silea! ¡El Silea!" Me di la vuelta y vi claramente una tira de agua muy amplia, incluso desde tan lejos. ¿Acaso la gente lista había cambiado entonces todo el mapa continental? ¡Ningún río de este tamaño había existido nunca en estas latitudes en mi tiempo! Pero Stefan me dijo que el Silea no solo pertenecía a Europa del Sur y que terminaba aquí después de un largo serpentear, comenzando desde el Mont Blanc en Saboya.

Siendo una de las señales más viejas de consorcio tecnológico y económico y cooperación política en Europa, el Silea pasa a través de un número de países y sus cataratas, presas y curvas artificiales (ya que para empezar es un río artificial) una vez habían dado a los pueblos de Europa gran prosperidad gracias a la inmensa producción de hidroelectricidad que abasteció al continente entero por más de un siglo.

Más tarde, el descubrimiento de nuevas fuentes de energía significativas socavó la importancia del Silea, al menos como una fuente de energía. No obstante, en los corazones de los europeos, la significancia moral y política de su construcción, su operación fluida por unos 130 años al igual que su contribución en general permanecen como un recordatorio de la cooperación y la solidaridad que reemplazaron a la contienda entre naciones, un símbolo de la supervivencia del espíritu de Altekirchen y de la importancia de sus artículos de asociación, con la Carta de las Naciones siendo el emblema de la primera y original unión federal de los europeos.

Y así, el Silea permanece intacto, con sus puertos, sus puentes y sus estaciones del Consorcio de Energía Hidroeléctrica Paneuropeo (ahora de pura importancia histórica), aún localizado en las afueras de las ciudades por las que corre el súper-río.

Maravillosos balcones coloridos decorados con todo tipo de flores continúan impresionando durante cientos de kilómetros, colgando sobre las estatuas de bronce de los pioneros de la federación original: Milstone, Grueberg, Rickenmat, Verginia y el héroe y mártir Gustav Siovogia, quien no llegó a ver su visión realizada, ya que sucumbió a la presión demasiado pronto y, una noche de otoño, abrió su pecho de un desgarro con sus propias manos y murió traicionado, perseguido y aislado.

Cruzamos los inconcebiblemente largos y anchos puentes del Silea una o dos veces. Miles de personas estaban reunidas en el pavimento increíblemente amplio de los puentes, ya sea sentadas en bancos y hablando o apoyándose en las barandillas y contemplando el agua debajo de ellas.

Desde el puente Albielle, mientras miraba lejos a la distancia, junto a las multitudes de *linsenes* que estaban adelante, vi por primera vez bastantes barcos flotadores pequeños y antiguos destinados al uso privado, los cuales se veían como si hubieran sido sacados de garajes muy viejos o museos, velos voladores y triciclos anfibios, nanohelicópteros sin alas, increíbles *vigiozas* con turbinas de viejo estilo y todo tipo de otros vehículos voladores chistosos que estaban intentando con fuerza mantener el ritmo de los más nuevos y rápidos *linsenes*.

Sin importar cuántas veces Stefan me ha asegurado que la transparencia del *Forening* (una especie de consorcio o asociación) está sólidamente establecida y que las asociaciones cooperativas de los socios son garantes de la seguridad de sus productos, he llegado a creer involuntariamente que incluso estos tiempos perfectos quizá tengan algunas debilidades. Esos *Cives* (y son muchos) que viajan en tales vehículos deben ser caprichosos o deben estar siendo tratados injustamente, al menos temporalmente, por las distribuciones *Forening*, teniendo que esperar pacientemente bastante tiempo para poder obtener los vehículos que se merecen, vehículos que el resto de los *Cives* ya posee.

La noche ya había caído cuando el Silea, después de una ausencia de media hora, reapareció frente a nosotros, iluminado, a la vuelta del camino. Solo las horas nocturnas hacen justicia a la verdadera belleza de este río. "A esta hora del día, a nuestro modo de ver, el Silea obtiene la santidad del Ganges; lo vemos como el río sagrado de Europa," dijo Stefan.

Apulia, Erika, Terranova, Rodope, Great Poplar, Emerita, Fata Azzura, Teskera, Nydelfia, Egeria, Villafranca, Filiatura: las hermosas afueras del Valle repletas de *Mindre Skoles* (sus escuelas primarias), *Vilenthenes* (sus escuelas secundarias), museos históricos y etnológicos, planetarios, conservatorios e institutos, "centros de serenidad", salas de conferencia, bibliotecas y salas de estudio, templos, complejos de ermitas y enormes anfiteatros. Los magníficos alrededores del Valle crean una increíble atmósfera espiritual.

Stefan se esforzaba en informarme acerca de la historia de cada una de estas maravillas y explicarme su significado más profundo tan bien como podía. Nunca dejó mi lado y no dejó de responder mis preguntas, incluso las preguntas que no había hecho todavía. Noté que ni siquiera una vez él se dirigió a nuestras amigas. Pero ellas tampoco estaban hablando entre ellas; ambas estaban enfocadas en sus pensamientos.

Seguimos viajando durante la noche sin detenernos en ningún lado. Miles de personas en sus vehículos individuales pasaban junto a nosotros en esa autovía extremadamente espaciosa, todos abrumados con la misma emoción y anticipación hacia su llegada al Valle. En medio de la noche, en una verdadera cascada de luz blanca iluminando el horizonte, llegamos al Valle de las Rosas...

EL VALLE DE LAS ROSAS: CONTEMPLANDO SU CIUDAD SAGRADA

Rosernes Dal, 13-VII

Me siento y miro fijamente la ciudad "sagrada" de estos tiempos, agotado por el encanto de esta vista hipnotizante que solo se puede comparar con los paisajes de sueños y cuentos de hadas.

Desde la colina densamente poblada con la pequeña y suave inclinación donde nos habíamos instalado a la medianoche de anteayer, ¡eché un vistazo y me di cuenta de que finalmente habíamos llegado!

Una cuenca artificial que había visto antes en el *Reigen-Swage* se extendía ante nosotros, repleta de arbustos de rosas, templos e incontables monumentos, palacios con las famosas cúpulas torcidas de Gratia Dei y Lysicoma: una ciudad jardín gigante con una población residente de seis millones de almas, incluyendo a los *lansbees* regionales que la rodean, cortada por la mitad por el río.

No hay estrellas en el cielo y esta débil luz difusa y fría, que no parece originarse de ningún lado en particular, da la impresión de ser la luz del día. Creo que lo he dicho antes, pero esta luz artificial de los tiempos actuales se ve como una aurora boreal.

¡Yo estaba maravillado! ¡No podía apartar mis ojos! ¡Fabulosos tesoros de topacio, ametista, rubíes y zafiros destellan bajo esta luz brillante! Todas y cada una de las líneas semicirculares en el horizonte era un maravilloso templo de arte iluminado, un monumento a la historia espiritual de los últimos siglos. Así es cómo ellos usan la mayoría de sus piedras preciosas hoy en día; ¡para decorar sus grandes centros culturales! ¡No le pertenecen a nadie! ¡Su propósito es satisfacer al ojo de sus espectadores!

"¡Mire, Andreas, mire!" Silvia volvió su rostro hacia mí y me miró, fascinada por la imagen del Valle que yacía adelante. "¡Mire! ¡Esta es nuestra tierra, Andreas, nuestro globo, nuestro propio planeta, incluso si no creemos en nuestros ojos!"

Desde aquí arriba se tiene una magnífica vista de los incontables palacios de los *Ilectores* y los *Lorffes*, sus observatorios y todo tipo de "estaciones de onda de radio", las cuales llevan los nombres gloriosos de los antiguos investigadores a los que le rinden honor (como Striberg, Tegner o Feridi), las galerías que hospedan a sus obras maestras, los templos de los franciscanos en Cordei, un municipio del Valle y la Madonna de las Rosas. Y si se da la vuelta, se verá un gran número de planetarios, conservatorios, gimnasios y piscinas de natación en todos lados en la periferia del Valle.

Aquí están las galerías de Iberia, Latium y New Sabinawith con las famosas noventa y ocho capitales heterogéneas pero que hacen juego de manera tan apropiada, cada una de las cuales ocupa varias páginas en la historia del arte. Y está el templo del Sufrimiento Humano y los altares de la Maternidad, la Investigación y el Sacrificio, construidos en memoria de los miles de científicos que fueron perseguidos o heridos por la radiación y su lucha contra las bacterias y los virus. Y están el edificio del Instituto Aidersen y sus alrededores (una ciudad completa por sí misma) y los templos de las "religiones muertas", cada uno construido en su estilo respectivo: budista, hindú, templos griegos antiguos, sinagogas. ¡Incluso vi un templo para Zaratustra!

Allá, en el fondo, puedo ver el templo del Amor y la Paz, cuya construcción duró tres generaciones completas, según me dijeron. Diseñado por el gran Niemorsunt (un proyecto del siglo IX, finalizado en 876), fue el fruto de la cooperación sincera entre los arquitectos Olaf Keirl, Hilda Normanden y Alicia Neville.

Al este se encuentra el Panteón, con el halo de forma arqueada que sostiene la aquí famosa inscripción "Honora Praecursoribus Aeternus", ¡escrita en luz dorada! Hay algo mágico acerca de esta inscripción, aparte de la luz dorada con la cual se escribió; sin importar dónde se esté y desde qué ángulo se mire (desde arriba, abajo, lejos o cerca), ¡se puede ver tan claramente como se vería si se estuviera de pie justo frente a ella!

A su lado está el Templo de la Poesía de Kekonen, también del siglo IX. Entre el Panteón y las Calles de los Palacios está el templo de Damon y Fideas, un proyecto especial inspirado en Yalmar y Rinarschield (los *Lorffes* con más renombre de los siglos XII y XIII, cuyos nombres y amistad marcaron su era) que se asignó al arquitecto Heimerstam para la perpetuación de la idea de la amistad como un todo y no su propia amistad personal.

Al oeste están los templos-palacio dedicados a la Justicia, la Libertad y la Cultura y la Virtud y el Humanismo y a su lado está el monumento hecho por Igor Bodurof que siempre dará cuenta del sacrificio de los veinte millones de personas que formaron parte del intento infructuoso de colonizar Marte. ¡Y aquí está el invisible e intangible templo de Dios! ¡En serio no se puede ver nada! ¡Es un lugar de trance religioso y concentración solo para los *Lorffes*, el cual solo toma forma si uno está adentro!

¡También vi el templo de los Mártires Olvidados de Dean Kersteen hecho de marfil sintético! ¡Oh, había leído tanto acerca de él en los libros que me dieron! Él fue uno de esos que, de vuelta en la era oscura, había "profetizado inadvertidamente" lo que venía. La mayoría de los templos se construyeron en los primeros dos siglos del *Nojere*, pero sus significados se interpretaron considerablemente diferente después de que se obtuvo el *Oversyn*.

Cuando en el siglo VIII y IX se escucharon las ahora famosas y proféticas palabras de Bramsen y después de Nyttenmat, fue como si el Aidersen también supiese, muy en el fondo, que: "Todo lo que es excepcionalmente bueno derrotará necesariamente todo lo que no lo es; el espíritu superior y la verdad prevalecerán tarde o temprano." O "Es la ley de la naturaleza y la creación que miles de planetas habitados por seres vivientes pensantes se encuentren con su 'gran destino'. Algunos ya lo han hecho." En cuanto a nuestra pequeña tierra, ellos dijeron: "No dejen que intervalos de tiempo insuficientes nublen su juicio; si quieren hacer comparaciones, escojan una era pasada. Por ejemplo, comparen a nuestros tiempos con la Edad de Piedra."

Los grandes ancianos, predecesores y precursores de Chillerin, los sabios que esperaban que la muerte abriera nuevos horizontes de conocimiento sobrehumano y desarrollo mental, nunca, ni por un segundo, creyeron que alguna vez solo dejarían de existir. Como si lo supieran…

Por lo tanto, he llegado a la conclusión de que la virtud es recompensada eventualmente, que tener una brújula moral es un prerrequisito para la dicha, ¡que la consciencia es al final el "Dios dentro de nosotros"! Incluso la filosofía se vindicó cuando resaltó el ideal de la personalidad moral en un mundo cruel. Y en ese temporal mundo marginal y transitorio, dentro de un contexto de finita fe humana, la gente había hablado de "lo eterno" y "lo indestructible" y había concebido al infinito como una noción.

Para mí, incluso Wagner, que en su ópera *Parsifal* presentó la idea de que la pureza puede derrotar todas las tentaciones y alcanzar la redención, fue vindicado.

He pasado toda la noche aquí sentado, intentando distinguir todos los templos que están dispersos por todo el Valle de las Rosas, con los ojos pegados, ya sea a uno de los muchos telescopios poderosos que tienen aquí sobre el balcón del *gestel* o a los binoculares de visión nocturna que Stefan me dio.

Son más de las dos a.m. Han pasado horas desde que mis compañeros se fueron a la cama y yo aún estoy dando vueltas incontrolablemente sobre la terraza, en medio de un éxtasis de los sentidos, ni siquiera pensando en la fatiga, ni siquiera teniendo la necesidad de dejar que mi débil cuerpo se hunda en mi sillón.

Mil cosas que he visto en el *Reigen-Swage* y el mapa del Rosernes Dal aparecen en mi mente y quiero encontrar tantas como pueda. Incluso me las arreglé para discernir unas pocas docenas de estatuas y monumentos de los millones que están erigidas fuera de los templos. Nombres, fechas y todo tipo de obras de arte y logros significativos dan vueltas dentro de mi cabeza.

Si Stefan estuviera aquí ahora, le preguntaría, "¿Cuál es el significado más profundo del Valle? ¿Es cierto que nada nunca se pierde realmente?"

Miríadas de recuerdos y pensamientos personales inundan mi mente y alma.

La mágica luz difusa se desvanece y la luz del nuevo día toma su lugar en el cielo azul claro como el cristal. Es el doceavo día hoy. No creí que lograra llegar aquí. No creí que tendría la oportunidad de ver el Valle con mis propios ojos; pero lo hice ¡y ahora quiero ver todo!

"¿Se quedó aquí toda la noche?" preguntó Stefan, rompiendo repentinamente el silencio. Se despertó muy temprano, alrededor de las seis y diez, justo a tiempo para el amanecer. Las muchachas aún estaban dormidas. Él se veía un poco preocupado por el hecho de que yo no había descansado en mi sillón en ningún momento, pero lo calmé diciéndole que me sentía muy refrescado y revitalizado.

"Creo que nadie durmió anoche," dijo. "Pero al menos nos acostamos durante unas horas. Hilda no durmió ni un parpadeo en toda la noche. Su corazón latía como loco y a las tres a.m., se levantó y tomó una pastilla para calmarse. Estaba exaltada, muy semejante a un niño que no puede esperar el alba del Día de

Navidad... Verá, aquí nadie quiere dejar esta vida sin haber visto el Rosernes Dal al menos una vez."

Stefan me habló acerca de la capital universal con el orgullo usual, para estos tiempos, que proviene de la pura emoción, amor y experiencias de su niñez.

"Mañana en la tarde bajaremos al Valle," me dijo Stefan antes de irse. "¿Ya le había dicho que era mañana en la tarde? Es importante. Debe preparar el *troje*, la prenda de ropa formal diseñada para la ocasión, pero esa debería ser la menor de sus preocupaciones. Sobre todo, ¡prepare su corazón! Eche un vistazo retrospectivo a su vida y rece desde el corazón. Es uno de nosotros ahora. Solo asegúrese de que sus pensamientos son puros. Todos están rezando estos días. Usted debería rezar también; por la madre tierra, por las instituciones, por nuestra muerte, por la liberación final de la barbarie, por el fin de la prehistoria."

Estoy sentado en la terraza con Silvia, esperando escuchar las campanas. Stefan me dijo que ya ha pasado una semana desde que comenzaron las regulares campanadas matutinas de los chapiteles de los Mártires Olvidados. Estos días se conocen como los doce días de oración antes del servicio memorial. Silvia está sentada junto a mí sosteniendo mi brazo. "A veces, nuestro ser interior necesita una sensación amable de solicitud y tranquilidad, acompañado por una presencia amable y cariñosa, lejos del bullicio del mundo, un aislamiento que sirve como una señal de respeto y apreciación por todos estos amados lugares..." susurró.

Yo le dije que honestamente no podía estar más de acuerdo y apreté su mano cálidamente cuando sonaron las primeras campanadas. Hay algo acerca de estos sonidos que me recordó al cristianismo, a pesar de que su intensidad y valor estético han mejorado extensamente.

Con los ojos cerrados y ambas palmas presionando sus sienes, Silvia escuchó en silencio, perdida en sus pensamientos y enfocada en su oración. "Oh, déjeme escuchar las campanas," dijo poco después, cuando intenté expresar mi emoción con unas pocas palabras.

No deberíamos hablar aquí. Después de las campanadas sagradas, Stefan me dijo que nadie, en ninguna otra circunstancia y en ningún otro lugar del mundo, podría alguna vez escuchar una melodía tan divina como la que sale de los chapiteles de los Mártires. Es increíble que no tenga igual en todo el mundo.

UNA MARAVILLOSA SEMEJANZA

En la tarde tenemos programado descender al Rosernes Dal. ¿Y este es el día y la hora en que elige visitarme, Anna? ¿Y de esta manera?

El 29 de junio de 1906, mientras yacíamos sobre el pasto del pequeño valle jovial de nuestro pueblo natal, soñando acerca de nuestro futuro juntos, literalmente me dijo: "¡Cuán sedienta está el alma humana de soledad a veces! Cuán sedienta de un sentido de paz, de una visión como esta, junto a su amado..." Recuerdo que cinco días después, yo me estaba yendo para Roma. Oh, mi querida Anna, se merece toda la felicidad del mundo, donde sea que esté... Yo solía decir que el propósito de mi vida era protegerla y guardarla de todo mal. El 8 de julio tuve pensamientos similares en Piazzale Napoleone al atardecer, sobre la larga terraza de Valanie, con vista hacia el oeste de Roma. "Deberíamos ver esto juntos," le había dicho.

En los veranos de 1913 y 1914, justo antes de la Gran Guerra, cuando mi vida ya había tomado un camino en espiral descendente, regresé a esa parte del sur, a esa misma terraza del arquitecto francés.

¡Oh, Dios! El caso es tan similar... Por supuesto, Silvia no tiene la más mínima idea acerca de eso, ya que estoy siendo fanáticamente cauteloso, escondiéndolo muy bien de todos ellos tres; Silvia, Stefan y Jaeger. ¿Acaso mi destino tiene alguna sorpresa *más* guardada para mí? Mi alma se inclina ante este milagro que se las arregló para aniquilar el abismo de la memoria y el tiempo.

13-VII De nuevo

(Un largo rato después)

Creo que lo que hizo mi amor con Anna tan divino no fue la intensidad de la pasión erótica, sino la calidad de nuestras emociones. Lo que vivimos se ha vuelto "sagrado" precisamente porque fue tan puro y amable, una reflexión genuina de lo que hoy llaman el *Samith*. Y es por eso que la posibilidad de nuestro amor no se extinguió con la muerte física. El tiempo no pudo borrarlo...

ABAJO EN EL VALLE
Turismo en la ciudad

14-VII
(2 a.m.)

Desde la cinco p.m. hasta la medianoche pasé mi tiempo con Stefan, yendo de terraza en terraza, ascendiendo y descendiendo por sus famosos y fantásticos ascensores, una especie de elevadores públicos los llamaríamos nosotros, y usando todos sus nuevos *vindebros* (puentes diseñados para la escalada leve) sin el menor esfuerzo, en medio de incontables miles de noctámbulos, como nosotros, peregrinos, todos vestidos con el mandatorio uniforme formal del Valle. Stefan se esforzaba en explicarme, de la mejor manera posible, todo lo que vimos en la parte más antigua del estado sagrado.

A diferencia que en Norfor y en las otras ciudades que hemos visitado, nunca sentí la necesidad de apoyarme en Stefan mientras estábamos en el Valle. Uno no se puede sentir perdido o aterrorizado aquí. El río y los pueblos circundantes siempre dan un claro sentido de dirección. Los sentimientos de indisposición, desamparo o duda que he experimentado en otros sitios no se aplican a este lugar.

Estamos usando un par de pantalones cortos y oscuros con rayas negras que se detienen ligeramente bajo la rodilla, medias altas de seda verde, un chaleco blanco doble con solapas blancas y botas blancas especiales que no hacen ruido de ningún tipo cuando tocan el suelo. Y olvidé mencionar la estola-cinturón verde que decora los uniformes de los *Cives* estándar.

A primera vista, hay dos o tres cosas a lo largo de la región del antiguo Rosernes Dal central que deja una impresión fuerte sobre el viajero: la claridad del cielo debido a la falta de tráfico, la ausencia de áreas puramente residenciales a lo largo del gran estado y la falta del "aura de una ciudad capital", contrario a las otras megaciudades que he visitado, principalmente en términos de estilo y ritmo de vida. Solo he visto medios de transporte individuales aquí y, aun así, estaban muy alto, *linsenes* o *vigiozas* personales que no asustan y no afectan la claridad del cielo.

Aquí no verá ningún *daner*, ninguna gigantesca isla flotadora satélite, ninguna ciudad subterránea, ningún otro tipo de extensiones urbanas escondidas ni ningún puente aéreo de acero que se asemeje a serpentinas, como esos en Blomsterfor. Y en vez de residencias, hay un increíble océano de monumentos, parques, soportales, altares y camas de flores. Y me pregunto, ¿dónde viven estos seis millones de personas? Estoy bastante seguro de que viven en las lejanas laderas de color azul claro y las colinas que rodean el Valle, excluyendo por supuesto a los *Lorffes*, los *Tilteys*, los *Ilectores* y los grandes artistas.

Y entonces, ¿exactamente qué tipo de capital es esta? Rosernes Dal, igual en tamaño a Norfor, se me parece más a un refugio idílico del intelecto que a una verdadera ciudad capital... Yo aceptaría un término como "la capital de los sueños y la belleza" para describirlo, pero ciertamente no se siente como el centro de su comunidad política y económica actual y universal.

Puede ser que la autoridad supervisora última y la coordinación y alineamiento de las pocas instituciones emanen de aquí, pero nada de esto se vuelve obvio para el forastero. Un elemento clave para la vida de esta amplia ciudad es lo que podría posiblemente ser llamado la adoración de una mezcla de cosas, como la religiosidad, el arte, la meditación y otros grandes empeños espirituales, que nadie intenta esconder. A mi modo de ver, el Valle de las Rosas podría describirse como un tipo de Lhasa y Medina del mundo "occidental" actual.

Aquí es, entonces, donde viven los tataranietos de los europeos que sobrevivieron a los estragos de las guerras: anglosajones, eslavos, alemanes, griegos, latinos, escandinavos, valones y flamencos, holandeses y suizos, finlandeses y varias otras naciones de descendientes europeos.

15-VII

Una vez más, estoy levantado hasta tarde en la noche, escribiendo después de haber pasado todo el día haciendo turismo, desde las siete de la mañana hasta las nueve de la noche. Los cuatro tomamos una excursión caminando por el centro de la ciudad. El calor de principios de abril se atenuó por la brisa fría y el aire aromatizado que flotaba con ella. Se tiene que caminar a la mayoría de los lugares; de lo contrario, no hay tiempo de ver nada.

En el camino de regreso, nuestra emoción dio paso a la fatiga. Nos dimos una buena ducha y comimos una cena ligera, acompañada por jugos refrescantes de fruta congelada (ellos no tocan nada que contenga alcohol y ni siquiera estoy seguro de que estén familiarizados con su uso, excepto quizá el vino). Pero las muchachas guardaron silencio todo el tiempo. Noté que se sentaban lejos la una de la otra en la mesa, ambas inmersas en sus pensamientos; poco después se retiraron a sus habitaciones con los ojos nublados.

"Usted siga con sus libros y sus escritos. No se moleste en consolarlas," me susurró Stefan con una sonrisa. "Estarán bien... Nadie nunca sabe por qué llora una mujer. ¿Acaso sus mentes están ancladas en sus recuerdos? ¿Están sintiendo un deje de insatisfacción a pesar de todo lo que vimos hoy? ¿Son lágrimas de alegría? ¿O son lágrimas de aburrimiento causadas por la falta de oficio, ya que todos los problemas principales de la vida están resueltos?"

Él estaba de un buen humor algo un poco inapropiado para la ocasión y, a pesar de que intentaba ser discreto, uno pensaría que se estaba burlando de ellas por su sensibilidad excesiva. Me recordó que uno de los muchos nombres que se usaban para describir el Valle de las Rosas era "el Reino del Sufrimiento Humano", refiriéndose al anhelo del alma y el profundo elemento humano del dolor interior, pero yo creo que este nombre tiene un significado más profundo e histórico; es un tributo a los siglos sangrientos de la prehistoria.

Yo no supe qué decir, así que no respondí y unos pocos minutos después me retiré a mi habitación también. Durante la primera hora después de la cena, ojeé las otras guías de viaje compactas del Rosernes Dal, las cuales, para ser honesto, estaban destinadas a niños, y luego me senté a escribir.

Todo tipo de imágenes se arremolinaban en mi cabeza. El rostro de esta gran ciudad ha cambiado completamente estos días. Uno choca contra miles de peregrinos extranjeros, que han viajado desde todas las diferentes partes del mundo, en todos lados sobre las calles y las autovías masivas. Han venido para la gran procesión programada para pasado mañana. Se ven muy cómodos en los *slaabrokes*, los uniformes obligatorios que describí arriba, los cuales solo se quitan cuando se van a dormir en los hostales lujosos, los *gestalades* y los *civesheimes* localizados en las colinas circundantes.

Estos días, el Valle está repleto de *Tilteys, Ilectores* y *Lorffes*, al igual que los representantes del clero. Ellos caminan alrededor de la ciudad justo como todos los demás, simples y modestos, haciendo que la gente se sienta igual. Nunca antes había visto tantos de ellos reunidos en un lugar, pero tampoco he visto nunca tal falta de interés de la gente a su alrededor. Parece ser que la concentración, la devoción y el humor reverencial de cada visitante no dejan espacio para la aclamación. O, mejor dicho, que su adoración común al *Nibelvirch* es tan dominante en sus corazones que no deja lugar a ningún otro tipo de entusiasmo.

De hecho, incluso los trajes de estos grandes hombres no difieren mucho de los de los *Cives* ordinarios. La única cosa que cambia es el color de las medias, la estola y el cinturón. Y, aun así, el efecto visual final no es para nada monótono, ya que su insignia completa el traje (cadenas doradas con esmeraldas, fajas de perlas), dando un tono muy pintoresco y encantador a los bulevares, principalmente en la noche.

Stefan me dice que la participación de este año no tiene precedentes y, aun así, parece que todas estas multitudes se alojaron adecuada y eficientemente en poco tiempo en las interminables extensiones urbanas construidas sobre las colinas circundantes. De hecho, me dice que hay todavía más espacio en los *larinteres*, los hoteles y los apartamentos. Ellos tienen una larga tradición en capacidades de organización y, una vez más, han hecho un maravilloso trabajo.

A las 5:30 de la tarde, John Humphrey y Ulfink Enemark en carne y hueso pasaron caminando a pocos metros de donde estábamos. Stefan me los señaló. Apenas noté al famoso creador de "Fabiola" y al poeta de "Sueños sobre la Orilla del Río", "Promesa Olvidada" e "Irenaeus". Mi mirada estaba fija sobre las estatuas. Estoy menos interesado en la gente real. Lo mismo me sucede con las sacerdotisas. Nos encontramos con varias, algunas mayores, otras jóvenes, vestidas con la típica túnica blanca nieve. Según he leído, los patrones y protectores de su fe son los mismos *Lorffes,* aunque en práctica raramente toman lugar en los rituales. Los más grandes de ellos poseen la primacía social indiscutida en la vida contemporánea. Incluso hoy en día, la historia parece repetirse de muchas maneras. Por ejemplo, la clasificación social actual se parece a la del Egipto de los Faraones, pero sin la violencia y la ostensión de poder.

EL PANTEÓN

Noté que el idioma actual es más rico que el nuestro. He aquí un ejemplo: mientras que ellos siempre han tenido palabras separadas para "profeta" y "poeta", desde la época posterior a Volky también tienen una tercera palabra que significa las dos. Lo mismo sucede con las palabras "sacerdote", "pensador" y "filósofo"; ahora tienen una palabra que expresa todas tres.

Sabía que en el Panteón encontraría miles de obras de todos los grandes hombres espirituales que han existido desde mi tiempo en adelante. Pero el área del Panteón es extremadamente grande; es un pueblo entero en sí mismo. Solo pasé unas pocas horas allí cuando le tomaría años a alguien estudiar toda esta herencia cultural y espiritual. Uno puede encontrar los nombres allí, alojados en libros de texto escolares, y leer acerca de sus obras. Las guías del Valle están allí para ayudar a encontrar contenido de un autor específico o la ubicación exacta de la estantería de un libro específico en esa amplia biblioteca. Poetas, filósofos, investigadores de las ciencias naturales, compositores de música, pensadores, humanitarios, figuras políticas y públicas, místicos, artistas, reformadores sociales, educadores: todos están aquí, siempre y cuando su obra haya soportado la prueba del tiempo. Einstein, Newton, Pitágoras, Homero, Milton, Virgilio, Sócrates, Platón, Confucio, William Tell, Gautama Buda, Matteotti, Bach, Handel, Rousseau, Tolstoi, Kierkegaard, Séneca, Pascal, Bergson y Rilke son algunas de las figuras históricas de las eras anteriores a la mía que están hospedadas allí.

Sus estatuas de mármol, latón, cobre y marfil sintético de tamaño natural, la mayoría de ellas decoradas con escenas de sus obras, las cuales se mantienen sobre pedestales igualmente altos, simbolizan, al menos a mi forma de ver, una vindicación triunfante del legado cultural de los tiempos "prehistóricos e incivilizados", como ellos los llaman. ¡Me dio un placer y satisfacción considerable ver algunos de nuestros grandes hombres cobrar vida en todos lados al alrededor de mí! ¡Algo que realmente me impactó fue que incluso vi coronados, como Codrus, Numa Pompilio y Marco Aurelio!

No existía discriminación entre nuestros hombres y los suyos, desde el comienzo del *Eldrere* y en adelante, ni en la posición de sus estatuas ni en sus dimensiones, ni en nada más. Lo único que cambia ligeramente es la interpretación de la "Fuente" del pensamiento e inspiración de cada uno de ellos, porque hoy no hay contradicción entre lo real y lo ideal.

Todo a lo que se hacía referencia con "mundos y conceptos espirituales" en generaciones pasadas ahora se considera real. Ellos afirman que la fuente de todas las inspiraciones y todas las manifestaciones del espíritu en muchos diferentes campos culturales desde el comienzo del tiempo es una: "la sed inconsciente del alma por el *Samith* y el dolor causado por la falta de él". El presunto conflicto y oposición entre real e ideal básicamente no es más que "el increíble contraste y distancia entre este mundo terrenal en el que vivimos y la Gran Realidad". Eso es lo que causa tanto el dolor sagrado de la inspiración como ese conflicto.

Si nuestra gente escuchara todo eso, se reirían secretamente de ellos, pero *ellos* están tan orgullosos de esta "percepción directa" que tienen de la realidad y el mundo, tan orgullosos de lo que han visto y de lo que sostienen y creen tan firmemente, que ni siquiera les importaría...

Las exhibiciones aquí no se clasifican basándose en el origen, escuela o era de sus creadores. Todas esas figuras significativas vienen de la gran madre patria, la tierra, y pertenecen a la gran era, la eternidad, por lo tanto, volviéndose inmortales. Se ve a Chopin no lejos de Tchaikovsky y Rachmaninoff, Goethe junto a Hugo y Schiller en la misma habitación que Alfred de Musset. De hecho, una joven *unge*, Lyla, me dijo hace unos días que un número de estudiantes, peregrinos de la escuela secundaria vecina, los *vilenthenes*, habían puesto guirnaldas de laureles y flores frescas sobre sus cabezas para honrarlos. Pienso en cuántas lágrimas deben haber derramado esos grandes artistas en el momento de la creación y cuántas lágrimas deben haber traído a sus innumerables admiradores sensibles y no puedo evitar temblar. Al menos hoy no consideran locos a los poetas soñadores...

Me acabo de dar cuenta de cuánto sufrimiento noble está incorporado en la forma mundana de redención llamada creación artística. Y cuando se ve, se oye o se toca una verdadera obra de arte, es lo más cerca que se puede estar de ver, oír o tocar la Gran Realidad; su recuerdo se hace más fuerte y también lo hace la sed y la nostalgia por el *Samith* que están escondidas dentro de todos nosotros. ¡Y es la felicidad lo que causa este dolor lleno de alegría espiritual!

Recuerdo algo que Lain solía repetir en sus clases: que con el pasar del tiempo, ¡nuestra especie alcanzó un estado de desarrollo biológico y espiritual que nos dio el privilegio del dolor! El hombre se ha convertido en un "receptor sensible". Todos los grandes artistas, como Lamartine, Praxíteles, Lessing, Klopstock, Chateaubriand, Fidias, Ribera y Mendelssohn, fueron algunos de aquellos que vieron la luz en tiempos oscuros, cuando nadie más pudo verla. Comparados con las personas ordinarias de sus tiempos, ellos parecen haber tenido inclinaciones mentales sobrenaturales.

"Entre más grande sea el artista, más insatisfecho está con su propia obra," me dijo una vez Lain. "Todos los artistas saben que el arte no tiene fronteras, ni límites, ni final." Si no me equivoco, Beethoven había dicho algo similar mucho antes de que Lain lo hiciera. Y, según me informaron, lo que ambos querían decir era que lo que los artistas intentan expresar no puede transmitirse a través de plumas, pinceles, cinceles o notas musicales... Su esencia no puede ser capturada por la mente humana ni puede explicarse racionalmente.

En una de sus piezas sobre los artistas y el arte en sí mismo, Tinersen dice: "Como el aleteo de las golondrinas en una claraboya con barras de hierro de una prisión, su propósito es recordarnos que es primavera afuera, el aire es fragante y los valles florecientes nos esperan. Pertenecemos al brillante cielo azul tanto como él pertenece a nosotros."

Hace un tiempo, Stefan me dijo: "Desearía que todos estos grandes hombres de tiempos antiguos pudieran unirse a nosotros aquí para que experimentaran esta salvación, para que experimentaran la forma más elevada de felicidad espiritual." El *Roisvirch*, lo llaman aquí. Y él dijo eso porque, de acuerdo con Tinersen, "Nadie conocía en ese entonces la respuesta a la pregunta: '¿Por qué sufrimos?'" Esa es la razón por la cual ninguno de los grandes artistas pudo encontrar felicidad en el mundo exterior. Aún no eran conscientes de "los reflejos del *Samith*".

LATHARMI

A las 6:00 p.m. deambulé por la ciudad intentando encontrar la estatua de Valmandel. El otoño pasado tuve la oportunidad de escuchar bastantes piezas de su oratorio, *Oración Entre las Esferas Doradas de las Estrellas*, en muchas de las clases de Lain. Sabía por el *Swage* y por mis estudios de otoño en Markfor que las estatuas de Jesús y Volky tenían más o menos la misma ubicación.

"Valmandel no está demasiado lejos de aquí," dijo Stefan. Sin embargo, todavía estábamos dentro del Panteón y necesitábamos ir a las Rosas Azules, en Latharmi. Ahí es donde se encontraban Jesús, Volky, Larsen, Domenicus Albani (el "Platón del *Nojere*") y Axel Jenefelt (un pensador líder de su siglo IX).

Solo los vimos desde lejos. Noté que en esta parte de la ciudad las estatuas estaban más dispersas, ¡como si los grandes hombres que representaban tuvieran derecho a más espacio! No nos acercamos a ellos porque docenas de *Ilectores*, sacerdotisas y otras personas muy importantes les estaban rindiendo homenaje, la mayoría de ellos arrodillados en oración frente a los pedestales de las estatuas. De hecho, frente al pedestal de la estatua de Valmandel vi a un par de *Tilteys* acostados, ¡soñando con los ojos abiertos! Stefan no quiso acercarse a ellos. Dijo que debíamos esperar a que ellos terminaran su meditación y oración primero, pero no teníamos suficiente tiempo, así que nos fuimos.

No hay manera posible de que yo pueda describir la atmósfera que prevalecía en las calles floridas de Lagrela. No hay manera posible de que pueda poner en este papel sin vida las sensaciones que experimenté allí, en el centro del Panteón, respirando ese aire de profunda piedad. Era completamente diferente a cualquier otra parte del Valle en la que hubiera estado. Sentí algo más cuando estuve allí: ¡sentí la fe!

Vi algunos "guías" vestidos con uniformes grises y usando la insignia de su clase cuyo trabajo era guiar a algunos grupos de peregrinos extranjeros. Pasaron junto a nosotros. ¡Cuánta reverencia y solemnidad! Apenas podía contener mis lágrimas...

Cuando escuché que Stefan decía que nos estábamos dirigiendo a las Rosas Azules en Latharmi, esperaba ver algo como los arbustos de flores de colores pastel con los que me había encontrado tantas veces y en tantos lugares hasta ahora. Pero al llegar allí, me sorprendió encontrar rosales perennes, diferentes al resto de los que he visto, ¡casi iguales en tamaño a pequeños pinos! Pero lo que deja verdaderamente sin palabras es el increíble color de sus pétalos de rosa. No era solo un color; ¡era una luz! Se veía como si los pétalos fueran el lienzo de un artista, un espejo que reflejaba el color del cielo, ¡una imagen de increíble claridad!

Pasamos caminando junto a "Los asientos de los *Ilectores*". Solo había un *Ilector* allí ahora, pero no estaba sentado; estaba de pie, con la mirada fija en el horizonte. Nos acercamos, tan cerca como podíamos. Se decía que los más grandes *Ilectores* una vez estuvieron aquí, ocupando estos asientos, aquellos que una vez encontraron la fuerza interior para decir lo que pensaban "cada uno en su propia era y en su propio idioma", aquellos que hablaron más claramente que otros, quienes siglos antes de los primeros *Nibelvirches* habían estado intentado preparar a la gente para lo que se avecinaba. Se decía que eran mitad-humanos y mitad-criaturas celestiales, espíritus sobrenaturales que se habían humanizado en el ambiente de nuestro mundo. Ellos perpetuamente sorprendían a la humanidad y aún lo hacen. Causaron muchos conflictos en su época. Todos llevaron la espiritualidad a otro nivel... ¿Cómo exactamente? Nadie lo supo nunca; quizá ni siquiera ellos...

"Durante el tiempo que sigamos siendo humanos, no tenemos derecho a saber nuestro origen ni nuestro destino," dijo Stefan sin mirarme. "La muerte no es el verdadero olvido: ¡la vida sí lo es! La vida, que limita nuestra cognición, discurso y entendimiento, la vida que limita nuestros sentidos... La así llamada muerte es una luz redentora..." añadió. Y él honestamente lo creía.

A medida que nos alejamos de la estatua de Cristo en dirección a Labejona y patria de Alexis Volky, vi, viniendo desde la dirección opuesta, procesiones de cientos de muchachos y muchachas adolescentes muy altos y robustos, todos desde los *vilenthenes* cercanos, alineados simétricamente en grupos de ocho. Le comenté a Stefan su estatura y él sonrió y dijo que es normal ser unas pulgadas más alto después de dos mil años de evolución...

Las pequeñas velas blancas que muchos de los niños sostenían en su mano derecha iluminaban la oscuridad. Cerca, vi varias hileras de frascos amarillentos repletos de pétalos de rosas azules y blancos, también brillantes y resplandeciendo inexplicablemente. De este modo, tuve la oportunidad de ver por primera vez otro milagro de los tiempos presentes: sin usar fósforo ni ningún material similar, según me aseguró Stefan, la tecnología actual es capaz de hacer que unas pocas especies del mundo vegetal y el reino de las flores ahora parezcan ser auto-luminosas e incluso brillen más de lo que lo hacen a la luz del día.

Repentinamente, del absoluto silencio, comenzaron a sonar himnos. Sus melodías son divinas y, aunque distintivas, son algo similares a la música eclesiástica. Más tarde, los himnos comenzaron a alternarse con invocaciones y tuve el placer de escuchar bastantes frases de nuestra propia época. Entre ellos, el antiguo latín *"Gloria in excelsis Deo"* y el increíblemente conmovedor *"Miserere"*.

Uno debía tener el corazón de piedra para lograr retener las lágrimas al ver esa venerable tradición de siglos cobrar vida, aquí, ahora, después de que ha tocado las almas de tantas generaciones antes de nosotros.

No pude evitar decirle a Stefan que todos alrededor de mí se veían como cristianos, haciendo referencia a lo que me dijo de la caída del dogmatismo, que había comenzado en siglo XX junto con el progreso en la investigación científica. "Y este dogmatismo ha continuado hasta ahora," señalé.

"No está enteramente en lo correcto," replicó pacientemente. "La vida moderna es profundamente religiosa, mucho más de lo que era en su tiempo." Me dijo que los arranques de incredulidad, que habían prevalecido durante los siglos que estuvieron marcados por un avance tecnológico extenso y unilateral, fueron sucedidos por la fe profunda del *Nojere*. "Dios existe; solo que su esencia, lo que es y lo que no es, no es algo que a los humanos le corresponda definir. Y la relación entre creador y creación no puede ser concebida por ninguna de las formas biológicas de la materia orgánica."

Se me hizo imposible seguir todos sus pensamientos. A veces ni siquiera entiendo lo que quiere decir, especialmente cuando habla acerca del "elemento no diagnosticado de una entidad mental que viene e infunde a las formas de vida orgánicas elevadas, sin ser la vida en sí misma" o cuando dice que "hay muchos más mundos y dimensiones de vida que se nos escapan, aparte del mundo tridimensional en el cual percibimos algo como real."

LOS VOLKIES
La historia de los primeros "200" y los años tempranos de Alexis Volky

16-VII

Esta mañana estuvimos en Nayatana nuevamente y después en el Panteón, más o menos en los mismos lugares que ayer. Después de bajar por una calle de guijarros anónima, terminamos en los largos caminos de Labejona y el invernadero de naranjos. Todo se ha preservado exactamente igual a como era hace 525 años, exactamente en el mismo estado y exactamente en el mismo lugar. Aquí es por donde Alexis Volky caminó cuando era niño.

Los primeros Volkies fueron de origen eslavo. De hecho, su gran ancestro estuvo entre los "200" que fundaron el Valle. Mucho más tarde, después del año 700, tres de los ancestros directos de Volky se casaron con mujeres francesas y escandinavas y de ahí vienen los orígenes mixtos.

Inicialmente, esas primeras familias polacas y ucranianas se establecieron en otra región, en las afueras del norte del Valle, pero de acuerdo a los libros de historia, después del siglo VI *(hacia 3000 d. C.)*, se mudaron a esta área. Eran gente piadosa, amable e ilustrada que se dedicó principalmente al cultivo de frutas y artesanías y que en su tiempo libre vivió una vida prácticamente monástica y en muchos casos ascética, con una fuerte inclinación hacia la meditación y reflexión espiritual. Vivieron así durante cientos de años; su estilo de vida se volvió una tradición familiar que pasó de generación en generación.

El guía, Viktor Gorms, nos lleva a nosotros y a diez peregrinos a una simple casa-museo de tres pisos, de la cual él ha sido el cuidador durante cuarenta años. Sin embargo, Stefan me informó que Gorms no es un mero cuidador y guardián de esta casa; también es una excepcional persona espiritual y científico investigador.

En esta casa ancestral, esta pequeña granja y los jardines circundantes, el padre de Alexis Volky, Eugene Volky, pasó casi toda su vida. Hijo del guardia de una magnífica biblioteca de ese tiempo y famoso en su época por sus más finas monografías sobre estética, Eugene Volky fue un pensador digno de la Escuela Chillerin durante su siglo X. Se dice que nunca viajó fuera del Valle.

Fue un hombre humilde y modesto, un profesor dedicado a sus estudios. Nunca ambicionó la fama. Entre más sentía la necesidad de mejorar su ser interior, más indiferente se volvía hacia el reconocimiento de su obra y la aceptación de otros. Tampoco le preocupaba construir una "carrera" ni subir por la escalera social. Lo único que le importó fue la madurez y la riqueza de su intelecto y espíritu.

A la edad de treinta y dos se casó por amor con su estudiante de veinte años de edad, Inga Keiry, una morena dulce de ojos gris oscuro. Su árbol familiar era de insignificante valor histórico, pero sus padres fueron gente virtuosa con un espíritu de auto-sacrificio, el cual lograron transmitir a su hija, junto con una educación fina y excelentes modales. "Ella hace que valga la pena el riesgo," dijo el guardián de la biblioteca a su hijo antes de que se decidiera el matrimonio, "¡hay muchas posibilidades de que ella te haga feliz y te dé una maravillosa familia!"

Pero Eugene se habría casado con ella incluso si su padre lo hubiera desaprobado; él realmente la amaba mucho. Ella fue su asistente invaluable en el trabajo y su compañera de vida; él fue muy feliz. Desafortunadamente, su padre bibliotecario, el abuelo de Alexis Volky, no vivió lo suficiente para ser testigo del milagro de la vida cuando ella dio luz a su nieto, Alexis Volky, en el tercer piso de esta misma casa de habitaciones iluminadas y vista abierta, el segundo mes de 911, un año después del matrimonio.

Ahora los jóvenes *unges* muestran a los visitantes lo que queda de este lugar, el lugar donde este hombre omnisciente, el promotor del conocimiento directo, pasó su infancia. Y el venerable hombre viejo y sabio, Viktor Gorms, está allí para dar la bienvenida cuando tiene tiempo de hacerlo.

Para poder pisar los pisos de madera bien preservados, entregan unos zapatos de tela. La atmósfera general de silencio en el interior de la casa hace que uno quiera bajar la voz. Stefan no ha pronunciado palabra desde que entramos y los *unges* comenzaron a hablarnos acerca de las pocas cosas que están en la casa y las pertenencias personales de Alexis Volky.

Aquí en el Valle, uno se encuentra con muchos nombres famosos que datan desde el siglo VI y que tienen una larga tradición en la meditación y cultivación de la vida interior, de ahí las dinastías de los

Chillerins, los Volkies, los Royalsens, los Borges y muchos otros que han pasado por el Instituto Aidersen. Probablemente podrían compararse con nuestras propias dinastías Curie y Strauss del siglo XIX y los principios del XX.

Pero aparte del poder de la herencia, se ha registrado históricamente que muchos de los grandes hombres y mujeres que dejaron su marca en nuestra tierra también fueron criados excepcionalmente por sus madres. Y parece ser que Inga Keiry-Volky fue una madre muy amorosa, dedicada, desinteresada y en general una maravillosa madre para su hijo durante más de veinte años. Cuando la "misión exquisita" de criar un hijo se completó finalmente, Inga veía una persona muy diferente cuando se miraba al espejo, pero no hizo más que sonreír ante la cara de la ley de la decadencia física...

Sin embargo, la contribución a la educación, herencia y tradición familiar fue menos significativa que los valores inherentes del joven Alexis. El muchacho nació con dones mentales y espirituales y un gran corazón sensible. Justo como Mozart nació con el don divino de la harmonía, Alexis tuvo una sensibilidad profunda e inherente y un gran afecto hacia la gente, la cual se dice que adquirió en algún tipo de "pre-existencia".

En la escuela, ese niño de frente alta y conmovedores ojos negros siempre sabía un poco más de lo que le enseñaban en cada clase. A la edad de ocho o nueve, según le dijeron después, tuvo estos pequeños momentos de rebeldía contra las injusticias de la vida, es decir, la injusticia del destino humano y no la de la vida social cotidiana, aunque él no había sido tocado ni siquiera ligeramente por este "destino injusto". Su corazón estaba lleno de compasión. Estaba destinado a muchas y grandes cosas, pero la felicidad no era una de ellas.

Hubo momentos en los que Inga luchó contra esta hipersensibilidad y lo instó a bajar de vuelta a la tierra y dejar de agonizar sobre los problemas de otras personas. Su madre solícita pensaba que la vela de su hijo eventualmente se consumiría si seguía apropiándose de "el sufrimiento sagrado de la gente".

Pero todo salió bien y él resultó perfectamente bien. De acuerdo con sus biógrafos, a la edad de dieciséis, Alexis tuvo una inclinación algo fuerte hacia la soledad, pero al mismo tiempo también era jovial y entusiasta ante la vida y el mundo. Amaba la naturaleza y solía dar largos paseos por el Valle. El cambio de las estaciones por sí solo era suficiente para llenarlo de increíble alegría.

A lo largo de su adolescencia, Alexis solía escoger sus libros extracurriculares solo. Se inclinaba hacia la comunicación espiritual; buscaba algún tipo de "compañía" en los tesoros espirituales del pasado que lo precedían y por lo tanto se le escapaban. Esos hombres sabios le "hablaban", pero el adolescente pesaba sus palabras muy cuidadosamente; no estaba de acuerdo con todo lo que decían...

En 927, poco después del mediodía en Víspera de Año Nuevo, mientras Alexis daba un paseo con su padre Eugene en medio de los naranjos y ellos repasaban su año, el hombre joven dijo, entre otras cosas, que creía en una "posible identificación del camino del conocimiento y el camino del amor" y habló acerca de "un punto donde convergen, un punto perdido en la abstracción de la naturaleza y la creación, algo que la mente humana no puede comprender". El orgulloso padre escuchó con éxtasis y una anticipación secreta surgió dentro de él...

A sus veintes, el joven Alexis estaba más delgado y su cara, llena de luz. En términos físicos, se veía algo parecido a Chopin, juzgando por algunas fotografías de la época. Estaba pasando por algunos problemas de salud en ese entonces y su madre se preocupaba de nuevo. No podía sacarse la idea de que tal vez su hijo no estaba destinado a vivir una larga vida y esa idea la abrumaba.

Y la verdad es que, entre la edad de 19 y 22 años, Alexis parecía ser una de esas almas finas que dejan esta vida demasiado pronto para llegar más rápido a donde verdaderamente pertenecen. Y, aun así, eso no sucedió. No estaba destinado a morir joven. ¡Estaba destinado a envejecer y a darle a la gente que amaba tanto el más magnífico regalo espiritual en la historia de la humanidad!

"No fue ni un dios ni un profeta," dijo Stefan, "y aun así fue el elegido para ver cosas divinas y eternas y mostrárselas a sus iguales." Y continuó, "Él no profetizó el futuro, sino que vio y mostró las cosas que siempre han estado y siempre estarán inalteradas e intactas desde el comienzo del tiempo y le probó a la gente cuánto habían sobrestimado no solo los descubrimientos de la ciencia, sino también el potencial espiritual de sus 'antenas'. Vio, no solo con sus ojos físicos, sino con los ojos de su corazón, y enseñó de tal manera que nadie nunca le pidió evidencias o dudó de él. Porque lo que le mostró a la gente, lo que les enseñó, fue una de esas cosas que no pueden probarse empíricamente, como Dios o el amor... Para que alguien pueda entenderlo, debe tomar un camino completamente diferente y debe alcanzar un nivel de fe totalmente distinto..."

Recuerdo lo que Lain me dijo un día: "Cuanto más se alejan las personas de tales valores, más difícil se vuelve para ellas encontrar un día una manera de comprenderlos. Si los olvidan, ellos los olvidarán."

De lo que entendí, el camino que lleva al entendimiento de estas cosas tiene que ver con la evolución interior de nuestra especie biológica. Es un camino que era completamente inexistente en mi época, la era de la ciencia y tecnología unilateral, un camino que solo podría haber sido pavimentado por esos hombres y mujeres perspicaces y visionarios del Instituto Aidersen, lo cual es exactamente lo que sucedió, alrededor del año 790 de su cronología.

LA HISTORIA DE COSTIA RUDULOF

17-VII

(En Latharmi de nuevo)

No fui a ningún otro lado hoy y verdaderamente desearía poder quedarme aquí más tiempo, para perderme en medio de los arbustos de rosas y encontrar resguardo en la sombra. Estoy solo. De vez en cuando, veo a los transeúntes y peregrinos extranjeros que se abren camino a través de las flores, buscando algo de soledad. Anoto apresuradamente mis impresiones. Lo estoy absorbiendo todo: esta vista hermosa, este asombroso sentimiento, este color mágico de los pétalos de rosa, esta maravillosa fragancia flotando tan generosamente en el viento. Todo esto me hace revivir los momentos de mi vida pasada, mi vida normal...

Los padres narran a sus hijos la historia de 1086 *(3482 d. C.)*, la historia del anciano, Costia Rudulof, y esa mañana de primavera cuando las hojas de esta increíble planta se abrieron por primera vez y los ojos humanos vieron esos pétalos de rosa reflejando el "cielo azul pálido".

La pequeña *unge*, Lelia, conoce la verdadera historia de Costia. Según ella, el florista de setenta años fue un hombre santo que adoraba a los niños y las flores. Los pájaros solían aterrizar sobre sus hombros y beber agua de sus manos. Perdió a su único hijo cuando tenía solo cinco años. Después de ese trágico incidente, dedicó su vida a aliviar el sufrimiento humano. El ahora maduro florista una vez tuvo la visión de crear las rosas azules, que ahora decoran las calles de Latharmi, por primera vez en la historia del cultivo de rosas.

Durante varias décadas, dice Lelia, este hombre sagrado reunió semillas y las plantó, probando miles de combinaciones diferentes con el objetivo de lograr el resultado deseado. Por años y años plantó y replantó, cambió de tierras, cambió de países, ¡pero en vano! Eventualmente, se cansó de intentar...

Había pasado medio siglo cuando, un día, dos rosales brillantes atrajeron la atención de tres transeúntes en Generali. "¿A quién pertenece este jardín?" preguntaron unos transeúntes a algunos niños de *Mindre skole* que estaban jugando cerca de allí. Un par de ellos se sorprendieron ante la visión de las rosas florecientes. Había estado lloviznando todo el día y el cielo estaba repleto de pesadas nubes negras. Antes de darse cuenta, una multitud de personas, maestros, floristas, jardineros, artesanos, gente ordinaria que por casualidad pasaban por el jardín, se habían reunido alrededor de los rosales y miraban fijamente sus flores. Los niños no iban a clases, los transeúntes ignoraban la lluvia; nadie podía dejar de observar el milagro. Era como si la luz que había estado escondida detrás de las nubes amenazantes hubiera encontrado refugio en los pétalos de estas rosas.

Algunas personas fueron a llamar a Costia Rudulof. La multitud había rodeado los rosales, pero nadie habría de acercarse hasta la llegada del viejo Costia. Le mostraron los rosales. Él no dijo una palabra. Estiró temblorosa su mano derecha y, tan pronto como los tocó, rompió en lágrimas. Era el sueño de toda una vida para el florista. Una niña pequeña dijo: "¡Mary-Lea nos las envió por el 100º aniversario de su muerte!"

Después de ese día, todos intentaron plantar esas semillas en diferentes combinaciones en sus propios jardines por todo el pueblo, pero en vano; nunca florecieron. Unos pocos meses después, las mismas semillas florecieron en un lugar aleatorio.

La leyenda dice que estas rosas solo pueden crecer en lugares donde han vivido grandes espíritus y donde han florecido los grandes amores... Los pétalos de estas rosas no abren en ningún otro lugar, sin importar cuán favorables sean las condiciones del clima y sin importar cuánto se intente; seguir todas las reglas, usar los mejores materiales o cuidarlas cada día es en vano. Ni siquiera los especialistas en floricultura han logrado descubrir el "secreto" para cultivar estas rosas mágicas que reflejan la luz del día y el color del cielo.

ESTATUAS DEL FUTURO

18-VII

Hoy me fui al amanecer y caminé solo toda la mañana. Pasé la mayoría de mi tiempo en el Panteón, esta vez buscando las estatuas de los "modernos".

Todavía recuerdo varios nombres de los que me encontré allí. En las esquinas del Panteón descubrí figuras significativas del siglo XX que aún eran desconocidas en mi tiempo. Intento recordar de las historias de Lain, Astrucci y Cornelius lo que cada uno de ellos hizo que los volvió famosos. Mientras miraba las inscripciones en los pedestales, luchaba por encontrar las piezas perdidas del rompecabezas que se había creado en mi mente a partir de todos los libros que había leído y todas las clases a las que había atendido en la capital de la Loggovardia de hoy.

Cada uno de esos hombres y mujeres debe haber hecho una contribución muy importante a la civilización de este mundo para ser honrados de tal manera: palabras que no se habían escuchado, melodías que no habían sonado, obras de arte poco apreciadas por nosotros en ese entonces, ¡algo suficientemente importante como para darles un estatus, un lugar en este templo de arte y la oportunidad de reencarnar en dioses inmortales de bronce, mármol y marfil sintético!

"Quién sabe cómo serían las sociedades humanas hoy si no fuera por Alex Jenefelt," una figura líder del Conocimiento Directo y pensador de su siglo IX *(hacia 3200 d. C.)*, se preguntan hoy en día, similar a lo que nosotros pensábamos acerca de Platón, Sócrates y, sobre todo, Cristo.

LOS HOMBRES SABIOS DE LAS CALLES DE LOS PALACIOS EN KONGEBORG
Lorffe Gunnar Hiller Jr.

Alrededor del mediodía, Syld vino a visitar y se sentó y charló con Stefan durante horas. Aparte de ser un pintor renombrado y una persona profundamente apreciada por todos, especialmente por Stefan, también es uno de los más viejos amigos de Stefan. Jaeger le dijo que estaríamos aquí y él vino a encontrarnos por sí solo. Entre otras cosas sobre las que hablaron, Syld sugirió que fueran a las Calles de los Palacios el 22 de este mes, solo ellos dos, a escuchar a Gunnar Hiller Jr., uno de los dos *Lorffes* destacados del año, hablar en una conferencia destinada a un amplio círculo de participantes. "Puede que incluso tengas la oportunidad de conocerlo, hablarle," dijo Syld.

Stefan le dijo que lo más probable es que ya se hubiera ido del Valle para entonces, pero Syld continuó: "Él es un hombre extremadamente simple, a pesar de la vida muy 'oficial' que ha sido obligado a vivir últimamente. En el fondo, a él realmente no le gusta mucho. La cosa más preciosa en su vida es su nieta. El año pasado, le pidió a la junta entrar a la plaza de cristal con ella, sosteniendo su mano. Se tomó mal el hecho de que no se lo permitieran, afirmando que algo como eso era imposible. Él es así de simple: benevolente y con un alma amorosa. Por supuesto, no se puede solo ir y hablar con él primero... Él encontrará algo para decirle si no está demasiado cansado. Vamos, acompáñeme y, con un poco de autocontrol, todo estará bien."

Stefan le agradeció, pero respondió una vez más que probablemente se iría en cuatro días y añadió que era suficientemente bueno para él haber visto los palacios desde arriba, lo cual ya habíamos hecho el primer día de nuestra llegada.

Efectivamente, habíamos volado hacia allá, más allá de Fgelen, al sudoeste del Valle, y flotamos sobre las Calles de los Palacios en Kongeborg. Es un estado interminable de bulevares de cristal de tonos amatista, una ciudad entera hecha de los palacios de los *Lorffes* y rodeada por amplios parques, con las famosas rosas púrpura.

Muchos de los grandes hombres espirituales de hoy no han sido enviados a vivir en Kongeborg, pero eso no significa que el público los admire y respete menos; ¡los idolatran a todos por igual! Su valor se define por sus contribuciones, no por su rango. Es solo que los otros, los oficiales anuales o semestrales, están allí, ya sea porque sus predecesores los habían señalado como resultado del reconocimiento público de su superioridad intelectual o porque habían pedido elecciones ellos mismos. A veces hacían esto con el objetivo de dejar que las personas juzgaran si habían progresado espiritualmente o porque sus predecesores simplemente estaban cansados y querían retirarse, vivir de manera más privada o incluso trabajar, especialmente cuando su duración en el cargo en los Palacios se había extendido a más de dos años.

Si la duración en el cargo en los Palacios (Paladser, como los llaman ahora) y en Kongeborg también da algún tipo de poder al poseedor del título y qué tipo de poder es, yo realmente nunca lo entendí. Lo que ciertamente le da a la persona son magníficos pero simbólicos honores y también es considerado una prueba de excelencia y prudencia. Incluso aunque los *Lorffes* e *Ilectores* habían encontrado todo limpio y organizado desde los antiguos tiempos del *Eldrere*, desde los tiempos del gobierno de los grandes técnicos, nunca quisieron "romper con el protocolo". El *Nojere*, por alguna razón, quería mantener la jerarquía y "títulos" antiguos y expresar a través de ellos las nuevas creencias evaluativas, creencias que estaban en completo desacuerdo con aquellas de la "vieja era", el *gammel epoke*, esto es, los tiempos de la tecnocracia.

En muchos casos, estos oficiales temporales no han renunciado realmente a las alegrías seculares y bienes materiales, incluso a pesar de que saben cómo esconderlo. Sin embargo, la mayoría de ellos, y especialmente los líderes principales, no quieren tener nada que ver con todo eso; el espíritu es todo lo que les importa.

Hace varios meses atrás, Aria y Syld hablaron con Hilda y Stefan acerca de Knut Niversun y cómo se sintió el día en que le dieron los listones azul y blanco... ¡Su preocupación era que alguien mejor hubiera sido perjudicado! "Si eso es verdad," dijo, "tengo una forma de arreglarlo el próximo año." Y cuando alguien le preguntó qué haría si resultaba que él era quien había sido perjudicado, él respondió que no le importaba un comino y que alguien corregiría ese error tarde o temprano. "¿Cree que cuando los niños son amados necesitan ser declarados *Lorffes* para disfrutar de este amor?" le preguntaba. Y me dijeron que luego hizo una referencia al *Roisvirch* diciendo que "todo lo maravilloso que existe o sucede

alrededor de nosotros deberíamos hacerlo parte de nuestras vidas: la llegada de la primavera, los sonidos distantes de las canciones de los niños, el amor por la gente, la naturaleza y el bosque..."
La manera en que piensan sus hombres sabios es muy... ¡sabia! Incluso a pesar de que se consideran superiores a todos los hombres espirituales de todos los tiempos, vienen a añadir a lo que se ha dicho en el pasado, no a refutarlo... Nunca un Volky ha intentado desacreditar a Cristo. Nunca un Valmandel *(860 o 3256 d. C.)* o un Ruthemir *(1014 o 3410 d. C.)* ha intentado invalidar alguna vez a un Bach o a un Beethoven. Estaban a favor del enriquecimiento, no la demolición.

Algo similar está sucediendo ahora con Gunnar Hiller, dice Syld: el título más alto que podría pedir alguna vez es el de abuelo. La más grande alegría que ha experimentado jamás fue cuando su angelita lo llamó "abuelo" por primera vez.

Hace algún tiempo le habían preguntado si aspiraba ver a su hijo tomar su lugar un día. De hecho, su hijo había mostrado una inclinación muy significativa hacia la filosofía y también había escrito una obra excelente de tres volúmenes acerca de ética.

"No puedo saber lo que guarda el futuro," respondió Hiller, "pero les diré una cosa: dudaré fuertemente de incitarlo a exponerse, a pesar de su talento innato y vocación prolífica... Lo más probable es que por ahora mi sucesor sea un completo extraño, hijo de otro completo extraño, uno de los miles de estudiantes del Instituto Aidersen. No sueño con ver a mi hijo en esa posición y ese no es el punto. Yo solo sueño que mi hijo también se incline ante ese futuro, desconocido por ahora, genio, quien sea que sea..."

MUJERES FAMOSAS DEL FUTURO

Acerca de las mujeres famosas de ese tiempo, me refiero a después del siglo xx, yo no sabía mucho. Ahora solo puedo recordar tres nombres: Erika, Anna-Flaisia y Ariana. Le pregunté a Stefan a quién le corresponde decidir quién se convertirá en una escultura y quién no y él respondió vagamente que nada sucede sin el conocimiento y consentimiento de los *Ilectores*. Lo que noté fue que incluso las personas pecaminosas o personajes inexistentes, fantásticos, de la poesía, literatura o música se habían convertido en esculturas. Tengo la opinión de que la selección no fue cuidadosa... Stefan habló de "el elemento de lo maravilloso" en esos corazones grandes, un elemento que quizá no se había apreciado en toda su gloria en tiempos más tempranos. Es por eso que ahora se ven esculturas de pescadores y vendedores ambulantes, suicidas deprimidos e incluso mujeres que en nuestro tiempo se habrían caracterizado como seres de baja moral. "Esto es porque en esa época nadie estaba consciente de la importancia de todas esas personas y todas las expresiones diferentes, y a veces extremas, de su ser interior; nadie sabía acerca de la Fuente común de todas estas expresiones," me explicó Stefan.

Difícilmente puedo recordar uno de los nombres de sus artistas, pero se puede ver claramente en todas sus obras de arte cómo se mezcló la genialidad con la inspiración y dio luz a una expresión exquisita de belleza ideal y puro amor noble.

Stefan también me contó sobre la *Graciela* de De Lamartine, cuya estatua nos encontramos en un punto, entre los rosales de Umliani.

"Fue un vistazo del *Samith* lo que hizo que su corazón se agitara. Ella no pudo soportarlo. Eso fue suficiente para causar su muerte... En ese entonces, nadie podría haber imaginado que, en algún punto en el futuro, su estatua sería erigida en el centro intelectual más grande del mundo. Tenían que pasar siglos para que la gente pudiera entender el verdadero significado de su dolorosa historia. Ni siquiera la misma Graciela se dio cuenta de qué la mató. Pero tales tipos de muerte son un comienzo, no un final."

Efectivamente, él cree que tales muertes tienen algo en común con las muertes de Cristo, Sócrates y Giordano Bruno. "Y no quiero sonar irrespetuoso o blasfemo," sintió la necesidad de explicarse. Él no ignora las enormes diferencias entre los casos. La "cosa en común" para Stefan es el hecho de que en el pasado tales muertes eran consideradas el final, "el término", ya sea por medio del suicidio, la ejecución, la estaca, la cicuta, la crucifixión o la tortura, pero ahora el juicio de la historia ha demostrado lo opuesto: esas antiguas "pérdidas" marcaron nuevos comienzos, no finales. Fueron un comienzo de algo más real, algo divino; fueron un pasaje hacia la eternidad y la inmortalidad.

Frente a la estatua de otra dama joven y hermosa que murió prematuramente, *Vana-Aregia* por Thoralsen, Stefan recitó los versos que estaban grabados en el pedestal. Se mantuvo inmóvil en el mismo lugar durante varios minutos, mirando esta obra maestra de mármol, sumergido en sus pensamientos.

"Mire la expresión en su rostro," dijo, "no hay necesidad de leer acerca del Valle en los libros de historia y guías de viaje: todo lo que necesita saber está aquí, siempre y cuando sus ojos y alma estén abiertos."

Luego me explicó que esta obra de arte en particular es una de las excepcionales obras maestras de su siglo IX, de las cuales están muy orgullosos. Inmediatamente después añadió, "Aquí en el Valle de las Rosas, por primera vez en la historia, todas las esperanzas y sueños e ideales ahora tienen un rostro, un propósito. ¡Se han vuelto realidad! ¡Tienen sustancia! De hecho, ahora son más reales y tangibles que nuestras propias vidas."

No pude evitar revelar mis pensamientos a Stefan: le dije que quizá deberían ser más cuidadosos, que tal vez han confundido el mero progreso evolutivo de la especie humana con algo sublime y trascendente. Él encontró mi mentalidad la de un hombre no ilustrado de la era antigua con poca fe en las maravillas de la vida, constantemente sospechoso y privado de emoción. Sin desdeñarme, dijo, "Un verdadero *Homo Occidentalis Novus* nunca habría articulado tal preocupación porque él sabe que todos los conceptos e instintos que existen más allá de la razón, como la intuición, la fe, la poesía, la filosofía o la maternidad, tienen una fuente común: el *Samith*."

Caminamos incansablemente alrededor de esas residencias densamente "pobladas" de las estatuas hasta las horas vespertinas tardías y, sin intención de hacerlo, Stefan me transmitió esta emoción sin precedentes. Esas figuras enormes se veían como si cobraran vida cuando nadie está alrededor para verlas. Pasamos por la estatua de la Madre Renard, Teresa Beren y las maravillosas composiciones en plástico de Brigitte Enemark, obras de Erksen, Greneval e Ileana Virmpach respectivamente.

La Brigitte Enemark de Virmpach no mostraba ninguna expresión de afecto o ternura en su rostro, como uno habría de esperarse. Ella la ha representado como una mujer de clase obrera resistente y robusta, poderosa, decisiva y determinada. En sus manos sostiene un niño pequeño que se ve enfermo o exhausto por todas las interminables caminatas. Uno a uno, los kilómetros que caminó exhausta por el bien de su niño estaban grabados en su frente. Las señales de ansiedad e insomnio son obvias alrededor de sus ojos. Pero se puede ver el instinto maternal que prevalece; ella siempre está dispuesta a sacrificarse por su hijo, después de sobrepasar todos los límites de la resistencia humana.

"Así que no, la Gran Realidad no se basa en los antiguos instintos que han evolucionado a través del tiempo," dijo Stefan. "No es una invención humana. Es ese elemento divino que yace más allá del reino de la razón, el elemento que la filosofía, el arte y la religión no dogmática habían estado recalcando durante miles de años ya. Pero nosotros éramos demasiado ciegos para verlo. Debimos haberlo visto antes del *Nibelvirch*. Incluso las personas de su tiempo podrían haber y deberían haberse dado cuenta de su existencia."

En nuestro camino de regreso le pregunté si la fe cristiana y el conocimiento directo vólkico eran casi lo mismo, porque las similitudes eran muchas.

"Muy en el fondo ambos predican y apuntan a lo mismo, con la excepción de que la primera es una fe en la religión, mientras que la última es una fe en el conocimiento," explicó Stefan, "y la religión se volvió extremadamente dogmática y antropomórfica, esforzándose por resolver todos los problemas y responder todas las preguntas con medios humanos y en términos humanos, por lo tanto refutando su naturaleza divina. La religión perdió el contacto con la realidad y se desvió de su propósito original. Le dio el derecho a cualquier materialista aleatorio de afirmar que la investigación científica estaba negando más y más cada día a la religión y a Dios como un concepto. El sentimiento religioso ahora está en aumento porque se libró de su dogmatismo, de los Santos Sínodos y las Sagradas Escrituras. El entendimiento científico actual del mundo está lejos de ser materialista."

EL TEMPLO DE LOS MÁRTIRES OLVIDADOS Y EL GRAN PEREGRINAJE

20-VII

Ayer dedicamos todo el día a visitar el Templo de los Mártires Olvidados. Los cuatro fuimos allá dos veces; la primera vez temprano en la mañana y luego de nuevo en la noche. Está localizado en el lado oeste del Valle, a ochenta kilómetros de nuestro *gestel*. Por supuesto, llegamos allá en cuatro minutos, gracias a su transporte aéreo.

Yo había leído bastante acerca del día santo de ayer y visto algunas partes de esta gran procesión este otoño en el *Swage*. Esta procesión tiene lugar aquí y alrededor del Valle en los amplios jardines de Terringa una vez al año, con la participación de millones de peregrinos de todo el mundo. Experimentar todo esto era uno de mis más grandes deseos. ¡Caminar por la plaza pavimentada de oro, ver la obra maestra de Kersteen y la procesión vespertina desde arriba, a través de las enormes aberturas del techo imponente, siempre había sido un sueño mío que finalmente se volvió realidad! ¡Si no lo hubiese visto con mis propios ojos, mi imaginación nunca podría haber concebido tal espectáculo! Durante los últimos seiscientos años, los *Lorffes* han alcanzado un grado de organización, grandeza y riqueza, tanto material como espiritual, que era inimaginable en tiempos antiguos.

Una vez más, las muchachas estaban sentadas solas en el comedor en silencio, viendo imágenes y videos de anoche. Stefan se me acercó con una mueca de sonrisa. "Entonces, ¿qué piensa de anoche?" me preguntó, ahora sonriendo ampliamente. No sabía qué decirle, de manera que evadí su mirada. ¿Acaso todo lo que había visto anoche había sido real? Había escuchado las palabras "ríos de oro y luz" siendo usadas para describir el evento de anoche, pero nunca había soñado tal grandeza; millones de personas, incontables velas blancas encendidas, una organización tan increíble, nada de escándalo, nada de ruido, ni siquiera el más mínimo suspiro. Y ahora tenía a Stefan, quien, por supuesto, estuvo anticipando mi sorpresa, de pie frente a mí con una sonrisa de satisfacción, ¡preguntándome lo que pensaba de anoche! ¿Qué se responde a eso?

SÍNTOMAS DE AGORAFOBIA EN EL TEMPLO DE ORO

Esta mañana, al comienzo del peregrinaje, tuve síntomas claros de agorafobia de nuevo, como los tuve en Blomsterfor el mes pasado, en la plaza Toeplitz 1812. Sucedió cuando Silvia sugirió que cruzáramos la Plaza de Oro. La pequeña Lasia, la segunda *unge* enviada por Jaeger, no se ha alejado de nuestro lado en todos estos días. Muchas veces, ella se sentó y me contó con gran detalle historias acerca del Valle cuando Stefan no tuvo tiempo de hacerlo. Queríamos ir a ver la estatua de Davis *Cristo con los Niños*, la cual estaba en el lado opuesto y, para ser honesto, habría preferido llegar allá dando la *vuelta* a la plaza en vez de atravesarla, pero Stefan permaneció a mi lado y sostuvo mi brazo para ayudar a controlarme.

La plaza circular dorada con elaboradas decoraciones en el piso tenía alrededor de la mitad del tamaño de nuestra Basílica de San Pedro en Roma. Sin embargo, no tenía ninguna capilla o púlpito que la realzaran. Las enormes pilastras curvilíneas de mármol cincelado, doce en total, soportaban el grueso techo de piedra tallada, construido con la forma de una moneda. En el interior, las pilastras estaban decoradas con murales maestros de su pintor famoso del siglo IX, Fabius Sigra. Su construcción no estaba basada en metal. Fue construida de tal manera que, incluso si se removieran todos los pedazos de metal, las doce pilastras imponentes no serían afectadas en lo más mínimo; aún se mantendrían orgullosas y altas.

"Vayamos al *Cristo* en el lado opuesto de la plaza... Vayamos al *Cristo*..." no paraba de susurrarle a Stefan, casi rogándole, mientras me aferraba desesperadamente a su brazo. "Allá es adónde vamos," respondió gentilmente, intentando calmarme, "pero, para su decepción, estamos tomando un atajo..."

Mi amigo se veía algo avergonzado, como si le hubieran confiado el cuidado de un indefenso niño privado de juicio. "No hay pecado en el uso del oro," dice él. "¿Por qué habría de considerarlo un pecado? No tiene un propósito hoy en día." Me sentí culpable de mi actitud irracional. Hace varios días me dijo que "templo" aquí también significa un lugar de conmemoración. "Necesita aprender cómo distinguir los lugares de fe y adoración religiosas de los meros monumentos conmemorativos. El oro ni siquiera se considera riqueza hoy en día. Nuestros *glothneres* y nuestras instituciones son nuestro oro. Esa es la verdadera riqueza de hoy. El oro aquí en el templo es toda la cantidad de oro que queda en el mundo, que ahora no tiene beneficio para la economía, pero que durante los 'años oscuros' fue la principal fuente de sufrimiento humano. El oro en este templo no es más que un símbolo de paz."

Le pregunté si era verdad que los antepasados de la clase dominante de hoy fueron obreros industriales. Él lo confirmó diciendo que los ancestros de los *Ilectores* y *Lorffes* de hoy trabajaron en los *glothneres* de ese tiempo, al igual que *todos* lo hacen.

Miré alrededor y vi que gracias a Kersteen numerosas tragedias verdaderas de los, para ellos, años "prehistóricos" han sobrevivido y son conmemoradas aquí. Como en la obra de Thoralsen, Vana-Aregia, aquí los artistas habilidosos se las han arreglado para infundir verdadera vida al marfil sintético.

Pronto tuvimos que irnos; era el turno de otras personas. Apenas tuve tiempo de ver unas pocas partes de los frescos de Fabius Sigra. Sucede que vi bastantes escenas de nuestra propia "La Pequeña Cerillera", de Hans Christian Andersen, perfectamente representadas en las paredes interiores curvas. El texto estaba escrito abajo en pequeñas letras doradas. ¡Era el texto original en el antiguo idioma escandinavo!

EL JURAMENTO Y LA GRAN PROCESIÓN

Nos quedamos por dos o tres horas en el *gestel* en la tarde para descansar. Cuando volamos de regreso al templo en la tarde, las multitudes a lo largo del Rosernes Dal no tenían precedentes; la gente llenaba las vastas plazas, las calles amplias y los numerosos parques.

Gracias a la ayuda de Jaeger, Stefan y yo nos las arreglamos para escalar hasta las salas periféricas al aire libre de las cúpulas, donde uno tiene una vista sin obstrucciones en todas las direcciones. El plan era quedarnos ahí por una media hora, mientras nuestras amigas veían la entrada de los *Lorffes* debajo y nos guardaban asientos en las gradas de la gran plaza dorada.

Cuando los últimos rayos de sol se habían desvanecido, el juramento comenzó a sonar. La gente estaba reunida allá y en tres ubicaciones más alrededor del Valle. Un gran número de *Ilectores*, junto con los más altos representantes del Ministerio, se dirigieron a millones de personas jóvenes que pronto comenzarían su servicio de dos años. Se dirigieron directamente a *ellos*, pero también de manera indirecta al resto de las personas. Gracias a sus increíbles sistemas de sonido, cada frase del juramento resonó a través del Valle, pero sin lastimar los oídos. El juramento se recitó en el viejo lenguaje sui generis de los *Ilectores*. No obstante, sí entendí unas pocas palabras: "¡Por la patria!", "por el alma de la nación", "por el orgullo de nuestros ancestros", "por nuestras instituciones", "por la elevación del espíritu humano", "por nuestra cultura". Y los hombres y mujeres jóvenes repetían: "¡Lo juro!"

Mi pluma sin vida es incapaz de describir el poder y la energía del momento. Siguiendo el juramento, los niños comenzaron a cantar:

Amados niños del pasado distante,
De esos tiempos antiguos,
Únanse a nosotros hoy en los prados de primavera
Déjennos liberarlos de los dolores indescriptibles...

Profundamente satisfecho y con algún tipo de orgullo secreto, apreté la mano de Stefan, haciendo un esfuerzo por esconder mi emoción de los otros alrededor de mí. También cantaron dos composiciones de Johannes Brahms; ¡"Wiegenlied" y "Die Schwestern"! Enjugué secretamente una lágrima antes de que bajara rodando por mi mejilla. Luego todos descendimos hasta la sala-plaza de la planta baja, yéndonos a la mitad de ese magnífico espectáculo. Encontramos a nuestras amigas fácilmente. Ellas estaban viendo la interpretación de unas amigas suyas, poetas femeninas de Blomsterfor, el pintor Nichefelt Syld y su antigua amiga Aria, de los cuales todos tomaban parte en el ritual.

La magnificencia de todo el ritual excedió todas las expectativas. Era un fabuloso espectáculo y experiencia en general, no solo por el lujo de los trajes y el inimaginable número de piedras preciosas y semipreciosas que adornaban cada objeto y cada esquina, sino más bien por la tradición espiritual de siglos que todas estas personas venerables honraban en los establecimientos famosos de su ahora capital universal.

Todas las grandes mentes de hoy estuvieron presentes en el templo para el aniversario. La mayoría de ellas vino desde Norfor, Blomsterfor y otras regiones europeas, especialmente del norte de Europa. Y allá, en el mar de gemas que adornaba los uniformes de los *Tilteys*, los *Lorffes* y los *Ilectores*, allá, cerca del complejo de capillas que constituyen el Templo de los Mártires Olvidados, Stefan me mostró a dos ancianos, los únicos sin una diadema sobre sus cabezas de pelo blanco.

"Mire," dijo Stefan, señalando en su dirección, "¡Es Nicolas Lajevski y a su lado, Gunnar Hiller Jr.!"

Me encontré viéndolos fijamente; sus sombras eran las únicas que no brillaban en esa congregación dorada. ¡Así que entonces son ellos! Son aquellos de los cuales Stefan me contó tanto este otoño. ¡Son aquellos cuyas vidas y obras él admira tanto y constantemente exalta ante los otros! Estos son el poeta y el filósofo que han estado sosteniendo las posiciones superiores en el espíritu moderno durante dieciocho meses ya. Se considera que son los más magníficos entre los vivientes. La pequeña Lasia me revivió de mi trance momentáneo preguntándome cuándo se iba a escuchar el aleteo y señalando hacia las cúpulas interiores que no estaban encendidas esta noche.

"Una vez al año," dijo ella, "en la tarde de este aniversario, miles de millones de pequeñas almas vienen al templo para presentarse en el día conmemorativo." Los puros, los elegidos, aquellos "cuyas almas tienen antenas sensibles", puede que sean lo suficientemente afortunados como para incluso escuchar su aleteo cuando entran en el templo.

Le pregunté a Stefan (silenciosamente, de manera que nadie me escuchara) quién le había contado tales cuentos de hadas a esta niña y por qué tenían el hábito de hacer que los niños creyeran en cosas que no son verdad. Él respondió casualmente, casi de manera indiferente, que ella debe haberlo leído en algún libro infantil. Y la verdad es que yo no estaban tan sorprendido. Además, no es la primera vez que presencio esto. No es la primera vez que siento que estas personas no se interesan particularmente en la razón y el pensamiento crítico y que deliberadamente cruzan la línea entre la realidad y el mundo de los sueños....

Mientras tanto, los primeros cientos de la procesión de cuatro partes, la cual llega al centro de la ciudad con la forma de una cruz desde los cuatro puntos diferentes del horizonte, habían comenzado a llegar a las cuatro puertas, una en cada uno de los cuatro lados del templo. Pero según me informaron, toda esa gigantesca procesión iluminada con antorchas permanecería fuera del templo. Los carteles procesionales y las carretas de flores solo entrarían por la puerta oeste. Nadie pronunció palabra. Todos habían vuelto su atención a la procesión, viendo con respeto y admiración cómo las muchachas, quienes habrían de comenzar su servicio en los próximos días, colocaban silenciosamente todos los antiguos emblemas de los sindicatos, que datan de su siglo II, bajo la composición de plástico de Kersteen en la Plaza Dorada. Todos las veían, desde el más prestigioso *Lorffe* hasta el último *Civis*.

Se podían escuchar las canciones incluso afuera del templo. Y entonces, de seis en seis, los carruajes de flores comenzaron a entrar en el templo. Las flores destinadas a cubrir los emblemas se habían enviado simbólicamente desde todo el mundo.

"Por los niños que murieron cada día," dijeron las niñas mientras depositaban las flores. "Por la gente que moría de hambre mientras otros botaban su comida", "por los sin techo que exhalaron sus últimos alientos en calles heladas", "por los enfermos que murieron porque no tenían dinero para pagar su tratamiento", "por los niños lisiados, los niños que quemaron vivos, que enterraron en grupos, que murieron sin razón" eran algunas de las cosas que la gente exclamaba cuando rendían su tributo.

Sentí un escalofrío bajar por mi espalda.... Nosotros nunca rendimos tal tributo a las víctimas de nuestro estilo de vida...

La colocación de las flores (las viejas flores, nuestras flores, no sus logros de floricultura modernos: hortensias, violetas, begonias, mimosas y claveles) continuó durante horas en la misma atmósfera solemne. La ceremonia terminaría con oraciones. El primer descanso fue después de que entró el doceavo grupo de seis con frascos de flores. Nosotros aprovechamos la oportunidad y nos fuimos, porque Stefan también quería visitar el área de New Karelia antes de que fuera muy tarde y tuviéramos que regresar al *gestel*.

En el camino de regreso, pensé en las pinturas de Fabius Sigra, estas obras del siglo IX. Recuerdo las letras doradas en las paredes, narrando la historia de "La Pequeña Cerillera".

Me pregunto, ¿todos ustedes grandes artistas, "profetas" del pasado de caras brillantes, saben de dónde provenía toda su inspiración? ¿O pensaron que su espíritu era la fuente de todo? ¿Creyeron que estaban haciendo un mundo mejor de la nada? Sí, eso fue lo que pensaron; eso es lo que todos pensamos en ese momento.

EL SANTUARIO BLANCO NIEVE

22-VII

El santuario blanco nieve de paredes hechas de marfil sintético que me dijeron que visitara no estaba lejos del Panteón después de todo. Vine aquí hoy creyendo que vería el centro del Valle, pero aquí no hay ni templos ni estatuas. Han mantenido el lugar casi exactamente igual a como era; han respetado el encanto del pasado. Con la excepción de la claridad luminosa de los pétalos de rosa, fruto de los rosales recién plantados que rodean el área, los estandartes alineados del Rosernes Dal y los miles de velas consumiéndose en los candelabros dorados, casi todo lo demás se ha mantenido exactamente igual a como era el día del gran evento, en su antigua simplicidad. Es como si el tiempo se hubiera detenido en el año 986, dando la oportunidad de sentir la atmósfera de esa era.

Solo hay unos pocos peregrinos aquí a esta hora del día y la paz y la tranquilidad que prevalece es invaluable. Aquí se respira un aire de éxtasis, oración y fe profunda, un aire que purifica todas las cosas circundantes.

No puedo evitar pensar en el pasado, en Volky, o en la manera en que he imaginado a Volky por las historias de Astrucci y Lain, y he llegado a la conclusión de que entre más grande sea la distancia temporal e histórica que nos separa de esta enorme figura, más la apreciamos y más su predicación, la predicación del "más grande héroe en la historia del espíritu humano", ilumina todos los aspectos del estilo de vida mental y espiritual de nuestra propia humanidad.

Ahora han pasado más de quinientos años en los que el hombre ha estado siguiendo el camino que *él* pavimentó. Miles de años después de la creación del concepto del exquisito amor panhumano de Cristo que dio forma a la humanidad y los tesoros de emoción que le siguieron, gracias a Volky, llegó ese momento tan esperado en el que los bordes del "mundo existente" finalmente se abrieron hasta tal punto que incluso los hombres más espirituales y mente-abierta del siglo XX no se habrían atrevido a imaginar.

Esa "revolución" espiritual fue algo incomparablemente más grande que lo que la fe religiosa nunca se había atrevido a predicar, incluso cuando hubo alcanzado su punto más alto. Les mostró a las personas las cosas verdaderamente importantes en la vida; vindicó ideas y valores que injustamente habían sido objeto de burlas durante demasiado tiempo y clarificó el rol importante que ellas jugaban en la Gran Realidad, incluso si nosotros no teníamos idea de ello.

24-VII

(De vuelta a nuestras villas tarde en la noche)

Volamos de vuelta aquí directamente desde el Valle. Mis ojos no podían tener suficiente de las maravillosas vistas del campo. Desde arriba podía discernir algunos de mis lugares favoritos de los viajes del año pasado. Trajeron de vuelta tantos recuerdos de nuestros encuentros con el grupo y de los primeros días de mi amor por Silvia… Justo como solía hacerlo cada noche diez meses atrás, me senté y miré fijamente la belleza del campo distante nuevamente esta noche. Se sentía como si hubiera sido ayer…

25-VII

Esta es la casa donde Silvia creció y el pensar en ella corriendo por toda la casa como una niña me conmueve profundamente. Siento que este ambiente de alguna manera eleva mi responsabilidad de hacerla feliz, un sentimiento que me ha impregnado durante los últimos meses.

26-VII

(Al anochecer)

La forma que ha tomado nuestro amor es ahora completamente diferente. Esa primera emoción y entusiasmo ahora han dado paso a sentimientos de inmenso afecto. Cuando estoy con ella, me olvido completamente de mí mismo. Nunca en mi vida me ha importado tanto alguien más; un amigo querido, un vecino o una persona amada. Creo que, sin importar lo que haga en la vida, nunca podré dejar de ser su amigo fiel y devoto; nunca podría dejar de ser "suyo", listo para cualquier sacrificio si es necesario. Experimenté profundamente el dolor y las preocupaciones de sus padres, su angustia y su anhelo por su felicidad. Siento como si tuviera una pesada responsabilidad hacia ellos, como si hubiera sido elegido entre miles de otros para hacerla feliz…

DE VUELTA A SU TIERRA NATAL

30-VII

¡Hogar, dulce hogar! ¡Volé de regreso a usted nuevamente! Esta vez, estar aquí no me trae ni amargura ni arrepentimientos, como la última vez que estuve aquí con Stefan, nueve meses atrás. Hoy llegué aquí totalmente solo, volando sobre los viejos paisajes conocidos de mi niñez.

¿Quién dice que no tengo nada que me pertenezca en esta nueva vida? ¡Tengo una de las galerías más ricas del mundo, justo aquí, frente a mí! ¡Estas vistas, estas imágenes increíbles, son más mías que de cualquier otra persona! Para el resto del mundo, solo son líneas y colores armoniosos.

Oh, mi querida patria... ¡Mañana, cuando regrese, será una doble alegría para mí! Le pediré a Silvia que venga conmigo y comparta mi magnífica alegría, un mundo de vívidos recuerdos de vida y lugares familiares.

¡Están en lo correcto cuando dicen que no hay lugar como el hogar! A menudo he viajado virtualmente de regreso a los lugares en los que crecí, a menudo he dejado que mis recuerdos me consuman y me lleven de regreso en el tiempo por un rato, pero no hay sentimiento en el mundo como el que se siente cuando se está de hecho allí, sin importar cuánto lleve regresar y sin importar qué se deje atrás, incluso si lo que se ha dejado atrás ya no está allí... Me siento tan bendecido, tan privilegiado de tener la oportunidad de estar aquí de nuevo y agradezco al Señor por eso, ya que nunca he hecho nada para merecer tal destino increíble, tal suerte y tales obsequios divinos. Siento como si perteneciera a la verdadera élite iluminada, como si fuera uno de los elegidos del Rosernes Dal.

CONFESÁNDOLE TODO A SILVIA

1-VIII

Permití que mi entusiasmo y espontaneidad se apoderaran de mí y realmente no debí hacerlo. No fue su culpa; era mi deber contenerme por su bien. Había logrado esconder mi antigua vida y mi verdadera identidad de todos, incluyendo a Silvia, había logrado mantenerlas enterradas muy profundo dentro de mí durante un año entero ¡y en diez minutos lo arruiné todo! Mi corazón latía con alegría, perdí el control y revelé todo de una vez... Ella estaba sorprendida y, de una vez, todas las dudas y vacilaciones que había tenido hasta ahora se convirtieron en certeza... Ella había conquistado todos sus miedos y sospechas, siempre estuvo a mi lado, tuvo fe en mí, confió en mí. Su fe y confianza era lo que había construido una base moral tan inquebrantable para nuestro amor y fue esa base moral inquebrantable la que yo logré demoler en un parpadeo, solo contándole la verdad... El tono de sinceridad en mi voz no dejó lugar a dudas. Sus sospechas fueron confirmadas...

Sé que en algún punto pasará; ella olvidará todo y regresaremos a la normalidad. La gente puede acostumbrarse a cualquier cosa. Hablo por experiencia. ¡Soy suyo y ella es mía y eso nunca cambiará! De hecho, hablaré con ella mañana. Con el tiempo, estará en paz con el hecho de que estaba destinada a conectarse con un hombre que es un extranjero en su mundo, su era y su círculo social, con un hombre de una era pasada.

Cuando le conté de mi vuelo sobre los Alpes Suizos, ella fue la que sugirió que fuéramos allá juntos la siguiente mañana, solo nosotros dos...

Partimos esta mañana, con un cielo azul claro como el cristal, dos horas después del amanecer. Ella estuvo increíblemente divertida y vibrante a lo largo del viaje, como si nuestra relación hubiera acabado de empezar. ¡Era juguetona como una niña! Cuando le pregunté si se sentía mareada, respondió, "Todo lo contrario, nunca me he sentido mareada en mi vida; ¡ni siquiera sé cómo se siente eso!" Pero yo fingí no escuchar y le dije que no mirara hacia abajo, que en cambio me mirara a mí. Quería ser útil de alguna manera, cuidar de ella. Respondió juguetonamente que si me miraba experimentaría un tipo diferente de "vertige". Noté que usó la palabra francesa para ello, solo para añadirle a la naturaleza

339

juguetona de sus palabras. Siguió bromeando hasta que llegamos. Estaba de muy buen humor.

Al llegar, me sentí tan orgulloso al ver cuán emocionada estaba con las vistas maravillosas, con las maravillas de la naturaleza con las que ha sido bendecida mi tierra natal. Le hablé de cosas cotidianas, nuestros amigos, nuestras vidas, intentando esconder cuán abrumado de emoción estaba por ver de nuevo el escenario de mi antigua vida.

Caminamos durante bastante tiempo hasta que decidimos detenernos en una colina y acostarnos entre las flores silvestres a descansar. Debió haber sido alrededor del mediodía.

"Está en lo correcto," dijo Silvia después de una larga pausa de silencio, "este lugar es mágico; ¡me siento renacida!"

Hablamos acerca de mil cosas y ella estaba bastante jovial. De hecho, un par de veces la descubrí tarareando mientras ataba un hilo de seda alrededor de las anémonas blandas que habíamos acabado de reunir juntos. Estaba haciendo una pequeña corona. Luego recuerdo preguntarle qué parte de todo lo que habíamos visto y experimentado durante los últimos meses había disfrutado más. Las palabras que pronunció a continuación me hicieron incluso más feliz de lo que era: "En todos lados es hermoso siempre y cuando estemos juntos." Entonces me habló de su amor por la naturaleza. "Creo que corre por mis venas," me dijo con una sonrisa. Y luego me recordó el significado de su nombre: significa "del bosque".

Me senté y disfruté la luz que caía sobre su frente, el arco de sus cejas y las raíces doradas de su cabello y sentí una inmensa felicidad de tener a la amada de mi juventud a mi lado después de tanto tiempo. Pero al mismo tiempo, sentí que la gran importancia de esta infinitud no se limitaba a las estrechas fronteras de mi pobre corazón, las fronteras de mi propia existencia individual. Iba más allá de mí y se volvía una promesa sagrada para cualquier persona que quisiera ser digna de algo como esto, algo tan único que desafía por sí solo los límites del tiempo y el espacio y la razón. Porque verdaderamente era un regalo divino verla, una salvación aliviadora de los estragos del tiempo. Me da esperanza de que habrá un triunfo último de la vida sobre el destino de muerte.

Y pensar que sin esta consciencia de la rareza de mi destino, sin los recuerdos vívidos de mi vida pasada y la apreciación profunda que siento por mi nueva vida, esta relación, junto con todas las otras situaciones que he experimentado aquí y todos los incidentes que he presenciado, también podría haberme parecido meramente normal, incluso me atrevo a decir que mundana, justo igual a como le parece a Silvia: la simple unión de dos almas que comparten un vínculo cercano.

La siguiente vez que habló, dijo algo que me volvió incapaz de contenerme durante más tiempo y allí fue cuando revelé todo.

Ella extendió su mano, entregándome la corona que había terminado de hacer y preguntándome, "¿Pondría esta corona sobre mi cabeza? Creo que es hora de que vayamos a casa. Suficiente por hoy... Póngala sobre mi cabeza y vayámonos... Quiero usarla en el camino de regreso..." Para ella, estas palabras podrían haber sido tan simples e insignificantes como una gota de agua en el océano, ¡pero ella no tenía idea de qué efecto tenían sobre mí!

Perdido como estaba en medio de una emoción y sorpresa sin precedentes, eché un vistazo alrededor de mí ¡y no podía creerlo! Apenas me daba cuenta de que todo ese tiempo habíamos estado sentados en el mismo punto, en la misma colina donde, miles de años atrás, Anna me había hablado acerca de una corona de anémonas blandas. Recuerdo exactamente lo que me dijo ese día: "Suficiente por hoy... Regresemos... Tengo que estar en casa temprano. La próxima vez que estemos aquí, haré una guirnalda de anémonas blandas. ¿La pondrá sobre mi cabeza?" Luego me prometió, me juró que regresaríamos; y aun así esa fue una de las últimas veces que la vi con vida...

¡Y entonces sentí una chispa encenderse dentro de mí y explotar!

"¿Qué sucedió? ¿Qué le hice? ¿Qué dije?" me preguntó preocupada, viendo una inundación de lágrimas derramarse por mi rostro pálido. Yo la sostuve apretada contra mí, la apreté con fuerza y comencé a besarla por todos lados.

"¡Oh, mi querida Anna, mi encantadora Anna! ¡Cuántos años me hace regresar con esas palabras! ¡Así que entonces no fue una mentira! Mantuvimos nuestra promesa; ¡regresamos!"

Me di cuenta de lo que acababa de decir solo viendo la reacción de Silvia; ¡su expresión facial era simplemente indescriptible! Se puso pálida e involuntariamente (quiero creerlo) intentó alejarse de mí. ¡Se veía como si me tuviera miedo! Inicialmente, yo no hice ni dije nada porque estaba paralizado en ese lugar; su reacción espontánea me había dejado sin palabras. Después de sobreponerme al impacto, traté de convencerla en vano de que mirara alrededor. En vano le hablé acerca de su madre, su hermano, su amiga Amalia y el ambiente de su casa, narrando tantos hechos y detalles como podía recordar de su vida previa, con el objetivo de convencerla...

"¿No recuerda el huerto? ¿El libro de viajes? ¿El álamo alto bajo el cual nos sentábamos durante horas? ¿No recuerda cuando escalamos los Dos Picos? ¿Nada?"

Intenté de todo: invoqué todos mis recuerdos y todas mis capacidades para hacer que me creyera.... Principalmente le hablé acerca de la última vez que nos vimos, cuando me senté junto a su cama, en su habitación, unos pocos días antes de su muerte... La insté a que hiciera el mayor esfuerzo posible para traer de vuelta esos recuerdos, recuerdos que yo estaba seguro que aún existían en algún lado profundo dentro de ella; pero nada... No podía recordar nada. No dijo nada. Solo me miró; esa fue una mirada preocupada y penetrante. Las únicas palabras que logró pronunciar fueron, "Tengo frío." Y entonces nos fuimos...

Empleando toda la fe que tenía en ella, le hablé tan lógicamente como podía e intenté mostrarle que no había razón para estar tan espantada al escuchar esta historia verdadera. Le expliqué que muchas personas eran conscientes de mi situación y habían estudiado a fondo mi caso, incluyendo a Stefan, Jaeger, el médico, el Profesor Molsen, gente de Norfor, como Valdemar Esklud, Señorita Coiral y muchos otros, e incluso más personas del Rosernes Dal. Entonces no había razón para estar asustada. Incluso la alenté a que fuera a encontrar a Jaeger y le preguntara ella misma si yo estaba demente o no...

"Entonces era verdad... ¡Lo sabía! Lo había sentido... Pero por otra parte intenté con tanta fuerza no creerlo..." susurró.

Poco a poco ambos nos calmamos. Ella se me acercó, acarició mi cabello y enjugó mis ojos, justo como una madre hace con su hijo cuando este está alterado. Pero entonces se alejó nuevamente y se sentó sola, perdida en sus pensamientos. Había pasado un rato desde que alguien había hablado cuando susurró, "No parece ser el deseo de Dios que la gente recuerde." Y lloró. Abrumados de emoción, ambos callamos. Yo me levanté primero y la ayudé a ponerse de pie.

"Vamos," dije. A medida que partíamos, ella me dijo que me creía y entonces me volvió a asegurar su amor por mí.

"Solo no espere de mí que me sienta como si hubiera venido de otra era, como usted," dijo ella, "Creo completamente y respeto todo lo que me ha dicho acerca de su vida, pero no soy como usted. Soy una mujer de mi era; soy igual a todos los demás."

Apenas hablamos a lo largo de todo el viaje de regreso. La jovialidad de la mañana había sido completamente apartada por el incidente con la corona de anémonas blandas. Silvia usaba la corona sobre su cabeza, la cual yo había colocado allí, y estaba envuelta en la manta usual hecha de piel sintética para protegerse del viento. Ya no parecía estar ansiosa o preocupada; solo conmovida... De vez en cuando decía una o dos palabras. Y noté que nunca dijo el nombre "Andreas" nuevamente desde ese momento arriba en la colina...

DE VUELTA AL PASADO

1-VIII De nuevo

(Tarde en la noche)

Hace un corto rato, me senté con Stefan y le dije toda la verdad acerca de mi antigua historia de amor con Anna y luego le conté el incidente de hoy con las anémonas blandas. Su reacción no fue nada como la de Silvia: nada de sorpresa, nada de horror, nada de miradas aterrorizadas. Él me creyó enseguida, ¡no dudó de mí ni por un segundo! Emocionado por el poder espiritual del gran amor que había derrotado al tiempo, tomó mis manos y me sonrió. Él no había encontrado nada fuera de lo normal en mi historia, nada que estuviera rompiendo los límites o las leyes de la vida.

"Se lo he dicho antes," dijo Stefan, "la percepción humana del tiempo y el espacio no es infalible. Podría ser que lo que nuestras mentes conciben como ayer, hoy y mañana dentro de la Gran Realidad y que creemos que son diferentes una de la otra no es más que un presente eterno que no está alineado con la concepción humana estándar del tiempo."

¿Entonces es por eso que me hizo atravesar todo este dolor, mi querido Dios? Quizá Stefan esté en lo correcto; este amor trascendental entre dos personas, un amor que ha pasado por altos y bajos, ahora ha sido casi santificado. El destino había reservado un lugar especial en este mundo para tal amor, incluso después de miles de años. Y esta obra maravillosa del destino va más allá de los estrechos confines de mi propio caso personal. ¡Esta maravilla se merece un lugar entre los logros más elevados y sagrados del alma humana! ¡Este es el epítome del amor verdadero!

Vale verdaderamente la pena venir a este mundo como un ser humano y vivir esta vida. Si las cosas son tan diferentes a cómo las conciben nuestros ojos y razón, si tal destino divino puede estar reservado para un ser humano en este mundo, es algo por lo que realmente vale la pena vivir. No sabemos exactamente de qué trata la vida o cómo se desenvuelve o qué contiene, ¡pero aquellos dignos de descubrirlo están destinados a llevarse una maravillosa sorpresa! Es una realidad imposible de entender para nuestra mente e imposible de expresar con nuestras palabras.

¿Qué es este sentimiento ahora? ¡Mis párpados se están poniendo cada vez más pesados! ¿Me estoy sintiendo somnoliento? ¡Sí, sí, es sueño lo que pesa sobre mis párpados! ¡Esta es la primera vez que me ocurre en esta nueva vida mía! ¡Oh, es un sentimiento tan dulce! ¿Significa esto que seré capaz de descansar por las noches de ahora en adelante? Oh, he extrañado esto… Estoy comenzando a sentirme tan relajado…

EL FIN

(En ese momento, Andreas Northam se queda dormido por primera vez en todo un año. Tan pronto como Northam se duerme, la consciencia de Paul Amadeus Dienach regresa a su cuerpo normal de regreso en Suiza en el año 1922 y se recupera de su coma.)

Rector Georgios Papachatzis el 3 de octubre de 1964 en la ceremonia de entrega de grado de doctorado de Jean Lesage de la Universidad Panteion.

© *Archivo Fotográfico de la Biblioteca Digital Pandemos*
Universidad Panteion

PREFACIO DEL TRADUCTOR DE LA PRIMERA EDICIÓN (1972) DE *EL VALLE DE LAS ROSAS*

(Nota Pre-introductoria y Crítica, una especie de Prefacio, para los retazos publicados de Dienach. Se escribió seis años antes de la primera edición de El Valle de las Rosas [1972]).

Las "Crónicas del Futuro" de Dienach *("Páginas de un Diario" fue el título original de la primera edición)* ofrecen la esencia del desarrollo cultural de los europeos occidentales en el futuro distante. Más específicamente, aquí, justo después del "Primer" y "Segundo Diario" de Dienach, se ilustra por un largo período de tiempo la continuación de la historia de la civilización occidental, desde el siglo XXI en adelante. Sin embargo, aparentemente, estos manuscritos proféticos son muy simples en forma: parecen ser pasajes de ficción de viaje, un viaje por el tiempo a los países de nuestro continente, a esos tiempos del futuro distante, una vista panorámica de la vida social y espiritual, dentro de ese desarrollo cultural del futuro distante, pedazos de una vida vívida y real según son vistas y conocidas por el autor, quien por este medio la narra como un narrador de viajes. Fue, dice él, su propio destino que su vida estuviera ligada a, según escribe, uno de los más raros fenómenos metafísicos y espiritualistas. Fue gracias a esto que logró experimentar todo lo que describe.

Paul Amadeus Dienach no dejó un nombre ni, lo más probablemente, la menor publicación en su tierra natal. En otoño de 1922, llegó a Atenas desde Europa Central y más tarde, en invierno, comenzó a dar clases particulares a estudiantes de medios financieros limitados en idiomas extranjeros, principalmente francés y alemán, a cambio de un pequeño pago. Habiendo pasado, según dijo, su infancia en uno de los diversos distritos de Zúrich, donde sus padres se habían acomodado después de su nacimiento, fue a pasar su adolescencia en un pueblo, cerca de este gran eje cultural de países de habla germánica. Después, siguió estudios humanistas, con una aptitud particular para la historia de la civilización y los estudios clásicos.

En 1906, trabajó brevemente como profesor, lo más probable en una escuela privada, quizá en uno de los pueblos que rodean a Zúrich. Siendo de constitución débil y delicada (tenía la apariencia de un intelectual) viajó, aunque raramente y tanto como podía costearse, al Oeste y al Sur. De sus viajes a París y Roma, deduzco que ha escrito algo al respecto en algún lugar de sus manuscritos.

Recuerdo su afecto profundo hacia su madre, quien parece haber sido una mujer santa, según todo lo que me contó y, sobre todo, una madre maravillosa. Cuando lo conocí, ella ya había fallecido.

Y él habría de dejar los manuscritos bajo mi cuidado, me habría de llamar "su más apreciado en su círculo pequeño de estudiantes" y yo lo recuerdo usar la frase "mi joven amigo". No es sino obvio que sentimientos de soledad y desolación inundaban su alma en el momento en que escribió la nota. No quedaba nadie de su familia. En algún otro punto, me había dicho: "Aquél que no ha experimentado el aislamiento no puede conocer su significado."

Falleció, supongo, en el suburbio ateniense de Maroussi o quizá en su camino de regreso a su tierra natal, a través de Italia, en algún pueblo de nuestra península vecina, lo más probable durante los primeros seis meses de 1924, después de sufrir un ataque de tuberculosis, el cual se manifestó en Atenas y no duró sino unos pocos meses. Durante el curso de mis doce viajes de verano recientes a Zúrich, de 1952 a 1966, no logré localizar a sus parientes ni a ningún otro rastro de la familia de Dienach. Quizá, sin embargo, tiene parientes distantes de la nueva generación en las afueras. No obstante, podría ser que el joven oficial de la reserva anti-Hitler del ejército alemán de ocupación estuviera en lo correcto (habré de escribir acerca de su versión más adelante, al final de esta nota pre-introductoria) al decir que mi profesor "sufrió del complejo de culpa de su gente" de la era imperial. En este último caso, uno buscaría en vano fuera de la etnia alemana para encontrarlo, basándose en un apellido "prestado".

Prefacio del Traductor de la Primera Edición (1972)

Si de hecho Paul Amadeus hubiera nacido en las Indias, se habría expresado sin pensarlo dos veces. Habría hablado, incluso tan tempranamente como en 1922, acerca de sus dos vidas, el autoconocimiento del ego, las reminiscencias de riqueza incomparable, su *otra* existencia, la cual había desarrollado en períodos tan diferentes. Sin embargo, Dienach nació siendo europeo, de hecho, siendo un europeo central, siendo el descendiente de un hombre suizo de habla alemana altamente educado y de su excepcional madre de Salzburgo. Siempre fue muy cuidadoso con sus palabras, con la cautela de no dejar que se escaparan cosas que fueran más allá de la racionalidad y el pensamiento cognitivo y científico. Creía fuertemente, al mismo tiempo, en un elemento espiritual en el hombre de una naturaleza indefinida, el cual elude a la ley del decaimiento biológico, sobrepasando las barreras del tiempo y el espacio. Él creía que esto era cierto no solo para nuestra propia especie biológica, por lo menos en los casos más finos de individuos, sino también en una variedad de especies superiores de seres dotados de pensamiento, lenguaje y sentimientos, quiso decir de riqueza emocional, en millones de planetas, desconocidos para nosotros por ahora. Es gracias a esto, dice Dienach, que el hombre culto, la individualidad enriquecida con valores de cultura interna, se eleva sobre el reducido y cruel destino biológico. Es gracias a este elemento, el cual podría ser, como él dijo, muy diferente de la visión unilateral de la unidad del alma de la fe religiosa u otras predicaciones y convicciones espirituales establecidas, que el espíritu libre continúa existiendo sin ser restringido por la ley de evolución y decaimiento biológico. En cuanto al curso del ser espiritual del individuo, el continuo espacio-tiempo no es un obstáculo (él lo *vio* y lo *vivió*), según escribe en sus manuscritos.

"Fue solo en el campo de la mecánica celeste y, en general, de la investigación del universo natural que nosotros los humanos logramos volvernos copernicanos," recuerdo que me dijo cuando me hablaba del curso del espíritu humano a través de los siglos. "Toda nuestra filosofía y nuestra cosmovisión continúan siendo ptolemaicas: geocéntricas y antropocéntricas."

A menudo hablaba de los tres velos del tiempo, el espacio y las especies biológicas (esto es, sensores cognitivos finitos, habilidades espirituales inherentes y potencial de conocimiento del humano-receptor) los cuales evitaron que adquiriéramos una percepción superior y una visión superior del mundo y la vida. Al mismo tiempo, él creía (algo bastante asombroso dada la época) en la posibilidad de una futura expansión de los límites de los mundos de cosas existentes, los mundos del Ser.

Con frecuencia hablaba de una mayoría de civilizaciones espirituales y un curso ascendente paralelo de miríadas de especies biológicas dentro del cosmos, de miríadas de especies de seres racionales que existen en un gran número de esferas celestes doradas, acerca de un progreso y evolución de una naturaleza moral más bien que de una tecnológica. No habría de aceptar que nuestro planeta es el único cuerpo celeste habitado ni que nuestra especie biológica es *única*, lo mejor de la Creación. Desaprobaba el desarrollo tecnológico excesivo y las formas de sociedades tecno-económicas, considerándolas de importancia secundaria, y creía que lo que principalmente servía al gran propósito de la Creación era la elevación por medio del dolor noble, la abnegación, la amabilidad, el amor, el auto-sacrificio, la cultivación interior en general.

Sin embargo, nunca habló acerca del raro destino de su vida privada, mucho más raro en nuestra esfera geográfica e intelectual europea. Ni tampoco me había dicho mucho acerca del contenido de sus manuscritos, los cuales había decidido enviarme al irse. Me había dado bastantes páginas y yo las había leído mientras él aún estaba vivo, causando que experimentase una sed indescriptible por leer aquellos manuscritos. No obstante, cuando él hablaba, las muchas cosas maravillosas sobre las que conversaba parecían ser sus creencias más profundas, no experiencias que él hubiera vivido realmente.

Hasta el día en que lo perdí de vista, recuerdo que no me pareció una especie de místico, dotado de elementos de lo excepcional o lo sobrenatural. Parecía ser un europeo occidental muy cauteloso, cuidadoso y reservado, un espíritu filosófico incansable del siglo XX, como el "Fausto del próximo siglo", pero sin la educación versátil de este último; Dienach parecía ser un simple educador, quien tenía, sin embargo, preguntas apremiantes, con ese anhelo del corazón que le da honor a la raza humana. Poseyó un anhelo irresistible en una época de materialismo y pragmatismo, que las últimas décadas del siglo XIX habían pasado a las primeras décadas del siglo XX. Fue quizá en este clima intelectual, donde él nació, creció y se convirtió en un hombre, en este contexto exacto de intelecto y percepción científica del mundo donde yació su educación. Fue quizá precisamente a esto que él debía su gran vacilación y cautela al siquiera aludir a algo que estuviera más allá de lo establecido, lo que se aceptaba sobre la base de la racionalidad o los hechos de las ciencias formales.

Desde el día en que la traducción a mano de sus manuscritos volvió a salir a la superficie, su recuerdo distante regresó involuntariamente y ocupó mis pensamientos insistentemente. Esta vez, tomé la decisión final de hacer que los publicaran tan pronto como los vi emerger del viejo cajón una mañana mientras buscaba algo más. Entre ellos, también descubrí con algo de emoción algunas de mis cartas amarillentas favoritas y una libreta con notas de cuando solía estudiar junto con otros estudiantes a quienes recuerdo con cariño.

Algo extraño me sucedió con Dienach: en aquellos días de antaño, él fue para mí solo un conocido de unos pocos meses. Mi espíritu despreocupado en ese tiempo y, además, la gran diferencia de edad no habrían de permitir que se desarrollara un lazo entre nosotros lo suficientemente digno de ser llamado amistad. Pero entre más años pasaban, más me daba cuenta de que, cuando partió para Italia en 1924 (yendo allí a morir), Dienach me había legado una enorme parte de su alma. Así, mi conexión espiritual con este hombre de un destino personal único en la vida y sin precedentes lentamente se convirtió en compasión y amistad con el tiempo.

Como entendí más tarde, él se había formado la impresión de que de nuestro grupo entero, un animado grupo de jóvenes estudiantes, yo de alguna manera lo había tratado mejor. La verdad es que yo lo encontraba menos aburrido de lo que el resto lo hacía y, además, estaba decidido a aprender un lenguaje extranjero en ese entonces. Por lo tanto, no es extraño que sucediera que pasáramos tardes enteras juntos hablando acerca de todo tipo de cosas. Siempre habré de recordar esa cautela en sus palabras, como mencioné antes, incluso a pesar de que disfrutaba intercambiar modos de ver conmigo (más que con el resto) en varios asuntos filosóficos e históricos.

Durante los primeros años después de su muerte, cada vez que leía sus manuscritos (ya había comenzado a traducirlo de la mejor manera que podía desde 1926 y hasta 1940 ese fue el caso) yo siempre me decía: "Mire, Dienach se proponía escribir literatura. Intentó retratar a un personaje mentalmente enfermo y, inventando un mito, una trama, encontró la manera de escribir sus propias ideas acerca de todo tipo de cosas." En ese entonces, yo estaba repleto de escepticismo, algo muy común en los estudiantes de mi época. Me negaba a creer en algo que desafiara las leyes aceptadas de la naturaleza. De hecho, recuerdo encontrar esa religiosidad inundando el pensamiento de Dienach, evidente en las páginas de su *Diario*, algo un poco exagerada. Con el paso del tiempo, me di cuenta de lo poco que nosotros los humanos conocemos de estas leyes y de lo irreflexivo que sería excluir completamente los fenómenos relacionados con las funciones psicológicas que desafían a lo ordinario, por muy extraños que sean.

Pero, es más, entre más pasaban los años, mejor reflexionaba acerca de algunos incidentes de la época en que conocí a Dienach, algunas de sus palabras reservadas, las cuales solo ahora podría interpretar. De esta manera, se formó mi convicción de que todos estos manuscritos escritos por un hombre muerto, el hombre triste de ojos hundidos que nos parecía tan tedioso al resto (como un compañero de nosotros había dicho un día de manera no completamente injusta) era realmente su *Diario*. Ahora he llegado a creer que este hombre, que probablemente no fue altamente educado ni inteligente, este hombre prácticamente desempleado en sus últimos años, que no fue un maestro del lenguaje, como es evidente en sus manuscritos *(fútiles fueron los esfuerzos del traductor para simplificar el estilo en algunos casos, sin traicionar el significado: para presentar la frase menos presuntuosa y no tan brillantemente coloreada y adornada con toda clase de adjetivos, ya que Dienach era dado a las frases pomposas bastante a menudo, lo cual de hecho admite en alguna parte de sus manuscritos)*, ni había profesado haber tenido algún otro trabajo en su tierra natal, aparte de enseñar, no escribió de invenciones de su propia imaginación y no pudo haber tenido dentro de él todas esas cosas sobre las que habló. Él no hizo más que narrar lo que sucedió en su vida y lo que estaba destinado a *ver* y a *vivir* por medio de una extraña sucesión de acontecimientos.

Una cosa más: Dienach no inventó un personaje mentalmente enfermo, sino que él mismo estaba enfermo, incluso antes del ataque de tuberculosis, quiero decir. Era un hipocondríaco huraño y quejumbroso, por decir lo menos (noten sus quejas interminables en sus escritos) e hipersensible casi hasta un grado patológico. No deseaba hablar de sus dos enfermedades pasadas (en 1917 y 1921-1922). Aun así, lo recuerdo vagamente contándome en algún punto que "el sueño letárgico ya no es un enigma para la ciencia" y que "esta reacción del sistema neuropsicológico, este mecanismo de defensa, puede ser beneficiosa en momentos en los que las células neuronales están sobrecargadas. Contribuye a regular su flujo de corriente alterna y las protege del colapso inminente". En cualquier caso, si no hubiera sido por esta enfermedad, él no habría encontrado tal destino en su vida, el cual hoy en día nos maravilla.

¿Quién, en efecto, podría haber predicho que la enfermedad de este hombre daría un giro tan increíble y único? Mucho se ha dicho acerca de los poderes desconocidos escondidos dentro del alma humana. Es verdad que no tenemos consciencia de miles de cosas que existen y que miles de cosas suceden alrededor nuestro de las cuales no tenemos ni idea. No obstante, ¿quién hablaría jamás de tal potencial de la psicodinámica humana que se asemeja a un milagro? Por supuesto, esto no quiere decir que cada estado psicológico sobrecargado emocionalmente guarda un potencial tan increíble, como fue el caso de Dienach. Sin embargo, ciertos estados similares, pocos entre los muchos, puede que parezcan que llevan a tales maravillas parapsicológicas (o metafísicas), como fue el caso del espíritu del autor de estos manuscritos.

Recuerdo que en 1923 solo vimos a Dienach como un hombre cuya vida fue arrollada por una tristeza incurable. En esos días, la frase "algún gran asunto amoroso" habría de venir de manera frívola a nuestros labios sonrientes y ligeramente sarcásticos. En efecto, los escritos en su "Primer Cuaderno" muestran que él fue un hombre que había fracasado en su trabajo y terminó siendo un bueno para nada en la vida debido a su predisposición mórbida de romántico incurable y su amorío desafortunado *(Ver por ejemplo 6 de diciembre de 1918 [Primera Edición]: Me decía a mí mismo que debía ser fuerte, recomponerme y salir, pero no podía hacerlo. 17 de enero de 1919 [Primera Edición]: me siento culpable por mi madre, etc.).* Esa prosa florida exagerada y esas repeticiones aquí y allá, junto con bastantes redundancias, refrenadas por el traductor, al igual que ese sentimentalismo excesivo, se encuentran por todos lados en sus manuscritos.

Es cierto, sin embargo, que cada vez que no estaba distraído o perdido en su ensoñación interminable, era interesante hablar con él.

Prefacio del Traductor de la Primera Edición (1972)

A menudo disfrutaba preguntarnos acerca de nuestros estudios. De hecho, durante una de sus conversaciones, nos dijo que él también había seguido estudios clásicos y de historia en su tierra natal cuando era joven, pero unos pocos años más tarde, una enfermedad lo obligó a dejar permanentemente su trabajo.

En otra ocasión, cuando alguien le preguntó acerca de su elección de venir y vivir en Grecia, él nos dijo, repasando su primera respuesta extraña de que lo hizo "por razones de nostalgia", que él vino motivado, como muchos otros, por el amor a esta renombrada ciudad.

"Y, además," añadió con esa vacilación en su voz (la misma voz que usaba cada vez que tenía dudas de si sus palabras darían la impresión de ser correctas y racionales) "tuve este deseo de ver un lugar que vive dos vidas, divididas por *veinte siglos enteros*."

El hecho de que una especie de nostalgia lo estuviera persiguiendo una vez más aquí en Grecia también era evidente para cualquiera que pasara tiempo con él. Como cualquier persona achacosa, también habría de culpar al lugar y al clima. De hecho, creo que este hombre, que sentía a veces, como él decía de sí mismo entonces, que "la vida era demasiado corta para él" adondequiera que fuera, no podía lograr sacar estos pensamientos de su cabeza: "¿Dónde podría estar la salida?" Al final, había dejado de enseñar y pasó los últimos meses de su vida, según descubrimos más adelante, en una situación financiera algo catastrófica.

No estaba interesado en las necesidades materiales. En cambio, le atormentaba la idea de morir joven (como finalmente sucedió antes de que hubiera cumplido treinta y ocho) y de que no tendría suficiente tiempo para escribir, como solo él sabría hacerlo, la historia de la cultura europea, lo que fue su sueño de toda la vida. "En dos volúmenes," decía fervientemente. Estaba convencido de poder hacerlo. Lo único que le hacía falta era tiempo. Cuando le pregunté cómo dividiría los períodos históricos y me dijo que el primer volumen abarcaría hasta nuestro gran siglo XIX, él sintió mi perplejidad en ese momento. Inmediatamente insinuó, con vacilación y de manera vaga, que él tenía sus propias convicciones metodológicas y que el segundo volumen sería más bien una obra crítica. Sin embargo, era obvio que había algo más respecto a esto. Fue solo cuando el *Diario* llegó a mis manos y comencé a leerlo que me di cuenta de que Dienach pretendía abarcar hasta la primavera

Prefacio del Traductor de la Primera Edición (1972)

de 3906 en ese segundo volumen. Él me había estado escondiendo esto durante nuestras conversaciones. Qué radiante estaba su rostro, recuerdo, qué radiante… Cada una de las veces que traigo ese momento a la mente, siento la fe que lo encendió y lo inspiró con más fuerza, la convicción de que él *sabía* todo lo que vendría después y de que podía narrarlo, si solo, decía, el destino le hubiera dado la salud y el tiempo disponible. Tenía el coraje para hacerlo. "Hay ocasiones," decía, "muy raras, para ser honesto, en las que ya sabemos lo que el futuro nos depara. Tenemos tantos incidentes en los que el conocimiento hacia adelante se manifestó claramente."

Anoche *(La "Nota Pre-introductoria y Crítica" fue escrita en 1966)*, una vez más estaba hojeando las páginas de la versión traducida del *Diario* y mi mente regresó a él. Muchas viejas cosas se han perdido desde entonces, pero nunca he olvidado que tenía estos manuscritos en mi posesión. De hecho, entre más años pasaban y el descuido de mi juventud se desvanecía, más me perseguía con punzadas de culpa la idea de ellos.

He meditado acerca de su publicación por un largo tiempo. No solo por razones del respeto natural de parte de un estudiante hacia el recuerdo de su viejo profesor, sino también debido al muy extraño caso de este último. Fue gracias al destino sin precedentes de su vida privada que Dienach fue lo suficientemente afortunado de estar al tanto de muchas de las cosas que ocurrirían muchos años de aquí en adelante, a través de la ciencia de la era espacial, accesibles a los sabios y, de hecho, a través de los métodos de la investigación científica que aprecian tanto las ciencias naturales.

Muchos dirán: "¿Es posible que casos de recuerdos tan detallados de pre-existencia ocurran en medio de Europa?" Sin embargo, uno habría de preguntar lo siguiente: "¿Por qué las personas con recuerdos tan vívidos de una existencia previa solo aparecen en las Indias Orientales?". El predominio del materialismo en el estilo de vida europeo ha alcanzado la exageración y el positivismo se ha infundido en el espíritu del europeo hasta el grado de unilateralidad insoportable. Entre más se deja ir a estas cosas, más lo hacen ellas también.

Hoy en día, aún se desconoce el nombre de Dienach. Es natural que esté ausente en todo índice de escritores, toda enciclopedia. Sin embargo, llegará un día en el que será un nombre honorado y glorificado. Los descendientes distantes de los europeos occidentales lo pronunciarán con respeto. Llegará un tiempo en el que se verá que todas las cosas que describe tan exhaustivamente en sus textos se volverán verdad en Europa. Él las retrata tan vívidamente porque las ha visto con sus propios ojos. Él realmente ha vivido todo lo que narra.

Justo al igual que la noche que me trajeron los manuscritos, así fue hace dos días, que leí hasta el anochecer. Justo al igual que esa vez, yo no deseaba prender las luces. Justo al igual que esa vez, pensé que repentinamente vería la figura de mi amigo distante en la calma de la noche, apareciendo entre los dos paneles de la ventana que brillaban de color blanco lechoso en la oscuridad, tan blanco lechoso como recuerdo la complexión de mi amigo de aquellos tiempos de antaño...

Para todos aquellos que no desean escuchar nada acerca de la parapsicología, percepción extrasensorial y casos de fenómenos metafísicos, para aquellos que no aceptan nada más allá de los límites del pensamiento y datos científicos, Dienach no *vio* ni *vivió* sus escritos, sino que los inventó. Es decir, él previó el curso de los desarrollos culturales futuros de nuestra especie y, más específicamente, de la raza blanca y, de hecho, atreviéndose a abordar el tema valiente y extensamente, por un período de tiempo bastante considerable. Además, registró sus propias convicciones en cada campo del pensamiento filosófico (especialmente sus convicciones morales y cognitivo-teoréticas), sus propias creencias metafísicas.

De acuerdo a este modo de ver, Dienach puso sus propios pensamientos en las bocas de sus héroes (Jaeger, Silvia, Lain, Cornelius, Stefan, Astrucci, Hilda, Syld y demás) de una narración bastante novedosa. Esto, sin embargo, es difícil de creer para cualquiera que tuvo la oportunidad de conocer a Dienach en persona y tuvo consciencia de que él no era un genio excepcional y que su nivel de educación no era tan único. Este hombre de Europa Central, y solo él, le asigna un significado tan sublime y un contenido tan excepcional al mundo y a la vida que no solo embellece la vida, sino que incluso también sobrepasa las concepciones de la antigua educación clásica griega y tradición humanista, los cuales, sin embargo, no corresponden a algo inexistente.

Si uno acepta la explicación más racionalista de las dos, uno debe decir que los textos de Dienach son páginas de una sociología futurista aplicada y una perspectiva optimista en metafísica. Algunas de las convicciones del escritor son bastante características. Nosotros las presentamos directamente a continuación.

Dienach no fomenta la menor apreciación por las habilidades cognitivas humanas. Incluso considera las percepciones *a priori* de la mente, por ejemplo, el tiempo, el espacio y las clasificaciones, demasiado estrechamente humanas. Él dice que la sucesión de los períodos de tiempo, ayer, hoy, mañana, e incluso el concepto de espacio son lo que es aparente. Ellos aparecen ante nosotros en esta forma porque corresponden a los sensores de percepción de los humanos-receptores, a sus capacidades mentales, esto es, a su potencial cognitivo, intelecto y racionalidad. La realidad objetiva del tiempo nos elude. Muy bien podría ser que no fuera nuestro familiar tiempo lineal, con la secuencia que consideramos racional, con su flujo racional, sino que en el fondo sea un presente eterno. El caso del espacio es similar. Es imposible para el hombre percibir algo existente más allá del espacio tridimensional. Hay, sin embargo, enormes realidades, las cuales están incluidas en esta noción. Por ejemplo, la dimensión de la profundidad nos elude. De acuerdo a Dienach, yaciendo bajo las simples demandas morales de Kant de la razón práctica hay realidades exquisitas y no percibidas, bastante reales, incluso a pesar de que no son accesibles para el intelecto humano. Las nuevas facultades que el *Homo Occidentalis Novus* logró adquirir añadieron a la realidad, según Stefan habría de decir a Dienach, una profundidad ontológica interminable, donde se incluyen las demandas una vez morales de la antigua versión teórico-cognitiva.

La realidad ontológica objetiva no sufre daño (solo somos *nosotros* los que somos incapaces de percibirla) porque los sensores de la percepción, la mente, la razón humana, resultan ser finitos e imperfectos. Un ser objetivo no sufre daño porque toda la estructura humana cognitiva y física, toda la organización racional, sucede ser débil por naturaleza. De exactamente la misma manera, por ejemplo, los rayos ultravioletas e infrarrojos no sufren daño con respecto a su existencia y realidad objetivas porque las habilidades de percepción de los sensores de visión humanos resultan ser inadecuados.

Prefacio del Traductor de la Primera Edición (1972)

Él desaprueba el elevamiento de la racionalidad a un poder cognitivo omnipotente. No está de acuerdo con que el intelecto humano es el único origen seguro de la vida espiritual o con que la función cognitiva es la más elevada o con que solo lo que es aceptable por medio de la prueba racional está relacionado con la realidad ontológica.

Respecto a la ciencia en general, si uno excluye a la matemática, como él dice, Dienach tiene dudas acerca de si ella nos da la imagen real y objetiva del universo natural. Él resalta su naturaleza fluida y habla no de una ciencia natural que es la más válida objetivamente, como se creía en el siglo XIX, sino de muchas ciencias naturales subjetivas, una para cada período diferente. Considera los logros de la física muy útiles para nuestro conocimiento empírico, sus aplicaciones técnicas en los diversos campos de las ciencias naturales y para el progreso de la cultura material, pero no para el conocimiento de la verdadera naturaleza de los seres. El destino no nos ha provisto con la clave para percibir su objetividad. Nuestro conocimiento de todo esto es demasiado humano por definición. El conocimiento propio del Ser verdadero va más allá de nuestro potencial. Como lo era el caso antes mencionado de los rayos de color en el espectro solar, tal es el caso aquí también en cuanto a las percepciones del universo natural: para los seres vivientes que son los humanos, los sentidos son herramientas dentro de la naturaleza, pero también son barreras. Nuestras capacidades mentales, nuestro conocimiento potencial, intelecto, racionalidad, son herramientas dentro de los mundos de cosas existentes para la especie biológica de seres racionales a la cual pertenecemos, pero también son obstáculos.

Dienach considera incluso la distinción entre física y metafísica completamente humana. Es la percepción sensorial de esta especie biológica en particular y su potencial cognitivo finito que los limita. Nosotros ya no vivimos, dice él, en los tiempos de Aristóteles, Descartes o Kant, los tiempos de adoración al intelecto humano y la razón, como si estos fueran algo inalcanzable, único e incomparable. La distinción que ha hecho el intelecto humano entre la física y la metafísica es subjetiva (para los humanos), no objetiva. Es imposible, dice, percibir cuánta realidad (una realidad de increíble grandeza y magnífica belleza), cuánta validez ontológica puede yacer bajo todo a lo que nos hemos acostumbrado a llamar "mundos espirituales" desde hace mucho tiempo. La definición correcta de este término no es, de acuerdo con Dienach, aquella que no tiene verdadera sustancia ontológica ni aquella que solo existe en nuestro espíritu, sino aquella cuya existencia y naturaleza objetivas los humano-receptores carecen de la habilidad de percibir.

Durante miles de años, nosotros creímos que los humanos eran la única especie de seres vivientes que tenían una vida espiritual más elevada, una cultivación interior, cultura interior y una personalidad espiritual libre. Esta concepción errónea de nuestra singularidad es, según Dienach, la razón principal por la cual consideramos las habilidades cognitivas humanas tales como el intelecto y la razón tan satisfactorias, casi infalibles de acuerdo a los intelectuales y positivistas. Él dice que esta es la razón principal por la cual consideramos que la mente humana es omnisciente y que el racionalismo es absolutamente válido y decimos que si algo existe verdaderamente, entonces es imposible que nuestro intelecto no lo perciba.

El nivel que el hombre ocupa entre miríadas de especies de seres intelectuales y racionales es, dice Dienach, bastante superior. Sin embargo, el hombre no es lo Mejor de la Creación, a no ser, por supuesto, que nos limitemos a la vida espiritual e intelectual de nuestro planeta. Todas las tradiciones humanistas, la fe religiosa, el espíritu greco-romano y el Renacimiento, dice nuestro autor, le dejaron a nuestra Civilización Occidental la convicción inquebrantable de que el hombre es el centro espiritual del universo. Todo nuestro pensamiento es egocéntrico, antropomórfico y geocéntrico. Miríadas de especies biológicas diferentes están más elevadas que nuestro nivel y miríadas de otras están más abajo. De hecho, el dicho "los cielos declaran la gloria de Dios" tiene, dice él, significado y contenido incomparablemente más amplio y elevado que el pretendido por aquellos que lo expresan y en general por lo que las personas pensaron es esos tiempos. Positivistas, intelectuales, empíricos, racionalistas y filósofos críticos están todos equivocados, dice él, al considerar infalibles los sensores humanos de percepción de potencial imperfecto y finito. También se equivocan al sostener que nada existe aparte de lo que es dado y comprobado por el intelecto, la racionalidad y la experiencia. Una visión más elevada, realmente más elevada, del mundo y la vida no es factible, escribe Dienach, siempre que continuemos viendo las cosas exclusivamente desde el punto de vista humano, nuestra propia perspectiva y a la luz de nuestra propia capacidad mental.

Prefacio del Traductor de la Primera Edición (1972)

Otro punto de vista que vale la pena notar en los escritos de Dienach es su creencia (él *vio*, dice, y *sabe*) que las habilidades cognitivas de muchas otras especies biológicas proveen una imagen igualmente subjetiva para todo lo que existe, aunque mucho más perfecta y completa que la nuestra, incluso si estas especies están en un nivel superior al de nosotros en la escala de las miríadas de especies de seres racionales. El elemento finito, dice, es inherente al destino inevitable de la materia orgánica, sin importar cuán dotada esté esta última de la chispa divina más allá de ciertas etapas de su desarrollo espiritual y evolución biológica. Cuando el espíritu llega a adherirse a la materia, nunca se puede, dice él, encontrar la perfección. No hay perfección en ninguna de esas criaturas que son superiores a nosotros, en ninguna de sus funciones correspondientes a lo que nosotros solemos llamar "mente", "razón" y funciones psicointelectuales. También llevan la carga del destino de entender solo las facetas aparentes de la realidad, dice. En otras palabras, también tienen su propia cosmovisión, la cual supuestamente consideran real debido a su habilidad limitada de percepción ontológica; de la misma manera, nosotros tenemos nuestra propia cosmovisión físico-científica, la cual debemos a Copérnico, Kepler, Newton, Einstein, Max Planck, Werner Heisenberg y al resto de nuestros personajes sabios.

Lo más maravilloso de lo cual escribe es que el Ser verdadero existe, la esencia más profunda del Ser, esto es, la realidad objetiva y ya no aparente. Este Ser existe más allá de los miles de imágenes subjetivas en el campo de la ontología y en general en la esfera del conocimiento y más allá de todo tipo de percepciones, las cuales varían increíblemente en aquellas miríadas de esferas habitadas y en la increíble amplitud de períodos de tiempo que abarca millones de siglos. Ellas varían, dice él, dependiendo del nivel de la especie de seres lógicos e incluso de la etapa particular de su desarrollo biológico y espiritual, junto con las varias etapas de desarrollo de sus funciones psicoespirituales. Por supuesto, el lenguaje humano no puede expresar esta realidad ontológica inconcebiblemente grande. Sin embargo, Dienach emplea un término: el *Samith*. Cree de hecho que este término no es convencional, sino que es una palabra específica de un lenguaje peculiar de los sabios de aquellos tiempos del futuro distante sobre los que él habla.

Vamos a suponer que una de las especies superiores de seres vivientes racionales, en algún lado en el espacio cósmico, pudiera comprender alguna vez toda la verdadera naturaleza de esta realidad ontológica objetiva, su esencia, su estructura, su contenido ontológico entero. Entonces, dice él, inmediatamente resolveríamos todos los grandes y desconocidos problemas del mundo, una pequeña parte de lo cual constituye, también aquí en nuestra Tierra, un objeto de nuestro dolor metafísico, esto es, un objeto de insoportable sed espiritual, de nostalgia irresistible del espíritu y el alma. Estos problemas son el universo natural en su naturaleza objetiva, la existencia de Dios, el comienzo y el final de los seres, el misterio profundo de la vida y su propósito, todo tipo de opiniones teológicas, la eternidad y el infinito. Adicionalmente, los miles de preguntas en metafísica, los orígenes y el destino de la gente, al igual que su lugar en la totalidad del Ser, todo lo que desesperadamente nos esforzamos por entender, todo lo inconcebible pero existente, de sustancia ontológica, sin importar cuánto eluda a las habilidades del intelecto humano y los sensores de percepción del racionalismo.

Dienach cree que es factible para los seres vivientes superiores tener conocimiento, no de la esencia del *Samith*, por supuesto, lo cual es imposible, sino al menos de su existencia evidente. Incluso dice que esto podría ser factible para las personas, aunque en un futuro muy distante, en la auto-cultivación duradera de las habilidades psicoespirituales de nuestra especie y un curso evolutivo de una naturaleza más moral.

Este conocimiento de la existencia del *Samith* sería suficiente, según Dienach, para poner fin a la angustia metafísica del hombre y salvar al espíritu humano del destino eterno de dolor y duda. A pesar de su esencia inaccesible, el conocimiento tan claro de la existencia de esa gran realidad ontológica, la cual existe objetivamente, podría llegar a los elegidos entre nosotros, a aquellos cuyo destino habría dado la gracia divina de realmente presenciar su existencia. No podría venir sino en conexión con ese significado de increíble e inconcebible grandeza y con el sentimiento de belleza hipercósmica que abarca.

"No tomen estas últimas palabras con su significado humano," escribe Dienach en algunas notas a pie de página. "¡Ay!," dice, "al escuchar la palabra 'grandeza', pensamos en el espacio, en el alcance." Lo mismo se aplica para la belleza hipercósmica, la cual es algo más allá de los límites de la tolerancia psíquica humana para la magnífica alegría estética y la espléndida felicidad espiritual y, además, algo totalmente inaccesible para el pobre y finito potencial de percepción de la conciencia estética humana. Quizá, sin embargo, es una predicción involuntaria. Tal vez es un reflejo distante de ello, que una vez brilló débilmente en los sueños de Goethe y Beethoven y en aquellos de otros maestros de la creación artística y el pensamiento filosófico durante el apogeo de la civilización europea.

Recuerdo que Dienach escribió en algún otro lado de sus manuscritos, que después se perdieron, acerca de la distinción de Kant entre lo *hermoso* (por ejemplo, en las magníficas e inmortales obras de creación artística y la percepción de belleza del amante culto de las artes) y lo *sublime* (por ejemplo, a la vista de la cúpula estrellada y en la percepción de lo sublime por parte de la persona religiosa sensible de cultivación interna avanzada y rica cultura espiritual). También recuerdo que Dienach escribió más abajo acerca de la observación de Kant de que el primero causa una profunda agitación estética, mientras que el último produce una sensación de maravilla y profunda religiosidad, así como un sentimiento de admiración y veneración.

Recuerdo que Dienach no admitía tal distinción, sino que, por el contrario, daba una sola explicación para todo esto: él escribe en algún lado que una sed insoportable del alma nos empuja hacia estos conceptos. Sin embargo, el *Samith* es, en el fondo, el objeto de nuestra nostalgia. Al carecer de él, recurrimos a todas esas cosas que le dan a nuestro mundo espiritual la impresión de sus formas mundanas. De alguna manera nos otorgan, aunque temporalmente, algo de salvación de la sed insaciable por el *Samith* dentro de nuestro propio ambiente de vida. Eso es todo lo que tenemos en el cruel destino de nuestro mundo.

Además, Dienach continúa, esta necesidad de salvación es la razón por la cual las religiones se establecieron en primer lugar. Los hombres sienten que la vida es imposible sin un sentimiento religioso. Esta salvación es también perseguida por la creación artística y, en general, en sus formas varias (composición de música sinfónica, poesía lírica, artes visuales, tesoros del espíritu en general). Esta misma razón llevó a la construcción, a través de los milenios, de todo un edificio espiritual de convicciones meritocráticas y altos ideales (tales como el humanismo, el amor, la justicia, el altruismo, la libertad, la educación y el impulso espiritual hacia la compleción moral). Esta necesidad de salvación es la razón por la cual los hombres se volvieron capaces de expresar sublimes demandas morales a su Creador y de sufrir, pelear, sacrificarse, morir (sin un motivo ulterior, en el espíritu del sacrificio voluntario) por altos valores emocionales y morales. Todo esto es para saciar, tanto como sea posible, al menos temporalmente, esa sed insatisfecha y sagrada del espíritu y el alma. La razón más profunda, los verdaderos orígenes de toda la civilización a lo largo de la historia, es esta tendencia espiritual implacable, esta ansia por la salvación del dolor de la carencia del *Samith*, por más inconscientes que seamos de ello.

De acuerdo con Dienach, el pensador iluminado y digno debería, por lo tanto, dirigirse realmente al problema de los orígenes de la civilización. Todo lo que se ha enseñado alguna vez acerca de ello es, según escribe, superficial. En vez de considerar el curso en constante evolución de la civilización como una expresión de la lucha y tendencia de la gente a regresar a Dios, de quien han sido separados por el pecado (Gianbattista Vico), la esencia de la vida social de la gente (Augusto Comte), un resultado de la competencia entre clases sociales de intereses financieros en conflicto (Karl Marx), la manifestación de la evolución biológica por medio de la juventud y el declive (Oswald Spengler), el fruto de deseos sexuales suprimidos y reprimidos más antiguos, los cuales regresan transformados e idealizados y se exteriorizan en diferentes formas luego de un proceso inconsciente y duradero en las profundidades del subconsciente (Sigmund Freud) o, finalmente, la manifestación de una tendencia hacia la dominación, la supremacía y la distinción, por el bien de reaccionar al sentimiento de inferioridad y debilidad durante la infancia (Adler y otros defensores de la psicología individual), es mejor, dice él, admitir la razón más profunda y verdadera. Incluso si Carl Jung, escribe en otro lado Dienach, busca los orígenes y la causa de las obras de la civilización en la vasta riqueza de las inclinaciones nobles y elevadas y las tendencias contenidas en esa área escondida del organismo psíquico, el subconsciente del hombre, eso no explica lo suficiente en cuanto a los orígenes de esta riqueza. No son solo características hereditarias e instintos refinados. Puede que esto también sea el caso, pero estas características son "absolutamente secundarias". Esta interpretación carece de profundidad. Sin el *Samith*, sin la sed sagrada del espíritu y el alma y nuestra nostalgia por ello, no podría haber ansias nobles del alma del hombre hacia las cosas que son deseables, que no han sido descubiertas, que son imposibles e inexistentes (inexistentes e imposibles en nuestro ambiente pobre de vida) hacia la eternidad, el infinito, lo divino, la perfección y la belleza ideal. Tampoco existirían los grandes actos de belleza moral, ni la atracción al sacrificio ni a nada más allá de la razón, a lo bello, lo sublime, lo no expresado y lo divino.

Dienach habla después acerca de los esfuerzos futuros del hombre para dar un salto hacia adelante en el proceso de la evolución, una ganancia de milenios en la larga madurez psicoespiritual y moral como una forma de acelerar, tanto como sea posible, la habilidad de adquirir conocimiento directo. Los hombres habrán de ser capaces de hacer esto cuando hayan superado esta etapa de civilización técnico-económica y, una vez estén satisfechos y saciados con los logros culturales de la misma, habrán de volverse a búsquedas que son más espirituales. Dienach escribe que, si entendió correctamente, la evolución de la intuición y la clarividencia de los tiempos antiguos de su estado embrionario pasado habrá de generar la adquisición de esta nueva habilidad espiritual humana. El nuevo potencial cognitivo, la nueva experiencia, habrá de hacer el conocimiento del *Samith* claro como el cristal (a pesar de la inaccesibilidad de su esencia) y también habrá de dar esa sensación de increíble e inconcebible grandeza y belleza espléndida hipercósmica que está conectado a Ello.

Esta perspicaz especie es incansable, escribe en alguna parte. Después de sus logros descabellados en el universo técnico, entra repentinamente en nuevos caminos. Se vuelca al desarrollo artificial, refuerzo y activación de habilidades extremadamente viejas, las cuales habían estado yaciendo latentes en las partes más profundas del organismo psíquico. Aspira a ver que esta luz secreta elusiva de todo procesamiento cognitivo se vuelva evidente, estable y consciente. Lo que una vez se consideró trascendental *(En todos sus textos, Dienach utiliza la palabra trascendental en el significado de metafísico e hipercósmico. A lo largo de sus manuscritos, Dienach llama trascendental a las realidades elevadas, las cuales están por encima de los sensores de percepción del hombre, mientras que el destino no le ha dado conocimiento al hombre de las mismas. Los siglos XVIII y XIX habían dudado si corresponden a algo existente. Dienach pensó en ellas como realidades en conexión con los grandes problemas metafísicos. Él enfatiza la validez de su sustancia ontológica)*, lo que era verdadero pero inconcebible, real (existente) pero impensable e inexpresable, nuestra especie quiere hacerlo objeto del conocimiento evidente aquí y ahora. Ya que se ha comprobado que el intelecto y la razón son inadecuados *(él quiere decir insuficientes)* para esto, esta nueva y perspicaz especie adquiere un nuevo potencial cognitivo *(quiere decir nuevos sensores de percepción)*.

Una de las razones principales por las que Dienach vacilaba tanto en revelarse por lo menos a sus amigos y no deseaba que, mientras siguiera con vida, sus manuscritos fueran publicados, era por los nuevos términos, los neologismos que debía usar al momento de escribir. *(Generalmente, las palabras nuevas son uno de los más grandes obstáculos de Dienach para expresarse. Se encontró a sí mismo, dice, ante miles de nuevos términos de otra era de vida espiritual superior, ante miles de nuevas expresiones verbales de un idioma más rico, el cual era el instrumento lingüístico de una civilización superior a la nuestra del siglo XX. En muchos casos, debió usar esas nuevas palabras en su forma original. Sin embargo, prefiere usar una redacción perifrástica por medio de nuestras palabras cuando es posible. Así, por ejemplo, las magníficas salas de enseñanza [5 de VI], los sindicatos de las competencias voluntarias [30 de VI], los socios de oficina [14 de VI], los socios de los rebaños, el servicio, los bulevares del establecimiento [26 de VI], etc. constituyen una interpretación perifrástica alemana del término original de una palabra. Lo mismo se aplica para el ambiente de esta vida, el cual intenta expresar lo opuesto del concepto de la vida después de la muerte o lo opuesto al curso trascendente de la entidad espiritual del individuo después de la muerte biológica. Lo mismo se aplica para las habitaciones periféricas alejadas de las cúpulas [20 de VII] y los oficiales establecidos [Gretvirch Aarsdag del 6 de septiembre para nosotros] y muchos otros)*. El *Nibelvirch*, que otorga la adquisición del hombre de esa nueva habilidad espiritual superior, por encima del intelecto y el racionalismo, ese nuevo sensor de percepción (potencial de conocimiento) no puede, dice él, ser expresado en ninguno de nuestros idiomas con ningún término. La intuición y la clarividencia son simplistas en comparación con ello. Además, la hipervisión nos recuerda mucho a uno de nuestros sentidos materiales (de la experiencia). Aun así, esa era del futuro distante a la que se refieren los manuscritos de Dienach frecuentemente emplea el término *Oversyn* o *Supersyn* como sinónimos cercanos al *Nibelvirch* o realmente como su resultado. En otro lado utiliza indistintamente los términos conocimiento directo, visión directa y experiencia más allá de la razón.

En vano fueron los intentos de un conocido suyo de decirle que no estaba en lo correcto al ser tan vacilante. Es más, *concepto* era un término verbal desconocido antes de Sócrates e *idea* nunca se pronunció como palabra antes de Platón. En vano. Él no podía soportar, decía, el pensar compararse con hombres de estatura tan gigantesca.

De cualquier forma, Dienach escribe que el *Nibelvirch* inaugura una etapa completamente nueva en la evolución de la vida espiritual de la raza humana. Esta nueva habilidad espiritual superior y potencial de conocimiento es, dice, una frontera, un límite que separa la vida del *Homo sapiens*, que duró milenios, del amanecer de una nueva vida para el hombre iluminado, el *Homo Occidentalis Novus*. Además, él escribe que escuchó decir que se habían observado variaciones anatómicas en los principales centros cerebrales conectivos más tarde.

Toda la era de varios milenios de discurso articulado, intelecto, habilidad de reflexión, todas estas funciones cognitivas, con el paso de la fe ingenua al conocimiento y las ciencias formales e incluso con el contenido entero del *sentimiento*, de los impulsos emocionales y conativos y con toda esa riqueza psíquica, es, dice Dienach, una sola era: Etapa B. En cuanto a la Etapa A, él dice que esa etapa en particular está reservada para el hombre precoz y primitivo, cuyos sentidos e instintos fueron el único contenido de su vida mental). Desde el *Nibelvirch* en adelante, llega el amanecer de la Etapa C. Es un elemento que es añadido a las hasta ahora funciones psicoespirituales, el cual no solo es nuevo, sino también superior en mérito. Ninguno de los previos puede compararse a esto, a la iluminación directa, incluso aunque fueron una condición *sine qua non* de esta última en términos de continuidad. Este nuevo elemento (la posibilidad de la visión directa gracias al *Nibelvirch*) no vino a demoler, reducir o debilitar las funciones mentales más antiguas. Vino a agregarles. Vino a complementar toda la estructura cognitiva humana con algo más, algo más poderoso.

Una de las observaciones más características de Dienach fue que solo una vez que la Etapa C comenzó fue que la explicación correcta y el significado más profundo de miles de cosas durante la etapa previa se volvieron evidentes y solo de esta manera fue que recibieron la interpretación apropiada. Durante la Etapa C, el hombre se volvió consciente del significado más profundo de todas esas cosas anteriores. Estas eran los impulsos emocionales nobles, los altos ideales, la admiración religiosa, la necesidad insoportable del alma de los grandes por la creación artística en su máxima expresión, la necesidad interior de justicia, incluso si concernía a otros y no a uno mismo. Otros sentimientos nobles eran el amor profundo y verdadero y la atracción al sacrificio voluntario, la sed por la justificación final de la virtud y el elevado anhelo por la inmortalidad, la siempre malentendida (como una preocupación base por la mortalidad) inclinación espiritual por una segunda vida, esa tendencia a sobrepasar las barreras de nuestro destino biológico y, generalmente, un universo entero de altos valores morales y espirituales. En resumen, eran los ideales más solemnes y sagrados del alma humana. Se hizo claro que todos ellos no eran más que manifestaciones diversiformes de una sed desconocida del espíritu y el alma, una nostalgia siempre insatisfecha. Fue solo gracias al *Nibelvirch* que se volvió posible para los hombres ver su objeto más profundo (el *Samith*), esto es, obtener el conocimiento de lo que yace más allá de las manifestaciones mundanas de sus direcciones aparentes (la interpretación *a posteriori*, según escribe).

Esta sed del espíritu y el alma son los orígenes de toda la civilización. Él dice que entre más alto sea el nivel de la civilización moral y psicoespiritual en una esfera dada (planeta habitado) durante una era en específico, más intensa y noble habrá de ser la sed del alma. En otras palabras, es el desconocido dolor espiritual y moral por la diferencia colosal (en belleza y grandeza) entre el ambiente de vida y el *Samith*; es decir, entre lo aparente y la gran realidad ontológica, que es multidimensional y objetivamente existente.

Una de las características comunes básicas y puntos en común entre nuestra especie biológica y los otros miles de especies de seres vivientes racionales en miríadas de esferas celestes es, de acuerdo con Dienach, esta causa común más profunda para todo ofrecimiento espiritual y en general para cada inspiración creativa para logros culturales. Tal es la sed insaciable del espíritu y el alma, la nostalgia por el *Samith*, incluso si no siempre la sentimos, incluso si no es un anhelo consciente.

Más allá de cierta etapa de la evolución "de la vida psíquica y espiritual" esta causa más profunda comienza, dice él, a parecer imperativa, invencible e imposible de apaciguar. Puede que las formas de materia orgánica varíen mucho en comparación con las nuestras, dependiendo de las condiciones que rigen la apariencia y el ascenso de la vida para aquellas esferas muy distantes. Sin embargo, si estas condiciones realmente han coincidido con la "chispa divina", si abarcan algo a lo cual debemos nuestro intelecto, racionalismo y emoción, entonces no pueden sino aproximarse a nuestra especie en todo lo concerniente a los reinos espirituales superiores. Algo similar a nuestra propia sed insaciable por la investigación y el conocimiento habrá de existir, algo similar a nuestras propias "preocupaciones del corazón", algo similar a nuestra inclinación insoportable hacia lo indestructible y eterno, la inherente y cálida atracción emocional hacia una existencia suprema de naturaleza desconocida y nuestra fe honesta en "poderes superiores", algo similar a nuestra propia voz interior imperativa del gran artista, el inevitable impulso psíquico de darle una forma visible al ideal de belleza, de otorgarle una segunda vida a la obra, más allá de la decadencia biológica del modelo, de derrotar al tiempo y a la ley de la decadencia. Dienach concluye que la causa radical más profunda de todas esas civilizaciones y sus comprensiones históricas es común; es la sed del espíritu y el alma por el *Samith*.

Para Dienach, esta característica común tiene, aparte de la importancia primaria de la causa común y también el propósito común, la importancia de la duración de tiempo e incluso validez (*Geltung*) en el vasto cosmos. Él escribe que la misión de toda especie en toda esfera habitada y la tarea asignada por el destino es erigir la estructura espiritual de su civilización tan hermosa, perfecta, alta y completamente como sea posible. Este rasgo común tiene una importancia más grande que los logros culturales históricos en sí. Las civilizaciones, dice él, vienen y van. Sin embargo, sus orígenes más profundos se mantienen eternos e inalterables.

La gran civilización estética de la Antigüedad clásica, los miles de estatuas y templos en Atenas y Corinto, el alto nivel de consciencia estética común de esos tiempos en la Antigua Grecia, el cual creó la necesidad interior del hombre de vivir en tal ambiente de belleza, vino y se fue. Sin embargo, la causa permanece. La sed de esa alma, la nostalgia por el *Samith*, habrá de crear, dice él, algo nuevo, nunca totalmente lo mismo, algo nuevo con elementos originales. Esto es de hecho el caso del nuevo gran milagro de creación en composiciones musicales sinfónicas en Europa Central durante el siglo XIX, el cual es el equivalente digno del milagro griego de la Antigüedad clásica.

Los descubrimientos concernientes a las leyes que gobiernan el universo natural vienen uno después de otro y la siempre nueva mecánica celeste prueba que las enseñanzas de cada versión anterior estaban equivocadas. Sin embargo, la causa permanece. Es la sed del espíritu y el alma, la nostalgia por el *Samith*, que se manifiesta en este campo en la forma de ese anhelo por la investigación, lo que da honor a nuestra especie. Es la añoranza espiritual e inclinación invencible a aprender algo más cada vez y descubrir algo más correcto en cuanto al gran secreto que nos rodea, a extraer los secretos de la naturaleza, a precisar las leyes que rigen los fenómenos naturales.

Las religiones, con sus doctrinas, las historias de su historia sagrada, sus enseñanzas y sus rituales de adoración, vienen, se van y varían dependiendo de los lugares, esferas y tiempos. Sin embargo, su causa más profunda permanece. En este campo, la causa en cuestión se manifiesta por medio del sentimiento de religiosidad. Esta es una necesidad insoportable del alma tanto para nuestra humanidad como para toda especie merecedora de seres vivientes racionales y emocionales en otros planetas habitados.

Las formas específicas a menudo asumidas por los altos ideales, los valores morales eternos y los valores de la vida espiritual, vienen y se van. Sin embargo, su causa más profunda permanece. Su efecto sobre nuestro mundo espiritual no depende de cada forma efímera. La causa nunca varía. La necesidad interior siempre es tan intensa, el sentimiento de adoración, el frenesí y la tendencia competitiva siempre son tan intensos y lo mismo aplica para la fuerza del anhelo espiritual y el entusiasmo desenfrenado. Ningún precio parece ser lo suficientemente alto para ellos, independientemente de la forma particular que cada uno de esos grandes ideales asume cada vez.

Esta causa profunda, lo único que no cambia, es, según Dienach, la sed del espíritu y el alma por el *Samith*. Él considera a esta última similar a la *"das Ding an sich"* kantiana como expresión verbal. En cuanto a su esencia, la considera lo Existente objetivo en su totalidad, la totalidad del Ser en su esencia más profunda, independientemente de las habilidades cognitivas finitas, el potencial de conocimiento, que las diferentes especies de seres biológicos comparten en los millones de esferas celestes habitadas. En otras palabras, lo considera la realidad ontológica completamente existente, la cual es multidimensional y de sustancia objetiva.

Reforzar y activar todas estas habilidades espirituales humanas inherentes, una vez hecho extensamente y durante una cantidad de tiempo suficiente (auto-cultivación leal y persistente durante miles de años), podría, de acuerdo a Dienach, ejercer una influencia decisiva sobre las formas de vida espiritual y la vida cultural en general por períodos de tiempo muy largos. También podría formar gradualmente una civilización peculiar, la cual dejaría, uno podría decir, su propia marca distintiva. Esa era del futuro distante de la civilización que él narra, que él *vio* y *vivió* para aquellos que le creemos, tiene su propio matiz individual debido a la influencia muy profunda del Instituto Aidersen, el *Nibelvirch* y la predicación espiritual vólkica, la enseñanza vólkica, como él narra en sus manuscritos, junto con una variedad de otros factores, que él reporta como un testigo ocular en su *Diario*. Lo mismo es verdad en los años anteriores a nuestra existencia, comenzando desde la Edad Antigua: todas y cada una de las eras de la civilización tienen su propio carácter, el cual coincide con su identidad cultural. Esto también se debe bastante a la cultivación muy intensa y profunda de ciertas habilidades espirituales e intelectuales humanas.

Por ejemplo, la antigua civilización china, monolítica y aislada, se caracterizó principalmente por su devoción excesiva a la tradición. La civilización egipcia del tiempo de los faraones y los sumos sacerdotes se había enfocado en la vida después de la muerte. La antigua civilización judía, al igual que la posterior islámica, fue de naturaleza religiosa evidente. La civilización griega de la antigüedad clásica se centró en la adoración de la belleza natural y estaba permeada de elementos espirituales sin paralelo, gracias a la enseñanza socrática de autodisciplina, moralidad, virtud, respeto mutuo y los principios y convicciones incomparables del Ideal platónico. Fue una civilización con un sentido de proporción y belleza, una civilización artística y estética sobre todas las cosas.

La civilización del Renacimiento Italiano tuvo ciertos rasgos característicos tales como el resurgimiento de los textos clásicos, la sed por el pensamiento libre, la elevación de la consciencia estética y la creación artística utilizando temas tomados principalmente de la tradición cristiana. La civilización alemana del siglo XIX creó un universo entero de harmonía y, además, trajo a Europa un desarrollo y apogeo sin precedentes en el pensamiento científico y filosófico.

En general, dentro de las vueltas milenarias del ciclo de la historia, varias tendencias prevalecen. A veces es el racionalismo, las ideas materialistas y la mentalidad de investigación, observación y experimentación por parte de las ciencias naturales, la omnipotencia

Prefacio del Traductor de la Primera Edición (1972)

del laboratorio. Otras veces es la consciencia estética, el sentido de belleza, esto es, el desarrollo del sentido del buen gusto. En otros momentos de la historia son las conquistas del universo técnico, las comodidades y la producción en masa de productos industriales estandarizados (la popularización de la aplicación de invenciones, la abundancia material de los medios y la democratización de las comodidades). Luego, otras veces es el fanatismo, la intolerancia y el prejuicio ideológico en contra de las enseñanzas espirituales o políticas o incluso las religiosas pasadas. Finalmente, hay veces en las que el intelectualismo es lo que está en el pensamiento y en todas y cada una de las otras expresiones de la vida social.

Un posible reforzamiento unilateral de las funciones cognitivas (solo de la mente y no de la emoción) podría, dice en algún lado Dienach, crear una raza materialmente omnipotente, en el curso de los milenios, de logros tecnológicos increíbles, de un progreso notable en las ciencias naturales y sus aplicaciones técnicas. Sin embargo, tal progreso unilateral generaría una raza barbárica en términos de cultivación interior, sin gentileza de costumbres, sin cultura interior, con un vacío masivo concerniente al alma, los valores morales y las emociones.

El camino opuesto lleva a otra parte: por ejemplo, la edad del Romanticismo en Europa Occidental dio una voz importante a las emociones durante las primeras tres o cuatro décadas del siglo XIX. Fueron la motivación principal de la inspiración creativa, no solo en la literatura, la poesía lírica, la pintura o la escultura, sino también en la composición musical, el pensamiento filosófico y la metafísica. Es más, ellas motivaron el curso de la vida política, las convicciones basadas en el mérito, las tendencias de ideas, el comienzo de reformas sociales, el entusiasmo, los altos ideales, la moralidad y en la vida social, en general, en casi todas las esferas de actividad cultural. La espontaneidad y el sentimentalismo condujeron a los creadores artísticos y poetas a producir obras de inspiración estética incomparable, con el elemento de lo maravilloso y lo mítico y también los hicieron desaprobar y sacudirse las viejas "reglas de la técnica". Frente a las formas lógicas establecidas, en cada campo de creación, el sentimiento prevaleció a lo largo de esos tiempos. La realidad material circundante se dejó de lado y se ignoró, cediendo a la emoción y la imaginación. La percepción de la vida y el mundo más allá de la razón prevaleció en todos lados, en cada esfera de lo conocido y en cada campo de hazañas.

371

Dienach también defiende el caso de otros cursos y direcciones espirituales. Por ejemplo, el hombre occidental ha mostrado completo desdén por el misticismo profundo del este. Basándose en este último, los hindúes, por ejemplo, habían desarrollado su propia civilización espiritual primigenia peculiar hasta el siglo XIX. Dentro de una vida que era materialmente frugal y una economía agrícola estricta, desaprobando cada intento de escalar socialmente e ignorando todos los logros de la ciencia y la tecnología, estas tribus religiosas profundamente filosóficas habían centrado su atención en Brahma y sus enseñanzas. Al mismo tiempo, lucharon por abrazar y entender la fusión de la individualidad del hombre con el espíritu del todo, la identificación del alma humana con el Uno y todo.

También dice que la cultivación intensiva y de alguna manera unilateral de la psicodinámica humana, una vez hecha extensivamente y por una cantidad considerable de tiempo, podría formar una civilización entera de otra clase de su propia marca individual. Esta cultivación se puede hacer por medio de la telepatía, la lectura y transmisión de pensamientos, el pre-conocimiento y la predicción de eventos futuros, la percepción más allá de los sentidos, la invocación de espíritus y así, dentro de un ambiente espiritual que sería muy diferente al nuestro, dentro de un ambiente beatificado de coexistencia social. Allí, uno observaría una caída notable en las ciencias formales y la racionalidad al igual que en el juicio pragmático y la vida materialista en general junto con la fe en los datos percibidos por los cinco sentidos, en la experiencia de la vida material y real alrededor nuestro.

De cualquier forma, Dienach desaprueba cualquier unilateralidad en el curso de la civilización. Es decir, condena cualquier exageración en cualquier dirección exclusiva y unilateral, lo cual resultaría en la debilitación de ciertos campos de las habilidades humanas. Los propósitos verdaderamente elevados de la cultura, las opiniones teológicas que tienen más mérito, están conectados a una paralela, balanceada, harmoniosa y casi equilátera cultivación y desarrollo de las mejores habilidades humanas y las tendencias más dignas, de acuerdo a esta versión. Su perspectiva abraza, tanto como es posible, la prevalencia de ideales más altos, la experiencia de tesoros espirituales y emocionales incomparables contenidos dentro del verdadero y más profundo espíritu de cristiandad y la realización del humanismo y la libertad en la vida social, junto con los pueblos del mundo. De hecho, Dienach considera que estos dos últimos ideales, el humanismo y la libertad, son los más altos que uno puede encontrar en el sistema de valores formado dentro de nuestra civilización occidental por medio de la educación clásica, el humanismo y las tradiciones cristianas con su maravillosa unión, su matrimonio incomparable.

Durante los cuatro años de la ocupación alemana en Grecia (todos los manuscritos de Dienach aún estaban disponibles hasta los eventos de diciembre de 1944 y los días en los que encontré refugio en el hogar de un amigo, en la calle Thisseos, en la Víspera de Navidad de 1944), cuatro personas habían leído los dos "Diarios" originales y el *Diario con las Crónicas del Futuro*; ellos fueron el respetable amigo y colega macedónico griego, altamente educado, cuya ocupación favorita era, según puedo recordar de entonces, su envolvimiento en el movimiento masónico y teosófico (tenía un alto rango en la masonería); un profesor de teología de la isla griega de Tinos, quien tuvo bastante renombre en su tiempo; y dos amigos alemanes de este último, padre e hijo. El padre era un profesor de historia de ideas liberales mientras que el hijo era un joven oficial de la reserva del ejército de ocupación con gran aversión hacia los seguidores de Hitler, la cual no dudó en compartir conmigo.

Cada uno de ellos tuvo los manuscritos reales de Dienach durante varias semanas y meses y los leyó hasta el final. Sin embargo, sus impresiones del manuscrito variaron.

El profesor de historia alemán me dijo, al regresar los manuscritos, que Dienach no fue un simple profesor de educación mediocre, como pensé en el momento. Él fue, dice, una gran personalidad del espíritu de Europa Occidental, un verdadero líder espiritual de la raza blanca, un profeta inspirado por Dios, inspirado por el amor y la sed de contribuir a la supervivencia de la civilización occidental. También añadió que Dienach predice el peligro amarillo y las terribles guerras del siglo XXIII y llama a los europeos a infundirse con la necesidad de una sola consciencia nacional y una comunidad política pan-europea. En el caso de Dienach, el historiador alemán me dijo, la sucesión de tiempo entre teóricos y pragmáticos se repite como ocurrió en las dos grandes revoluciones: la francesa de 1789 y la rusa de 1917. Dienach del siglo XX se mantiene, dice él, ante los grandes luchadores de los siglos siguientes, ante los líderes políticos europeos y los jefes militares del siglo XXIII como su precursor ideológico y teórico. En otras palabras, él es lo que Voltaire,

Prefacio del Traductor de la Primera Edición (1972)

Rousseau, Montesquieu, los enciclopedistas y otros pensadores del siglo XVIII fueron más o menos ante los oradores de las asambleas nacionales constituyentes y los líderes militares de la burguesía durante los últimos diez años del siglo XVIII en Francia.

"Ustedes los griegos tienen el término 'maestro de la nación'," dijo.

"Así, Dienach fue un verdadero maestro de la nación, pero con un significado diferente al de ustedes, uno mucho más amplio: un significado concerniente al ámbito etnológico, territorial y principalmente cultural del espíritu europeo occidental."

Sin embargo, recuerdo que el profesor alemán tuvo un curso de pensamiento diferente otro día.

"En los textos de Dienach uno puede distinguir dos tendencias ideológicas opuestas. Por un lado, la voz del siglo XIX en adelante, los siglos de una visión materialista del mundo y la vida, los siglos de la tecnocracia. Por el otro, está la voz del *Nojere* como la llamaría Dienach (3382 d. C.). El lema de este último es que la visión pragmática adecuada de la vida, el mundo y el pensamiento científico sucedieron al período de tiempo inmaduro de fe ingenua. Nuestro siglo XIX," dice él, "nos introdujo a la ciencia y puso fin a los 'prejuicios teológicos' de tiempos pasados. Los métodos de investigación en las ciencias naturales nos llevaron al conocimiento de las cosas como verdaderamente son. También nos mostró la verdadera naturaleza del hombre (un laboratorio bioquímico de maravillosas habilidades mentales hereditarias) y el mundo (el universo natural con sus elementos materiales, con materia-energía y los poderes que ellos abarcan, así como las leyes de la mecánica celeste). También se volvió evidente que los hombres, impulsados por el miedo a la muerte y la realización amarga de su destino biológico efímero, crearon las religiones, Dios, el Más Allá, la distinción entre el bien y el mal, así como la vida después de la muerte como una justificación de la virtud.

El *Nojere* (986 de la 'nueva cronología') prueba que estas cosas son defectuosas. Están, dice él, en una escala meramente humana. Solo son lo que el potencial cognitivo finito de los humano-receptores tiene la habilidad de percibir. Solo es lo que es percibido por esta especie biológica particular en este grano de arena de la playa divina, la cual abarca incontables esferas habitadas. La convicción de esta 'nueva era' es que la realidad ontológica, como existente objetivamente, es completamente diferente. Tiene una belleza tan hipercósmica y espléndida y una grandeza tan cognitivamente impenetrable e 'improbable' que encuentra algo muy diferente ante ella, otro 'lado' de ella; solo uno más simple. Es el universo natural y la vida en su totalidad, junto con lo que sea que caiga bajo nuestras habilidades cognitivas: los sentidos, el intelecto, la racionalidad, etc. Antes de eso, todo lo que dijeron las grandes religiones en sus dogmas, las verdades más 'indudables' en ciencias naturales (por medio de los métodos de investigación 'científica') y las más elevadas concepciones cósmico-teóricas, así como las expresiones más valoradas en fe metafísica, todas parecen ingenuas e infantiles. Esta realidad es 'algo inconcebiblemente grande'."

El hijo del historiador alemán tenía una opinión diferente: "La idea principal de Dienach era continuar la historia de amor con su amada muerta," me dijo. "Esta intensa sed de su alma fue lo que lo hizo escribir el *Diario*. Este anhelo secreto por tal posibilidad, su ardiente pena profundamente humana le infundió el deseo de narrar todo eso. Usando su pluma, le dio a su restringido destino biológico humano la extensión de tiempo que la vida real negaría. Todo esto sucedió con el objetivo de escribir la continuación de la historia en curso de un gran amor, el cual se terminó prematuramente, y perseguirlo. No vivió realmente sus escritos. Todo es completamente 'inventado por él', artificial e imaginario. Dienach es un 'romántico incurable', 'un poeta con bastantes desilusiones' y de hecho 'un individuo psicológicamente enfermo que vive dentro de su propia realidad'."

El joven anti-Hitler oficial de la reserva del ejército de ocupación alemán después me pidió que jurara que esos manuscritos eran auténticos y que Dienach había existido realmente. Lo hice con placer, ya que sabía muy bien que era verdad. Intenté descubrir su carácter: el contenido del *Diario* lo había emocionado, literalmente lo había abrumado. Cualquiera podía hablar con él libremente. Era un humanista honesto y no tan distante, ideológicamente hablando, de nosotros los griegos.

"Él ya no existe," me dijo más tarde en la conversación, "pero qué maravilloso es que su modo de pensar haya sobrevivido a través de estos manuscritos…"

Me confesó que muchas secciones del *Diario* habían traído lágrimas a sus ojos.

"¿Está usted seguro que solo su madre fue austriaca?" me preguntó después. "Mi opinión personal es que su padre también fue austriaco y que él había participado en la Primera Guerra Mundial. No tenía nada que ver con Zúrich y será inútil que lo busque allá cuando Europa esté en paz. Él era austriaco y católico y había experimentado el terror de la guerra de 1914."

Al principio, me mostró en el "Primer Cuaderno" las palabras escritas acerca del Padre Jacob, con el que "había salido a dar un paseo con tres sacerdotes protestantes el 14 de agosto de 1922".

Luego me mostró otra frase de las *Páginas de Diario* al final del 12 – VII: "Cuán feliz sería si hubiera sido aliviado de cada sensación de disgusto y vergüenza, lejos del olor del gas mostaza," dice donde ahora he puesto el título-encabezado en las páginas "El Valle de las Rosas" *(título original de la Primera Edición)* en mi traducción.

"Él fue católico y su padre fue alemán o austriaco," continuó mi interlocutor. "Tenía un complejo de culpa, el cual no podía justificarse en su caso individual. Es muy probable que hubiera participado en la guerra. Era hipersensible. Sufrió del 'complejo de culpa de su gente' de la era imperial. Literalmente escribe literatura anti-guerra en muchas partes de sus textos. No era suizo. Mantuvo escondido de usted su verdadero ser y lo más probable es que su nombre real también. Hizo esto mientras intentaba 'encontrar estudiantes' porque sabía que la mitad de los atenienses de ese tiempo, en 1922 y 1923, eran simpatizantes de los Poderes Entente."

El profesor universitario de la isla griega de Tinos y un sobresaliente hombre de intelecto de esos tiempos encontró el significado central del *Diario* en otra parte.

"Lo que es más esencial en los manuscritos de Dienach," dijo, "es su perspectiva de que una solución increíblemente magnífica y hermosa a los grandes problemas metafísicos habrá de encontrarse después de mucho, mucho tiempo. Estos problemas son los problemas del mundo, Dios, los orígenes, el curso y los propósitos finales de los hombres, el comienzo y el final de los seres. Esto habrá de ser una increíble interpretación del profundo misterio de la vida, una respuesta brillante a todas esas grandes preguntas que se han mofado del hombre como pensador en los casos individuales y grupales más nobles y preciados. Sería una explicación tan grandiosa la de que la mente humana 'no puede percibir su grandeza y belleza exquisita por el momento'. Él cree que llegará el tiempo en el que lo que sucedió con el campo de la mecánica celeste y el universo natural en general al principio del siglo XX habrá de suceder también en el campo de una cosmovisión más universal. En otras palabras, la realidad ontológica y verdadera probará que trasciende en un grado increíble los más altos sueños del espíritu humano y las expectativas más audaces del corazón humano. Dienach tiene la visión de que lo que las personas alguna vez sabrán acerca de estos asuntos habrá de ser superior en términos de grandeza y belleza a lo que nosotros sabemos hoy, incluso más superior que el conocimiento científico de comienzos del siglo XX de los asuntos del universo natural en comparación con los tiempos antes de Eudoxo, Aristóteles, Aristarco, Hiparco y Arquímedes."

Recuerdo que me dijo otro día:

"Dienach me recuerda a William James *(William James, un pensador estadounidense, 1842-1910)*, Renan, Huxley y otros pensadores de la Europa Central y Occidental del final del siglo XIX y comienzos del siglo XX, quienes temían que el cristianismo ya no satisficiera, principalmente en su dogmatismo, a un número creciente de la gente educada moderna del mundo occidental. Las doctrinas cristianas tienen más y más dificultad, dicen los pensadores antes nombrados, en mantenerse en contacto con lo que ya se sabe de la existencia, a medida que esto se nos revela por el curso del mundo y el desarrollo del conocimiento durante estos dos últimos siglos. A partir de entonces, sus caminos se bifurcan. Estos pensadores criptomaterialistas tienen la tendencia de reemplazar la religión con una admiración infinita hacia la ciencia e incluso hacia el humanismo evolutivo. También sostienen que las religiones que se ubican 'por encima de los asuntos mundanos' hablan de cosas que no existen y que ya es tiempo de que el Occidente adopte una religión que siga el curso y la dirección hacia el mayor desarrollo posible de habilidades espirituales y morales del hombre, hacia la mayor y más armoniosa realización de las más altas y hermosas predisposiciones y tendencias dignas. Dienach tiene una opinión contraria. Él no solo cree que hay realidades que son caracterizadas como 'metafísicas' y 'espirituales' por el hombre. También cree que lo que 'existe objetivamente' es de una grandeza y belleza que es inconcebible para los humano-receptores. También se mantiene más alto y escapa de ('sobrepasa') todo lo que han dicho hasta ahora las más grandes religiones, las enseñanzas filosóficas más valiosas, las concepciones cósmico-teóricas más ambiciosas y, en general, las más altas predicaciones espirituales en este planeta a lo largo de la historia del espíritu humano. Dienach tiene la visión de una nueva y magnífica predicación espiritual, el Conocimiento Vólkico, como él lo llama. Este último habrá de ser una enseñanza espiritual de un nivel sin precedentes, excelente y maravillosa, que tiende a reemplazar los ya conocidos dogmas aceptados del cristianismo y su base teológica en el campo ontológico con una más amplia, elevada y universal visión del mundo, la vida y cada esfera de la existencia. Esto habrá de hacerse sin ofender los valores establecidos de la tradición cristiana y sus incomparables enseñanzas morales en lo más mínimo."

Mi educado y respetable amigo, un teósofo griego macedonio, tenía otra opinión totalmente diferente.

"Estoy totalmente convencido," me dijo al regresarme los manuscritos, "que el *Diario* no ha sido escrito por Dienach en Atenas en 1923-1924. Ha sido escrito en el norte de Italia y otras regiones europeas en 3905 y 3906 por Andreas Northam. Él fue su verdadero autor. La personalidad y vida de Dienach son un simple 'recuerdo fuerte de preexistencia', el cual ocupó durante muchos meses, casi un año, los pensamientos de Andreas Northam, su mundo emocional y en general su espíritu y todo su pensamiento. Dienach es 'un simple copista de memoria'. No hizo más que escribir 'por segunda vez' en 1923-1924 lo que fue escrito por Andreas Northam 'por primera vez' en 3905 y el año siguiente. La antinomia temporal está claramente establecida en la escala humana, de manera que toda esta historia parece increíble desde el comienzo. Uno podría decir que estoy siendo irracional. Sin embargo, esta antinomia en el flujo del tiempo solo existe para los estándares humanos, para el potencial de percepción humano, solo para los estándares humanos, que solo pueden entender el significado de tiempo alineado con ayer, hoy y mañana. Son extremadamente raros los casos en los que el espíritu humano sobrepasa los obstáculos, trasciende los estándares humanos y adquiere medios de percepción más allá de los sentidos, la telepatía, la clarividencia y un gran número de cosas más allá de los tipos 'establecidos' de potencial psíquico. El tiempo muy bien podría ser realmente, en su naturaleza objetiva, diferente a nuestras propias percepciones humanas de ello, las cuales son subjetivas y antropomórficas."

El teósofo griego macedonio había obviamente expresado los pensamientos anteriores en un impecable griego purista (ya que

Prefacio del Traductor de la Primera Edición (1972)

estaba impregnado de esta tradición lingüística). Yo, sin embargo, las transcribo aquí en el vernáculo, ya que es la variante de toda esta nota pre-introductoria y crítica. Lo ayudó a leer los manuscritos un joven lector de habla alemana, un familiar o un amigo suyo, un estudiante de la academia pedagógica o un arqueólogo, si recuerdo correctamente. Él era el único entre los cuatro que no había dominado la lengua materna de Dienach. Él no había leído todo el manuscrito, dijo. No obstante, me habló acerca de él. Creía que solo el "Primer Diario" y el "Segundo Diario" fueron realmente escritos por Dienach. Le atribuye el *Diario con las Crónicas del Futuro* a Northam. En cuanto a Northam, él también creía que a la edad de veintiocho estaba destinado a ser, tras una lesión muy grave, que lo había llevado temporalmente a su muerte clínica, la reencarnación de Paul Dienach, lo cual es, dice él, "un caso totalmente raro de reencarnación, ya que ocurrió en una región europea de nuestra propia esfera."

Recuerdo que, en una de nuestras reuniones, este teósofo y masón y respetable amigo formuló la idea a la que habrían llegado todos aquellos que habían conocido a Dienach en persona y después hubieran leído su *Diario*. La idea de que el autor de estos textos tuvo en mente los mismos hechos, las mismas cosas, los mismos incidentes, el mismo "material", en una palabra, sobre el cual los futuros historiadores habrán de trabajar después de mucho tiempo. La diferencia es que estos últimos habrán de dar a este material la forma de investigación histórica e historiográfica y su metodología habrá de ser totalmente diferente. Aquí, Dienach maneja ese mismo material como un viajero-narrador y le asigna la forma externa de "ficción de viaje" de una naturaleza algo literaria en la redacción del texto y con ese embellecimiento que era tan familiar a su mentalidad y que no encajaba con el estilo habitual de nuestra época. Recuerdo que mi respetable amigo añadió que el elemento más interesante que subyace en estos textos es la perspectiva retrógrada de tiempos no muy alejados de nosotros ahora (los siglos XXI y XXII) que puede ser adoptada por alguien que registre las impresiones históricas en esos años muy distantes en el futuro.

George M. Papachatzis
Agosto de 1966

LISTA DE NOMBRES PROPIOS
NOMBRES DE PERSONAS

ESTETAS Y FILÓSOFOS DEL ARTE
HOMBRES
Close
Lestrem
Lucifero
Nimotti
MUJERES
Lelia Nopotkin

ACADÉMICOS
HOMBRES
Volky
Milioki

FIGURAS PÚBLICAS Y POLÍTICOS
HOMBRES
Baldini
Verhin
Grueberg
Delaroche
Milstone
Franklin Montague
Rickenmat
Gustav Siovogia
John Terring
Torhild
Trodalsen
Vohlbach

FLORISTAS
HOMBRES
Costia Rudulof

LORFFES
(Altos funcionarios de la inteliguentsia)
HOMBRES
Yalmar
Ulfink Enemark
Nicolas Lajevski
Knut Niversun
Rinarschield
John Humphrey
Gunnar Hiller Jr.

ILECTORES
(Líderes de alto rango de la inteliguentsia)
HOMBRES
Buren
Jaeger
MUJERES
Tatiana Baclyn

GRANDES LÍDERES ESPIRITUALES
Alexis Volky

ARQUITECTOS
HOMBRES
Olaf Keirl
Kekonen
Igor Bodurof
Niemorsunt
Rauschen
Heimerstam
MUJERES
Vada Lastrem
Alicia Neville
Hilda Normanden

ASTRÓNOMOS –FILÓSOFOS DE LA NATURALEZA
HOMBRES
Striberg
Tegner
Feridi, padre e hijo

BIÓLOGOS
HOMBRES
Jacobsen
Jansen

ESCULTORES
HOMBRES
Greneval
Eriksen
Dean Kersteen
Albert Kingsman
Sweeny Koniemark
Levertin
Arald Mayen
Melsam
Mondstein
Gutorp Nilsen
Davis
Nurberg
Ottermanden

Pradelli
Feinrich
MUJERES
Ileanna Wirbach

GRANDES PENSADORES (Sin objeto de estudio específico o especialidad)
HOMBRES
Durant
Olaf Esklud
Esterling
Zalmar
Milliakof
Ratziskin
Runerborg
Matjei Svanol
Viktor Gorms

GRANDES PENSADORES CONTEMPORÁNEOS A ANDREAS NORTHAM
Axel Jenefelt

PENSADORES DEL AIDERSEN
HOMBRES
Bramsen
Borge
Nyttenmat
Royalsen
Chillerin

PENSADORES, ANTIGUOS EDUCADORES
HOMBRES
Johan Geyer

PENSADORES ASCÉTICOS
HOMBRES
Aloisius Nilson

PENSADORES ANACORETAS
Joel Letonen
Miliotkin
Gunnar Nelbarn

LISTA DE NOMBRES PROPIOS

DRAMATURGOS
HOMBRES
Evelyn Cornsen
Bjornsen
Borudin
Ignatio Walmine

EDITORES
Dupont

INTÉRPRETES DEL PENSAMIENTO DEL INSTITUTO AIDERSEN
HOMBRES
Tinersen

EDUCADORES
HOMBRES
Astrucci
Cornelius
Lain
Gunnar Bjerlin

ESPÍRITUS INTUITIVOS
HOMBRES
Atterman
Gibling
Eric Gord
Carstens
Orlik
Fletchius
MUJERES
Mary-Lea
Vera Brandes
Tervalsen

INTUITIVOS DEL VALLE DE LAS ROSAS (ROSERNES DAL) Y EL INSTITUTO AIDERSEN
HOMBRES
Arald
Gustavsen

Poliotkin
Rasmathy

CIENTÍFICOS
HOMBRES
Astrom
Vilinski
Yarl
Jergesen
Karl Hornsen
Boyer
Sioberlef
Eilensleyer
Erlader
Valdemar Esklud
Esterling
Sabba
Stirlen
Holberg
MUJERES
Coiral

PINTORES
HOMBRES
Knut Valdemar
Svansen
Nichefelt
Fabius Sigra
Stiernsted
Syld
MUJERES
Dora Vilen

DOCTORES E INVESTIGADORES
HOMBRES
Molsen
Diseny
Kirchof
Flessing

PREDICADORES
Knut Dieter

LISTA DE NOMBRES PROPIOS

HISTORIADORES DE LA CIENCIA
HOMBRES
Rondelli
MUJERES
Brigita Luni

HISTORIADORES DEL ARTE
HOMBRES
Nymark
Pierri
MUJERES
Inga Pearson
Ludmilla Sikorski

HISTORIADORES DE MÚSICA
MUJERES
Dalia Keetly

FILÓLOGOS Y CRÍTICOS
HOMBRES
Koralsen
Duilio Markmatt
Felix Diemsen
Oaken

CRÍTICOS Y FILÓSOFOS DE LA CULTURA
HOMBRES
Anerholm
Kershey

GRANDES COMPOSITORES
HOMBRES
Valmandel
Ruthemir

OTROS COMPOSITORES
HOMBRES
Holger Nilsen
Wesley
Svelder

MÚSICOS
HOMBRES
Olaf Ledestrem

POETAS
HOMBRES
Jonas Geerlud
Thoralsen
Kronen
Kirsten Larsen
Munsven
Alexis Rogen
Pradelli
Selius
Sulsnik

PEORES POLÍTICOS
HOMBRES
Tebrief
MUJERES
Clarissa Leyton

LÍDERES POLÍTICOS ESCANDINAVOS
HOMBRES
Grofel
Lennrot
Gunnar Morgensen
Dinoyer
Sioberg

FILÓSOFOS
HOMBRES
Domenicus Albani
Axel Engelmeier
Regialsen
MUJERES
Rosa Vernley

NOMBRES DE LUGARES

A
Aarl
Albielle
Alicante
Alimaje
Almetta
Altekirchen
Annelud
Anolia
Apulia
Ariana
Arlenhom
Arocaria
Arona
Artenfor
Assilia
Augerinia
Aurizio

B
Bellagio
Bellinzona
Bergen
Biarritz
Big Bergen
Big Oak
Big Torneo
Bignasco
Binenborg
Blomsterduft
Blomsterfor
Boldieno
Bolzano
Bordeaux
Boston
Bozen
Brixen

C
Castalia
Castelnuovo
Cernobbio
Christiania
Clarens
Como
Cordei
Coridalli
Cyprus

D
Dareja
Delfia
Denia Vallia
Diana
Doriani

E
Egeria
Ejastrem
Eliki
Emeriti
Erika
Eroica
Estrella del Este

F
Fata Azzura
Fedkirche
Fgelen
Fiammarosa
Fiammazzura
Fiammetta
Filiatura
Flabia
Flora Maris
Florence
Foyia

G
Gallarate
Generali
Geneva
Genova
Geteborg
Gianna Terringa
Gled
Gratia Dei
Graz
Grimbole

H
Harkovo
Heidelberg

I
Iberia
Igmor
Irkutsk
Ischia

J
Jomfru

K
Karlsruhe
Koblenz
Koln
Kongeborg
Konigskind

L
Labarene
Labejona
Lagrela
Larilud
Lassa
Latharmi
Latium
Lauri
Leag-Aud
Legnano
Liebach
Ligont
Lilienborg
Lilla Funka
Locarno

LISTA DE NOMBRES PROPIOS

Loggovardia
Loikito
London
Lugano
Luino
Lysborg
Lyseblaa
Lysicoma

M
Magenta
Majorca
Malta
Mannheim
Margellina
Maribor
Marienborg
Markfor
Mata Uralia
Mayentia
Mayerlink
Mecca
Medina
Mediolano
Menaggio
Mendrisio
Meran
Midnight Diamondstone
Minorca
Montreux
Monza

N
Naade
Nayatana
New Christiania
New Eliki
New Göteborg
New Helsinburg
New Karelia
New Loria
New Marniano
New Narvika
New Orleans
New Retvik
New Rimalgee
New Sabina
New Scaldia
New Scone
New Tarracona
New Tashkent
New Torneo
New Trodheim
New Upsala
New York
New Youthsmile
Nido Florido
Nielud
Noghera
Norfor
Nostadt
Notiburg
Nova Tuguska
Nyborg
Nydelfia
Nyfor
Nygusca
Nylienborg
Nymalmoe
Nysabel
Nysalzborg
Nysuomi
Nywien

O
Ojford
Olesud
Omska
Orta
Ossen

P
Paridisi
Paris
Parma
Pretoria
Procida
Puerta Lesley

R
Ragrilia
Resenfarvet
Rho
Riegen
Riyalta
Rodope
Rome
Rosa Azzura
Rosenborg
Roselukin
Rosernes Dal
Rozenholm

S
Salerno
Samarkanda
Scagen
Scania
Scavanger
Seaside of Joy
Sesto Calente
Sgelen
Silea
Slesvich Holstein
Small Anolia
Small Blomsterfor
Small Scania
Small Terringa
Smirilud
Sorrento
Sotsiana
Sproja
Star of the Dawn
Stella Maris
Strasborg
Stresa
Svanelud
Svendoni
Swansval
Sydney
Syracuse

Lista De Nombres Propios

T
Tebelen
Terranova
Terringtown
Teskera
Tholosi
Tobolsk
Toeplitz
Torneo
(lo mismo que Gran Torneo)
Trassilea
Tuplin

U
Umliani

V
Valearides
Valheim
Varennes
Varese
Verbania
Versailles
Viborg
Vien
Vikigruder
Vikingaand
Vikingegnist
Viliana Villafranca
Villach
Vina
Visenje
Vokamvyl

W
Waren
Warsaw
Washington
Weimae

X
Xanthi Fedriada

Y
Youthsmile

Z
Zakantha

TABLA CRONOLÓGICA

2204 d. C.: Colonización de Marte (la colonia prospera por sesenta años antes de ser totalmente destruida, matando a veinte millones de personas)

2309 d. C.: Guerra nuclear de mediana escala destruye la mayoría de Europa, excepto los países escandinavos y bálticos.

2320 d. C. - 2350 d. C.: Repoblación de Europa. Asentamientos pacíficos de poblaciones al norte del mar Mediterráneo.

2394 d. C.: Última Asamblea Constituyente europea

2395 d. C.: Última Asamblea Constituyente del mundo.

2396 d. C.: (AÑO 1): Establecimiento oficial del *"Retsstat"* (una nación mundial de ley y orden). Final de la "Prehistoria" y comienzo de la "Era histórica". Año UNO de la nueva cronología. Los primeros 986 años (2396 d. C. - 3382 d. C.) fueron el período antiguo de la historia *(gammel epoke)*. En el 3382 d. C., cuando la predicación vólkica fue de conciencia mundial, comienza la nueva era y el nuevo hombre, el "Homo Occidentalis Novus", sucede al Homo Sapiens.

2596 d. C. (AÑO 200): Los mejores científicos de todo el mundo son ahora los nuevos líderes mundiales, responsables de todas las acciones gubernamentales globales. Al principio, los políticos con influencia mundial, como John Terring, les daban las órdenes.

2823 d. C. (AÑO 427): El líder Torhild pregunta simbólicamente si hay una adecuación (de hecho, una adecuación global completa) en las "distribuciones" de todo bien industrial. Hay una adecuación, ahora cada persona tiene lo que necesita.

Tabla Cronológica

2846 d. C. (AÑO 450): La ciudad de Norfor comienza a operar como Centro de la Vida Espiritual Global.

2894 d. C. (AÑO 498): El "comienzo de los 200" y la construcción del Rosernes Dal (Valle de las Rosas)

3000 d. C. (siglo VII): El Nuevo Renacimiento en Valores espirituales.

3100 d. C. (siglo VIII): El Renacimiento continúa.

3126 d. C. (AÑO 730): El establecimiento del Instituto Aidersen en el Rosernes Dal.

3200 d. C. (siglo IX): La "Edad Dorada" para las artes y los logros espirituales.

3226 d. C. (AÑO 830): Aloisius Nilson predice el advenimiento próximo de la "Civilización Espiritual".

3253 d. C. (AÑO 857): El poeta más grande de todos, Larsen, muere y pasa a la inmortalidad...

3256 d. C. (AÑO 860): El oratorio de Valmandel "Oración entre las Esferas Doradas de las Estrellas" es escuchada por primera vez. Es la mejor pieza jamás escrita.

3273 d. C. (AÑO 876): La arquitecta Alicia Neville culmina su obra maestra: el "Templo de la Paz y el Amor" en el Rosernes Dal.

3307 d. C. (AÑO 911): Nacimiento de Alexis Volky.

3382 d. C. (AÑO 986): El 6 de nuestro septiembre, Alexis Volky es golpeado por el *"Nibelvirch"* y sobrevive. Iluminación Instantánea. Una nueva "antena" de percepción se añade al cerebro humano gracias al *Nibelvirch*. Es llamado: *"Oversynssans"* (súper-visión). Este día (nuestro 6 de septiembre) después fue anunciado como el primer día de la NUEVA ERA. (Ny Epoke).

3392 d. C. (AÑO 996): Alexis Volky muere a los 86 años.

3396 d. C. (AÑO 1000): Crisis de la predicación vólkica.

3410 d. C. (AÑO 1014): La obra maestra de Ruthemir "Servicio Glorificador" es interpretada por primera vez.

3546 d. C. (AÑO 1050): Prevalencia final del Ideal Vólkico como "consensus gentium".

Tabla Cronológica

3482 d. C. (AÑO 1086): Aparecen las primeras Rosas Azules (rosas que físicamente irradian luz azul). La obra maestra en jardinería de Costia Rudulof.

3600 d. C. (siglo XIII): Tinersen y sus "parábolas".

3905 d. C. - 3906 d. C. (AÑO 1509 y 1510): Andreas Northam escribe sus "Páginas de Diario". Tendrá recuerdos vívidos de preexistencia por un período de doce meses, antes de morir a la edad de 29 años.

TABLAS DE CALENDARIO

Los calendarios fueron elaborados por George Papachatzis, el único traductor de los manuscritos de Paul Amadeus Dienach. El "Nuevo Calendario" fue establecido en el siglo II de su propia cronología (año 1 = 2396 d. C.) y se mantuvo hasta el siglo XL. Sus creadores fueron los mejores científicos del mundo, responsables del gobierno mundial en ese momento. El Valle de las Rosas (Rosernes Dal) mantuvo el calendario, a pesar del hecho de que muchos astrónomos argumentaron que este no era 100% exacto.

Día de Año Nuevo
(Día intercalar) 23 septiembre

MES I
1 .... 24 de septiembre
2 .... 25 de septiembre
3 .... 26 de septiembre
4 .... 27 de septiembre
5 .... 28 de septiembre
6 .... 29 de septiembre
7 .... 30 de septiembre
8 .... 1 de octubre
9 .... 2 de octubre
10 .... 3 de octubre
11 .... 4 de octubre
12 .... 5 de octubre
13 .... 6 de octubre
14 .... 7 de octubre
15 .... 8 de octubre
16 .... 9 de octubre
17 .... 10 de octubre
18 .... 11 de octubre
19 .... 12 de octubre
20 .... 13 de octubre
21 .... 14 de octubre
22 .... 15 de octubre
23 .... 16 de octubre
24 .... 17 de octubre
25 .... 18 de octubre
26 .... 19 de octubre
27 .... 20 de octubre
28 .... 21 de octubre
29 .... 22 de octubre
30 .... 23 de octubre

MES II
1 .... 24 de octubre
2 .... 25 de octubre
3 .... 26 de octubre
4 .... 27 de octubre
5 .... 28 de octubre

6 29	de octubre
7 30	de octubre
8 31	de octubre
9 1	de noviembre
10 2	de noviembre
11 3	de noviembre
12 4	de noviembre
13 5	de noviembre
14 6	de noviembre
15 7	de noviembre
16 8	de noviembre
17 9	de noviembre
18 10	de noviembre
19 11	de noviembre
20 12	de noviembre
21 13	de noviembre
22 14	de noviembre
23 15	de noviembre
24 16	de noviembre
25 17	de noviembre
26 18	de noviembre
27 19	de noviembre
28 20	de noviembre
29 21	de noviembre
30 22	de noviembre

MES III

1 23	de noviembre
2 24	de noviembre
3 25	de noviembre
4 26	de noviembre
5 27	de noviembre
6 28	de noviembre
7 29	de noviembre
8 30	de noviembre
9 1	de diciembre
10 2	de diciembre
11 3	de diciembre
12 4	de diciembre
13 5	de diciembre
14 6	de diciembre
15 7	de diciembre
16 8	de diciembre
17 9	de diciembre
18 10	de diciembre
19 11	de diciembre
20 12	de diciembre
21 13	de diciembre
22 14	de diciembre
23 15	de diciembre
24 16	de diciembre
25 17	de diciembre
26 18	de diciembre
27 19	de diciembre
28 20	de diciembre
29 21	de diciembre
30 22	de diciembre

MES IV

1 23	de diciembre
2 24	de diciembre

Día de Navidad
(día intercalar) 25 de diciembre

3 26	de diciembre
4 27	de diciembre
5 28	de diciembre
6 29	de diciembre
7 30	de diciembre
8 31	de diciembre
9 1	de enero
10 2	de enero
11 3	de enero
12 4	de enero
13 5	de enero
14 6	de enero
15 7	de enero
16 8	de enero
17 9	de enero
18 10	de enero
19 11	de enero
20 12	de enero
21 13	de enero
22 14	de enero
23 15	de enero
24 16	de enero
25 17	de enero
26 18	de enero
27 19	de enero
28 20	de enero

29 .... 21 de enero
30 .... 22 de enero

MES V

1 .... 23 de enero
2 .... 24 de enero
3 .... 25 de enero
4 .... 26 de enero
5 .... 27 de enero
6 .... 28 de enero
7 .... 29 de enero
8 .... 30 de enero
9 .... 31 de enero
10 .... 1 de febrero
11 .... 2 de febrero
12 .... 3 de febrero
13 .... 4 de febrero
14 .... 5 de febrero
15 .... 6 de febrero
16 .... 7 de febrero
17 .... 8 de febrero
18 .... 9 de febrero
19 .... 10 de febrero
20 .... 11 de febrero
21 .... 12 de febrero
22 .... 13 de febrero
23 .... 14 de febrero
24 .... 15 de febrero
25 .... 16 de febrero
26 .... 17 de febrero
27 .... 18 de febrero
28 .... 19 de febrero
29 .... 20 de febrero
30 .... 21 de febrero

MES VI

1 .... 22 de febrero
2 .... 23 de febrero
3 .... 24 de febrero
4 .... 25 de febrero
5 .... 26 de febrero
6 .... 27 de febrero
7 .... 28 de febrero
8 .... 1 de marzo
9 .... 2 de marzo
10 .... 3 de marzo
11 .... 4 de marzo
Retsstat Aarsdag
[Aniversario de la
Mancomunidad Universal]
(día intercalar) 5 de marzo
12 .... 6 de marzo
13 .... 7 de marzo
14 .... 8 de marzo
15 .... 9 de marzo
16 .... 10 de marzo
17 .... 11 de marzo
18 .... 12 de marzo
19 .... 13 de marzo
20 .... 14 de marzo
21 .... 15 de marzo
22 .... 16 de marzo
23 .... 17 de marzo
24 .... 18 de marzo
25 .... 19 de marzo
26 .... 20 de marzo
27 .... 21 de marzo
28 .... 22 de marzo
29 .... 23 de marzo
30 .... 24 de marzo

MES VII

1 .... 25 de marzo
2 .... 26 de marzo
3 .... 27 de marzo
4 .... 28 de marzo
5 .... 29 de marzo
6 .... 30 de marzo
7 .... 31 de marzo
8 .... 1 de abril
9 .... 2 de abril
10 .... 3 de abril
11 .... 4 de abril
12 .... 5 de abril
13 .... 6 de abril
14 .... 7 de abril
15 .... 8 de abril
16 .... 9 de abril
17 .... 10 de abril
18 .... 11 de abril

19	....	12	de abril	30	 24	de mayo
20	....	13	de abril			
21	....	14	de abril	**MES IX**		
22	....	15	de abril	1	 25	de mayo
23	....	16	de abril	2	 26	de mayo
24	....	17	de abril	3	 27	de mayo
25	....	18	de abril	4	 28	de mayo
26	....	19	de abril	5	 29	de mayo
27	....	20	de abril	6	 30	de mayo
28	....	21	de abril	7	 31	de mayo
29	....	22	de abril	8	 1	de junio
30	....	23	de abril	9	 2	de junio
				10	 3	de junio
MES VIII				11	 4	de junio
1	....	24	de abril	12	 5	de junio
2	....	25	de abril	13	 6	de junio
3	....	26	de abril	14	 7	de junio
4	....	27	de abril	15	 8	de junio
Día del Altruismo Universal				16	 9	de junio
(día intercalar) **28**			**de abril**	17	 10	de junio
5	....	29	de abril	18	 11	de junio
6	....	30	de abril	19	 12	de junio
7	....	1	de mayo	20	 13	de junio
8	....	2	de mayo	21	 14	de junio
9	....	3	de mayo	22	 15	de junio
10	....	4	de mayo	23	 16	de junio
11	....	5	de mayo	24	 17	de junio
12	....	6	de mayo	25	 18	de junio
13	....	7	de mayo	26	 19	de junio
14	....	8	de mayo	27	 20	de junio
15	....	9	de mayo	28	 21	de junio
16	....	10	de mayo	29	 22	de junio
17	....	11	de mayo	30	 23	de junio
18	....	12	de mayo			
19	....	13	de mayo	**MES X**		
20	....	14	de mayo	1	 24	de junio
21	....	15	de mayo	2	 25	de junio
22	....	16	de mayo	3	 26	de junio
23	....	17	de mayo	4	 27	de junio
24	....	18	de mayo	5	 28	de junio
25	....	19	de mayo	6	 29	de junio
26	....	20	de mayo	7	 30	de junio
27	....	21	de mayo	8	 1	de julio
28	....	22	de mayo	9	 2	de julio
29	....	23	de mayo	10	 3	de julio

TABLAS DE CALENDARIO

11 .... 4 de julio
12 .... 5 de julio
13 .... 6 de julio
14 .... 7 de julio
15 .... 8 de julio
16 .... 9 de julio
17 .... 10 de julio
18 .... 11 de julio
19 .... 12 de julio
20 .... 13 de julio
21 .... 14 de julio
22 .... 15 de julio
23 .... 16 de julio
24 .... 17 de julio
25 .... 18 de julio
26 .... 19 de julio
27 .... 20 de julio
28 .... 21 de julio
29 .... 22 de julio
30 .... 23 de julio

MES XI

1 .... 24 de julio
2 .... 25 de julio
3 .... 26 de julio
4 .... 27 de julio
5 .... 28 de julio
6 .... 29 de julio
7 .... 30 de julio
8 .... 31 de julio
9 .... 1 de agosto
10 .... 2 de agosto
11 .... 3 de agosto
12 .... 4 de agosto
13 .... 5 de agosto
14 .... 6 de agosto
15 .... 7 de agosto
16 .... 8 de agosto
17 .... 9 de agosto
18 .... 10 de agosto
19 .... 11 de agosto
20 .... 12 de agosto
21 .... 13 de agosto
22 .... 14 de agosto
23 .... 15 de agosto
24 .... 16 de agosto
25 .... 17 de agosto
26 .... 18 de agosto
27 .... 19 de agosto
28 .... 20 de agosto
29 .... 21 de agosto
30 .... 22 de agosto

MES XII

1 .... 23 de agosto
2 .... 24 de agosto
3 .... 25 de agosto
4 .... 26 de agosto
5 .... 27 de agosto
6 .... 28 de agosto
7 .... 29 de agosto
8 .... 30 de agosto
9 .... 31 de agosto
10 .... 1 de septiembre
11 .... 2 de septiembre
12 .... 3 de septiembre
13 .... 4 de septiembre
14 .... 5 de septiembre

Gretvirch Aarsdag
[El aniversario del Nibelvirch]
(día intercalar) 6 de septiembre

15 .... 7 de septiembre
16 .... 8 de septiembre
17 .... 9 de septiembre
18 .... 10 de septiembre
19 .... 11 de septiembre
20 .... 12 de septiembre
21 .... 13 de septiembre
22 .... 14 de septiembre
23 .... 15 de septiembre
24 .... 16 de septiembre
25 .... 17 de septiembre
26 .... 18 de septiembre
27 .... 19 de septiembre
28 .... 20 de septiembre
29 .... 21 de septiembre
30 .... 22 de septiembre

(Víspera de Año Nuevo)

GLOSARIO

Aarsdag: Aniversario.
Biglys: La Gran Luz.
Bilturpartners: Trabajadores de agencia de viajes.
Bilvej: Colosal autovía que atraviesa Eurasia.
Bigvirch: El Gran *Virch*.
Civesheim: Posada de lujo o residencia permanente para ciudadanos *(Cives)*.
Civeshosteles: ver *Civesheim*.
Civis: [pl. *Cives*] Ciudadano que ha completado los dos años de servicio.
Civesgard: El palacio carmesí.
Consumfiorinin: Colectivo de consumidores.
Daner: Inmenso avión oblongo que lleva el nombre del hombre que lo inventó.
Eldrere: Tiempos antiguos.
Forening: Colectivo o sindicato. En el norte de Europa son llamados ***Brugsforening***.
Furgos: Aparcamientos especialmente diseñados.
Gammel epoke: ver *Eldrere*.
Gestalad: Hotel de lujo.
Gestel: Posada de lujo similar a un *Gestalad*.
Glothner: Vastas ciudades industriales de propiedad estatal.
Gretlys: La Gran Luz.

GLOSARIO

Gretvirch: El Gran ***Virch*** (ver ***Virch***).

Ilector: Funcionarios de alto rango de la inteliguentsia con un puesto especial en la sociedad.

Kierketaarnes: Templos redondos o elipsoides con columnatas blancas y circulares.

Kjole: Túnica de ritual

Lansbee: Área rural.

Larinter: Centros deportivos.

Lille skole: Escuela primaria.

Linsen: Vehículo volador de uso privado que lleva el nombre de su inventor.

Lipvirch: Amor verdadero que comparte muchas similitudes con el amor joven. Se considera como un atisbo del ***Samith***.

Lorffe: Funcionarios de alto rango de la inteliguentsia, líderes de la sociedad.

Lys: Luz.

Mindre skole: Una escuela de educación primaria más pequeña.

Nibelvirch: Término acuñado por el Instituto Aidersen, de etimología desconocida, para referirse a la nueva habilidad cognitiva alcanzada por las personas, una nueva antena de comprensión. Gracias al *Nibelvirch*, el cerebro humano fue capaz de percibir nuevos campos de la realidad.

Nojere: Tiempos modernos.

Oversyn: Iluminación gracias a Nibelvirch, una nueva dinámica de cognición.

Oversynssans: ver ***Oversyn***.

Quay: Pista de aeropuerto.

Ragiozas: [pl.] Vehículos transcontinentales articulados, de varios pisos y utilizados como medios de transporte público.

Reigen: ver ***Reigen-Swage***.

Reigen-Swage: Dispositivo de proyección que lleva el nombre de sus dos inventores, el cual combina sonido e imagen en diferentes tamaños que van desde pequeños dispositivos personales hasta pantallas de pared. Algo parecido a nuestra televisión.

GLOSARIO

Retsstat: El establecimiento de la Mancomunidad Universal de ley y orden.

Roisvirch: Felicidad espiritual de un nivel superior, una emoción muy intensa similar al éxtasis, a menudo más allá de lo que los humanos pueden soportar. En este último caso, puede conducir al suicidio.

Samith: Término acuñado por el Instituto Aidersen, de etimología desconocida, que significa la totalidad de toda la existencia. Su esencia es incomprensible para las finitas capacidades humanas.

Slaabrok: Un uniforme de pantalones cortos de color oscuro con rayas negras que se detienen ligeramente por debajo de la rodilla, calcetines altos de seda verde, un chaleco cruzado blanco con solapas blancas, una estola-cinturón verde y botas blancas especiales.

Swage: ver ***Reigen-Swage***.

Storlys: La Gran Luz.

Tilteys: [pl.] Funcionarios de la inteliguentsia, pero no los de rango más alto.

Troende: Término utilizado para definir al hombre de la era de Northam, el ciudadano del futuro.

Troje: Uniforme de trabajo.

Unge: Joven hasta la edad de 17 años que voluntariamente participa en el "seguimiento" de los grandes de la inteliguentsia.

Velos: Bicicletas

Vigioza: Vehículos voladores privados.

Vindebros: Puentes designados para caminatas suaves.

Vilenthen: Escuela secundaria.

Virch: Término acuñado por el Instituto Aidersen de etimología desconocida para el significado del nuevo valor intelectual y espiritual de las capacidades añadidas a la cognición y psique humana, después de la aparición de la nueva especie Homo Occidentalis Novus en el 3382 d. C.

Werksted: Fábrica.

Agradecimientos

Un agradecimiento especial a mi esposa Tonia Tsoumi, mi hermano John Sirigos y su esposa Jo Gillan, dueños de ancient-origins.net. Sin su apoyo, esta publicación no habría sido posible.

También, me gustaría agradecer desde el fondo de mi corazón a Greg Papadoyiannis por sus sabios comentarios, a Vassilis Tsakiroglou por su respuesta inmediata a mis peticiones, a Maylí Acevedo por su preciosa ayuda en la traducción del Diario, y a Radamanthis Anastasakis, sin el cual este libro que cambia vidas no habría sobrevivido.

Achilleas Sirigos

www.chroniclesfromthefuture.com

This Way Out Productions
info@thiswayout.gr

www.ingramcontent.com/pod-product-compliance
Lightning Source LLC
LaVergne TN
LVHW090434050326
833184LV00038B/1088